Von Könnern lernen

Annette Lauber

Von Könnern lernen

Lehr-/Lernprozesse im Praxisfeld Pflege
aus der Perspektive von Lehrenden und Lernenden

Waxmann 2017
Münster • New York

Bibliografische Informationen der Deutschen Nationalbibliothek

Die Deutsche Nationalbibliothek verzeichnet diese Publikation in der Deutschen Nationalbibliografie; detaillierte bibliografische Daten sind im Internet über http://dnb.dnb.de abrufbar.

Internationale Hochschulschriften, Bd. 639

Die Reihe für Habilitationen und sehr gute und ausgezeichnete Dissertationen

ISSN 0932-4763
Print-ISBN 978-3-8309-3650-3
E-Book-ISBN 978-3-8309-8650-8

© Waxmann Verlag GmbH, 2017
Steinfurter Str. 555, 48159 Münster

www.waxmann.com
info@waxmann.com

Umschlaggestaltung: Inna Ponomareva, Düsseldorf

Gedruckt auf alterungsbeständigem Papier, säurefrei gemäß ISO 9706

Vorwort

Die Idee zur vorliegenden Arbeit entsprang der Auseinandersetzung mit dem Lernen, insbesondere mit dem Transferlernen in der praktischen Pflegeausbildung, dem Schwerpunkt meiner Masterthesis im pflegewissenschaftlichen Studium an der Philosophisch-Theologischen Hochschule Vallendar. Über implizites Wissen und das Konstrukt Könnerschaft wurde meine Aufmerksamkeit in diesem Rahmen erstmals auf die erkenntnistheoretischen Überlegungen von Michael Polanyi und auf die Ausführungen von Georg Hans Neuweg zu den Grundzügen einer Didaktik des Könnens und deren Potenzialen für die Gestaltung der Berufsausbildung in der Pflege gelenkt.

Im Folgenden beschäftigte mich vor allem die Frage, wie Können von Könnern im Fach Pflege gelehrt und von Lernenden in der Pflegepraxis gelernt wird und wie sich Interaktion und didaktischer Dialog zwischen beiden gestalten. Es sind insbesondere diese grundlegenden Aspekte des Lehrens und Lernens in der pflegerischen Berufsausbildung, denen die vorliegende Arbeit nachgeht und die sie für die Gestaltung gelingenden Lehrens und Lernens und eine fruchtbare Lehr-/Lernkultur im Sinne einer Best Practice nutzbar machen will.

Zum Gelingen dieses Vorhabens haben viele Menschen beigetragen. Mein Dank gilt neben den Verantwortlichen der beiden Erhebungskrankenhäuser, die ohne Zögern ihre Zustimmung zur Durchführung einer pflegewissenschaftlichen Forschungsarbeit in ihren Einrichtungen gaben, vor allem den Lehrenden und Lernenden, die an der Studie mitwirkten, meine Anwesenheit im Rahmen der teilnehmenden Beobachtungen bei ihrer gemeinsamen Arbeit in der Pflege ermöglichten und schließlich in den Interviews bereitwillig Auskunft gaben über ihre Perspektiven und Erfahrungen mit der Gestaltung von Lehr-/Lernprozessen im Praxisfeld Pflege. Besonders danken möchte ich auch den Betreuern meiner Arbeit, Prof. Dr. Susanne Schewior-Popp und Univ.-Prof. Dr. Frank Weidner sowie meinen Mitstreiterinnen im Promotionskolloquium. Nicht zuletzt bedanke ich mich bei allen lieben Menschen in meinem persönlichen Umfeld, die immer an die Fertigstellung des Werks geglaubt und mich durch so manche Durststrecke getragen haben.

Stuttgart, im Mai 2017   Annette Lauber

Inhalt

Einleitung

Berufsausbildungen erfolgen in Deutschland zu einem großen Teil im so genannten „dualen System", einer Kombination aus Ausbildung im Betrieb und Ausbildung an einer Berufsschule. Wenngleich die Berufsgesetze für die Ausbildungen in den Pflegeberufen Gesundheits- und Kranken- sowie Kinderkrankenpflege und Altenpflege die Anwendung des Berufsbildungsgesetzes explizit ausschließen, gilt auch für die pflegerischen Berufsausbildungen, dass sie an mindestens zwei Lernorten stattfinden – am Lernort (Berufs-)Schule und am Lernort (Berufs-)Praxis. Diese Form der Ausbildungsorganisation birgt Potenzial und Herausforderung einer effektiven und effizienten Verzahnung zwischen dem theoretischen und praktischen Unterricht am Lernort Schule und der praktischen Ausbildung am Lernort Pflegepraxis gleichermaßen. Im Interesse einer guten Ausbildungsqualität bedarf es der Zusammenarbeit der Lernorte hinsichtlich anzubahnender Kompetenzen, der Differenzierung von Aufgaben und Schwerpunkten sowie rahmender curricularer Ausbildungskonzeptionen und nicht zuletzt einer wechselseitigen Anerkennung der Beiträge der Lernorte zum Gesamterfolg. Diese Bemühungen zur Zusammenarbeit der Lernorte in der beruflichen Bildung in inhaltlicher, methodischer und konzeptioneller Form werden als Lernortkooperation begrifflich gefasst.

Eine Intensivierung der Auseinandersetzung mit dem Lehren und Lernen an den Lernorten in den Pflegeausbildungen erfolgte insbesondere im Nachgang der Novellierung der Berufsgesetze in den Berufen der Krankenpflege und der Altenpflege 2003/2004. Mit der erstmalig gesetzlich verankerten Ausrichtung der Berufsausbildung am Leitziel „berufliche Handlungskompetenz" gewannen vor allem Konzepte zur Gestaltung der Lernortkooperation in einer kompetenzorientierten Pflegeausbildung an Bedeutung (u.a. Pätzold 2004, Bossle/Feix-Pielot 2005, Keuchel 2006, Linke/Rösch 2006, Fischer/Becker 2006, Breuckmann 2006, Runde 2006)[1], womit auch der Lernort Pflegepraxis neue Aufmerksamkeit erhielt.

Auch die im Nachgang der Gesetzesnovelle vielerorts initiierten Modellprojekte weisen auf die Bedeutung des Lernorts Pflegepraxis im Zusammenhang mit der Entwicklung beruflicher Handlungskompetenz, gleichzeitig aber auch auf den Innovations-

---

1   Neuere Untersuchungen stellen die Bedeutung der Lernortkooperation für die Entwicklung der Berufsidentität in der Gesundheits- und Krankenpflege heraus (Fischer 2013). Fischer befragte für ihre quantitative Studie Auszubildende und Absolventen einer Gesundheits- und Krankenpflegeausbildung mit 1 bis 3 Jahren Berufserfahrung in der Pflege, Berufstätige mit 20 oder mehr Jahren Berufserfahrung in der Pflege und Studierende eines primär qualifizierenden Studiengangs in der Schweiz. Schwerpunktaspekte der Befragung orientierten sich an der Motivation zur Berufswahl, dem Pflegeverständnis, dem beruflichen Selbstverständnis sowie der Lernmotivation. Merkmale einer gelungenen Lernortkooperation stellen sich demnach für Lernende insbesondere in der Orientierung des Unterrichts an den Anforderungen der klinischen Praxis, der gegenseitigen Wertschätzung von Schule und Praxis und wechselseitiger Zufriedenheit sowie in gemeinsam von Schule und Praxis durchgeführten Projekten dar (Fischer 2013, S. 137 f.).

bedarf in der praktischen Pflegeausbildung hin. Gefordert werden beispielsweise im Positionspapier des Transfernetzwerks Innovative Pflegeausbildung verbesserte Qualifizierungen der Praxisanleitenden und eine regelmäßige Zusammenarbeit von Lehrenden und Lernenden, Freistellung der Praxisanleitenden von ihren regulären Aufgaben im beruflichen Alltag, eine gute Vorbereitung der Lernenden auf das berufliche Handeln durch Simulationen am so genannten Dritten Lernort und nicht zuletzt definierte Qualitätskriterien für ausbildende Einrichtungen für die Zulassung als Ausbildungsbetrieb (Müller 2010, S. 84). Zu ähnlichen Empfehlungen in Bezug auf den Lernort Pflegepraxis kommt auch der Abschlussbericht des Modellvorhabens „Pflegeausbildung in Bewegung", der unter dem Aspekt Theorie-Praxis-Verzahnung im Hinblick auf die integrierte Form der Pflegeausbildung die Definition von Kooperationserfordernissen und -strukturen zwischen Praxisbegleitung und Praxisanleitung, eine verbindliche Festlegung von Stundenkontingenten für die Praxisanleitung und des zahlenmäßigen Verhältnisses zwischen Praxisanleitenden und Auszubildenden sowie die generelle Steigerung der Verantwortlichkeit der Leitungsebene für die Ausbildung fordert. Zudem werden auch hier vor dem Hintergrund der Zusammenführung der Pflegeausbildungen Anpassungen der Qualifikation von Praxisanleitenden, insbesondere über pädagogische Beratung durch Lehrende, empfohlen (BMFSFJ 2008, S. 201 f.)

Erstmals 2004 – dort mit Empfehlungen zur Vernetzung von theoretischer und praktischer Pflegeausbildung mit Fokus auf der personellen und strukturellen (und weniger der methodisch-didaktischen) Ausgestaltung von Praxisbegleitung und Praxisanleitung – und erneut 2010 griff auch der Deutsche Bildungsrat für Pflegeberufe (DBR) die Diskussion um das Lehren und Lernen in der Pflegepraxis auf (DBR 2004, DBR 2010). In seinen „handlungsleitenden Perspektiven zur Gestaltung der beruflichen Qualifizierung in der Pflege" stellt der DBR den „großen Entwicklungsbedarf in der praktischen Pflegeausbildung" vor dem Hintergrund der Neuregelung des Berufsgesetzes mit der zu erwartenden generalistischen Ausrichtung sowie der gesetzlichen Regelung zu primär qualifizierenden Studiengängen in der Pflege heraus (DBR 2010, S. 12). Neben den aktuell herausfordernden Rahmenbedingungen für die praktische Pflegeausbildung werden insbesondere das Fehlen evaluierter Konzepte für eine umfassende, systematische, inhaltliche und methodische Gestaltung der praktischen Ausbildung beklagt, die existierenden Praxisinstrumente in Form von verrichtungsorientierten Tätigkeitsnachweisen bemängelt und die Erarbeitung in berufliche Handlungsprozesse eingebundener, methodischer Konzepte für die Wissensanwendung und Reflexion gefordert. Auch die wesentliche Bedeutung der Praxisanleiterinnen und Praxisanleiter im Zusammenhang mit dem Lernprozessmanagement, der Moderation reflexiver Prozesse im Arbeitsalltag sowie deren Funktion als Modelle beruflichen Handelns wird betont, was in der Forderung des DBR nach einer Qualifikation praktisch Ausbildender auf Master-Niveau mündet (DBR 2010, S. 20 f.). Darüber hinaus empfiehlt der DBR eine Akkreditierung ausbildender Einrichtungen im Gesundheitswesen anhand definierter Qualitätskriterien, die sich auf die Vorhaltung einer schlüssigen Ausbildungskonzeption, strukturelle Rahmenbedingungen, ein explizites Qualitätsmanagement der Ausbildungsprogramme sowie die Implementierung von Strukturen eines Wissensmanagements erstrecken (DBR 2010, S. 21 ff.).

Das für das Jahr 2016 in Aussicht gestellte Gesetz zur Reform der Pflegeberufe (PflB-RefG), das die drei Pflegeberufe Gesundheits- und Kranken-/Kinderkrankenpflege und Altenpflege in eine gemeinsame Ausbildung mit generalistischer Ausrichtung überführen soll, und die zuletzt veröffentlichten „Eckpunkte für eine Ausbildungs- und Prüfungsverordnung zum Entwurf des Pflegeberufsgesetzes" (BMG/BMFSFJ 2016) greifen einige dieser Aspekte, beispielsweise in Form definierter Zeitvorgaben für die Praxisanleitung sowie einer Ausweitung der berufspädagogischen Qualifizierung und Forderung einer kontinuierlichen Fortbildung von Praxisanleitenden auf. Auch hier erhält also der Lernort Pflegepraxis in seiner Bedeutung für den Erwerb beruflicher Handlungskompetenz neue Aufmerksamkeit.

Der konkreten Unterrichts- und Schulforschung im Feld der Pflegebildung in den deutschsprachigen Ländern wird ein kaum nennenswerter Umfang attestiert; die Anzahl pflegedidaktisch relevanter Studien als gering beschrieben (Darmann-Finck 2010, S. 609 f.). Bedarf an Berufsbildungsforschung im Berufsfeld Pflege mit empirisch fundierter Grundlagenforschung auf Makro- (gesellschaftlich-institutionell), Meso- (strukturell-konzeptionell) und Mikroebene (konkrete Lehr-/Lernarrangements) sowie auf der Ebene der Grundbegriffe sehen auch die Mitglieder der Sektion Bildung der Deutschen Gesellschaft für Pflegewissenschaft (Dütthorn/Walter/Arens 2013, S. 174). Sowohl Darmann als auch Dütthorn et al. betonen, dass auch Lehrer- und Praxisanleiterforschung sowie das Lehren und Lernen in der beruflichen Pflegepraxis weitere Forschungsgegenstände sein müssen.

Empirisch gestützte Beiträge zur konkreten Ausgestaltung von Lehr-/Lernprozessen im Praxisfeld Pflege durch Lehrende und Lernende stellt vor allem die umfassende Arbeit von Fichtmüller und Walter (2007) zum Thema „Pflege gestalten lernen in der Pflegepraxis" bereit. Weitere Forschungsarbeiten befassen sich insbesondere mit der Perspektive der Lernenden auf Lehr-/Lernprozesse in der praktischen Pflegeausbildung: So untersucht Balzer (2009) das Erleben der praktischen Ausbildungssituation im stationären und ambulanten Bereich durch Schülerinnen und Schüler in der dreijährigen Gesundheits- und Krankenpflegeausbildung; Bohrer (2013a) beschreibt Selbstständigwerden in der Pflegepraxis als zentrales Phänomen informellen Lernens in der Pflegepraxis.

Das Thema Lehren in der praktischen Pflegeausbildung wird in aktuellen Fachbeiträgen insbesondere auf strukturelle Aspekte und die berufliche Situation der Lehrenden bezogen – im Praxisfeld Pflege sind dies in aller Regel Praxisanleitende, also Pflegepersonen mit mindestens zweijähriger Berufserfahrung und einer berufspädagogischen Zusatzqualifikation im Umfang von 200 Stunden: Häufige Themen sind hier spezifische Rahmenbedingungen für das Anleitungshandeln, motivationale und rechtliche Aspekte. So stellen Quernheim und Keller die aktuelle Situation der praktischen Pflegeausbildung als problembehaftet dar, wobei sie sich insbesondere auf die (mangelnde) Freistellung der Praxisanleitenden für Anleitungsaufgaben, das Anrechnungsverhältnis zu Lernenden sowie rechtliche und Finanzierungsaspekte beziehen. Auch konkrete Optimierungsmaßnahmen, u.a. in Form der Bewerbung von praktischen Einsatzgebieten um die Anerkennung als Ausbildungsort, von Verbesserungen der Qualifizierungsmaßnahmen von Praxisanleitenden hinsichtlich ökonomischer Anleitungsorganisation, regelmäßigen Fortbildungstagen, der Implementierung freigestellter Praxisanleiterinnen und Praxisanleiter, jährlichen Zielvereinbarungsgesprächen sowie Regelkommunikation zwischen den Lernorten, werden von ihnen benannt (Quernheim/Keller 2013, S. 292 ff., 2014a, S. 33 ff., 2014b, S. 98 ff.).

Baumann und Zimmermann befragten im Rahmen ihrer Arbeiten zentrale und stationsgebundene[2] Praxisanleitende zu ihren Aufgaben im Rahmen der direkten Anleitung und bezüglich der Lernortkooperation sowie zu Aspekten ihres Beschäftigungsverhältnisses, Rahmenbedingungen der aktuellen Anleitungstätigkeit, Motivation und Berufszufriedenheit. Baumann beschreibt auf der Basis ihrer Befragungen ein überwiegend positives Meinungsbild hinsichtlich der Zufriedenheit der zentralen Praxisanleiterinnen und Praxisanleiter mit ihrer beruflichen Situation (Baumann/Lehmann 2014, S. 240 f.)[3]. Die Befragten gaben übereinstimmend das Durchführen von Anleitungen, die Vorbereitung von Schülerinnen und Schülern auf Prüfungen sowie die Tätigkeit als Fachprüferin als Aufgaben an, während sich im Zusammenhang mit der Durchführung ausbildungsbegleitender Gespräche, dem Erstellen von Anleitungsplänen und Schülereinsatzplänen und dem Beurteilen und Bewerten sowie generell in Bezug auf die Aufgaben im Rahmen der Lernortkooperation uneinheitlichere Antworten der Befragten zeigten (Baumann/Lehmann 2014, S. 237 ff.).
Zusammenarbeit mit Schülerinnen und Schülern, die Weitergabe eigenen Wissens und Könnens sowie die Erweiterung der eigenen Kompetenz und das Erleben von Wert-

---

2   Zentrale Praxisanleiterinnen und Praxisanleiter sind Einsatzgebiet übergreifend eingesetzte Pflegepersonen, die organisatorisch entweder einer Einrichtung des Gesundheitswesens oder einer Bildungseinrichtung zugeordnet sind, und für die Durchführung von Praxisanleitungen voll- oder teilumfänglich freigestellt sind. Stationsgebundene Praxisanleiterinnen und Praxisanleiter sind demgegenüber in das Arbeitshandeln eines Einsatzortes integriert und dabei nicht oder teilumfänglich für die Aufgabe der Praxisanleitung freigestellt.

3   Baumann befragte im Rahmen ihrer quantitativ angelegten Diplomarbeit 33 zentrale Praxisanleiterinnen und Praxisanleiter (Rücklauf 88%) aus 20 Kliniken in Sachsen-Anhalt zu ihren Aufgaben im Rahmen der direkten Anleitung und bezüglich der Lernortkooperation sowie zu ihrer Zufriedenheit mit der aktuellen Situation als zentrale Anleitende (Baumann/ Lehmann 2014, S. 237 ff.).

schätzung markieren aus Sicht der von Zimmermann[4] befragten stationsgebundenen Praxisanleiterinnen und Praxisanleiter wesentliche Aspekte der Zufriedenheit mit der Aufgabe Praxisanleitung (Zimmermann/Lehmann 2014, S. 293 ff.). Die Befragten sahen sich zudem in überwiegendem Maß in der Lage, den Erwartungen unterschiedlicher Gruppen (Auszubildenden, Kollegen, Vorgesetzten, Lehrkräften der Bildungseinrichtung) gerecht werden zu können und dabei auch Unterstützung zu erfahren; Unterstützungserfordernisse wurden vor allem im Bereich der Arbeitgeber benannt. Zudem wurden insbesondere knappe zeitliche Ressourcen für die Praxisanleitung geäußert: Fehlende Zeit für Schülerinnen und Schüler, Mehrarbeit durch Praxisanleitung, fehlende Akzeptanz, Anerkennung und Honorierung sowie schwierige Beziehungsgestaltung mit Schülerinnen und Schülern werden als wesentliche negative Aspekte gesehen (Zimmermann/Lehmann 2014, S. 296).

Die vorliegende Arbeit will jenseits dieser eher strukturellen Aspekte einen Beitrag zur Beschreibung von Lehr-/Lernprozessen im Praxisfeld Pflege leisten. Dabei sollen beide Perspektiven, sowohl die der Lehrenden als auch die der Lernenden berücksichtigt werden. Das besondere Interesse der Studie liegt dabei auf der Gestaltung von Lehr-/Lernprozessen durch Lehrende und Lernende, auf der Interaktion und dem didaktischen Dialog im Kontext patientennahen pflegerischen Handelns. Dabei wird eine Perspektive auf Lehr-/Lernprozesse eingenommen, deren Grundlagen im so genannten „tacit knowing view" verankert sind. Hierunter werden Ansätze verstanden, die Lehren, Lernen und Erkenntnisgewinn in den Kontext impliziten Wissens stellen. Sie fassen Wissen weniger als Bedingung des Handelns auf, sondern betonen vielmehr das Wissen *im* Handeln und öffnen somit den Blick für Handeln als Können. Die Annäherung an die lehrenden und lernenden Akteure im Praxisfeld Pflege erfolgt daher über das Konstrukt „Könnerschaft im Fach", denn gerade im Lernen von und mit Expertinnen und Experten werden Perspektiven für eine fruchtbare Lehr-/Lernkultur in der Pflege vermutet. Damit eröffnet sich ein fokussierter Blick auf die Lehr-/Lernkonstellation im Sinne einer „Best practice", auf (didaktische) Denk- und Entscheidungsmuster von erfahrenen Pflegepersonen/Könnern im Fach Pflege, auf explizite wie implizite Aspekte des Lehr-/Lernhandelns und des Lernempfindens sowohl von Lehrenden als auch von Lernenden in der Pflege.

Hierzu werden zunächst das theoretische Vorverständnis (Kapitel 1) sowie gesetzliche Rahmenbedingungen und empirische Arbeiten zum Lehren und Lernen im Praxisfeld Pflege im nationalen Kontext dargelegt (Kapitel 2). Dabei wird mit den Ausführungen zu den Arbeiten des ungarischen Naturwissenschaftlers und Philosophen Michael Polanyi sowie des österreichischen Berufs- und Wirtschaftspädagogen Georg Hans

---

4   Zimmermann befragte 62 stationsgebundene Praxisanleiterinnen und Praxisanleiter (Rücklauf 42%) in 3 Krankenhäusern unterschiedlicher Versorgungsstufen in Berlin und Brandenburg mit einem teilstandardisierten Fragebogen zu Aspekten ihres Beschäftigungsverhältnisses, Rahmenbedingungen der aktuellen Anleitungstätigkeit sowie zu ihrer Motivation und Berufszufriedenheit (Zimmermann/Lehmann 2014, S. 293 ff.).

Neuweg eine Perspektive auf Lehr-/Lernprozesse entfaltet, die im so genannten „tacit knowing view" verankert ist und die Lehren und Lernen in den Kontext von Könnerschaft und implizitem Wissen stellt. Vor diesem Hintergrund werden die leitenden Forschungsfragen nach Lehr-/Lernprozessen im Praxisfeld Pflege, wie sie zwischen „Könnern im Fach Pflege" und Lernenden in den Pflegeberufen erfolgen, entwickelt (Kapitel 3). Als methodische Zugänge werden teilnehmende Beobachtungen in der Pflegepraxis sowie episodische Interviews mit lehrenden Könnern und Lernenden in einem triangulativen Design gewählt, die einen Einblick in explizite wie implizite Aspekte des Lehr-/Lernhandelns aus beiden Perspektiven – sowohl aus der der Lernenden als auch aus der der Lehrenden eröffnen (Kapitel 4). Aspekte der Datenanalyse und -auswertung (Kapitel 5) leiten die Darstellung der Forschungsergebnisse ein (Kapitel 6). Die Arbeit schließt mit Folgerungen und Empfehlungen für die Aus- und Weiterbildungspraxis sowie einem Forschungsausblick.

Teil A: Theoretisches Vorverständnis und Forschungslage

1 Theoretisches Vorverständnis

Für qualitative Forschungsvorhaben ist die Explikation des theoretischen Vorverständnisses wesentlich, da es Einfluss nimmt auf die Analyse und Interpretation des Gegenstandes. Mit der Offenlegung des Vorverständnisses wird dessen Einfluss auf den Forschungsprozess überprüfbar und es kann sich am Forschungsgegenstand selbst weiterentwickeln und überprüfbar werden (Mayring 2002, S. 29 f.).

Für die vorliegende Arbeit wird eine Perspektive auf Lehr-/Lernprozesse eingenommen, deren Grundlagen im so genannten „tacit knowing view" verankert sind. Hierunter werden Ansätze verstanden, die Lehren, Lernen und Erkenntnisgewinn in den Kontext impliziten Wissens stellen. Sie fassen Wissen weniger als Bedingung des Handelns auf, sondern betonen vielmehr das Wissen *im* Handeln. Damit wird der Blick frei für Handeln als Können.

Der Begriff „tacit knowing view" geht zurück auf den österreichischen Berufs- und Wirtschaftspädagogen Georg H. Neuweg, der Kernmerkmale des tacit knowing view und des cognitive view gegenüberstellt (Neuweg 2004, S. 22 f.). Es sind vor allem fünf Kernaspekte, die nach Neuweg den „tacit knowing view" markieren: So lässt sich (berufspraktisches) Können demnach nicht bzw. nicht nur als Wissensapplikation auffassen und insbesondere bei berufserfahrenen Personen spielen im Wahrnehmungs- und Handlungsgeschehen nichtdeliberative Aspekte eine wesentliche Rolle. Zudem sind Könner nicht bzw. nur unzulänglich in der Lage, das ihrem Handeln zugrunde liegende Wissen zu explizieren und auch für den äußeren Beobachter ist deren intelligente Praxis nur eingeschränkt kodifizierbar. Zentrale Leistungsvoraussetzungen werden durch Erfahrung und Beispiel, am Modell und in Praktikergemeinschaften – und eben nicht durch Mitteilung – erworben (Neuweg 2006a, S. 582).

Neuweg setzt sich insbesondere mit den didaktischen Implikationen einer Theorie des impliziten Wissens bzw. mit einer Didaktik des Könnens auseinander und bezieht sich dabei explizit auf die Arbeiten des ungarischen Naturwissenschaftlers und Philosophen Michael Polanyi, der in seinen Werken eine „Theorie des impliziten Wissens" entfaltet und Könnerschaft – verstanden als situationsbezogenes und flexibles Urteilen und Handeln – an implizites Wissen koppelt.[5] Er verfolgt dabei das inhaltliche Anliegen „die Relevanz des Konzeptes des „impliziten Wissens" für die Modellierung dieses Berufswissens und innerhalb eines pädagogischen Bemühens nachzuweisen, dessen Fluchtpunkt Können und nicht Kennen ist" (Neuweg 2004, S. 46). Methodologisch geht es ihm um den Zugang über die Bewusstseinsphänomenologie als einer Alternative zum „klassischen" Informationsverarbeitungsansatz (Neuweg 2004, S. 46). Zum besseren Verständnis seiner Ausführungen sollen zunächst die Theorie des impliziten Wissens nach Michael Polanyi und deren erkenntnistheoretische Kernaussagen in ihren Grundzügen vorgestellt werden.

1.1 Die Theorie des impliziten Wissens nach Michael Polanyi

Polanyi beschreibt die Grundstruktur impliziten Wissens als aus zwei Teilen bestehend – einem distalen und einem proximalen Term.[6] Der proximale Term ist dabei dem Hintergrundbewusstsein zugeordnet. Er ermöglicht die Wahrnehmung einzelner Elemente, so genannter Subsidien. Sie können aus unterschiedlichen Elementen bestehen: Hierzu gehören u.a. Vorgänge im Inneren des Körpers, Reize unterhalb der Wahrnehmungsschwelle, Werkzeuge im Gebrauch, Teile beim Erkennen eines Ganzen (z.B. Wörter in einem Satz oder Text), Indikatoren, auf deren Grundlage zu Erwartendes gebildet wird, aber auch Erfahrungen aus der Vergangenheit, Theorien im Gebrauch, Überzeugungen oder verinnerlichte moralische Lehren (Neuweg 2004, S. 192 f.). Polanyi beschreibt den proximalen Term als den Teil, von dem Menschen ein Wissen haben, das sie nicht in Worte fassen können: „It is the proximal term, then, of which we have a knowledge that we may not be able to tell" (Polanyi 2009, S. 10).

Der distale Term ist dem Fokalbewusstsein zugeordnet. Er ermöglicht die Wahrnehmung von Gestalten oder Ganzheiten. Proximaler und distaler Term sind nach Polanyi dabei nicht zwei unterschiedliche Dinge, sondern sie werden anders wahrge-

---

5   Neuweg weist darauf hin, dass die Diskussion um implizites Wissen auch durch die „außergewöhnliche disziplinäre Breite des Diskurses erschwert" wird (Neuweg 2006, S. 582). Er selbst bezieht sich in seinem Werk „Könnerschaft und implizites Wissen" neben Polanyi insbesondere auf den handlungstheoretischen Ansatz Gilbert Ryles, die Expertiseforschung von Donald Schön sowie auf kognitionswissenschaftliche Erkenntnisse von Hubert und Stuart Dreyfus (Neuweg 2015, S. 11).

6   Polanyi bedient sich zur Kennzeichnung der beiden Terme anatomischer Begriffe: „Using the language of anatomy, we may call the first term *proximal*, and the second term *distal*" (Polanyi 2009, 10). Er begründet dies mit der „von-zu-Struktur" des Wissens, bei dem im Akt des Verstehens die Aufmerksamkeit von den Einzelheiten im Hintergrundbewusstsein auf die Ganzheit oder Gestalt im distalen Term gerichtet wird: „All meaning tends to be displaced *away from ourselves,* and that is in fact my justification for using the terms 'proximal' and 'distal' to describe the first and second terms of tacit knowing" (Polanyi 2009, S. 13).

nommen: „the proximal term consists of things seen in isolation, and the distal term consists of the same things seen as a coherent entity" (Polanyi 1969, S. 140). Hintergrundbewusstsein (subsidiary awareness) und Fokalbewusstsein (focal awareness) stellen für Polanyi keine hierarchisierten, sondern unterschiedliche Arten von Aufmerksamkeit dar:

> „When we use a hammer to drive in a nail, we attend to both nail and hammer, *but in a different way*. We *watch* the effect of our strokes in the nail and try to wield the hammer so as to hit the nail most effectively. When we bring down the hammer we do not feel that its handle has struck our palm but that its head has struck the nail. Yet in a sense we are certainly alert to the feelings in our palm and the fingers that hold the hammer. They guide us in handling it effectively, and the degree of attention that we give to the nail is given to the same extent but in a different way to these feelings. The difference may be stated by saying that the latter are not, like the nail, objects of our attention, but instruments of it. They are not watched themselves; we watch something else while keeping intensively aware of them. I have a *subsidiary awareness* of the feeling in the palm of my hand which is merged into my *focal awareness* of my driving in the nail" (Polanyi 1974, S. 55).

Die Aufmerksamkeit eines Subjekts gilt also beiden Termen – allerdings in unterschiedlicher Weise: Hintergrundbewusste Elemente (das Gefühl des Hammers in der Hand) werden zum *Instrument* der Aufmerksamkeit und in das Fokalbewusstsein (das Einschlagen des Nagels) integriert (Allen 2000, S. 48). Erkenntnis und Verstehen vollziehen sich nach Polanyi, indem das Subjekt die Aufmerksamkeit vom proximalen auf den distalen Term richtet. Polanyi beschreibt dies als eine „von-zu-Struktur" des Wissens und als funktionalen Aspekt impliziten Wissens (Polanyi 1969, S. 141): Die Elemente des Hintergrundbewusstseins werden – Instrumenten gleich – genutzt, um etwas im Fokalbewusstsein zu erkennen oder zu erreichen. Erkenntnis, Wissen, Kompetenz und Expertise bestehen darin, „Einzelheiten in Begriffen von Ganzheiten zu verstehen" und Einzelheiten zur Gestalt werden zu lassen (Neuweg 2004, S. 136).

Die Elemente selbst können dabei nicht prinzipiell als subsidiär oder fokal gelten. Es ist die Richtung der Aufmerksamkeit – von oder zu – bzw. die Funktion, die Ihnen ein Subjekt zuschreibt, die sie als subsidiär oder fokal bestimmt. Allerdings kann kein Inhalt *gleichzeitig* Gegenstand des Fokal- und des Hintergrundbewusstseins sein: „Subsidiary awareness and focal awareness are mutually exclusive" (Polanyi 1974, 56). Bei der fokalen Betrachtung vormals subsidiärer Elemente geht vielmehr die Ganzheit oder Gestalt verloren, vergleichbar einem Klavierspieler, der, wenn er die Aufmerksamkeit vom Spielen eines Musikstücks auf die Bewegungen seiner Finger richtet, nicht mehr weiterspielen kann (Polanyi 1974, S. 56).

Polanyi beschreibt insgesamt vier Aspekte impliziten Wissens: Den bereits dargestellten funktionalen sowie einen phänomenologischen, semantischen und ontologischen Aspekt (Polanyi 2009, S. 9 ff.). Durch die implizite Integration von distalem und proximalem Term wird letzterer phänomenal transformiert und entsprechend „anders gesehen oder erlebt als dies der Fall wäre, würde das Subjekt ihn direkt fokussieren" (Neuweg 2004, S. 198). Polanyi nennt dies den phänomenologischen Aspekt impliziten Wissens:

> „We may say, in general, that we are aware of the proximal term of an act of tacit knowing in the appearance of its distal term; we are aware of that *from* which we are attending *to* another thing, in the *appearance* of that thing. We may call this the *phenomenal structure* of tacit knowing" (Polanyi 2009, S. 11)

Der Akt der impliziten Integration ermöglicht zudem das Erfassen einer neuen Bedeutung des proximalen Terms und seines Zusammenhangs mit dem distalen Term, die zuvor nicht gegeben war, was Polanyi als den semantischen Aspekt impliziten Wissens bezeichnet. Er verdeutlicht dies am Beispiel der Nutzung einer Sonde zur Erforschung des Inneren eines Hohlraums:

> „We are attending to the meaning of its impact on our hands in terms of its effect on the things to which we are applying it. We may call this the *semantic aspect* of tacit knowing" (Polanyi 2009, S. 13).

Darüber hinaus beschreibt er den ontologischen Aspekt impliziten Wissens als die Wahrnehmung einer unabhängig und außerhalb von uns existierenden Entität (Mitchell 2006, S. 76).

> „Since tacit knowing establishes a meaningful relation between two terms, we may identify it with the understanding of the comprehensive entity which these two terms jointly constitute. Thus the proximal term represents the particulars of this entity, and we can say, accordingly, that we comprehend the entity by relying on our awareness of its particulars for attending to their joint meaning" (Polanyi 2009, S. 13).

Die „von-zu-Struktur" des impliziten Wissens, die Richtung der Aufmerksamkeit von Einzelheiten im proximalen auf Ganzheiten bzw. Gestalten im distalen Term führt folglich dazu, dass das Ganze anders und als bedeutungsvoll wahrgenommen wird. Diesen Vorgang, bei dem das Subjekt Elemente des Hintergrundbewusstseins auf ein Objekt seiner fokalen Aufmerksamkeit richtet, bezeichnet Polanyi als „implizites Integrieren" oder „impliziten Schluss" (Polanyi 1969, S. 140). Er vollzieht sich nicht aus sich heraus, sondern stellt vielmehr einen aktiven Akt des Subjekts dar, bei dem es aus Einzelheiten auf eine Gestalt schließt. Die für das Erkennen der Gestalt genutzten Elemente des Hintergrundbewusstseins werden nicht lediglich linear abgeleitet oder addiert. Das Subjekt schließt vielmehr eine „logische Lücke" (Neuweg 2004, S. 137), es *versteht*, indem es im impliziten Schluss dem proximal Genutzten Bedeutung hinzufügt. Es „schafft aus proximalen Bestandteilen mehr, als in ihnen fokal betrachtet enthalten ist" (Neuweg 2004, S. 222). Implizites Integrieren erweitert damit die Beziehung zwischen proximalem und distalem Term um das Subjekt zu einer „impliziten Triade":

> „We may say, in slightly more general terms, that the triad of tacit knowing consists in subsidiary things (B) bearing on a focus (C) by virtue of an integration performed by a person (A); we may say also that in tacit knowing we attend *from* one or more subsidiaries *to* a focus on which the subsidiaries are brought to bear" (Polanyi 1969, S. 182).

Die aktive Rolle, die Polanyi dem Subjekt in der impliziten Triade zuschreibt (Mitchell 2006, S. 76), wird bereits beim Aufbau einer impliziten Triade deutlich, denn die Absicht eines Subjekts, ein Phänomen, eine Situation oder ein Ereignis zu verstehen, bildet nach Polanyi den Ausgangspunkt oder Anlass für eine implizite Integration.[7] Polanyi beschreibt implizites Integrieren als „Einfühlen"[8]. Am Beispiel eines intelligent Handelnden und seines Beobachters verdeutlicht er sein Verständnis von Lehren und Lernen, das idealerweise in einer Meister-Lehrling-Beziehung erfolgt:

> „By watching the master and emulating his efforts in the presence of his example, the apprentice unconsciously picks up the rules of the art, including those which are not explicitly known to the master himself. These hidden rules can be assimilated only by a person who surrenders uncritically to the imitation of another" (Polanyi 1974, S. 53).

Der Beobachter (Lernende) vollzieht dabei das demonstrierte praktische Handeln mental nach – er fühlt sich in das Handeln des anderen ein und erwirbt so ein Gefühl für die Fertigkeit des Handelnden (Polanyi 2009, S. 30).

> „A novice trying to understand the skills of a master will seek *mentally* to combine his movements to the pattern to which the master combines them *practically*. By such exploratory indwelling the novice gets the feel of the master's skill. Chess players enter into a master's thought by repeating the games he played. *We experience a man's mind as the joint meaning of his actions* by dwelling in his actions from outside" (Polanyi 1969, S. 132).

Vom Beobachter oder Lernenden verlangt dies eine Haltung, die unterstellt, dass das beobachtete Handeln koordiniert erfolgt, und es dabei auch etwas zu lernen gibt. Über implizites Integrieren erfolgt nach Polanyi Lernen und Entwicklung. Hierbei entstehen immer „mächtigere hintergrundbewusste Terme, die zunehmend mächtigere distale Terme aufschließen helfen" (Neuweg 2004, S. 138), indem bei jeder impliziten Integration frühere Erfahrungen subsidiär auf eine aktuelle Situation bezogen werden.

Implizites Integrieren kann laut Polanyi nicht als eine Abfolge expliziter, spezifizierbarer und logisch gereihter Stufen verstanden werden, weshalb es auch als nicht formalisierbar beschrieben wird. Neuweg sieht dies vielmehr als eine simultan-synoptischen Leistung, da die Funktion jedes subsidiären Elements von allen anderen Elementen im proximalen Gefüge abhängt (Neuweg 2004, S. 224). Zudem sind implizite Schlüsse auch anfällig für Irrtümer, wenn beispielsweise Merkmale hervor-

---

7 Implizites Wissen gilt aus diesem Grund auch als intentional (Klappacher 2006, S. 55). Bei der impliziten Integration spielen die Prozesse Imagination und Intuition eine wesentliche Rolle (Neuweg 2004, S. 264 ff.): Antizipative Intuition etwa dann, wenn eine Situation von einem Lernenden als problemhaltig und hierdurch eine Aufforderung zur Integration erlebt wird, Imagination als „Anstrengung des Schülers, durch die er versucht, die innere Kohärenz der vom Lehrer vorgegebenen Entität aufzuschließen" (Neuweg 2004, S. 212), die er notwendigerweise zum aktuellen Zeitpunkt (noch) nicht versteht, sowie schließlich die finale Intuition, „der durch die Imagination ausgelöste Prozeß der Evokation oder Interpretation der Subsidien, auf den sich das Subjekt verlässt und verlassen kann" (Neuweg 2004, S. 213).

8 Polanyi (2009, S. 17 f.) verwendet den Begriff „indwelling".

gehoben und überbewertet oder übersehen werden. Beides führt zu einem Verkennen von Mustern oder Gestalten – entweder werden diese fälschlicherweise entdeckt oder nicht erkannt (Klappacher 2006, S. 54). Korrekturen impliziter Schlüsse beschreibt Polanyi aus drei Gründen als schwierig: Sie bestehen erstens nachhaltig (Polanyi 1969, S. 146), zweitens können in die Integration einbezogene Subsidien sich einer expliziten Betrachtung entziehen und drittens wird die Bedeutung, das Muster, die Gestalt im distalen Term durch die Fokussierung einzelner Elemente im proximalen Term zerstört; „a process of *logical desintegration has reduced a comprehensive entity to its relatively meaningless fragments*" (Polanyi 1969, S. 213).

Nicht zuletzt deshalb betrachtet Polanyi den Wechsel zwischen den in einem komplementären Verhältnis stehenden Prozessen der Analyse einerseits und der Integration andererseits als wesentlich für das tiefere Verstehen von Gestalten (Polanyi 1969, S. 125). Im Rahmen der Analyse können im Hintergrundbewusstsein befindliche Elemente in das Fokalbewusstsein gerückt, näher betrachtet und damit auch kritisch geprüft werden. Unweigerlich geht dabei nach Polanyi aber der Blick für das Ganze verloren. Aus diesem Grund ist eine anschließende Reintegration der Elemente erforderlich, die stillschweigend, aber auch explizit erfolgen kann. Letztere kann eine implizite Integration nicht ersetzen (Polanyi 2009, S. 18), ist aber dennoch von Nutzen, da ein vormals impliziter Schluss auf diese Weise explizit und einer kritischen Prüfung zugänglich wird.

Polanyis Theorie des impliziten Wissens birgt eine Reihe von Konsequenzen für die Gestaltung von Lehr-/Lernprozessen. Typische Merkmale von Polanyis Lehr-/ Lernverständnis fasst Neuweg wie folgt zusammen: Neben der Einbindung des Lernens in eine praktische Situation werden Lehrende als Expertinnen und Experten gesehen, die das, was sie lehren wollen, auch selbst beherrschen bzw. können. Da der Lehr-/ Lernprozess zu Beginn in aller Regel durch Nicht-Verstehen gekennzeichnet ist, wird von Lernenden eine vertrauensvolle Haltung verlangt, was hier insbesondere meint, dass erstens der Lehrende als jemand anerkannt wird, von dem etwas gelernt werden kann, und dass sich zweitens das Verstehen des zu Beginn des Lehr-/Lernprozesses Unverstandenen lohnt. Da das zu Lernende nur bedingt explizierbar ist, müssen Lernende im Lernprozess selbst eine „logische Lücke" schließen zwischen dem, was einerseits expliziert und demonstriert und andererseits gelernt werden kann. Hierbei sind insbesondere Implizite Komponenten von Bedeutung – explizite Komponenten (z.B. sprachliche Vermittlung, explizites Wissen in Form von Konzepten und Theorien) sind damit aber nicht unbedeutend. Lernen vollzieht sich in einer für implizite Integrationen charakteristischen „Dialektik wechselseitiger Interpretation" von Teilen und Ganzem (Neuweg 2004, S. 295).

1.2 Lehren und Lernen vor dem Hintergrund des Tacit Knowing View

Aufbauend auf der Theorie des impliziten Wissens nach Polanyi entwirft der österreichische Berufs- und Wirtschaftspädagoge Georg H. Neuweg Grundzüge einer am Können orientierten Didaktik und formuliert neun Grundsätze, denen eine Didaktik des Könnens folgen soll (Neuweg 2004, S. 376 ff.).

So plädiert er für ein **Lernen in komplexen Praxiskontexten**, in denen Lernende möglichst von Beginn an mit Anwendungsproblemen – entweder im Funktionsfeld selbst oder in funktionsfeldähnlichen Lernumgebungen konfrontiert werden (Neuweg 2004, S. 377). Er erteilt damit der Annahme eine Absage, dass eher traditionelle Wissensvermittlung Voraussetzung für das Handeln ist. Dieses Lernen kann sich seiner Ansicht nach entweder direkt im Funktionsfeld oder in funktionsfeldähnlichen Lernumgebungen vollziehen. Für Letzteres ist wichtig, dass in der Lernumgebung die wesentlichen Merkmale des Funktionsfeldes abgebildet, Übungssequenzen unter geringem Zeitdruck, mit geringem Risiko und unter pädagogischer Anleitung erfolgen können. Als ebenfalls vorteilhaft für den Erwerb von Können sieht er einen grundsätzlichen Wechsel zwischen Theorie- und Praxisphasen in (Aus-)Bildungsprozessen an.

Für das Lernen wird zudem die Begegnung mit Könnern beziehungsweise die Einbindung von Lernenden in eine Expertenkultur als wichtig erachtet. Neuweg beschreibt dies als **Lernen in einer Meister-Lehrling-Beziehung** und damit als individualisierten Lehr-/Lernprozess. Vorzeigen und Urteilen sind dabei wesentliche Vermittlungshandlungen; Lehrhandlungen vollziehen sich in Form von Beraten, Nachfragen, Rückmelden und Evaluieren (Neuweg 2004, S. 378 ff.). Lehren und Lernen in der Meister-Lehrling-Beziehung beschreibt Neuweg vor dem Hintergrund der Ausführungen Polanyis als Prozess des wechselseitigen Einfühlens und Verstehens des Lehrenden in den Lernenden und umgekehrt: Lernende demonstrieren ihr Verständnis einer Handlung des Lehrenden durch und im eigenen Handeln; Lehrende wiederum diagnostizieren hierbei, was Lernende von ihrer Demonstration einer Handlung verstanden haben. Dieser Prozess des wechselseitigen Einfühlens und Verstehens wird explizit nicht als bloße Imitation und Orientierung an „äußerlich sichtbaren Lernhandlungen, Lerngegenständen und Lernergebnissen" betrachtet, sondern als „Einfühlen in das, was der Lehrende ‚im Sinn' hat" (Neuweg 2004, S. 382).

Neuweg spricht sich zudem für das Lernen an Beispielen bzw. an konkreten Einzelfällen aus, das er in dem Prinzip der **Abstraktion durch zentriert-variable Konkretheit** erläutert (Neuweg 2004, S. 382 ff.). Hierunter versteht er den Austausch zwischen Lehrenden und Lernenden über konkrete Praxisfälle, bei denen es weniger um das Entdecken von Ähnlichkeiten von Einzelelementen als um das Entdecken von Mustern in den Fällen und um Ähnlichkeiten zwischen den Fällen selbst geht. Kontexte, Elemente und die Situationen selbst sollen dabei möglichst variiert werden, um Lernenden die Konzentration – in der Terminologie Polanyis – auf das distale Gefüge, das Gesamtbild einer Situation zu ermöglichen. Auf diese Weise können die Fälle selbst – und nicht etwa deren Einzelelemente – proximal werden.

Unter dem **Prinzip der Sprache-Sache-Parallelisierung** fasst Neuweg das Gebot, parallel zu sprachlich vermittelten Inhalten auch praktische Erfahrungen zu ermöglichen, auf diese Weise mehrere und verschiedene Kommunikationskanäle anzusprechen und so die jeweiligen Begrenzungen der Einzelmethoden zu überwinden. Damit bezieht sich Neuweg sowohl auf die während einer Handlung erfolgende verbale Erläuterung von Lehrenden als auch auf die vorteilhafte enge Beziehung zwischen theoretischer und praktischer Ausbildung. Beide sind dabei seiner Meinung nach aufeinander bezogen, indem Anwendungsbezüge helfen, die Theorie zu verstehen und Theorien wiederum als Werkzeuge der Erklärung der Wirklichkeit dienen (Neuweg 2004, S. 384 ff.).

Besondere Bedeutung kommt nach Neuweg (2004, S. 386 ff.) dem **didaktischen Dialog zwischen Lehrendem und Lernendem** zu, für den er vor dem Hintergrund des tacit knowing view vier Aspekte als wesentlich beschreibt. So müssen Lehrende seiner Meinung nach erstens die „Grenzen des didaktischen Zugriffs auf das Subjekt" anerkennen (Neuweg 2004, S. 386). Lernen sieht er als eine aktive Leistung des Lernenden, die durch den Lernenden selbst erfolgt; es ist nicht über Lehr-/Lernarrangements durch Lehrende „herstellbar" (Neuweg 2004, S. 387). Lernen als implizite Integration verlangt nach Neuweg zweitens eine angstfreie Lernatmosphäre, die die Konzentration des Lernenden auf den distalen Term, also die Aufgabe, Situation etc., die zu lösen ist, ermöglicht. Diese entlastete Lernatmosphäre herzustellen, sieht er als wichtige Aufgabe der Lehrenden. Zentrale Elemente hierbei sind „das Prinzip der Passung bei der Auswahl von Lernaufgaben, ein fehlerfreundliches Lernmilieu, die Ermunterung durch den Lehrenden, sich im Fokus auf den distalen Term und auch auf die Evokation des Subsidiären zu *verlassen*, und das Hinlenken auf das fokal Angestrebte" (Neuweg 2004, S. 387). Insbesondere bei ängstlichen Lernenden, deren Angst auf Haltung und Verhalten von Lehrenden zurückzuführen ist, sieht er die Gefahr, dass eine Konzentration auf das „proximale Gefüge" erfolgt und implizite Integration damit verhindert wird (Neuweg 2004, S. 387). Lehrende sollen Lernende drittens dabei unterstützen und sie darin bestärken, subsidiäre Elemente zu ordnen – im Sinne eines „ästhetisch befriedigenden, runden Eindrucks"[9] und ihnen auf diese Weise Verstehen ermöglichen. Viertens ist seitens der Lernenden das grundsätzliche „Vertrauen in die Expertise des Lehrenden und die Anerkennung seiner Autorität" Voraussetzung für einen erfolgreichen didaktischen Dialog (Neuweg 2004, S. 388). Lernende müssen also eine grundsätzlich vertrauensvolle Haltung dem Lehrenden gegenüber einnehmen, bereit sein, bekannte Denk-, Urteils- und Handlungsmuster zu verlassen, auch wenn die vom Lehrenden angebotenen

---

9   Neuweg bezeichnet dies als das dem Lernenden innewohnende „Streben nach der guten Gestalt" (Neuweg 2004, S. 387).

zunächst nicht verstanden werden und überzeugt sein, dass sie in einer Situation und von dem Lehrenden etwas lernen können.

Urteilskraft beschreibt Neuweg (2004, S. 389 ff.) als Zieldimension pädagogischen Handelns. Zentral ist hierbei die Anleitung der Lernenden zum Wahrnehmen bedeutsamer Merkmale von Situationen. Er betont die Bedeutung impressionistischen Wissens für die Entwicklung des „Kennerblicks", der erst die Beurteilung und Einordnung eines Situationsmerkmals ermöglicht und für dessen Entwicklung Kontrasterfahrungen einen wichtige Rolle spielen. Auch hier bezieht sich Neuweg wieder auf das Lernen in der Konfrontation mit realen Fällen, um Merkmale in unterschiedlichen Ausprägungen und multiplen Kontexten wahrnehmen und in der Folge beurteilen zu können. Nicht der Prozess des Handelns, sondern dessen Produkt rücken hierbei in den Fokus der Aufmerksamkeit.

Besondere Beachtung schenkt Neuweg dem **Grundsatz der distalen Orientierung** (2004, S. 392 ff.). Wie unter 2.1 erläutert vollzieht sich das Verstehen einer Situation – und damit Lernen – nach Polanyi in einem Akt impliziten Integrierens, wobei frühere Erfahrungen subsidiär auf eine aktuelle Situation bezogen werden. Dieser kann – so Neuweg nicht beschrieben, sondern nur erlebt werden und verlangt damit die Begegnung mit konkreten Praxisfällen. Neben der Konfrontation mit Realsituationen kommt es aus didaktischer Sicht zudem darauf an, den Blick der Lernenden immer wieder von der Analyse der Einzelelemente einer Situation weg auf deren Zusammenspiel in der konkreten Situation hinzulenken und sie darin zu bestärken, ihre Aufmerksamkeit nicht auf Modelle und Konzepte an sich, sondern auf die Situation zu richten, auf die sie mit Hilfe der Konzepte und Modelle blicken sollen. Gleiches gilt nach Neuweg auch für die Rückmeldepraxis der Lehrenden, die Indikatoren für die Beurteilung einer Handlung nicht etwa aus Regeln ableiten, sondern aus der (gelungenen) Handlung beziehungsweise dem (richtigen) Urteil beziehen und damit ihr Lehrhandeln ebenfalls distal orientieren sollen.

Den Grundsatz der distalen Orientierung versteht Neuweg als „höchst bedeutsame didaktisch-methodische Grundorientierung", jedoch nicht als „durchgängiges Lehrprinzip" (Neuweg 2004, S. 392). Bei aller Notwendigkeit der Hinführung von Lernenden auf das Ganze und die Gesamtheit einer Situation sind auch analytische Prozesse notwendig, idealerweise in einer Kombination von **Analyse, Reflexion und Reintegration** – auch und besonders, um impliziter Blindheit entgegenzuwirken. Dies verlangt, den Interpretationsrahmen von Lernenden explizit zu machen. Analyseleistungen haben entsprechend vor allem dann ihre Berechtigung, wenn im Nachgang einer Handlung über deren konstituierende Elemente gesprochen werden soll, beispielsweise, weil für und in der Situation wesentliche Elemente vom Lernenden nicht gesehen, in ihrer Bedeutung für die Situation unangemessen beurteilt oder Kontextfaktoren und Ähnlichkeiten zu vorangegangenen Fällen vernachlässigt, berechtigt oder unberechtigt hergestellt wurden. Mittels Reflexion – so Neuweg – kann der Interpretationsrahmen des Lernenden aufgebrochen werden, um so eine neue Perspektive auf die Situation einzunehmen (Neuweg 2004, S. 396). Dabei sieht er das Durchdenken einer Ereigniskette mit dem Fokus auf Elementen, die der Lernende zunächst übersehen hat und das Bewusstmachen eigener impliziter Theorien, die seinen Blick auf die Situation geprägt haben als ebenso mögliche Ausdrucksform der Reflexion wie das mit dem Lehrenden gemeinsame Entdecken von für ihn bislang nicht sichtbaren Verallgemeinerungen und den Vergleich von Problemdefinitionen und Interpretationsschemata mit denen anderer Expertinnen und Experten.

Das Wechselspiel zwischen Analyse und Integration soll sich nach Neuweg idealerweise auch als „*Gestaltungsprinzip für die Makrostruktur des Lernprozesses*" (2004, S. 398) abbilden, indem sich Phasen theoretischen Unterrichts und handlungsentlasteter Reflexion abwechseln mit Phasen berufspraktischen Handelns. Auf diese Weise können Könner die eigene Erfahrung neu verstehen und ihr Handeln theoriegeleitet aufschließen wie auch Theorien durch die eigene praktische Erfahrung besser verstehen.

Zuletzt fordert Neuweg den **Grundsatz der direkten Leistungsbeurteilung** ein (2004, S. 398 ff.), da sich Können nur im direkten Handlungsvollzug und nicht im Sprechen über das Handeln zeigen kann. Expliziertes Wissen kann deshalb kein Indikator für Können sein; Überprüfungen des Lernerfolgs müssen daher in der Logik von Könnerschaft in einer konkreten Handlungssituation erfolgen.

1.3 Schlussfolgerungen für die Ausbildung von Könnerschaft im pflegerischen Kontext

Für das Lehren und Lernen von Können scheint damit insbesondere die praktische Pflegeausbildung prädestiniert zu sein. Sie stellt prinzipiell einen Rahmen für implizite Lehr-/Lernbedingungen bereit, indem sie Lehren und Lernen in authentischen Handlungskontexten und die Interaktion mit Könnern im Fach ermöglicht. Neuweg führt hierzu aus:

> „Die Normalform des Lernens ist *implizites Lernen*, das Konfrontiertsein mit praktischen Anforderungen, Lernen vollzieht sich im Regelfall beiläufig. Der wichtigste institutionelle Rahmen für effektives Lernen und den Erwerb von Expertise ist die *Sozialisation in einer Expertenkultur*, die Konfrontation mit praktischen Anforderungen und Könnern. *Lehren* ist primär das Gestalten von Lernumwelten, in denen Lerner sich selbstständig bewegen, sekundär ein Vormachen expertenhaften Handelns und Denkens sowie Hilfestellung bei der Analyse, Abstraktion und Systematisierung praktischer Lernerfahrungen" (Neuweg 2015, S. 64 f.).

Im Hinblick auf eine Konturierung von Aufgaben der Lernorte in der Pflegeausbildung ließe sich damit vor dem Hintergrund des beschriebenen Verhältnisses zwischen Wissen und Können das Potenzial des Lernorts Pflegepraxis als Anbahnung und Unterstützung des Erwerbs von Können über die Bearbeitung komplexer Pflegesituationen in Interaktion zwischen lehrenden Könnern und Lernenden beschreiben. Über die tatsächliche Qualität der Interaktion zwischen Lehrenden und Lernenden im Praxisfeld Pflege, des von Neuweg so prominent gesetzten didaktischen Dialogs, die Fokussierung auf die zu lösende Aufgabe, die Anleitung zur Wahrnehmung bedeutsamer Merkmale in einer Situation und den Einsatz der Kombination aus Analyse und Integration ist jedoch wenig bekannt.[10] Gerade im Lernen von und mit Expertinnen und Experten scheinen aber Perspektiven für eine fruchtbare Lehr-/Lernkultur in der Pflegepraxis zu liegen, die einerseits Logik und spezifisches Potenzial des Lernorts, andererseits implizite Aspekte des Lehrens und Lernens anerkennt.

---

10   Sie wird vielfach als eher gering eingeschätzt. Dabei wird u.a. konstatiert, dass nur wenige der in der Pflegepraxis tätigen Pflegepersonen Ansätze professioneller Handlungskompetenz im Sinne situativer Urteilsfähigkeit zeigen; vielmehr sei die Pflegepraxis gekennzeichnet durch „Paternalismus, ökonomische Zwänge und routiniertes Handeln", wodurch sich das Problem einer unkritischen Übernahme und Anpassung an bestehende unprofessionelle Handlungsmuster ergebe, die unbedingt einer kritischen Analyse und Reflexion zu unterziehen seien (Darmann 2004, S. 202). Zudem sei die Pflegepraxis weniger auf das Lernen an komplexen Pflegesituationen und auf situative Wahrnehmung und Urteilsfindung als vielmehr auf die Verrichtung von Fertigkeiten und pflegerischen Einzeltätigkeiten ausgerichtet (Darmann 2004, S. 201 f.; Müller 2007, S. 150).

2 Gesetzliche Rahmenbedingungen und Forschungslage

2.1 Gesetzliche Rahmenbedingungen

Die Ausbildung in den Pflegeberufen Gesundheits- und Krankenpflege, Gesundheits- und Kinderkrankenpflege sowie Altenpflege erfolgt aktuell gesetzlich verankert an den Lernorten (Berufs-)Schule und Pflegepraxis. Phasen theoretischen und praktischen Unterrichts am Lernort (Berufs-)Schule wechseln sich dabei – in aller Regel in Phasen mehrwöchiger Dauer – mit Phasen praktischer Ausbildung am Lernort Pflegepraxis ab. Die Ausbildung orientiert sich damit am so genannten dualen Ausbildungsprinzip, wenngleich das Berufsbildungsgesetz für die Berufe in der Krankenpflege und für die Berufe in der Altenpflege explizit keine Anwendung findet.[11] Vielerorts ist zudem an den Ausbildungsstätten für Pflegeberufe ein so genannter „Dritter Lernort" in Form eines Lernlabors bzw. Skillslabs eingerichtet. Seit geraumer Zeit existieren darüber hinaus auch Kooperationen zwischen Ausbildungsstätten der Pflege und Hochschulen mit dem Ziel des Angebots ausbildungsintegrierter Bachelor-Studiengänge mit pflegerischem Schwerpunkt. Ausbildungsphasen und Präsenzphasen an den Hochschulen sind dabei in aller Regel inhaltlich aufeinander bezogen und umfassen – in Abhängigkeit von der jeweiligen Konzeption – parallele Ausbildungs- und Studienphasen sowie eine abschließende Phase ausschließlichen Studiums an der Hochschule.

Die Ausbildung in der Gesundheits- und Krankenpflege sowie in der Gesundheits- und Kinderkrankenpflege regelt das Gesetz über die Berufe in der Krankenpflege (KrPflG) und zur Änderung anderer Gesetze vom 16. Juli 2003 (BGBl. I S.1442) sowie die Ausbildungs- und Prüfungsverordnung für die Berufe in der Krankenpflege (KrPflAPrV) vom 10. November 2003 (BGBl. I S. 2263). Für die Ausbildung in der Altenpflege gilt das Altenpflegegesetz vom 17. November 2000 (BGBl. I S. 1513) sowie die Ausbildungs- und Prüfungsverordnung für den Beruf der Altenpflegerin und des Altenpflegers (Altenpflegeausbildungs- und Prüfungsverordnung – AltPflAPrV) vom 26. November 2002 (BGBl. I S. 4418).

Vor dem Hintergrund des Anliegens der vorliegenden Arbeit interessieren insbesondere die Ausführungen des Gesetzgebers zum praktischen Teil der Pflegeausbildungen, die sich sowohl im Gesetz über die Berufe der Krankenpflege als auch im Altenpflegege-

---

11   Vgl. § 22 des Krankenpflegegesetzes vom 16. Juli 2003 (BGBl. I S. 1442), das zuletzt durch Artikel 9 des Gesetzes vom 16. Juli 2015 (BGBl. I S. 1211) geändert worden ist sowie § 28 des Altenpflegegesetzes in der Fassung der Bekanntmachung vom 25. August 2003 (BGBl. I S. 1690), das zuletzt durch Artikel 10 des Gesetzes vom 16. Juli 2015 (BGBl. I S. 1211) geändert worden ist

setz jeweils in Abschnitt 2 finden. Beide Gesetze differenzieren in einen theoretischen und praktischen Unterricht mit mindestens 2100 Stunden sowie in eine praktische Ausbildung mit mindestens 2500 Stunden (§ 1 Abs. 1 KrPflAPrV, § 1 Abs. 1 der Alt-PflAPrV); die Gesamtverantwortung für die Organisation und Koordination der Ausbildungsanteile wird der Schule, bei Modellvorhaben, die an Hochschulen stattfinden, der Hochschule zugeordnet. Die Schulen haben zudem die Aufgabe, die praktische Ausbildung durch Praxis*begleitung* zu unterstützen, während die Praxis*anleitung* durch die ausbildenden Praxiseinrichtungen sicherzustellen ist (§ 4 Abs. 5 KrPflG, § 4 Abs. 4 AltPflG).

Die Aufgabe der Praxisanleitung besteht darin, Schülerinnen und Schüler „schrittweise an die eigenständige Wahrnehmung der beruflichen Aufgaben heranzuführen" (§ 2 Abs. 2 KrPflAPrV; § 2 Abs. 2 AltPflAPrV) sowie die Lernortkooperation durch die Verbindung zur Schule zu gewährleisten. Der Gesetzgeber sieht es als Aufgabe der Einrichtungen, in denen Teile der praktischen Ausbildung stattfinden, die Praxisanleitung der Schülerinnen und Schüler durch geeignete Fachkräfte sicherzustellen. Auf konkrete Angaben zum zahlenmäßigen Verhältnis zwischen Schülerinnen und Schülern und Praxisanleiterinnen und Praxisanleitern wird dabei verzichtet; laut KrPflAPrV sollte das Verhältnis „angemessen" sein. Qualifiziert für die Ausübung der Praxisanleitung sind Gesundheits- und Krankenpfleger/innen bzw. Gesundheits- und Kinderkrankenpfleger/innen mit mindestens zweijähriger Berufserfahrung sowie einer berufspädagogischen Zusatzqualifikation im Umfang von mindestens 200 Stunden. Die AltPflAPrV sieht für die Ausübung der Praxisanleitung Altenpfleger/innen oder Gesundheits- und Krankenpfleger/innen mit mindestens zweijähriger Berufserfahrung sowie der „Fähigkeit zur Praxisanleitung, die in der Regel durch eine berufspädagogische Fortbildung oder Weiterbildung nachzuweisen ist" als geeignet an. [12]
Die Sicherstellung der Praxisbegleitung ist demgegenüber Aufgabe der ausbildenden Schulen. Lehrkräfte sollen dabei die Schülerinnen und Schüler in den Einrichtungen durch begleitende Besuche betreuen und beurteilen sowie Praxisanleiterinnen und Pra-

---

12 Konkretere Ausführungen sowohl zum zahlenmäßigen Verhältnis als auch zur inhaltlichen und zeitlichen Ausgestaltung der Praxisanleitung bleiben den Bundesländern vorbehalten. In Baden-Württemberg beispielsweise führt hierzu das Landespflegegesetz seit 2010 auf, dass die Praxisanleitung in den Einrichtungen der praktischen Ausbildung in der Gesundheits- und Kranken- bzw. Kinderkrankenpflege als sichergestellt gilt, wenn ein zeitlicher Rahmen von „25 Stunden je Schulhalbjahr und Schülerin oder Schüler durch eine berufspädagogisch fortgebildete Pflegefachkraft" (§ 20 Abs. 4 Landespflegegesetz (LPflG)) gewährleistet ist (§19 Abs. 4 Satz 4 LPflG regelt dies für die Ausbildung in der Altenpflege entsprechend). Zudem sollen Einrichtungen der Altenpflege über „mindestens drei Pflegekräfte mit der Erlaubnis zur Führung der Berufsbezeichnungen nach dem Altenpflegegesetz und nach dem Krankenpflegegesetz und davon mindestens eine Altenpflegerin oder einen Altenpfleger in Vollzeit oder in entsprechenden Teilzeitanteilen beschäftigen; diese Zahl erhöht sich bei mehr als zwei Schülerinnen oder Schülern um eineinhalb Pflegefachkräfte je zusätzliche Schülerin oder zusätzlichem Schüler" (§19 Abs. 4 Satz 2 LPflG).

xisanleiter beraten (§ 2 Abs. 3 AltAPrV; § 2 Abs. 3 KrPflAPrV). Die KrPflAPrV gibt dabei zudem eine regelmäßige persönliche Anwesenheit der Lehrkräfte in den Einrichtungen der praktischen Ausbildung vor.

Für das Jahr 2016 ist die Verabschiedung eines Gesetzes zur Reform der Pflegeberufe in Aussicht gestellt, das die drei Pflegeberufe in eine gemeinsame Ausbildung mit generalistischer Ausrichtung überführt; das Inkrafttreten soll dann 2018 erfolgen. Am 13. Januar 2016 hat das Bundeskabinett den von Bundesministerium für Gesundheit (BMG) und Bundesministerium für Familie, Senioren, Frauen und Jugend (BMFSFJ) vorgelegten Gesetzesentwurf über ein Gesetz zur Reform der Pflegeberufe (PflBRefG) beschlossen. Erstmals werden hier vorbehaltene Tätigkeiten für nach diesem Gesetz dreijährig qualifizierte Pflegefachfrauen und -männer definiert: Die Erhebung und Feststellung des Pflegebedarfs, die Organisation, Gestaltung und Steuerung des Pflegeprozesses sowie die Analyse, Evaluation, Sicherung und Entwicklung der Qualität der Pflege werden als pflegerische Aufgaben gesehen, die dreijährig ausgebildeten Pflegepersonen vorbehalten sind. Aussagen zur praktischen Ausbildung finden sich insbesondere in den §§ 6 bis 8 PflBRefG. Der Entwurf differenziert die künftig generalistisch angelegte Pflegeausbildung weiterhin in theoretischen und praktischen Unterricht sowie in eine praktische Ausbildung, deren Anteil überwiegen soll (§ 6 Abs. 1 PflBRefG). Vorgesehen ist Praxisanleitung „im Umfang von mindestens zehn Prozent der während eines Einsatzes zu leistenden praktischen Ausbildungszeit" (§ 6 Abs. 3 PflBRefG). Die Pflegeschule soll dabei „die praktische Ausbildung durch die von ihr in angemessenem Umfang zu gewährleistende Praxisbegleitung" unterstützen (§ 6 Abs. 3 PflBRefG). Der Entwurf sieht im Rahmen der praktischen Ausbildung zudem ein „angemessenes Verhältnis von Auszubildenden zu Pflegefachkräften" in den Einrichtungen der praktischen Ausbildung vor (§ 7 Abs. 4 PflBRefG). Sie sind aufgefordert, die Pflegeschule bei der Durchführung der durch die Schulen erfolgenden Praxisbegleitung zu unterstützen. Die Gesamtverantwortung für die Koordination des Unterrichts mit der praktischen Ausbildung und für die Überprüfung der praktischen Ausbildung trägt die Pflegeschule (§ 10 PflBRefG). Der Gesetzesentwurf regelt zudem eine primärqualifizierende Pflegeausbildung an Hochschulen (§ 37 PflBRefG). Für diesen Qualifizierungsweg wird die Gesamtverantwortung „für die Koordination der theoretischen und praktischen Lehrveranstaltungen mit den Praxiseinsätzen" der Hochschule übertragen, die außerdem für die Durchführung der Praxiseinsätze verantwortlich ist und zu diesem Zweck Kooperationsvereinbarungen mit den Einrichtungen der Praxiseinsätze abschließt (§ 38 Abs. 4 PflBRefG).

Insbesondere durch die zeitliche Angabe zum Umfang der zu leistenden Praxisanleitung beabsichtigt der Gesetzgeber eine Aufwertung der Praxisanleitung: Praxisanleiterinnen und -anleiter sollen Auszubildende schrittweise anhand eines Ausbildungsplans in den Einsatzbereichen der praktischen Ausbildung in die pflegerischen Aufgaben und Tätigkeiten einweisen und sie hierzu anleiten. Damit wird die wesentliche Rolle der Praxisanleitung beim Erwerb der im Gesetz geforderten beruflichen Kompetenzen unterstrichen und insgesamt der „Ausbildungscharakter der praktischen Ausbildungseinheiten" betont (Ausführungen des Gesetzesentwurfs zu § 6 PflBRefG). Nähere Ausführungen zur Gestaltung der praktischen Ausbildung – auch zur Qualifizierung der Praxisanleiterinnen und Praxisanleiter – werden für die Ausbildungs- und Prüfungsverordnung nach § 56 PflBRefG in Aussicht gestellt. Die im März 2016 vom Bundesministerium für Gesundheit (BMG) und Bundesministerium für Familie, Senioren, Frauen und Jugend (BMFSFJ) vorgelegten Eckpunkte für eine Ausbildungs- und Prüfungsverordnung zum Entwurf des Pflegeberufsgesetzes sehen in Bezug auf die Praxisanleitung insbesondere vor, dass diese „geplant und strukturiert auf der Grundlage eines Ausbildungsplans" und durch dreijährig ausgebildete Pflegepersonen mit Berufserlaubnis, mindestens zweijähriger einschlägiger Berufserfahrung in dem jeweiligen Einsatzbereich sowie einer „berufspädagogischen Fortbildung oder Weiterbildung im Umfang von mindestens 300 Stunden" erfolgt. Darüber hinaus werden kontinuierliche berufspädagogische Fortbildungsteilnahmen im Umfang von mindesten 24 Stunden jährlich gefordert (BMG/BMFSFJ 2016, II, Punkt 4).

Zusammenfassend lässt sich festhalten, dass der Gesetzgeber im Entwurf des neuen Pflegeberufegesetzes und den Eckpunkten der zugehörigen Ausbildungs- und Prüfungsverordnung über die Definition eines Stundenkontingents für die praktische Anleitung von Lernenden, die Einforderung eines vom Träger der praktischen Ausbildung zu erarbeitenden Ausbildungsplans für die praktische Ausbildung und die zeitliche Ausweitung der berufspädagogischen Erstqualifikation sowie die Forderung nach kontinuierlicher Fortbildung von Praxisanleitenden insgesamt die Bedeutung des Lernorts Pflegepraxis für den Erwerb beruflicher Handlungskompetenz anerkennt. Neben der durch die Pflegeschule sicherzustellenden Praxisbegleitung wird die Praxisbegleitung als „wesentliche[r] Bestandteil[e] und damit als Garant[en] für eine qualitätsvolle Ausbildung" betrachtet (Ausführungen des Gesetzesentwurfs zu § 6 PflBRefG).

2.2 Forschungslage

Jenseits der eher strukturellen Aspekte und deren gesetzlicher Verankerung wird ein tieferer und grundlegender Einblick in die Perspektiven von Lehrenden und Lernenden auf die Lehr-/Lernprozesse in der praktischen Pflegeausbildung im nationalen Kontext insbesondere über die Arbeiten von Fichtmüller und Walter (2007), Balzer (2009) und Bohrer (2013a) eröffnet.

Fichtmüller und **Walter** unternahmen für ihre Forschungsarbeit Unterrichtsbeobachtungen in Ausbildungseinrichtungen für Gesundheits- und Krankenpflege und Gesundheits- und Kinderkrankenpflege sowie Beobachtungen von Anleitungssituationen in der Pflegepraxis und in Lernwerkstätten. Zudem führten sie problemzentrierte Interviews und Experteninterviews mit Lehrenden, Anleitenden und Lernenden in verschiedenen Settings und setzten Lerntagebücher als Erhebungsinstrumente, insbesondere zur Explikation der Lernprozesse von Auszubildenden, ein. Im Rahmen ihrer auf der Grounded

Theory und dem Methodenarrangement der Perspektivverschränkung aus der Erwachsenenbildung basierenden Forschungsarbeit formulieren sie die Kernkategorie „**Pflege gestalten lernen**" an den Lernorten Pflegepraxis (hier sind insbesondere das Lernen von pflegerischen Einzelhandlungen, das Organisieren der Pflegearbeit und das Lernen von Arbeitsablaufgestaltung sowie der Umgang mit dem Ausbilden von Gewohnheiten und Routinen wesentliche Lerngegenstände), Schule und in der Lernwerkstatt. Weitere Ausdifferenzierungen der Lerngegenstände bieten die Kategorien mittlerer Reichweite, zu denen sie „Aufmerksam-Sein lernen" und „Urteilsbildung lernen" zählen. Einfluss auf die Kernkategorie nehmen insbesondere das Theorie-Praxis-Verhältnis – im engeren Sinne der Wissenstransfer –, Modellpersonen und die Lernatmosphäre. Die von den Autorinnen abschließend vorgestellte pflegedidaktische Theorie über das Wirkgefüge des Lernens „Pflege gestalten lernen in der Pflegepraxis" stellt die identifizierten Kategorien und relevanten Konzepte in einen Gesamtzusammenhang (Fichtmüller/Walter 2007, S. 659 ff.). Die umfassende Arbeit von Fichtmüller und Walter kann an dieser Stelle nicht detailliert aufgeschlossen werden – es sollen aber einige zentrale Erkenntnisse in ihren Bezügen zum Kernthema der vorliegenden Arbeit – Lehren und Lernen am Lernort Pflegepraxis aus Sicht von Lehrenden und Lernenden – erläutert werden.

Fichtmüller und Walter beschreiben ein heuristisches Modell über die Wirkzusammenhänge von Lernen und Lehren am Lernort Pflegepraxis (Fichtmüller/Walter 2007, S. 298 ff.), das sie im weiteren Verlauf zu **einer empirisch generierten Theorie Pflege gestalten lernen in der Pflegepraxis** weiterentwickeln und deren Konzepte „aus der Perspektive der Lernenden empirisch erschlossen" sind (Fichtmüller/Walter 2007, S. 659): „Pflege gestalten" über die Lerngegenstände Aufmerksam-sein, Urteile bilden, eine pflegerische Einzelhandlung bewältigen und den Arbeitsablauf gestalten wird von den Autorinnen als zentrale Anforderung an Lernende in der Pflegepraxis, die von ihnen handelnd bewältigt werden muss, dargestellt. Dies erfolgt vor dem Hintergrund des jeweiligen Erwartungshorizontes des Lernenden, der u.a. Wissensbestände der Lernenden, Aspekte des Selbstbilds und der Lebensphase, Erfahrungen mit Modellpersonen, bereits erlebte Pflege etc. umfasst. In ihrem Handlungsfluss werden Lernende mit selbsterlebten (z.B. innerhalb einer pflegerischen Handlung) oder fremdinduzierten (z.B. über Lehrhandeln) Handlungsproblematiken konfrontiert; diese werden wesentlich über Konzepte wie das Theorie-Praxis-Verhältnis, Prinzipien und Merksätze (so genannte „Kondensstreifen des Wissens"), Modellpersonen sowie die Lernatmosphäre beeinflusst.[13]

Grundlegende Reaktionsweisen der Lernenden auf das Auftreten von Handlungsproblematiken stellen so genannte „Lernmodi" dar: **Lernstrategien** kommen seitens der Lernenden als „Bedürfnis nach einer Veränderung im Lerngegenstandsaufschluss bzw. nach einem angemesseneren Aufschluss" zum Einsatz. Die Autorinnen sprechen im

---

13   Fichtmüller und Walter beschreiben diese Einflussfaktoren ausführlich in den so genannten querliegenden Kategorien ihrer Forschungsarbeit (Fichtmüller/Walter 2007, S. 485 ff.).

Zusammenhang mit dem Lernen mit Lernstrategien von einem Vertiefen oder Erweitern des Gegenstandsaufschlusses mit prinzipiell unterschiedlicher Ausprägung oder Intensität. **Exkludierendes Weiterhandeln** als Lernmodus wird als „Bedürfnis nach Sicherung der pflegerischen Handlung" seitens der Lernenden verstanden. Hierbei wird die Handlungsproblematik ignoriert oder übergangen und damit ausgegrenzt (Fichtmüller/Walter 2007, S. 664). Lernende geben die entsprechende Pflegehandlung dann an Pflegepersonen ab; sie treten gleichsam aus der Handlung heraus. Dieser Lernmodus führt aus Sicht der Autorinnen zu einem Einfrieren des Gegenstandsaufschlusses, er wird „fester eingeschrieben". **Integrierendes Handeln** als Lernmodus verweist demgegenüber auf die Integration situativer Anforderungen in das Handeln. Dies wird möglich, „weil das Repertoire an Handlungsweisen sich als anschlussfähig erweist und über die Integration erweitert werden kann" (Fichtmüller/Walter 2007, S. 664). Lernen durch integrierendes Handeln ermöglicht Festigung und Vertiefung im Sinne von Gewohnheits- und Routinenbildung. Ein weiteres Konzept der Theorie ist „Reflektieren", das im Anschluss an eine Handlung selbst- oder fremdinduziert sein, lernortübergreifend erfolgen und eine nachträgliche Handlungsproblematik setzen kann. Fichtmüller und Walter sprechen in diesem Zusammenhang von spezifischen Lernkontexten, die Reflektieren ermöglichen; am Lernort Pflegepraxis sehen sie hier beispielsweise Auswertungsgespräche zwischen Anleitenden und Lernenden oder auch das Rückmelden als Lehrstrategie der Anleitenden (Fichtmüller/Walter 2007, S. 666).

Die oben bereits erwähnte Kernkategorie „Pflege gestalten lernen" wird am Lernort Pflegepraxis näher konkretisiert über „pflegerische Einzelhandlungen lernen" sowie „Pflegearbeit organisieren lernen – Arbeitsablaufgestaltung lernen". **Aufmerksam-Sein lernen** und **Urteilsbildung lernen** bezeichnen nach Fichtmüller und Walter weitere wichtige Lerngegenstände. Aufmerksam-Sein beschreiben sie als Voraussetzung für situatives Ausgestalten pflegerischer Einzelhandlungen und für die Urteilsbildung in den Dimensionen fixiertes, gerichtetes, fluktuierendes und freischwebendes Aufmerksam-Sein aus der Perspektive der Lernenden. Lehrende setzen Aufmerksamkeitslenkung und Sensibilisierung als Strategien zur Anbahnung des Aufmerksam-Seins bei Lernenden ein (Fichtmüller/Walter 2007, S. 362 ff.). Urteilsbildung lernen in der Pflegepraxis beschreiben Fichtmüller und Walter in den Subkategorien Erscheinungsweisen, Prozess der Urteilsbildung, Anleitungshandeln und Aneignung der Lernenden (Fichtmüller/ Walter 2007, S. 448). In Bezug auf die Erscheinungsweisen der Urteilsbildung sind beispielsweise Aspekte wie die Urteilsnotwendigkeit (zwingend oder nicht zwingend erforderlich, um weiter handeln zu können), die Erwartbarkeit der Urteilssituation, die erforderliche Aufmerksamkeit für die Urteilsbildung, Inhalte (z. B. Auswahl und Ablauf pflegerischer Einzelhandlungen) und Patientenbeteiligung (z. B. Urteile im Umgang mit Patientenbedürfnissen oder im Zusammenhang mit der Ablauforganisation und entsprechend ohne Patientenbeteiligung) von Bedeutung (Fichtmüller/Walter 2007, S. 381 ff.). Für das Anleitungshandeln im Kontext von Urteilsbildung lernen identifizieren Fichtmüller und Walter unterschiedliche Ausprägungen der Zielgerichtetheit des Lehrhandelns (explizit/bewusst, implizit oder beiläufig) sowie der Bedeutung und Tiefe der

Begründungen (hoch vs. gering; tief vs. flach). Bewusste und explizite Strategien der Lehrenden im Zusammenhang mit der Anregung der Urteilsbildung bei Lernenden beschreiben sie in den Dimensionen begründungsbezogene, deutungsdifferenzierende, sowie modellpersonen- und kontextbezogene Strategien (Fichtmüller/Walter 2007, S. 420 ff.). Urteilsbildung kann durch Lehrende auch „blockiert" werden, beispielsweise wenn Begründungen als Selbstzweck erfolgen oder seitens der Lehrenden auf Autoritäten, Experten und Gepflogenheiten verwiesen wird. In Bezug auf die Aneignungsprozesse der Lernenden heben Fichtmüller und Walter insbesondere das Sich-Hineinversetzen als Kriterium bzw. Begründung für Urteile der Lernenden hervor, das „von nahezu allen Lernenden als bedeutsames Urteilskriterium benannt" wird (Fichtmüller/Walter 2007, S. 420).

Modellpersonen oder zur Wirksamkeit erlebten Pflegehandelns markiert eine weitere, querliegende Kategorie der Forschungsarbeit von Fichtmüller und Walter.[14] Als Modellpersonen für Lernende beschreiben sie neben Lernenden und Pflegekräften auch Mentoren und Lehrende der Schule (Fichtmüller/Walter 2007, S. 556). Modellpersonen und deren Handeln – so die Autorinnen – wird von Lernenden implizit wie explizit eine hohe Bedeutung beigemessen. Unterschieden werden neben inhaltlichen Dimensionen, die grundsätzlich eine positive wie auch negative Modellfunktion haben können, zwei Formen erlebten Pflegehandelns: Handeln, das individuellen Handlungsweisen folgt und Handeln, in dem Gepflogenheiten, kollektiven Handlungsweisen, beispielsweise in Form stationsintern ausgebildeter Routinen und Gewohnheiten, gefolgt wird. Lernende werden im Rahmen ihrer Ausbildung mit einer Vielzahl unterschiedlicher Modelle konfrontiert; sie wenden entsprechend unterschiedliche Strategien im Umgang damit an: Unterscheidung in Modelle positiven und negativen pflegerischen Handelns, Abgrenzen, Abgucken, Anpassung und Reflexion (Fichtmüller/Walter 2007, S. 560 ff.). Lehrende in der Pflegepraxis – von den Autorinnen als Mentorinnen bezeichnet – sind sich ihrer Modellfunktion für Auszubildende bewusst, wollen Modell und Partner der Lernenden, insbesondere Ansprechpartner sein und ein bestimmtes Pflegeverständnis vermitteln (Fichtmüller/Walter 2007, S. 563). Dabei erleben sie eine doppelte Anforderung: Einerseits wollen sie Lernenden einen lernförderlichen Rahmen bieten, andererseits sind sie im Team mit Aufgaben als Pflegende betraut.

Auch die **Lernatmosphäre** und das **Theorie-Praxis-Verhältnis** beschreiben Fichtmüller und Walter als wesentlich in ihrer Einflussnahme auf das Lehren und Lernen in der Pflegeausbildung. Die Autorinnen sehen die Lernatmosphäre insbesondere durch die Gestaltung der Beziehung zwischen Lehrenden und Lernenden, die innere Haltung zum Gegenüber sowie in ihren Auswirkungen auf das Lernen und Lehren markiert (Ficht-

---

14   Die Autorinnen betonen, dass die Aufnahme des Handlungsaspektes in die Benennung der Kategorie bewusst vor dem Hintergrund erfolgt, dass eben nicht nur Personen, sondern insbesondere deren von Lernenden erlebtes Handeln wirksam ist (Fichtmüller/Walter 2007, S. 554).

müller/Walter 2007, S. 608 ff.). So kann die Lernatmosphäre die emotionale Bereitschaft der Lernenden im Sinne einer Öffnung oder eines Sich-Verschließens beeinflussen und sich förderlich oder blockierend auf Lehr-/Lernprozesse auswirken. Auf das Lehrhandeln sehen die Autorinnen wesentliche Einflüsse insbesondere darin, inwiefern Anleitende und Lehrende „ihr pädagogisches Handeln zwischen den Polen Anpassung an die Lernenden und Anliegen unabhängig von den Personen verfolgen austarieren", also die Passung zwischen Lernanforderungen und Lernbedürfnissen und -voraussetzungen unterstützen (Fichtmüller/Walter 2007, S. 619). Die Anpassung an die Lernenden fanden die Autorinnen insbesondere bei Anleitenden in der Pflegepraxis.

Das **Theorie-Praxis-Verhältnis** wird durch die dem expliziten Wissen beigemessene Bedeutung, das Verständnis und den Gebrauch expliziten Wissens sowie Konklusionen, Strategien der Lernenden und das Erleben des Verhältnisses von „Theorie" und „Praxis" näher bestimmt. Für den Lernort Pflegepraxis kommen die Autorinnen zu dem Ergebnis, dass explizites Wissen als Voraussetzung für das Lernen von Handlungen gesehen wird und beschreiben dies als dominierende Transfervorstellung. Auch implizite Transfervorstellungen einiger Mentorinnen, nach denen Handlungsfertigkeit auch ohne vollständiges explizites Wissen erlangt werden kann, scheinen von der dominierenden Transfervorstellung unterlegt (Fichtmüller/Walter 2007, S. 491). Explizites Wissen wird verstanden als Anwendungswissen, Reflexionsinstrument, Hintergrund-, Orientierungs- und Grundlagenwissen und entsprechend eingesetzt: u. a. als Handlungsanleitung in Anwendungskontexten, zur Bewertung von Handlungen im Reflexionsprozess oder zur Handlungsrechtfertigung.

Balzer setzt sich im Rahmen ihrer Diplomarbeit mit dem Erleben der praktischen Ausbildungssituation im stationären und ambulanten Bereich durch Schülerinnen und Schüler in der dreijährigen Gesundheits- und Krankenpflegeausbildung auseinander (Balzer, 2009). Sie wertete fünf problemzentrierte Interviews mit Schülerinnen und Schülern im zweiten und dritten Ausbildungsjahr in der Gesundheits- und Krankenpflegeausbildung inhaltsanalytisch aus und reflektiert die Ergebnisse auf der Grundlage des fachdidaktischen Strukturgitters von Greb; verfolgt also insgesamt eher die Zielsetzung einer fachdidaktischen Auseinandersetzung. Das Erleben der Interviewteilnehmerinnen und -teilnehmer beschreibt sie in insgesamt sieben Hauptkategorien, die insbesondere herausfordernde Aspekte in der praktischen Pflegeausbildung aus Sicht der Lernenden thematisieren: Hierzu gehört die Orientierung des alltäglichen Arbeitsablaufs am tayloristischen Arbeitsprinzip, ein erschwerter Theorie-Praxis-Transfer, der zu Dilemma-Situationen und Demoralisierung der Schülerinnen und Schüler führt,[15] die Position der Schüler im Gefüge zwischen hierarchischen Strukturen und konstruktiver Teamarbeit, der Wunsch der Schüler nach intensiveren Kooperationen und Akzeptanz zur Optimie-

---

15 Balzer spricht hier von einer „Chamäleonkompetenz" der Lernenden, da diese sich „zwischen dem Wunsch nach Patientenorientierung und vorgefundener Patientenignorierung" winden (Balzer 2009, S. 90).

rung von Ausbildung, das Erleben kurzfristiger Versetzungen währen eines Praxiseinsatzes als kontraproduktiv sowie ein insgesamt uneinheitliches Bild in Bezug auf Überlegungen der Schülerinnen und Schüler zu einem erneuten Beginn der Ausbildung (Balzer 2009, S. 89 f.). Wenngleich auch im Zusammenhang mit Praxisanleitungen insbesondere deren kurzfristige Anberaumung und eine unprofessionelle Strukturierung von den befragten Schülerinnen und Schülern als kontraproduktiv und aufgrund ihrer Unregelmäßigkeit gar als hinderlich für einen kontinuierlichen Lernprozess erlebt werden, werden Praxisanleitungen von ihnen dennoch als grundsätzlich positiv angesehen und in Bezug auf den Erfolg der Ausbildung mit hohen Erwartungen belegt: Praxisanleitungen werden seitens der Lernenden als wertvoll empfunden, insbesondere weil die Lernenden „sich zum einen Fortschritte im Rahmen formativer Evaluation erhoffen, weil man sich Zeit nimmt, sie anerkennt, und zum anderen das Expertenwissen der Praxisanleiter als sehr bedeutsam eingeschätzt wird" (Balzer 2009, S. 120).

Bohrer setzt sich im Rahmen ihrer Forschungsarbeit mit informellem Lernen in der Pflegepraxis auseinander; ihre Arbeit fokussiert die Perspektive der Lernenden auf das Lernen in der Pflegepraxis. Sie führte teilnehmende Beobachtungen in unterschiedlichen Handlungsfeldern der Pflege mit Auszubildenden und Studierenden in den Pflegeberufen Altenpflege und Gesundheits- und Krankenpflege sowie problemzentrierte Interviews durch und identifiziert in ihrer auf der Methode der Grounded Theory basierenden Forschungsarbeit **Selbstständigwerden in der Pflegepraxis** als das zentrale Phänomen informellen Lernens (Bohrer, 2013a). Selbstständigwerden wird in den drei Dimensionen Verantwortung, (Selbst-)Vertrauen und Unabhängigkeit im Zusammenspiel von Lernenden und Anleitenden beschrieben (Bohrer 2013a, S. 141). Situationen einschätzen und Urteile bilden, Pflegearbeit organisieren, Pflegerische Einzelhandlungen gestalten,[16] Kontakt und Beziehungen gestalten sowie Zusammenarbeiten und Position beziehen markieren Lerngegenstände. Lernanlässe stellen für Lernende dabei insbesondere für sie neue Situationen dar, während das Handeln in bekannten Situationen für Lernende eher mit dem Erwerb von Handlungssicherheit einhergeht (Bohrer 2013a, S. 141 f.).

Bohrer beschreibt darüber hinaus differenziert ursächliche und intervenierende Bedingungen, Strategien der Lernenden sowie Konsequenzen des Prozesses des Selbstständigwerdens und betont, dass ihr Modell des Selbstständigwerdens auch Strategien der Anleitenden sowie die Bedingungen des Lernkontextes einschließt. Zu den **Bedingungen des Lernkontextes** zählt Bohrer – neben institutionellen Räumen und Grenzen – Personal- und Zeitressourcen sowie den Wechsel der Lernorte und Praxisfelder während der Pflegeausbildung. Als Rahmenbedingungen informellen Lernens nehmen sie Einfluss auf den Prozess des Selbstständigwerdens sowohl in förderlicher als auch hinderlicher Form (Bohrer 2013a, S. 226 ff.).

---

16   Bohrer bezieht sich mit dem Begriff „pflegerische Einzelhandlung" explizit auf Fichtmüller und Walter (2007).

Zudem beschreibt sie **Strategien der Lernenden und Anleitenden** – diese aus der Perspektive der Lernenden –, die das Phänomen Selbstständigwerden hervorbringen und aufrechterhalten. Die Strategien der Lernenden umfassen Lernziele setzen und verfolgen, sich informieren, ausprobieren, Fragen stellen und Hilfe holen, beobachten, wiederholen sowie zurückschauen und überprüfen in Form von wahrnehmbarem Lernhandeln (Bohrer 2013a, S. 251 ff.). Zudem werden Strategien in Form von verborgenem Lernhandeln beschrieben, die sich zwischen den Polen „allein lernen und mit Unterstützung lernen", „sich anpassen und sich behaupten" sowie „hinterfragen und erledigen" bewegen. Strategien der Anleitenden werden – aus der Perspektive der Lernenden – unterschieden nach Selbstständigkeit ermöglichenden und Selbstständigkeit begrenzenden Strategien (Bohrer 2013a, S. 282 ff.): „Anfänge gestalten", „entsprechend der Selbstständigkeit unterstützen" (in den Ausprägungen Tipps geben und etwas zeigen, Beobachten und Rückmeldung geben, schrittweise anleiten) sowie „Ermutigen und motivieren" (zu Eigeninitiative, Fragen stellen und Interesse zeigen) stellen dabei Selbstständigkeit ermöglichende Strategien dar. Demgegenüber erleben Lernende „Verantwortung und Unabhängigkeit vorenthalten", „von Informationen ausschließen", „übertrieben anleiten" und „Prüfungsdruck aufbauen" und „verunsichern" als Selbstständigkeit begrenzende Strategien von Anleitenden.

Zusammenfassend kann festgehalten werden, dass die dargestellten Arbeiten mit ihren Ergebnissen wichtige Beiträge zu einem besseren Verständnis des Lehrens und Lernens am Lernort Pflegepraxis liefern. Sie verdeutlichen die Komplexität des Bedingungsgefüges, in dem sich Lehr-/Lernprozesse im Praxisfeld Pflege vollziehen. Dabei thematisieren insbesondere die Arbeiten von Balzer und Bohrer stärker die Perspektive der Lernenden auf das Lehren und Lernen in der Pflegepraxis. Obwohl in den Ergebnissen Balzers eher herausfordernde Kontextfaktoren für das Lernen in der praktischen Pflegeausbildung betont werden, wird doch auch hier der hohe Stellenwert, den Lernende der Zusammenarbeit mit Praxisanleitenden für den eigenen Lernerfolg beimessen – nicht zuletzt weil sie hierüber Anerkennung und Wertschätzung in ihrer Rolle als Lernende erfahren und die Expertise der Lehrenden schätzen – deutlich. Auch die Ergebnisse von Bohrer zum informellen Lernen in der Pflegepraxis mit seinem zentralen Phänomen „Selbstständigwerden" legen in den Aussagen der Lernenden zu Lehrstrategien der Anleitenden, die Selbstständigkeit der Lernenden ermöglichen oder begrenzen können, nahe, dass dem Lehrhandeln aus Sicht der Lernenden auch im Rahmen informeller Lernprozesse wesentliche Bedeutung zukommt. Hinweise darauf finden sich nicht zuletzt auch in den Ergebnissen von Fichtmüller und Walter, die eine Reihe von eingesetzten Lehrstrategien der Anleitenden identifizieren und auch auf die Einflüsse von Lernatmosphäre und Beziehungsgestaltung zwischen Lehrenden und Lernenden auf Lehr-/Lernprozesse im Praxisfeld Pflege hinweisen.

Insgesamt lässt sich aus den Ergebnissen der dargestellten Arbeiten also aus Sicht der Lernenden die Bedeutung des Lehrhandelns von Anleitenden für das Lernen im Praxisfeld Pflege ableiten. Als ebenso bedeutsam erscheinen die Lehr-/Lernkonstellation, die

Gestaltung der Interaktion zwischen Lehrenden und Lernenden sowie die Lernatmosphäre für Lehr-/Lernprozesse in der praktischen Pflegeausbildung. Beides erscheint aus der Perspektive von Lehrenden und im konkreten Vollzug zwischen Lehrenden und Lernenden im Praxisfeld Pflege noch eher weniger beforscht und erschlossen.

Teil B: Untersuchung

3 Fragestellung

Mit der vorliegenden Arbeit soll ein Beitrag zur Beschreibung von Lehr-/Lernprozessen im Praxisfeld der Pflege geleistet werden. Dabei sollen beide Perspektiven, sowohl die der Lehrenden als auch die der Lernenden berücksichtigt werden. Von besonderem Interesse ist dabei der „innere Kern" des Lehrhandelns von „Können im Fach". Es soll ein Zugang zu den (didaktischen) Denk- und Entscheidungsmustern von lehrenden Könnern gewonnen und implizite Aspekte des Lehr-/Lernhandelns und des Lernempfindens aufgedeckt werden. Dabei wird ein Schwerpunkt auf die differenzierte Betrachtung des didaktischen Dialogs[17] zwischen lehrenden Könnern und Lernenden im Praxisfeld der Pflege gelegt. Hiermit soll das Potenzial des Lernorts Praxis im Hinblick auf dessen Lerngehalt weiter erschlossen werden.[18]

Im Nachgang zu den Ausführungen von Neuweg (2004) soll der Schwerpunkt dabei auf der Gestaltung der „Meister-Lehrling-Beziehung" zwischen „Könnern im Fach" und Lernenden liegen. Es wird also die Annahme grundgelegt, dass erstens Könnerschaft im Fach und zweitens die Lehr-/Lernkonstellation Einfluss auf die konstituierenden Merkmale und die Gestaltung von Lehr-/Lernprozessen im Praxisfeld nimmt. Es wird die Absicht verfolgt, grundlegende Aspekte des Lehr-/Lernhandelns aufzudecken und für Überlegungen zur Gestaltung von Lehr-/Lernprozessen im Praxisfeld der Pflege, wie sie sowohl aus der Perspektive erfolgreich Handelnder als auch aus der Perspektive erfolgreich Lernender als sinnvoll erscheinen, nutzbar zu machen. Dabei können die Ergebnisse prinzipiell über das Handlungsfeld Pflege hinausweisen.

Für die **Perspektive der lehrenden Könner** wird dabei folgende zentrale Forschungsfrage zugrunde gelegt: Wie gestalten „Könner im Fach" Lehr-/Lernprozesse mit Lernenden im Praxisfeld Pflege?
- Welche Situationen in der Pflegepraxis werden aus Sicht der „Könner im Fach" als lernhaltig erlebt und was kennzeichnet die Lernhaltigkeit einer Situation? Ist dabei eine Regelhaftigkeit erkennbar?
- Inwieweit wählen „Könner im Fach" Pflegesituationen für Lehr-/Lernprozesse aus? Wenn ja, zu welchem Zeitpunkt und nach welchen Kriterien/Regeln/ Hierarchien erfolgt diese Auswahl?
- Welche Annahmen haben „Könner im Fach" über die Lernatmosphäre und deren Einfluss auf die Gestaltung von Lehr-/Lernprozessen?

---

17   Der Begriff „didaktischer Dialog" wird dabei in Anlehnung an die Arbeiten Neuwegs zur Rezeption von Polanyis Theory of tacit knowing verwendet (Neuweg 2004, 386 ff.).

18   Ein Nutzen der Forschungsergebnisse wird u.a. hinsichtlich personeller und curricularer Entscheidungen bezüglich des Lehrens und Lernens im Praxisfeld Pflege erwartet.

- Welche Annahmen/Konzepte von gelingendem/erfolgreichem Lehren und Lernen der Könner im Fach liegen der Gestaltung von Lehr-/Lernprozessen zugrunde?
- Welche Annahmen über erfolgreiche Lehrer und Lerner haben Könner im Fach?
- Welche Lehr-/Lernstrategien kommen zum Einsatz? Folgen die diesbezüglichen Entscheidungen Regeln und wenn ja, welchen?
- Wie gestaltet sich der didaktische Dialog zwischen lehrenden Könnern und Lernenden (Meister und Lehrling)? Welche Aufgaben und Rollen erfüllen die Beteiligten dabei aus Sicht der Könner im Fach?
- Welche Elemente des didaktischen Dialogs empfinden Könner im Fach als hilfreich für den Lehr-/Lernprozess? Welche Rolle spielen dabei konkrete Erfahrungen mit vorausgegangenen Lehr-/Lernprozessen?

Mit der Beantwortung dieser Fragen werden grundlegende Explikationen von „Könnern im Fach Pflege" erwartet – im Einzelnen
- zur Gestaltung von Lehr-/Lernprozessen im Praxisfeld Pflege,
- zum Wissen und Können, das aus der Perspektive von Könnern im Fach als werthaltig für die Weitergabe erachtet wird,
- zu Haltungen und Handlungen der Könner im Fach in Bezug auf Lernatmosphäre, gelingendes Lehren und Lernen sowie erfolgreiche Lehrende und Lernende sowie
- zu Haltungen und Handlungen der lehrenden Könner in der Pflegepraxis in Bezug auf die Gestaltung des didaktischen Dialogs mit Lernenden.

Für die **Perspektive der Lernenden** soll folgende Forschungsfrage gelten: Wie gestalten Lernende in der Pflege Lehr-/Lernprozesse mit „Könnern im Fach"?
- Welche Situationen in der Pflegepraxis werden aus Sicht der Lernenden als lernhaltig erlebt und was kennzeichnet die Lernhaltigkeit einer Situation? Ist dabei eine Regelhaftigkeit erkennbar?
- Wählen Lernende Pflegesituationen für Lehr-/Lernprozesse aus? Wenn ja, zu welchem Zeitpunkt und nach welchen Kriterien/Regeln/Hierarchien erfolgt diese Auswahl?
- Welche Annahmen haben Lernende über die Lernatmosphäre und deren Einfluss auf die Gestaltung von Lehr-/Lernprozessen?
- Welche Annahmen/Konzepte von gelingendem/erfolgreichem Lehren und Lernen der Lernenden liegen der Gestaltung von Lehr-/Lernprozessen zugrunde?
- Welche Annahmen/Konzepte von erfolgreichen Lernern und Lehrern/hoch valenten Modellpersonen haben Lernende?
- Welche Lehr-/Lernstrategien kommen zum Einsatz? Folgen die diesbezüglichen Entscheidungen Regeln und wenn ja, welchen?

- Wie gestaltet sich der didaktische Dialog zwischen lehrenden Könnern und Lernenden (Meister und Lehrling)? Welche Aufgaben und Rollen erfüllen die Beteiligten dabei aus Sicht der Lernenden?
- Welche Elemente des didaktischen Dialogs empfinden Lernende als hilfreich für den Lehr-/Lernprozess? Welche Rolle spielen dabei konkrete Erfahrungen mit vorausgegangenen Lehr-/Lernprozessen?

Mit der Beantwortung dieser Fragen werden grundlegende Explikationen von Lernenden in der Pflege erwartet – im Einzelnen
- zur Gestaltung von Lehr-/Lernprozessen im Praxisfeld Pflege,
- zum Wissen und Können, das als werthaltig für den eigenen Lernprozess erachtet wird,
- zu Haltungen und Handlungen der Lernenden in der Pflegepraxis in Bezug auf Lernatmosphäre, gelingendes Lehren und Lernen sowie erfolgreiche Lernende und Lehrende (Modellpersonen) sowie
- zu Haltungen und Handlungen der Lernenden in der Pflegepraxis in Bezug auf die Gestaltung des didaktischen Dialogs.

4 Datenerhebung und methodische Überlegungen

Als grundlegender Zugang wird ein qualitatives Design mit der Forderung nach Offenheit, Forschung als Kommunikation, Prozesscharakter von Forschung und Gegenstand, Reflexivität von Gegenstand und Analyse, Explikation sowie Flexibilität (Lamnek 2010, S. 19) gewählt. Die zuvor ausgeführte Fragestellung verlangt ein qualitatives Design, da es insbesondere um die Exploration der Perspektiven der Untersuchungsteilnehmer auf ein Thema – Lehren und Lernen im Praxisfeld Pflege – geht. Hierbei sollen sowohl konkrete Lehr-/Lernhandlungen von lehrenden Könnern und Lernenden als auch Haltungen und Annahmen über Lehren und Lernen untersucht werden. Aus diesem Grund wird eine grundsätzlich triangulative Anlage der Untersuchung gewählt, bei der qualitative Methoden der Datengewinnung miteinander kombiniert werden, um so einen „Zugang zu verschiedenen Ebenen bzw. Dimensionen des untersuchten Gegenstandes" (Flick 2011, S. 38) – in diesem Fall der Ebene des Wissens (mittels Interviews) und des Handelns (mittels teilnehmender Beobachtung) in Bezug auf Lehren und Lernen im Praxisfeld Pflege – gewinnen zu können.

4.1 Auswahl der Studienteilnehmerinnen

Nach Flick (2009, S. 154 ff.) stellen sich Auswahlentscheidungen an mehreren Stellen im Forschungsprozess. Sie sind sowohl bei der Erhebung von Daten (Fall und Fallgruppenauswahl) als auch bei deren Interpretation (Auswahl des Materials und Auswahl im Material) und der Ergebnisdarstellung (Präsentationsauswahl) zu treffen. In Bezug auf die Samplestruktur können grundsätzlich einerseits schrittweise entwickelte, andererseits vorab festgelegte Varianten unterschieden werden.

Eine schrittweise Festlegung der Samplestruktur ist immer dann induziert, wenn eine explorative Studienanlage gewählt wird, weil wenig empirisch gehaltvolles theoretisches Vorwissen über einen Gegenstand vorliegt. Die Entscheidungen über die Auswahl und Zusammensetzung des empirischen Materials erfolgen hierbei im Prozess der Datenerhebung und -auswertung mit dem Ziel, eine Theorie über einen Gegenstand zu entwickeln und diese mit entsprechenden Ergebnissen anzureichern (Flick 2009, S. 164). Hierzu wird zumeist das von Glaser und Strauss (2010, S. 61 ff.) entwickelte Theoretical Sampling eingesetzt, bei dem „Personen, Gruppen etc. nach ihrem (zu erwartenden) Gehalt an Neuem für die zu entwickelnde Theorie aufgrund des bisherigen Standes der Theorieentwicklung in die Untersuchung einbezogen" werden (Flick 2009, S. 159).

Glaser und Strauss beschreiben das Theoretical Sampling wie folgt:

> „Theoretisches Sampling meint den auf die Generierung von Theorien zielenden Prozeß der Datenerhebung, währenddessen der Forscher seine Daten parallel erhebt, kodiert und

analysiert sowie darüber entscheidet, welche Daten als nächstes erhoben werden sollen und wo sie zu finden sind. Dieser Prozess der Datenerhebung wird durch die im Entstehen begriffene – materiale oder formale – Theorie *kontrolliert*" (Glaser/Strauss 2010, S. 61).

Demgegenüber folgen Vorabfestlegungen der Annahme, dass eine gewisse Typik und Verteilung von Eigenschaften im zu untersuchenden Gegenstand vorliegt (Flick 2009, S. 155). Stichproben werden demzufolge nach bestimmten abstrakten Kriterien, also unabhängig vom konkret untersuchten Material und vor der Datenerhebung und -analyse, festgelegt oder es wird eine Auswahl – z.B. hinsichtlich bestimmter soziodemographischer Merkmale – getroffen, in der sich „eine bestimmte Verteilung solcher Kriterien in der Bevölkerung abbildet" (Flick 2009, S. 156).

Kelle und Kluge (2010, S. 43 ff.) beschreiben Fallkontrastierung, theoretical sampling und qualitative Stichprobenpläne als grundlegende Strategien einer bewussten, kriteriengesteuerten Fallauswahl und Fallkontrastierung, die im Rahmen qualitativer Forschung sicherstellen, dass „für die Fragestellung relevante Fälle berücksichtigt werden" (Kelle/Kluge 2010, S. 43). Bei der Fallauswahl mittels eines qualitativen Stichprobenplans werden vor der Datenerhebung relevante Merkmale für die Fallauswahl, Merkmalsausprägungen und die Größe des qualitativen Samples festgelegt (Kelle/Kluge 2010, S. 50).

Auch die vorliegende Studie folgt hinsichtlich der Auswahl der Studienteilnehmerinnen einer Vorabfestlegung der Sampleauswahl. Ein erster Schritt besteht dabei im Auffinden von „Könnern im Fach Pflege". Im Nachgang der Ausführungen Neuwegs lässt sich Könnerschaft in einem Handlungsfeld als Ergebnis reflektierter Berufserfahrung darstellen. Könner im Fach erscheinen als sicher im Urteilsvermögen, sie sind „selbstvergessen" und fokussieren „auf die Situation und die praktische Aufgabe" (Neuweg 2015, S. 63).

Hinsichtlich der Auswahl der Studienteilnehmerinnen in der Gruppe der „Könner im Fach Pflege", wird für die vorliegende Studie der Weg über die „Könnerschaft im Blick von außenstehenden Personen" – also nicht durch die Könner selbst, sondern durch geeignete Personen aus dem beruflichen Umfeld gewählt.

Hierbei ist die Annahme leitend, dass mit Personalentwicklungsaufgaben betraute Personen der Leitungsebene in Pflegeeinrichtungen, d.h. Leitungen von Stationen in Krankenhäusern oder ambulanten Einrichtungen bzw. Wohnbereichen in Einrichtungen der stationären Altenhilfe, erstens selbst über eine Vorstellung von „Könnern im Fach Pflege" verfügen und zweitens aufgrund ihrer Position und personalbezogenen Aufgaben zu einer Einschätzung von spezifischen Kompetenzen – und damit auch der Könnerschaft ihrer Mitarbeiter und Mitarbeiterinnen in der Lage sind. In der Information und Bitte um Mitwirkung an der Studie wurde explizit auf die Notwendigkeit hingewiesen, „Könner *im Fach Pflege*" und nicht etwa „Könner *in der Organisation/Administration*" zu benennen, da das besondere Interesse der Studie auf Lehr-/Lernprozesse im Kontext patientennahen pflegerischen Handelns gerichtet ist. Für die vorliegende Untersuchung wird folglich eine Setzung im Hinblick auf das Vorhandensein von Könnern im Praxisfeld Pflege vorgenommen; eine empirische „Testung auf Könnerschaft" der Personen, die aus der Perspektive von Personalverantwortlichen als „Könner im Fach Pflege" eingeschätzt werden, wurde nicht durchgeführt.

Dem Erkenntnisinteresse der Studie folgend, die auf eine grundlegende und empirisch gestützte Beschreibung von Lehr-/Lernprozessen zwischen Könnern und Lernenden bzw. Meistern und Lehrlingen im Handlungsfeld Pflege zielt, und auf der Basis der eingangs angestellten Überlegungen zur Konzeptualisierung von „Könnerschaft", sollen regelmäßig mit Lehr-/Lernprozessen be- und vertraute Könner und Lernende in der Pflegepraxis in die Untersuchungsgruppe einbezogen werden. Die lehrenden Könner sollen über eine mindestens dreijährige Pflegeausbildung mit erfolgreich bestandener Abschlussprüfung und Berufszulassung als examinierte Pflegeperson verfügen und regelmäßig mit Lehr-/Lernprozessen im Praxisfeld Pflege betraut sein. Dabei soll der Lehrbefähigung der größere Stellenwert vor der Lehrbefugnis zukommen; eine entsprechende formale Qualifikation für das Lehren im Praxisfeld Pflege, beispielsweise durch eine berufspädagogische Zusatzqualifikation als Praxisanleiter[19], spielt demnach bei der Auswahl keine Rolle.

Im Hinblick auf die Auswahl der Lernenden sollen Auszubildende in der dreijährigen Ausbildung in einem Pflegeberuf einbezogen werden. Diese sollen sich im 2. oder im 3. Ausbildungsjahr befinden, um sicherzustellen, dass sie bereits Lehr-/Lernerfahrungen in unterschiedlichen Praxiskontexten der Pflegeausbildung und mit unterschiedlichen lehrenden Personen gesammelt haben und darüber Auskunft geben können.

Damit folgen die Sampling-Überlegungen auch weitgehend den Kriterien für gute Informanten, die Merkens darlegt: Gute Informanten verfügen demnach über für den Forscher wichtiges Wissen und Erfahrung, besitzen Reflexionsfähigkeit, sind in der Lage, sich zu artikulieren, und haben die Zeit und die Bereitschaft, an der Untersuchung teilzunehmen (Merkens 2010, S. 294).

Die Entscheidung fiel – nicht zuletzt aus Gründen der Zugänglichkeit des Feldes für die Forscherin – für die vorliegende Studie auf die Fokussierung von Lehr-/Lernprozessen im stationären Krankenhausbereich und dort auf die Lehr-/Lernkonstellation zwischen lehrenden Könnern (examinierte Pflegepersonen mit Berufszulassung nach KrPflG) und Lernenden in der Pflegeausbildung (Auszubildende nach KrPflG).

---

19   Unter Zusatzqualifikation als Praxisanleiter wird hier die mindestens 200 Stunden umfassende berufspädagogische Zusatzqualifikation nach § 2 Abs. 2 KrPflAPrV bzw. die berufspädagogische Fort- oder Weiterbildung (ohne Angabe des Stundenumfangs) nach § 2 Abs. 2 AltPflAPrV verstanden.

4.2 Offene teilnehmende Beobachtung

Methodische Überlegungen folgen grundsätzlich der Zielsetzung der Untersuchung und dem Forschungsgegenstand. Entsprechend der vorliegenden Fragestellung, die auf das Lehr-/Lernhandeln von lehrenden Könnern und Lernenden im Praxisfeld Pflege gerichtet ist und damit Interaktion, also soziales Handeln von Einzelnen fokussiert, wurde die offene teilnehmende Beobachtung als Forschungsmethode eingesetzt. Sie wird in der „natürlichen Lebenswelt der Beobachteten" (Lamnek 2010, S. 502) eingesetzt und ermöglicht „methodisch-kontrolliertes Sinnverstehen" (Lamnek 2010, S. 502). Lamnek beschreibt als großen Vorteil der teilnehmenden Beobachtung, dass sie „es erlaubt, soziales Verhalten zu dem Zeitpunkt festzuhalten, zu dem dieses tatsächlich geschieht". Sie kann demzufolge „unabhängig von der Bereitschaft und Fähigkeit der Probanden, ihr Verhalten zu beschreiben" (Lamnek 2010, S. 503) eingesetzt werden und hat damit Vorteile gegenüber einer (alleinigen) Befragung. Der Beobachter nimmt hierbei die Position des „Dritten" ein; darüber bietet sich auch die Chance zur Teilexplikation impliziter Strukturen.

Lamnek drückt dies wie folgt aus:

> „Das maßgebliche Kennzeichen der teilnehmenden Beobachtung ist der Einsatz in der natürlichen Lebenswelt der Untersuchungspersonen. Der Sozialforscher nimmt am Alltagsleben der ihn interessierenden Personen und Gruppen teil und versucht, durch genaue Beobachtung etwa deren Interaktionsmuster und Wertvorstellungen zu explorieren und für die wissenschaftliche Auswertung zu dokumentieren" (Lamnek 2010, S. 499).

Da das besondere Interesse der Studie auf die Gestaltung von Lehr-/Lernprozessen, also auf die Interaktion zwischen lehrenden Könnern und Lernenden in der Pflege und den didaktischen Dialog im Kontext patientennahen pflegerischen Handelns gerichtet ist, muss ein Beobachtungsfeld gewählt werden, in dem diese auch beobachtbar ist. Die Wahl fiel – nicht zuletzt aus Gründen der Zugänglichkeit des Beobachtungsfeldes für die Forscherin – auf die Beobachtung der Gestaltung von Lehr-/Lernprozessen im stationären Krankenhausbereich, genauer auf Krankenhäuser, die über eine angeschlossene Ausbildungseinrichtung verfügen. Bei ihnen kann davon ausgegangen werden, dass sie sich regelmäßig und wiederkehrend in der praktischen Pflegeausbildung engagieren. Fachliche Schwerpunkte möglicher Erhebungsstationen spielten bei der Auswahl keine Rolle. Allerdings sollten Intensivstationen und Stationen der Intermediate Care ausgeschlossen und ausschließlich periphere Stationen einbezogen werden, um die Belastung von Patienten in diesem Setting durch die Untersuchung nicht zu erhöhen.

4.2.1 Zugang zum Feld

Da die Untersuchung gemäß der Sampling-Überlegungen mit erfahrenen Pflegepersonen, die mit der Begleitung und Anleitung von Auszubildenden in der Pflege betraut sind, und Auszubildenden stattfinden sollte, wurden Krankenhäuser der Schwerpunktversorgung ausgewählt, die über eine angegliederte Ausbildungseinrichtung für Pflegeberufe verfügen. Die Wahl fiel auf zwei Krankenhäuser aus unterschiedlichen Bundesländern, da ein längere Zeit zurückliegender persönlicher beruflicher Kontakt der Forscherin mit den Pflegedirektoren bzw. Geschäftsführern dieser Einrichtungen bestand.

Das Krankenhaus 1 (KH1) ist ein Krankenhaus der Zentralversorgung in Rheinland-Pfalz mit 419 Betten und 10 Plätzen in einer Tagesklinik; angegliedert ist ein Bildungszentrum, in dem u.a. die Ausbildungsgänge Gesundheits- und Krankenpflege sowie Gesundheits- und Kinderkrankenpflege angeboten werden. Das Krankenhaus 2 (KH2) ist ein Krankenhaus der Schwerpunktversorgung mit 516 Planbetten; angegliedert ist ein Schulzentrum mit Ausbildungsplätzen in der Gesundheits- und Kinder-/Krankenpflege, Altenpflege sowie für Hebammen/Entbindungspfleger.

Im Juni 2011 wurden die Pflegedirektoren bzw. Geschäftsführer der beiden Krankenhäuser telefonisch zu ihrer Bereitschaft angefragt, ein Forschungsvorhaben zum Lehren und Lernen von und mit erfahrenen Pflegepersonen sowie Auszubildenden im eigenen Haus zu unterstützen. Eine schriftliche Anfrage und Information über die Anlage der Studie (teilnehmende Beobachtung der Lehr-/Lernprozesse zwischen Könnern und Lernenden im Praxisfeld, Interviews mit Könnern und Lernenden, Vertraulichkeit) folgte (Anhang A1 und A2). Beide Führungspersonen standen der Mitwirkung ihrer Einrichtung am Forschungsvorhaben positiv gegenüber und äußerten ihre Bereitschaft zur Terminkoordination mit Stations- bzw. Bereichsleitungen.

Das Forschungsvorhaben wurde in einer Sitzung der Stationsleitungen (Juli 2011, Krankenhaus 1) und in einer Sitzung der Teamleitungen (August 2011, Krankenhaus 2) durch die Forscherin persönlich vorgestellt. Zudem wurde in den Sitzungen um die Benennung geeigneter Studienteilnehmerinnen, also von „Könnern im Fach Pflege", gebeten. Die Benennung wurde auf Wunsch der Leitungen anonym und schriftlich durchgeführt. Mit den Stations- bzw. Teamleitungen wurden die Kontaktdaten ausgetauscht und in einem weiteren Schritt geeignete Zeitfenster für die teilnehmende Beobachtung eruiert. Dabei war wesentlich, dass die benannten potenziellen Studienteilnehmerinnen zu dieser Zeit mit Lernenden im 2. oder 3. Ausbildungsjahr in der Pflege arbeiteten. Dabei ergab sich eine Liste von potenziellen Studienteilnehmerinnen mit 28 (Krankenhaus KH1) bzw. 40 Personen (Krankenhaus KH2).

Die benannten potenziellen Studienteilnehmerinnen wurden im Folgenden von der Forscherin telefonisch kontaktiert und zu ihrer prinzipiellen Bereitschaft, an dem Forschungsvorhaben mitzuwirken, befragt. Bei grundsätzlichem Interesse wurde ein Termin für ein persönliches Gespräch vereinbart, an dem das Forschungsvorhaben grundlegend erläutert und das Einverständnis der Studienteilnehmerinnen schriftlich eingeholt wurde. Alle potenziellen Studienteilnehmerinnen erhielten zudem ein Merkblatt, das über die wesentlichen Aspekte der Studie informierte (Anhang A3 und A4).

Die Bereitschaft zur Mitwirkung an der Studie war sehr groß – von 10 im persönlichen Gespräch kontaktierten Pflegepersonen im Krankenhaus KH1 waren 8 zur Mitwirkung bereit. Im Krankenhaus KH2 legten die Teamleitungen Wert darauf, die von ihnen benannten Pflegepersonen selbst zu ihrer Bereitschaft zur Mitwirkung zu befragen. Auf diese Weise wurde die ursprüngliche Liste von 40 schriftlich benannten Personen auf 20 potenzielle Studienteilnehmerinnen reduziert. Mit 11 Pflegepersonen wurde nach telefonischem Kontakt ein persönliches Gespräch geführt, bei dem alle 11 Pflegepersonen ihr Einverständnis zur Mitwirkung schriftlich erteilten.

Erklärten sich Pflegepersonen im persönlichen Gespräch zur Teilnahme an der Studie bereit, wurden mögliche Zeitfenster für die Durchführung der teilnehmenden Beobachtung eruiert. Wesentlich war dabei, Zeitfenster zu finden, in denen die Pflegepersonen mit Auszubildenden in der Pflege im 2. oder 3. Ausbildungsjahr zusammenarbeiteten, um diese mit den Zeitressourcen der Forscherin abzugleichen. Ergebnisse der zeitlichen Planung und die Aufgabenverteilung wurden auf einem Formblatt festgehalten (Anhang A5). In den persönlichen Gesprächen zur Information über die Studie und das Forschungsinteresse mit den Studienteilnehmern wurde betont, dass Arbeitssituationen mit Patienten, in denen Pflegepersonen und Auszubildende gemeinsam arbeiten, von besonderem Interesse sein würden. Zudem sollten die beobachteten Situationen möglichst den „beruflichen Alltag" der Studienteilnehmerinnen widerspiegeln. Es wurde betont, dass es nicht vorrangig im Interesse der Studie sei, geplante Anleitungssituationen zwischen Pflegepersonen und Auszubildenden zu beobachten.

Die Erstkontakte mit den Auszubildenden, die in den eruierten Zeitfenstern mit den Pflegepersonen arbeiteten und damit ebenfalls als Studienteilnehmerinnen infrage kamen, erfolgten analog dem Vorgehen mit den Pflegepersonen. Telefonisch wurde die grundsätzliche Bereitschaft zur Mitwirkung erfragt; im Anschluss wurde ein Termin für ein persönliches Gespräch vereinbart, in dem eine detaillierte mündliche und schriftliche Information und schriftliche Einwilligung erfolgte. Wie die Pflegepersonen erhielten auch die Auszubildenden ein Merkblatt, das über die wesentlichen Aspekte der Studie informierte (Anhang A3 und A4). Die Ausbildungsstätten der beteiligten Auszubildenden wurden im Krankenhaus KH1 von der Forscherin fernmündlich, im Krankenhaus KH2 von der Leitung der Abteilung für Fort- und Weiterbildung über die geplante Untersuchung informiert.

Auf diese Weise wurden sechs Zeiträume, jeweils 3 in den vertretenen Krankenhäusern, für die Datenerhebung ermittelt; die Beobachtungen und Interviews erfolgten von August 2011 bis März 2012. Die Fachschwerpunkte der Stationen waren unterschiedlich: Vertreten waren Innere Medizin, Neurologie, Urologie, Gastroenterologie, Onkologie sowie eine Palliativstation.

4.2.2 Durchführung der teilnehmenden Beobachtungen

Das gemeinsame Arbeiten der Tandems aus lehrenden Könnern und Lernenden sollte an mehreren aufeinanderfolgenden Tagen über einen jeweils mehrstündigen Zeitraum beobachtet werden. Leitend bei der Festlegung der Zeiträume war die Annahme, dass mehrtägige Beobachtungszeiträume im Feld über mehrere Stunden täglich einen für das Forschungsinteresse angemessen breiten und tiefen Einblick in alltägliche und natürliche Interaktionsprozesse der Studienteilnehmer ermöglichen würden. Es wurden je Tandem 3 Beobachtungstage mit jeweils ca. 4 Stunden Beobachtung täglich festgelegt. Dies erschien sowohl forschungsökonomisch als auch vor dem Hintergrund der Kapazität der Aufnahmefähigkeit der Forscherin sinnvoll und realisierbar.

In Bezug auf die konkrete zeitliche Terminierung sollten Phasen gewählt werden, in denen möglichst viele gemeinsame und patientennahe Arbeitsphasen von lehrenden Könnern und Lernenden zu erwarten waren. Diese Zeiträume wurden mit den Studienteilnehmern jeweils für den Folgetag gemeinsam in den Vorgesprächen festgelegt und fielen in allen Beobachtungen auf einen Zeitraum im Anschluss an die jeweiligen Dienstübergaben im Früh- bzw. Spätdienst.

Um den Alltag von Studienteilnehmern und Patienten möglichst wenig zu stören, fiel die Entscheidung, die Beobachtungen in berufstypischer Dienstkleidung durchzuführen. In den Vorgesprächen mit den Studienteilnehmern fand zudem ein Austausch über die Rolle und Aktivitäten der Beobachterin statt. Beobachtungen würden zeitnah auf einem Beobachtungsprotokoll (Anhang A6) dokumentiert werden. Es wurde verdeutlicht, dass die Beobachterin in einer eher passiv teilnehmenden Rolle auftreten, die Studienteilnehmerinnen nach Möglichkeit und in Abhängigkeit von dem Einverständnis der jeweiligen Patienten jedoch gerne während der gesamten Zeit bei der Arbeit begleiten würde. Dabei würde die Beobachterin Zurückhaltung üben, um die Arbeitsabläufe durch ihr „Verhalten so wenig wie möglich zu stören oder gar zu verändern" (Lamnek 2010, S. 544). Damit wurde die Rolle der Beobachterin in der vorliegenden Untersuchung tendenziell als „Beobachter als Teilnehmer" definiert. Dabei sind sich Beobachtete und Beobachter der Feldbeziehung bewusst; der „Beobachter als Teilnehmer" eher weniger in das soziale Geschehen integriert und betont „mehr formale als informelle Beobachtung durch die Teilnahme am zu beobachtenden Geschehen" (Lamnek 2010, S. 525) als dies bei der Rolle als „Teilnehmer als Beobachter" der Fall ist. Hierdurch wird auch die Gefahr des „going native" reduziert, bei der der Beobachter Gefahr läuft, die „kritische Außenperspektive" zugunsten der „unhinterfragten Übernahme der im beobachteten Feld geteilten Sichtweisen" zu verlieren (Flick 2009, S. 291). Gleichzeitig wurde der persönliche und berufliche Hintergrund der Forscherin als prinzipiell förderlich für den Zugang zur Innenperspektive auf das zu beobachtende Feld betrachtet und in dieser Rollenausgestaltung bewusst – und mit Abwägung von Chancen und Risiken – berücksichtigt. Insgesamt gelang die Einhaltung der passiven Teilnehmerrolle als Beobachter gut, wenngleich auch Situationen auftraten, in denen es schwerfiel, klar in der Beobachterrolle zu verbleiben.[20]

Während der Beobachtungszeiträume wurden insbesondere jene Sequenzen, in denen lehrende Könner und Lernende gemeinsam arbeiteten, für die Beobachtung genutzt. Dabei wurden sowohl patientennahe, in den Patientenzimmern erfolgende als auch patientenferne Handlungen und Interaktionen, beispielsweise in den Stationszimmern, in den Vorräumen der Patientenzimmer oder auf den Stationsfluren beobachtet. Notizen zu den Beobachtungen wurden zeitnah auf einem Beobachtungsprotokoll dokumentiert. Festgehalten wurden dabei Zeiten, an der Interaktion beteiligte Personen, (Pflege-) Handlungen der Akteure, Angaben zu Arbeitsmitteln, Ausstattung der Patientenzimmer sowie kommunikative Aspekte (Anhang A6). Die handschriftlichen Notizen waren Grundlage für die ausformulierten Beobachtungsprotokolle (s.a. 5.2 sowie Anhang A10).

Auf allen Erhebungsstationen standen die Pflegepersonen der Person der Forscherin und dem Forschungsanliegen offen und interessiert gegenüber. Studienteilnehmer, Pflegepersonen, Stationsleitungen und Ärzte nutzten insbesondere die Pausenzeiten, die entweder in der Cafeteria oder im Aufenthaltsraum für das Personal verbracht wurden, als Gelegenheit zum Gespräch mit der Forscherin. Dabei wurden sowohl Fragen zur Person und Biografie der Forscherin als auch zum Forschungsvorhaben gestellt. Insgesamt entstand der Eindruck, dass es sowohl bei den Studienteilnehmern als auch bei anderen Pflegepersonen ausgesprochen begrüßt wurde, dass das Thema „Lehren und Lernen im Praxisfeld Pflege" Gegenstand einer Forschungsarbeit sein sollte. Als ein Lernender an einem der Erhebungstage auf einer anderen Station aushelfen sollte, setzte sich die Stationsleitung gegenüber der Pflegedienstleitung für seinen Verbleib auf der Station ein – auch vor dem Hintergrund, dass die Beobachtungssituation ansonsten hätte abgebrochen werden müssen.

---

20 In diesen Situationen fiel es mir schwer, mich in Bezug auf pflegerische Handlungen zurückzuhalten und in der Beobachterrolle zu verbleiben, etwa, weil mich die Situationen der Patienten emotional stark berührten oder seitens der Lehrenden und/oder Lernenden aus meiner Sicht umständlich agiert oder Dinge vergessen wurden. Anfänglich – insbesondere bei der ersten Beobachtung – fühlte ich mich stark an eine klassische Prüfungssituation, in der ich als Prüferin fungierte, erinnert und neigte dazu, beschreibende und wertende Elemente in Bezug auf das Handeln der Studienteilnehmer in den Beobachtungsnotizen zu vermischen; hier half die Selbstreflexion über ein Forschungstagebuch im Nachgang der Beobachtung. Zweimal – ebenfalls während der ersten Beobachtung – griff ich als Pflegeperson in das Geschehen ein: Einmal kollabierte ein Patient in der Nasszelle des Patientenzimmers, so dass schnell eine Liegemöglichkeit für ihn benötigt wurde; einmal sah ich durch ungeschicktes Handeln der Lernenden, die zu diesem Zeitpunkt mit der Patientin und mir allein im Zimmer war, die Gefahr der ungewollten Entfernung des zentralen Venenkatheters. Beide Male schien es mir ethisch nicht vertretbar, in der Rolle der Beobachterin zu verbleiben.

4.3 Episodische Interviews mit lehrenden Könnern und Lernenden

Qualitative Interviews bieten die Möglichkeit, „Situationsdeutungen und Handlungsmotive in offener Form zu erfragen, Alltagstheorien und Selbstinterpretationen differenziert und offen zu erheben" (Hopf 2010a, S. 350). Der Erfassung dieser Aspekte sind bei der teilnehmenden Beobachtung naturgemäß Grenzen gesetzt. Um einen möglichst breiten und differenzierten Einblick in die lehr-/lernbezogenen Aspekte des Handelns von lehrenden Könnern und Lernenden gewinnen zu können, wurden deshalb im Rahmen der vorliegenden Studie neben der teilnehmenden Beobachtung zudem qualitative Interviews mit den Studienteilnehmerinnen durchgeführt. Die Kombination der methodischen Zugänge soll folglich dazu beitragen, die jeweiligen Grenzen der einzelnen Zugänge, die Perspektiven auf das Lehr-/Lernhandeln und damit auch die diesbezüglichen Erkenntnismöglichkeiten zu erweitern und zu vervollständigen. Auf diese Weise wird Triangulation zu einem „Ansatz der Geltungsbegründung der Erkenntnisse, die mit qualitativen Methoden gewonnen wurden, […] wobei die Geltungsbegründung nicht in der Überprüfung von Resultaten, sondern in der systematischen Erweiterung und Vervollständigung der Erkenntnismöglichkeiten liegt" (Flick 2009, S. 520). Entsprechend sollte in den Interviews sowohl die Perspektive der Lernenden als auch die der lehrenden Könner im Interview berücksichtigt werden. Diese Vorgehensweise ermöglicht zudem auch einen Gruppenvergleich zwischen der Perspektive der Lernenden einerseits und der der lehrenden Könner andererseits. Die Vergleichbarkeit wird im Rahmen episodischer Interviews über durch einen Leitfaden vorgegebene Themen erreicht, bei denen dennoch eine Offenheit für die Sichtweisen der Befragten auf diese Themen gewährleistet ist (Flick 2009, S. 402).

Die im Rahmen dieser Studie zeitnah im Anschluss an die Beobachtungen durchgeführten Interviews sowohl mit den beobachteten lehrenden Könnern als auch mit den Lernenden orientierten sich an dem von Flick (2008, S. 27 ff.) beschriebenen episodischen Interview. Diese Form des Interviews basiert auf der Annahme, dass „Erfahrungen der Subjekte hinsichtlich eines bestimmten Gegenstandsbereichs in Form narrativ-episodischen Wissens und in Form semantischen Wissens abgespeichert und erinnert werden" (Flick 2009, S. 238). In diesem Sinn stellt folglich bereits das episodische Interview als solches eine triangulative Methode dar.

Das episodische Interview ermöglicht, beide Bestandteile des Wissens über einen Gegenstandsbereich zu erfassen. Das Interview selbst umfasst neben Erzählaufforderungen zu Situationen, die das episodisch-narrative Wissen aufdecken sollen, auch konkret-zielgerichtete Fragen nach subjektiven Definitionen und abstrakteren Zusammenhängen, mit denen auf die semantischen Anteile des Wissens abgezielt wird (Flick 2009, S. 240 f.). Ein Leitfaden zu den Themen/Fragenkomplexen, zu denen Erzählungen erbeten und konkret-zielgerichtete Fragen gestellt werden sollen, wird erstellt. Flick empfiehlt, die Interviewpartner zunächst mit der Interviewform vertraut zu machen, indem zu Beginn Erläuterungen zu den Grundprinzipien des episodischen Interviews gegeben werden (Flick 2009, S. 240).

Für das Interview mit den lehrenden Könnern im Fach und den Lernenden flossen folgende Themenkomplexe in den Leitfaden ein:
- Fragen und Erzählaufforderungen zu lernhaltigen Pflegesituationen,
- Fragen zu Konzepten von Lehren und Lernen und darauf bezogene Erzählanreize,
- Fragen und Erzählanreize zum didaktischen Dialog zwischen Könnern und Lernenden sowie
- Ergänzungen/Fragen zu den jeweils in den Beobachtungen auffälligen Begebenheiten.

Die Entscheidung für den Einsatz des episodischen Interviews als Interviewform im Rahmen der vorliegenden Erhebung fiel vor dem Hintergrund, dass es „Raum für kontextbezogene Darstellungen in Form von Erzählungen" (Flick 2009, S. 239) gibt, die Erfahrungen und deren Entstehungskontext sowie Prozesse der Wirklichkeitskonstruktion unmittelbarer und eher als durch eine Annäherung über abstrakte Begriffe zugänglich machen (Flick 2009, S. 239).

Das episodische Interview verbindet folglich Erzählungen und Argumentation systematisch miteinander. Zudem ermöglicht es einen „Zugang zu sozialer Repräsentanz", weshalb es sich für den Einsatz im Rahmen von Fragestellungen besonders eignet, die die „gruppenspezifische Unterschiedlichkeit von Erfahrungsweisen und Alltagswissen" fokussieren (Flick 2009, S. 245).

Die episodischen Interviews mit den lehrenden Könnern und mit den Lernenden wurden jeweils als Einzelinterviews zeitnah zum Ende der letzten Beobachtungseinheit geführt. Für die Interviewsituation wurden auf den jeweiligen Erhebungsstationen verfügbare Räumlichkeiten genutzt, beispielsweise Aufenthaltsräume, Umkleiden oder Zimmer der Stationsleitungen oder Stationsärzte. Überwiegend verliefen die Interviews mit den Studienteilnehmerinnen ungestört; in drei Fällen kam es zu Unterbrechungen durch andere Pflegepersonen, die sich mit dienstlichen Anfragen an die Interviewpartner wandten. Die Interviews mit den Lehrenden dauerten zwischen 30 und 65 Minuten (im Durchschnitt 45 Minuten); die mit den Lernenden zwischen 30 und 57 Minuten (im Durchschnitt 40 Minuten) (Anhang A23).

Im Rahmen der Interviews wurde ein Interviewleitfaden eingesetzt, dessen Fragen sowohl auf semantische als auch auf episodisch-narrative Anteile des Wissens der Interviewteilnehmer abzielten (Anhang A7 und A8). Nicht immer fiel es leicht, die spezielle Interviewtechnik des episodischen Interviews mit den konsequenten Erzählaufforderungen beizubehalten, insbesondere dann, wenn die Interviewsituationen ausgerechnet bei der Frage nach konkreten Beispielen aus dem beruflichen Alltag ins Stocken gerieten, was insbesondere bei den ersten Interviews der Fall war. Die hierdurch entstehende Unsicherheit führte in einigen Fällen dazu, dass dem Leitfaden der Vorrang vor den Fragen nach Beispielerzählungen gegeben wurde. Auch kam es vor, dass die Äußerungen der Interviewpartner als so interessant erlebt wurden, dass es schwerfiel, in der Rolle als Forscherin zu bleiben und nicht in einen Austausch zwischen interessierten Berufsangehörigen abzuschweifen. Einige Interviewpartner berichteten auch von sich aus und ohne explizites Nachfragen sehr beispielhaft auf die Interviewfragen, sodass auf zusätzliche Erzählaufforderungen verzichtet werden konnte.

4.4 Ethische Aspekte

Jedes Forschungsvorhaben muss ethische Aspekte in angemessener Form berücksichtigen und wahren. Grundsätzlich konnte im Rahmen der vorliegenden Forschungsarbeit davon ausgegangen werden, dass es sich in Bezug auf die Studienteilnehmerinnen (Lehrende und Lernende in der Pflege) um eher weniger vulnerable Teilnehmergruppen handelte, bei denen zudem grundsätzlich eine informierte Einwilligung erreicht werden konnte.

Alle potenziellen Studienteilnehmerinnen und -teilnehmer – lehrende Könner und Lernende – wurden persönlich von der Forscherin über das Studienvorhaben informiert. Wichtige Aspekte dabei waren – neben Informationen zum Erkenntnisinteresse der Studie sowie zu Art und erbetenem Umfang der Teilnahme – insbesondere Freiwilligkeit und Rücktritt von der Teilnahme, Weiterverwertung, Anonymisierung und Veröffentlichung der Daten sowie Hinweise zur Einsichtnahme in die Resultate (Deutsche Gesellschaft für Pflegewissenschaft e.V. 2015a). Im Vorfeld der Informationsgespräche wurde das grundsätzliche Interesse der potenziellen Studienteilnehmenden – aufgrund der räumlichen Entfernung zwischen Wohnort der Forscherin und den Standorten der Erhebungskrankenhäuser fernmündlich – erfragt. Die eigentlichen Informationsgespräche fanden dann vor Ort im Arbeitsumfeld der potenziellen Studienteilnehmerinnen und -teilnehmer statt, meist in geeigneten Räumlichkeiten der jeweiligen Stationen. Bei der Durchführung der Informationsgespräche wurde seitens der Forscherin sehr darauf geachtet, dass die potenziellen Studienteilnehmenden Gelegenheit bekamen, Fragen zum Forschungsvorhaben und ihrer Rolle dabei zu stellen. Allen Gesprächsteilnehmenden wurde eine Bedenkzeit zur Entscheidung über die Teilnahme eingeräumt. Zudem wurden die o.a. Eckdaten in einem Merkblatt (Anhang A3) zusammengefasst und den Teilnehmenden zur Verfügung gestellt (Deutsche Gesellschaft für Pflegewissenschaft e.V. 2015b). Alle Teilnehmenden erteilten ihre Zustimmung schriftlich; auch hierbei wurde erneut darauf hingewiesen, dass die Teilnahme an der Studie freiwillig und ein Rücktritt jederzeit möglich sei (Anhang A4). Allen Studienteilnehmenden wurde zudem die Einsicht in die Studienergebnisse zugesichert. Die Forscherin war über die Kontaktdaten jederzeit für die Studienteilnehmenden zu erreichen.

Weiter sollten – dem Erkenntnisinteresse der Studie folgend – Lehr-/Lernsituationen im patientennahen Kontext beobachtet werden. Dies verlangte zudem das Einverständnis der jeweiligen Patientinnen und Patienten, bei deren Pflege die Forscherin mit anwesend sein würde. Entsprechend wurden auch alle Patientinnen und Patienten, die im jeweiligen Arbeitsbereich der beobachteten Tandems aus lehrenden Könnern und Lernenden stationär aufgenommen waren, zu ihrem Einverständnis in Bezug auf die Anwesenheit der Forscherin bei Pflegehandlungen befragt (Anhang A9). In aller Regel erfolgte das Einholen der schriftlichen Zustimmung im Rahmen eines ausführlichen Informationsgespräches durch die Forscherin selbst; in einigen Fällen auch durch die Pflegepersonen. Es wurde betont, dass die Beobachtung auf das gemeinsame Arbeiten und die Interaktion zwischen Lehrenden und Lernenden gerichtet sei; allen Patientinnen und Patienten wurde Vertraulichkeit und Anonymisierung eventuell erhobener Daten zugesichert.

Die im Rahmen von Beobachtungen und Interviews erhobenen Daten wurden im Auswertungsprozess anonymisiert, sodass in der Analyse und Ergebnisdarstellung weder Rückschlüsse auf die beteiligten Krankenhäuser noch auf die Studienteilnehmenden oder Patientinnen und Patienten möglich sind.

5 Analyse und Auswertung der Daten

5.1 Studienteilnehmer

Die sechs Studienteilnehmerinnen und -teilnehmer der Gruppe der Lehrenden (P1 bis P6) waren zum Zeitpunkt der Datenerhebung zwischen 29 und 52 Jahre alt; die Gruppe umfasste zwei Männer und vier Frauen. Alle hatten die Berufsausbildung in der Gesundheits- und Krankenpflege im jeweiligen Erhebungskrankenhaus absolviert; die Berufserfahrung schwankte zwischen 3 und 10 Jahren und betrug im Durchschnitt 8,5 Jahre. Die Dienstjahre auf der Erhebungsstation variierten zwischen 1,5 und 10 Jahren und betrugen im Durchschnitt 7 Jahre. 5 der 6 Lehrenden hatten zum Zeitpunkt der Datenerhebung eine Weiterbildung zum/zur Praxisanleiter/in absolviert; eine Lehrende hatte die Weiterbildung gerade begonnen (Anhang A23). Alle Lehrenden gaben an, dass sie von Beginn ihrer Berufstätigkeit in der Pflege an regelmäßig mit der Begleitung von Lernenden betraut seien.

Die sechs Studienteilnehmerinnen und -teilnehmer in der Gruppe der Lernenden (A1 bis A6) waren zum Zeitpunkt der Datenerhebung zwischen 19 und 22 Jahre alt; die Gruppe umfasste fünf Frauen und einen Mann. 5 der 6 Auszubildenden absolvierten eine Ausbildung in der Gesundheits- und Krankenpflege; eine in der Gesundheits- und Kinderkrankenpflege. Fünf Auszubildende befanden sich im 3., eine Auszubildende im 2. Ausbildungsjahr. Für zwei Auszubildende fand die Datenerhebung während der ersten bzw. zu Beginn der 2. Einsatzwoche auf der Erhebungsstation statt; für die vier anderen waren dies die Wochen 3, 6, 7 und 9 im Praxiseinsatz (Anhang A 23).

Die beobachteten und befragten Tandems aus Lehrenden und Lernenden arbeiteten zum Zeitpunkt der Datenerhebung unterschiedlich lange zusammen. Bei drei Tandems (A1/ P1, A5/P5, A6/P6) entsprach die personelle Zuordnung zum Zeitpunkt der Beobachtungen der während des gesamten Praxiseinsatzes. Die Datenerhebung fand hier in der 7., 6. bzw. 9. Woche des Praxiseinsatzes der Lernenden statt. Die Lernenden der Tandems A2/P2 und A3/P3 waren zum Erhebungszeitraum in der 2. bzw. 1. Einsatzwoche; die Beobachtungstage markierten somit die ersten gemeinsamen Arbeitstage mit den jeweiligen Lehrenden, im Fall von A3 waren dies zudem die ersten Arbeitstage auf der Erhebungsstation überhaupt. Perspektivisch war hier für das Tandem A3/P3 die personelle Zuordnung für den weiteren Praxiseinsatz in dieser Konstellation geplant. Auch für das Tandem A4/P4 fanden die ersten gemeinsamen Arbeitstage im Erhebungszeitraum statt, da die Lernende A4 ansonsten einer anderen Lehrenden als P4 zugeordnet war.

Im Interview bestätigten die Interviewteilnehmerinnen und -teilnehmer, dass die beobachteten Situationen im Wesentlichen ihrem beruflichen Alltag entsprochen hätten. Positiv wurde hervorgehoben, dass ein Rahmen für die intensive Zusammenarbeit bestand, wenngleich die Beobachtung selbst anfangs auch zu einer leichten Befangenheit beigetragen habe.

5.2 Analyse und Auswertung der teilnehmenden Beobachtung

Beobachtet wurde die gemeinsame Arbeit der Studienteilnehmerinnen und -teilnehmer in einer Erhebung an drei aufeinander folgenden Tagen, jeweils für ca. 4 Stunden. Wichtig dabei war, dass Pflegepersonen und Auszubildende an diesen Tagen in einer Schicht eingeteilt waren. Bei vier der sechs Beobachtungen war dies an drei aufeinander folgenden Frühdiensten der Fall; zwei Beobachtungen umfassten jeweils zwei Frühdienste und einen Spätdienst. Die Beobachtungen erfolgten – mit Ausnahme der ersten Beobachtung, die ab etwa 08:30 Uhr nach der Frühstückspause der Studienteilnehmerinnen und -teilnehmer begann – im Anschluss an die jeweiligen Dienstübergaben (entweder vom Nachtdienst an die Pflegepersonen des Frühdienstes oder von diesen an die Pflegepersonen des Spätdienstes). Insgesamt entstanden auf diese Weise Beobachtungsprotokolle von ca. 72 Stunden gemeinsamer Arbeit der Tandems.

Informationen über den beruflichen Werdegang der Pflegepersonen bzw. den Verlauf der Ausbildung bei den Auszubildenden waren zu Beginn der Beobachtungen nicht bekannt, sondern wurden erst bei den anschließenden Interviews erfragt. Ziel dieses Vorgehens war ein möglichst „unbeeinflusster" Blick auf das Handeln der Studienteilnehmerinnen und -teilnehmer, um eine große Offenheit für die Beobachtungssequenzen zu gewährleisten.
Beobachtungsnotizen wurden parallel zur jeweiligen Beobachtung auf einem Protokoll angefertigt (Anhang A6), Dialoge zwischen Pflegepersonen und Lernenden nach Möglichkeit wortwörtlich notiert.

Die Transkription der Beobachtungsprotokolle erfolgte zeitnah im Anschluss an die Beobachtungen. Hierfür wurde eine chronologische Dokumentation auf Basis der angefertigten Beobachtungsnotizen in tabellarischer Form angefertigt (Anhang A10). Gliederungselemente bildeten dabei Tag, Zeit und Dauer der beobachteten Handlungen, beteiligte Personen (in aller Regel Pflegepersonen, Lernende, Patienten) sowie Angaben zum Ort des Geschehens (beispielsweise Patientenzimmer, Stationsflur, Stationszimmer etc.). Zeiten, in denen Lehrende und Lernende getrennt arbeiteten, wurden speziell gekennzeichnet. Eindrücke und Empfindungen der Forscherin wurden ebenfalls aufgenommen und markiert. Es wurden Beobachtungseinheiten definiert, die sich an den ausgeführten Pflegeaufgaben (z.B. „morgendlicher Rundgang durch die Patientenzimmer") bzw. -handlungen (z.B. „Unterstützung einer Patientin bei der Körperpflege im Bett") orientierten, die während eines Beobachtungszeitraumes von den beteiligten Personen bearbeitet wurden. Da Interaktion und Kommunikation zwischen lehrenden Könnern und Lernenden im Fokus der Beobachtungen standen, wurden insbesondere die Aktivitäten und Handlungen von Lehrenden und Lernenden während der Beobachtungseinheiten erfasst. Zudem wurde gekennzeichnet, von wem die Interaktion/Kommunikation ausging und wer Adressat der Kommunikation war.

Die Beobachtungseinheiten wurden mit laufenden Nummern belegt. Die Anzahl der Beobachtungseinheiten variierte zwischen den Erhebungen in Abhängigkeit von der pflegerischen Organisationsform und der Anzahl und Komplexität – und damit der zeitlichen Dauer – der zu erbringenden Pflegeleistungen für einen Patienten zwischen 9 (Beobachtung 1) und 16 (Beobachtung 3). Die Beobachtungseinheiten wurden sequenziert und die Sequenzen mit Dezimalen belegt. Auf diese Weise entstand eine formal und inhaltlich gegliederte Übersicht in Form einer Tabelle.

Der so entstandene Text wurde in Anlehnung an Strauss und Corbin (1996, S. 43 ff.) zunächst offen kodiert. Dabei wurden die Erhebungen nacheinander gesichtet und die Beobachtungssequenzen der Beobachtungseinheiten mit Kodes und der jeweiligen personellen Zuordnung versehen (P= Pflegeperson; A= Lernender) (Anhang A11). In aller Regel boten sich hierbei handlungsbezogene Formulierungen an, beispielsweise „Auftrag erteilen (P1)" oder „Auftrag ausführen (A1)". Die Kodes wurden fallübergreifend für die jeweilige Gruppe (lehrende Könner oder Lernende) tabellarisch gelistet (Anhang A12 und A13).

Identische Kodes wurden fallübergreifend sowohl für die Gruppe der lehrenden Könner als auch für die der Lernenden in einer Tabelle mit ihren jeweiligen Textverweisen systematisiert und die zugehörigen Textstellen gelistet. Der Kode „Auftrag erteilen (Px)" fand sich beispielsweise in allen Erhebungen an mehreren Textstellen.

Ähnliche Kodes wurden für die jeweilige Gruppe fallübergreifend gruppiert und als (vorläufige) Kategorie systematisiert; die zugehörigen Textstellen gelistet. Auf diese Weise wurden beispielsweise in der Gruppe der lehrenden Könner die Kodierungen „Dozieren (mit/ohne Einbezug von Patienten)", „Handlungstipps geben", Wissen weitergeben" und „Strategie vermitteln (Lehrchance nutzen)" über die Analyse der zugehörigen Textstellen als (vorläufige) Kategorie „Lehrchancen nutzen" systematisiert (Anhang A15 und A16).

In der weiteren Bearbeitung wurden die gelisteten Textstellen einer näheren Analyse unterzogen, die Kodes reduziert und zu abstrakteren Kategorien verdichtet. Strauss und Corbin (1996, S. 78 ff.) schlagen hierzu die Nutzung eines so genannten „Kodierparadigmas" vor, das die Identifikation von ursächlichen Bedingungen, Kontextfaktoren, Handlungsstrategien und Konsequenzen für ein Phänomen umfasst. In Anlehnung hieran wurden die gruppierten Textpassagen auf Impulse für die jeweilige Handlung (Was ist der Anlass/Auslöser/Impuls für eine Handlung?), ihren Kontext (In welchem Rahmen findet die pflegerische Handlung statt?), Strategien (Wie wird die Handlung eingeleitet und umgesetzt?), Schwerpunkte (Auf welchen Bereich pflegerischen Handelns bezieht sich die Handlung?), Zielsetzung (Mit welchem Ziel wird gehandelt?) und Konsequenzen (Was passiert im Anschluss? Wie reagiert der Adressat der Interaktion/Kommunikation?) hin einer Feinanalyse unterzogen.

Auf diese Weise ließen sich fallübergreifend Muster und wiederkehrende Elemente – z.B. für die (vorläufige) Kategorie „Lehrchancen nutzen" – ermitteln (Anhang A14). Dieses Vorgehen wurde sowohl für die lehrenden Könner als auch für die Lernenden angewendet, wobei insbesondere Handlungen mit Aufforderungscharakter (z.B. „Als Lehrende Lernangebote machen") in aller Regel eine Entsprechung bei der jeweils anderen Gruppe fanden (z.B. „Als Lernende Lernangebote annehmen") und demzufolge auch so bezeichnet wurden.

Auf diese Weise entstanden sowohl (vorläufige) Kategorien, die eher auf den Arbeitsprozess gerichtete Handlungen umfassten (z.B. „Als Lehrende Aufträge erteilen – als Lernende Aufträge annehmen und ausführen") als auch solche, die klar didaktische Bezüge enthielten (z.B. „Als Lehrende Lernangebote machen – als Lernende Lernangebote annehmen"). Dieser „Widerspruch" war Anlass für einen erneuten Vergleich und eine Systematisierung der Kategorien, bei der insbesondere das in ihnen repräsentierte Verhältnis zwischen „Arbeiten" einerseits und „Lehren/Lernen" andererseits genauer untersucht wurde und die eine weitere Verdichtung des Materials ermöglichte. Vor diesem Hintergrund konnten die bislang entstandenen Kategorien als Subkategorien (Kelle/Kluge 2010, S. 73 ff.) entweder stärker der Kategorie „Den Fortgang des Arbeitsablaufs sicherstellen" oder der Kategorie „Lehr-/Lernsituationen identifizieren und nutzen" zugeordnet werden.

5.3 Analyse und Auswertung der episodischen Interviews

Im Anschluss an die teilnehmenden Beobachtungen der Tandems aus lehrenden Könnern und Lernenden wurden mit allen Studienteilnehmern Interviews geführt. Alle Studienteilnehmer erklärten sich zum Interview bereit, sodass 12 Interviews die Datenbasis bildeten – jeweils 6 mit lehrenden Könnern und mit Lernenden. Die Interviews mit den Studienteilnehmern wurden mittels eines Aufnahmegerätes aufgezeichnet und im Anschluss transkribiert. Eventuell aufgetretene Unstimmigkeiten, Unklarheiten oder Widersprüchlichkeiten wurden durch mehrfachen Vergleich zwischen Hören der Interviews und Lesen der Transkripte bereinigt (Lamnek 2010, S. 367 f.). Einige wenige Äußerungen der Interviewteilnehmer konnten auch nach mehrfachem Hören nicht verstanden werden – diese Passagen wurden bei der Transkription entsprechend gekennzeichnet. Durch die Interviewteilnehmer verwendete berufstypische Abkürzungen wurden – entsprechend kommentiert – ergänzt; paralinguistische Äußerungen ebenfalls kommentiert aufgenommen. Alle personen- und abteilungsspezifischen Daten in den Äußerungen der Interviewteilnehmer wurden anonymisiert. Die Frage- und Antwortsequenzen wurden den jeweiligen Gesprächsteilnehmern über Kürzel zugeordnet und der Text in eine tabellarische Form gebracht; einen Auszug zeigt Anhang A17.

Flick schlägt für die Analyse und Auswertung der im Rahmen episodischer Interviews erhobenen Daten die Methode des „thematischen Kodierens" (Flick 2009, S. 402 ff.) vor, die insbesondere im Zusammenhang mit Vergleichsstudien Anwendung findet. Hierbei wird ein mehrstufiges Verfahren angewendet, das mit einer Einzelfallanalyse beginnt. Es wird eine Kurzbeschreibung eines Falles erstellt, die neben für die Fragestellung relevanten Angaben zum Interviewpartner eine kurze Darstellung der Themen umfasst, die er im Interview angesprochen hat. Die angesprochenen Themen bieten eine erste Orientierung in Bezug auf die Ordnung der Interviewdaten. In der weiteren Analyse wird ein Kategoriensystem für den einzelnen Fall erarbeitet, indem die Aussagen zu den von den Interviewpartnern benannten Themen in einem ersten Schritt offen, im zweiten Schritt selektiv kodiert werden. Flick betont, dass selektive Kodierung im Rahmen des thematischen Kodierens „weniger auf die Entwicklung einer gegenstandsbezogenen Kernkategorie über alle Fälle hinweg als auf die Generierung thematischer Bereiche und Kategorien zunächst für den einzelnen Fall" zielt (Flick 2009, S. 404). Die aus dem fallübergreifenden Abgleich der Kategoriensysteme der ersten Fälle entstehende thematische Struktur wird auf alle weiteren eingeschlossenen Fälle angewandt und dabei gegebenenfalls modifiziert. Sie kann abschließend sowohl für den Fall- als auch für den Gruppenvergleich genutzt werden.

Die Analyse und Auswertung der Interviewdaten in der vorliegenden Studie erfolgte in Anlehnung an das von Flick beschriebene Verfahren. Bei der Auswertung der Interviewdaten wurden entsprechend des beschrieben Vorgehens zunächst die thematischen Bereiche identifiziert, die ein Interviewteilnehmer – lehrender Könner oder Lernender – benannt hatte und die sich in der Grobstruktur eng an den zugrunde gelegten Themen des Interviewleitfadens orientierten. Dieses Kategorienschema diente einer ersten Ordnung des Materials (Kelle/Kluge 2010, S. 67 f.).

Der daraufhin angefertigten Kurzbeschreibung eines Falls wurden – bei den Lernenden – Angaben zu Alter, Geschlecht, Ausbildungsschwerpunkt (Gesundheits- und Krankenbzw. Kinderkrankenpflege), Ausbildungszeitpunkt, bisherige Praxiseinsätze in der Pflegeausbildung, Zeitpunkt im aktuellen Praxiseinsatz und Dauer des gemeinsamen Arbeitens mit der Tandempartnerin (lehrender Könner oder Lernender) vorangestellt. Bei den Lehrenden wurde neben Angaben zu Alter, Geschlecht, Ort der Ausbildung, Berufserfahrung in der Pflege, beruflichen Stationen und Anzahl der Berufsjahre auf der Erhebungsstation insbesondere der Weg zur Lehrtätigkeit und ggf. auch eine in diesem Bereich erworbene formale Qualifikation aufgenommen. Weiter wurden die im Interview angesprochenen Themen sowie eine für diese Interviewpartnerin typische Aussage, das „Motto des Falls" aufgenommen (Flick 2009, S. 403). Die Kurzbeschreibungen der Fälle wurden im Lauf der Analyse und Auswertung immer weiter verfeinert und ausdifferenziert; sie sind in der Darstellung der Ergebnisse aufgeführt (s.a. Kapitel 6.2.1 und 6.2.3).

Das Kategorienschema, das Kelle und Kluge (2010, S. 73) als „heuristischen Rahmen mit geringem empirischen Gehalt" bezeichnen, wurde im Folgenden durch empirisch gehaltvolle Subkategorien angereichert (Kelle/Kluge 2010, S. 73). Hierzu wurden die Aussagen der Interviewpartner zu den Kategorien des Kategorienschemas fallbezogen offen kodiert (Anhang A18) und – mittels selektiven Kodierens im oben angeführten Sinne – gruppiert und kategorisiert (Anhang A19). Dabei war der Übergang zwischen einer eher fallbezogenen Dimensionalisierung zu Beginn des Auswertungsprozesses und einem eher themenbezogenen Fallvergleich im weiteren Verlauf fließend. Während des gesamten Prozesses wurden wiederholt die Aussagen der jeweiligen Interviewpartner, offene Kodes und Kategorien in den einzelnen Fällen miteinander in Bezug gesetzt, gegebenenfalls modifiziert und neu gruppiert. Auf diese Weise entstand für jede Gruppe – lehrende Könner und Lernende – ein Kategoriensystem, das – entsprechend der Fragestellung – sowohl eher handlungsbezogen formulierte als auch stärker konzeptualisierte Kategorien umfasste (Anhang A20 und A21) und zudem einen Vergleich der Perspektiven von lehrenden Könnern und Lernenden auf Lehren und Lernen im Praxisfeld ermöglichte (Anhang A22).

5.4   Gütekriterien und Limitationen der Studie

Auch qualitative Forschung muss Gütekriterien entsprechen. Lamnek expliziert, dass die Gütekriterien Validität, Reliabilität, Objektivität sowie Repräsentativität und Generalisierbarkeit der quantitativen Forschung nicht unmittelbar auf qualitative Forschung übertragen werden können (Lamnek 2010, S. 127 ff.). In seinen Ausführungen betont er, dass an die Stelle der Validität in der qualitativen Forschung die Validierung tritt, thematisiert die bislang unbefriedigend beantwortete Frage nach der Zuverlässigkeit qualitativer Methoden und beschreibt den Objektivitätsbegriff der qualitativen Forschung – im Gegensatz zu dem der quantitativen Forschung – als emergenistisch, intersubjektiv und dialektisch[21], wobei die Unabhängigkeit vom Forscher vor allem dadurch erreicht wird, „dass die Relevanz vom untersuchten Subjekt bestimmt wird" (Lamnek 2010, S. 161). In Bezug auf Repräsentativität und Generalisierbarkeit führt Lamnek weiter aus, dass qualitative Forschung nicht auf Repräsentativität im statistischen Sinne ziele. Vielmehr gehe es um das Auffinden des Typischen im Allgemeinen (Repräsentanz), was für eine theoretisch-systematische Auswahl der Fälle spreche, und um das Entdecken des Wesentlichen durch Abstraktion und nicht – wie in der quantitativen Forschung – um das Schließen von Teilen auf das Ganze (Lamnek 2010, S. 167).

---

21   Lamnek bezieht sich hierbei auf den Objektivitätsbegriff von Kleining, der die vom Forscher eingebrachte Subjektivität insbesondere durch kommunikative Verfahren im Analyseprozess einer intersubjektiven Nachvollziehbarkeit zugeführt sieht. In diesem Sinne „entwickelt" sich Objektivität im Analyseprozess, wobei – hier wird die Dialektik deutlich – Subjektivität bewahrt wird und gleichzeitig eine Lösung vom Subjekt erfolgt (Lamnek 2010, 158).

Auch Flick (2009, S. 487 ff.) sieht sowohl Herausforderungen beim Übertrag der Gütekriterien Reliabilität, Validität und Objektivität der quantitativen auf die qualitative Forschung als auch im Zusammenhang mit dem Entwurf alternativer, methodenangemessener Kriterien und kommt schließlich zu der Einschätzung: „Die Frage, wie qualitative Forschung bewertet werden soll, ist noch nicht zufriedenstellend beantwortet" (Flick 2009, S. 487). Er führt weitere Ansätze zur Überprüfung an, bei denen insbesondere die Frage nach der Indikation qualitativer Forschung, der Einsatz spezifischer Strategien zur Geltungsbegründung und Generalisierung sowie die Reflexion und Evaluation des Forschungsprozesses im Sinne eines Qualitätsmanagements im Mittelpunkt stehen (Flick 2009, S. 511 ff.).

Eine integrative Annäherung mit einer Kombination von Kriterien und Prozessen zu deren Prüfung für die Bewertung qualitativer Forschung schlägt auch Steinke vor (Steinke 2010, S. 323 ff.). Sie skizziert zunächst klassische Grundpositionen zur Bewertung qualitativer Forschung: Erstens den Übertrag quantitativer Konzepte wie Reliabilität, Objektivität und Validität auf qualitative Forschung, zweitens den Entwurf eigener Kriterien, die der wissenschaftstheoretischen, methodologischen und methodischen Besonderheit qualitativer Forschung entsprechen, wie beispielsweise Kommunikative Validierung, Triangulation[22], Validierung der Interviewsituation und Authentizität sowie drittens die generelle Ablehnung von Gütekriterien für die qualitative Forschung überhaupt, die sie der postmodernen Perspektive zuordnet (Steinke 2010, S. 319 ff.). Kritisch stellt sie diesen Positionen 3 Grundforderungen gegenüber, indem sie konstatiert, dass qualitative Forschung nicht ohne Bewertungskriterien bestehen könne, quanti-

---

22 Lamnek weist in seinen Ausführungen darauf hin, dass Triangulation, also der Einsatz mehrerer Methoden zur Erforschung eines Phänomens grundsätzlich auch als Validierungsstrategie im Rahmen von qualitativen Studien eingesetzt werden kann. Dabei ist zu beachten, dass sie dieser Funktion nur dann nachkommen kann, wenn durch den Einsatz der unterschiedlichen Methoden dasselbe Phänomen und nicht etwa unterschiedliche Aspekte desselben Phänomens oder unterschiedliche Phänomene erfasst werden. Dabei müssen dann zwangsläufig auch unterschiedliche Ergebnisse erwartet werden. Gleichzeitig darf hieraus nicht auf fehlende Validität der Ergebnisse geschlossen werden (Lamnek, 2010, S. 143). Mit den beiden für die vorliegende Studie gewählten, methodischen Zugängen „teilnehmende Beobachtung" und „episodische Interviews" soll ein breiter Zugang zum Wissen und Handeln von lehrenden Könnern und Lernenden in Bezug auf Lehr-/ Lernprozesse im Praxisfeld Pflege gewonnen werden. Es werden in einem engeren Sinn also mit unterschiedlichen Methoden unterschiedliche Aspekte desselben Phänomens einer Betrachtung unterzogen. Triangulation wird im Rahmen der vorliegenden Studie folglich nicht als explizite Validierungsstrategie eingesetzt. Sie dient hier weniger der Überprüfung von Ergebnissen, die mit unterschiedlichen qualitativen Methoden gewonnen wurden, sondern „der systematischen Erweiterung und Vervollständigung von Erkenntnismöglichkeiten" (Flick 2009, S. 520), die letztlich über die Verknüpfung unterschiedlicher theoretischer Perspektiven (s.a. Kapitel 4.3) aber auch eine Form der Geltungsbegründung der Ergebnisse darstellt, indem sie „Breite, Tiefe und Konsequenz im methodischen Vorgehen erhöht" (Flick 2009, S. 520).

tative Kriterien zur Bewertung qualitativer Forschung ungeeignet seien und es zur Bewertung qualitativer Forschung Kriterien bedürfe, die „deren eigenem Profil, das heißt ihren Kennzeichen, Zielen, wissenschaftstheoretischen und methodologischen Ausgangspunkten Rechnung tragen" (Steinke 2010, S. 322). Dabei wendet sie sich gegen die Formulierung von Einzelkriterien, sondern empfiehlt vielmehr „ein System von Kriterien, das möglichst viele Aspekte der Bewertung qualitativer Forschung abdeckt" (Steinke 2010, S. 323). Sie schlägt einen Kriterienkatalog vor, der neben zentralen, breit angelegten Kernkriterien auch Prozesse zu deren Prüfung umfasst. Beide sollen dann jeweils untersuchungsspezifisch in Abhängigkeit von Fragestellung, Gegenstand und verwendeter Methode „konkretisiert, modifiziert und gegebenenfalls durch weitere Kriterien ergänzt werden" (Steinke 2010, S. 324).

Als Kernkriterien erläutert sie Intersubjektive Nachvollziehbarkeit, Indikation des Forschungsprozesses (Gegenstandsangemessenheit), Empirische Verankerung, Limitation, Kohärenz, Relevanz sowie Reflektierte Subjektivität.

Intersubjektive Nachvollziehbarkeit tritt für Steinke in der qualitativen Forschung an die Stelle der intersubjektiven Überprüfbarkeit in der quantitativen Forschung. Hierunter versteht sie die Herstellung von Bedingungen, die eine Bewertung der Ergebnisse ermöglichen. Die prominente Position nimmt dabei die nachvollziehbare Dokumentation des Forschungsprozesses, insbesondere des Vorverständnisses, der Erhebungsmethoden und des Erhebungskontextes, der Transkriptionsregeln, Daten, Auswertungsmethoden und Informationsquellen sowie der Entscheidungen und Probleme, z.B. in Sampling und Methodenwahl, ein. Zudem spielen Interpretationen in Gruppen, also die Diskussion von Daten und deren Interpretationen und die Anwendung anerkannter Kodierverfahren diesbezüglich eine wesentliche Rolle.

Für die vorliegende Studie wurde der Forschungsprozess hinsichtlich der o.a. Aspekte in den vorangehenden Kapiteln ausführlich mit dem Ziel der intersubjektiven Nachvollziehbarkeit dargestellt. Wesentliche Analyse- und Interpretationsschritte wurden mit den Teilnehmern des Promotionskolloquiums, also mit nicht in die Forschung involvierten Personen, kritisch diskutiert und hinsichtlich ihrer Plausibilität und Nachvollziehbarkeit bewertet. In Bezug auf die Auswertung der offenen teilnehmenden Beobachtungen erfolgte eine starke Anlehnung an das im Rahmen der Grounded Theory beschriebene offene Kodieren; die Auswertung der episodischen Interviews orientierte sich an dem von Flick beschriebenen thematischen Kodieren (Flick 2009, S. 202 ff.). Abweichungen von den empfohlenen Verfahrensschritten wurden dabei begründet und offen gelegt.

Unter dem Kriterium der **Indikation des Forschungsprozesses** subsummiert Steinke die Prüfung der Gegenstandsangemessenheit der Forschung. Diese bezieht sie nicht nur auf die Analyse – und Auswertungsschritte, sondern vielmehr auf den gesamten Forschungsprozess – von der Indikation des qualitativen Vorgehens angesichts der Fragestellung über die Methodenwahl, Transkriptionsregeln und Samplestrategie bis hin zu den methodischen Einzelentscheidungen im Kontext der gesamten Untersuchung und den Bewertungskriterien (Steinke 2010, S. 326 ff.). Auch diese Aspekte wurden in den vorangegangenen Kapiteln für die vorliegende Studie expliziert und diesbezügliche Entscheidungen begründet. In Bezug auf die Auswahl der Studienteilnehmerinnen und -teilnehmer wurde eine größtmögliche Annäherung an das Konstrukt „Könnerschaft" angestrebt, indem eine Einschätzung von „außen", nämlich von personalverantwortlichen und zur Mitwirkung an der Studie bereiten Personen eingeholt wurde. Gleichzeitig stellt dies auch eine Limitation der Ergebnisse dar, da keine weitere Testung der lehrenden Studienteilnehmerinnen auf Könnerschaft erfolgte und damit auch Aspekte der Angemessenheit des Pflegehandelns in den beobachteten Situationen nicht weiter verfolgt werden.[23] Auch die Zugänglichkeit für die Forscherin hatte Einfluss auf die Auswahl der angefragten Krankenhäuser und damit auch auf die Zusammensetzung des Samples. Nicht zuletzt spielten bei der Größe der Untersuchungsgruppe (insgesamt 6 Tandems) auch forschungsökonomische Überlegungen eine Rolle.

Steinke fordert zudem eine in den Daten, d.h. **empirische Verankerung** der Bildung und Überprüfung von Hypothesen bzw. Theorien (2010, S. 328 f.). Sie benennt verschiedene Methoden, die sich hierzu eignen: die Verwendung kodifizierter Methoden, die Frage nach hinreichenden Textbelegen für die entwickelte Theorie, analytische Induktion, die Prüfung von aus der Theorie abgeleiteten Prognosen anhand von Textbelegen sowie die Rückbindung der Theorie an die Untersuchungsteilnehmer, die so genannte kommunikative Validierung. Auf die Verwendung kodifizierter Methoden für die vorliegende Untersuchung wurde eingangs dieses Unterkapitels im Zusammenhang mit der intersubjektiven Nachvollziehbarkeit bereits hingewiesen. Die Prüfung der empirischen Verankerung der vorliegenden Ergebnisse erfolgte in erster Linie über die Angabe von Textbelegen.

Unter den Kriterien **Limitation** und **Kohärenz** stellt Steinke die Frage nach dem Geltungsbereich bzw. der Verallgemeinerbarkeit der im Forschungsprozess entwickelten Theorie sowie nach deren innerer Konsistenz und eventuell aufgetretenen Widersprüchen in den Daten (Steinke 2010, S. 329 f.). Im engeren Sinne geht es dabei um die Frage, unter welchen Bedingungen die entwickelte Theorie zutrifft bzw. inwieweit sie verallgemeinerbar ist. Fallkontrastierung und die Suche und Analyse abweichender, negativer und extremer Fälle benennt Steinke als geeignete Strategien der Überprüfung. In der vorliegenden Untersuchung wurden Pflegepersonen (lehrende Könner) und Auszubildende (Lernende) im Handlungsfeld der stationären Gesundheits- und Krankenpflege beobachtet und zu ihrem Lehr-/Lernhandeln befragt. Intendiert war dabei eine grundlegende und empirisch gestützte Untersuchung des Lehr-/Lernhandelns von erfahrenen Pflegepersonen und Lernenden in diesem Feld. Dabei sind die diesbezüglichen

---

23 Auf die Setzung der Eigenschaft „Könner" bei den lehrenden Studienteilnehmerinnen wurde bereits an anderer Stelle hingewiesen (s.a. Kapitel 4.1).

Handlungsmuster und Annahmen der Studienteilnehmer innerhalb und zwischen den Gruppen (Lehrende und Lernende) sowohl über die einbezogenen Einrichtungen (zwei Krankenhäuser) als auch über die Abteilungen (unterschiedliche Fachrichtungen peripherer Stationen) hinweg in hohem Maße ähnlich. Wenngleich die Studie keine Aussagen zu Lehr-/Lernprozessen zwischen lehrenden Könnern und Lernenden in anderen Handlungsfeldern der Pflege – etwa im Bereich der Altenpflege, im teilstationären bzw. ambulanten Bereich oder in der Intensivpflege bereitstellt, scheint eine prinzipielle Übertragbarkeit der Erkenntnisse auch auf diese Handlungsfelder denkbar. Auf der Basis des deskriptiven Studiendesigns können keine Aussagen zu Lehr-/Lernprozessen zwischen weniger erfahrenen Pflegepersonen und Lernenden im Sinne einer Kontrastierung getroffen werden. Beide Aspekte wären denkbare und wünschenswerte Anschlüsse für weitere Untersuchungen.

Qualitative Forschung hat sich nach Steinke auch der Frage nach der **Relevanz**, also dem pragmatischen Nutzen der entwickelten Theorie zu stellen (2010, S. 230). Es ist zentrales Anliegen der vorliegenden Studie, einen grundlegenden und empirisch gestützten Beitrag zur Beschreibung von Lehr-/Lernprozessen zwischen lehrenden Könnern und Lernenden in der Pflegepraxis zu leisten. Dabei werden Aspekte der Lehr-/Lernkonstellation und der Gestaltung des didaktischen Dialogs zwischen den Akteuren fokussiert. Die Ergebnisse können somit jenseits der Diskussionen über Arbeitsdichte und Personalknappheit in den pflegerischen Handlungsfeldern Hinweise auf die Gestaltung einer lernförderlichen Arbeitsumgebung sowie auf Qualifizierungsaspekte für Lehrende und Lernende geben.

Als **reflektierte Subjektivität** bezeichnet Steinke (2010, S. 230 f.) die Prüfung, inwiefern die „konstituierende Rolle des Forschers als Subjekt (mit seinen Forschungsinteressen, Vorannahmen, Kommunikationsstilen, biographischem Hintergrund etc.) und als Teil der sozialen Welt, die er erforscht, möglichst weitgehend methodisch reflektiert in die Theoriebildung einbezogen wird" (Steinke 2010, S. 230 f.). Für die vorliegende Studie wurden der Zugang zum Feld und die Reflexion des Feldeinstiegs sowie Herausforderungen bei der Gestaltung der Rolle der Forscherin im Feld in den Kapiteln 4.2.1 und 4.2.2 ausführlich dargestellt. Pausen während und die Zeiten unmittelbar im Anschluss an die Beobachtungseinheiten wurden für Zwischenreflexionen genutzt, die subjektive Eindrücke und Gefühle der Forscherin im Sinne eines Forschungstagebuchs thematisierten.

6 Ergebnisse

6.1 Ergebnisse der Auswertung der teilnehmenden Beobachtung

Im Zuge der Auswertung der teilnehmenden Beobachtung von Lehrenden und Lernenden im Praxisfeld Pflege konnten insgesamt 3 übergeordnete Kategorien identifiziert werden, die das Handeln von Lehrenden und Lernenden beschreiben. Die Kategorie „Den Fortgang des Arbeitsablaufs sicherstellen" bezieht sich dabei eher auf organisatorische bzw. pflegefachliche Aspekte und thematisiert so stärker die Aufgabenerfüllung von Lehrenden und Lernenden aus der Pflege- als aus der Lehr-/Lernperspektive. Im engeren Sinn geht es bei Aktivitäten von Lehrenden und Lernenden, die in dieser Kategorie eingeschlossen sind, folglich weniger um didaktisches, als vielmehr um pflegerisches Handeln. Zwei weitere Kategorien – „Lehr-/Lernsituationen identifizieren und nutzen" sowie „Lernende handelnd beteiligen" – fokussieren hingegen didaktische Aspekte und beziehen sich damit auf das Lehren und Lernen im Praxisfeld Pflege. Die nachfolgende Ergebnisdarstellung erfolgt entlang der konzeptualisierten Kategorien.

6.1.1 Den Fortgang des Arbeitsablaufs sicherstellen

Beobachtet werden konnten Aktivitäten von Lehrenden und Lernenden in der Pflegepraxis, die darauf gerichtet sind, den Fortgang des Arbeitsablaufs im jeweiligen Handlungsbereich sicherzustellen. Hierzu gehört das Erteilen von Arbeitsaufträgen an die Lernenden durch die Lehrenden und – komplementär dazu – das Annehmen und Ausführen der erteilten Arbeitsaufträge durch die Lernenden. Zudem wurden zahlreiche Informationen zwischen Lehrenden und Lernenden ausgetauscht – zu organisatorischen und pflegefachlichen Gesichtspunkten sowie bezogen auf kooperative Aspekte. Beide Dimensionen – Auftragserteilung und Information – fassen in erster Linie von den Lehrenden ausgehende Aktivitäten. In den Beobachtungen wurde jedoch deutlich, dass auch Lernende initiativ werden und beispielsweise pflegerische Aufgaben ohne expliziten Auftrag der Lehrenden ausführen.

6.1.1.1 Als Lehrende Aufträge erteilen – als Lernende Aufträge ausführen

Explizite Bitten bzw. Aufforderungen der Lehrenden an Lernende, eine bestimmte Aufgabe zu übernehmen und zu bearbeiten, konnten bei allen Tandems beobachtet werden. Aufträge der Lehrenden an die Lernenden leiteten zumeist eine Sequenz des getrennten Arbeitens ein – entweder indem eine Phase gemeinsamen Arbeitens unterbrochen wurde, weil die/der Lehrende eine Aufgabe außerhalb des Patientenzimmers zu erfüllen hatte, oder weil bestimmte Aufgaben an Lernende delegiert wurden, bei denen eine gemeinsame Bearbeitung erst gar nicht vorgesehen war. Wenngleich das Erteilen von

Aufträgen an Lernende in unterschiedlichen Kontexten erfolgte, schien es übergreifend in erster Linie auf den Fortgang des Arbeitsablaufs im Handlungsbereich durch eine sinnvolle Arbeitsteilung zwischen Lehrenden und Lernenden ausgerichtet zu sein. Im Vordergrund stand hierbei also die Aufgabenerfüllung als Pflegende und nicht etwa die Perspektive als Lehrende.

Wurde eine Phase gemeinsamen Arbeitens unterbrochen, wurde der Auftrag für die Lernenden in aller Regel so formuliert, dass Lernende sowohl über das geplante Handeln der Lehrenden, als auch über das erforderliche Handeln für einen Patienten informiert und orientiert waren.

> *„Du kannst dann eine ASE (atemstimulierende Einreibung) bei Frau x machen."* P verlässt das Zimmer um den Bettentausch zu veranlassen. (P1/7.1)

> *„Ich hole jetzt die Neuaufnahme ab. Du kannst dann schon mal ins Zimmer nebenan gehen."* (P2/3.2; beim morgendlichen Rundgang durch die Patientenzimmer)

Beobachtet werden konnte die Beauftragung und Delegation von Botengängen und Besorgungen an Lernende, von wiederkehrenden Aufgaben im Stationsablauf (beispielsweise Richten von Medikamenten, Dokumentation pflegerischer Handlungen, Richten der Arbeitswagen, Patiententransporte) sowie von tagesaktuellen Aufgaben (beispielsweise Verabreichung individueller Schmerzmedikation, spezielle diagnostische Maßnahmen, Verlegungen und Übernahmen von Patienten). Insbesondere die Delegation wiederkehrender und tagesaktueller Aufgaben im Stationsablauf bedeutete für die Lernenden zugleich eine Orientierung in Bezug auf den Arbeitsablauf in den jeweiligen Arbeitsbereichen.

> *„Du kannst schon mal die Tropfen stellen, dann gehen wir durch (die Zimmer)."* (P2/8.4; vor dem nachmittäglichen Rundgang durch die Patientenzimmer).

Aufträge erteilten Lehrende auch dann, wenn sie gemeinsam mit Lernenden in Pflegesituationen aktiv waren. Hierbei handelte es sich in erster Linie um Anweisungen, die das effiziente gemeinsame Arbeiten sicherstellen sollten, beispielsweise im Kontext der gemeinsamen Unterstützung eines Patienten bei der Körperpflege oder bei einem Verbandwechsel. Häufig wurden Lernende gebeten, Teilhandlungen zu übernehmen oder auch fehlende Utensilien zu besorgen.

> *Patient putzt Zähne. „A, kannst Du das Wasser bitte ausschütten und die Prothese unter fließendem Wasser abspülen?"* (P1/2.3; zur Lernenden bei der Körperpflege eines Patienten).

> *Kannst Du mir mal grade Kompressen mit Octenisept® bringen? Und dann noch die sterilen Pflaster."* (P1/8.8; zur Lernenden bei einem Verbandwechsel).

> *„Gib ihr bitte noch die Tablette, die soll sie nüchtern nehmen, wenn sie fertig ist mit Eincremen."* (P2/12.9; zur Lernenden bei der Unterstützung einer Patientin bei der Körperpflege).

In aller Regel wurden die Aufträge von den Lehrenden an die Lernenden direkt erteilt. Einige wenige Situationen konnten beobachtet werden, in denen Lehrende unter Einbezug von Patienten – also indirekt – Aufträge an Lernende formulierten.

> *„Dann können wir heute mal Aktivgel nehmen."* (für den Rücken) (P3/1.8; zu einem Patienten bei der Unterstützung bei der Körperpflege).

Das Erteilen von Aufträgen durch die Lehrenden an die Lernenden und das Ausführen der Aufträge durch die Lernenden verhalten sich zueinander komplementär. Lernende führten die ihnen durch die Lehrenden erteilten Aufträge aus. Es konnte nicht beobachtet werden, dass Lernende einen von Lehrenden erteilten Auftrag nicht ausführten. Die Weisungsbefugnis und Rollen zwischen Lehrenden und Lernenden scheinen also klar zu sein.

6.1.1.2 Als Lehrende Lernende informieren und orientieren – als Lernende Lehrende informieren

Wie die Kategorie „Aufträge erteilen" bezieht sich auch die Kategorie „Als Lehrende Lernende informieren" in erster Linie auf arbeitsorganisatorische sowie auf pflegefachliche und kooperative Aspekte. Sie fokussiert damit ebenfalls stärker die Aufgabenerfüllung aus der Pflege- als aus der Lehrperspektive.

(Arbeits-)Organisatorische Informationen der Lehrenden bezogen sich beispielsweise auf Arbeitsabläufe in den jeweiligen Praxiseinsatzgebieten:

> *„Jetzt gehen wir mal durch alle Zimmer und schauen, wie es allen so geht. Wir haben keine Antibiose für 14:00 Uhr – sonst hätte ich die jetzt auch mitgenommen."* (P2/5.3; zur Lernenden zu Beginn des Spätdienstes).

Sie thematisierten auch Besonderheiten und Gepflogenheiten der jeweiligen Einsatzstationen:

> *„Wir machen kein Licht an, damit wir im Zimmer die Klingel nicht hören. Alle wissen ja, wo wir sind, weil der Arbeitswagen vor der Tür steht."* (P3/16.2; zur Lernenden zu Beginn der Arztvisite).

Lehrende informierten Lernende auch über Aufgaben von Lernenden in einem Einsatzgebiet:

> *„Tropfen stellen ist ja eine Aufgabe von Schülern hier. Ich würde das gerne mal mit Dir durchsprechen. Und jetzt ist ja gerade auch etwas Ruhe und Zeit und da können wir das machen."* Lehrende und Lernende lehnen an der Theke und gehen die Tropfen-Pläne durch. (P2/16.1; zur Lernenden).

Informationen über arbeitsorganisatorische Aspekte zielten stark auf die allgemeine Orientierung der Lernenden im Einsatzfeld und konnten entsprechend in erster Linie bei Tandems beobachtet werden, bei denen die Lernenden erst seit kurzer Zeit auf der Praxisstation eingesetzt waren. Dies galt insbesondere für die Tandems P2/A2 und P3/A3.

Die Lernende A2 befand sich zum Zeitpunkt der Datenerhebung in der ersten Einsatzwoche; A3 hatte seinen insgesamt zweiten Einsatztag auf der Station.

Bei den Tandems, deren Lernende bereits längere Zeit in einem Praxisbereich eingesetzt waren und/oder die in dieser personellen Konstellation bereits längere Zeit zusammenarbeiteten, bezogen sich die Informationen der Lehrenden einerseits stärker auf die „kollegiale Kooperation" – also die Form der Zusammenarbeit zwischen Lehrenden und Lernenden. Dies galt vor allem dann, wenn eine Phase gemeinsamen Arbeitens im Interesse der effizienten Aufgabenbearbeitung unterbrochen werden musste. Lehrende informierten Lernende dabei insbesondere über ihr eigenes Tun:

> *„Du und AM* [weitere Lernende im ersten Ausbildungsjahr; Anm. der Verf.] *gehen gemeinsam durch. Ich komme mit bis zum Zimmer 3, dann packe ich alles für Frau (Patientin) zusammen und mache alles für sie fertig. Es stehen auch mehrere Glukose-Toleranz-Tests an (Zimmer 102 und 105)".* (P4/6.1; zur Lernenden vor dem morgendlichen Rundgang durch die Patientenzimmer).

Andererseits bezogen sich die Informationen der Lehrenden auf pflegefachliche Aspekte – beispielsweise den Austausch über anstehende Aufgaben oder auch über Besonderheiten, die sich tagesaktuell aus dem Befinden von Patienten ergeben hatten. Diese wurden in aller Regel außerhalb der Patientenzimmer miteinander ausgetauscht. Auch hier stand die gemeinsame Aufgabenerfüllung als Pflegende im Vordergrund:

> Information an die Lernende, dass die Patientin in Zimmer 1 ein zusätzliches Medikament bekommt (Analgetikum wegen einer Trigeminus-Neuralgie). (P4/5.5; zur Lernenden; außerhalb der Patientenzimmer).

> Die Lehrende sieht mit der Lernenden die Patientendokumentationen durch und legt Konsequenzen für weiteres Handeln dar (Medikamente etc.). (P5/2.1; zur Lernenden; außerhalb der Patientenzimmer).

> Lehrende und Lernende machen gemeinsam Kurvenvisite. Die Lehrende weist die Lernende auf wichtige Dinge des Tages hin: Entlassungen von Patienten etc. Die Lehrende wartet weiter auf Arztabsprache – bittet die Lernende, in Patientenzimmer 3 zu gehen. (P6/4.1; zur Lernenden; außerhalb der Patientenzimmer).

Auch Lernende gaben Informationen an Lehrende weiter, wobei die benannten Prinzipien und Bedingungsfaktoren entsprechend gelten: Im Vordergrund standen arbeitsorganisatorische, pflegefachliche und kooperative Aspekte, insbesondere dann, wenn eine Phase des getrennten Arbeitens von Lehrenden und Lernenden vorausging. Lernende erstatteten dann Bericht an die Lehrenden über ihr eigenes Handeln während der Abwesenheit der Lehrenden, beispielsweise darüber, dass eine Aufgabe erledigt oder begründet nicht erledigt werden konnte.

> *„Blutdruck habe ich gemessen."* (A1/1.25).

> Es soll Blut bei einer Patientin abgenommen werden. Die Lernende zur Patientin: *„Da ist eine Vene, aber die ist ganz dünn, da möchte ich lieber nicht stechen." „Unsere Nadeln sind aber auch ganz dünn."* Berichtet ihre Entscheidung an die Lehrende, als diese zum Temperatur messen kommt. (A5/4.5).

Zudem gaben Lernende Patientenbeobachtungen weiter, beispielsweise auffällige Vitalwerte oder Schmerzäußerungen von Patienten.

> Die Lehrende ist zum Abholen einer neuen Patientin unterwegs. Nach ihrer Rückkehr informiert die Lernende sie darüber, dass ein Patient 39,1 Grad C Temperatur hat. (A2/3.4)

Nicht immer ging diesen Informationen eine Phase des getrennten Arbeitens voraus. Vielmehr wiesen Lernende Lehrende auch auf auffällige Beobachtungsergebnisse hin, wenn diese in ihren Handlungsbereich fielen, beispielsweise in Phasen des kollegialen Arbeitens im selben Patientenzimmer.

> Lehrende und Lernende führen den morgendlichen Rundgang durch die Patientenzimmer durch. Die Lernende misst den Blutdruck einer Patientin und bemerkt eine Wunde am rechten Arm (A6/2.3). *„Das müssen wir mit „Floratüll" zumachen."* (P6/2.3). Die Lernende holt Verbandmaterial. [...] Die Lernende leert den Urinbeutel einer Patientin. Es ist sehr wenig im Beutel (200 ml). Sie schaut in der Dokumentation nach – letzter Eintrag 400 ml. *„Der Urin ist auch sehr konzentriert."* (A6/2.3; zur Lehrenden).

Lehrende gaben zudem Informationen an Patienten weiter. Dies erfolgte vielfach im Rahmen der „Durchgänge" durch die Patientenzimmer zu Beginn oder am Ende einer Dienstzeit.

6.1.1.3 Als Lernende Initiative zeigen

Es konnte beobachtet werden, dass Lernende im Rahmen der Aufgabenerfüllung durchaus selbst initiativ wurden und Pflegeaufgaben auch ohne explizite Aufträge durch Lehrende erfüllten. Auch diese Aktivitäten waren eher auf die Aufgabenerfüllung als Pflegende bezogen und gerichtet auf den Fortgang des Arbeitsablaufs in einem Arbeitsbereich. Lernende bringen hiermit zum Ausdruck, dass sie sich am Arbeitsablauf im Rahmen ihres Wissens- und Könnensstandes beteiligen und den Arbeitsprozess „mitdenken". So zeigten sie beispielsweise Bereitschaft zur Übernahme pflegerischer Aufgaben und beachteten organisatorische Aspekte:

> Nach der Begrüßung der Patientinnen: *„Soll ich gleich Blut abnehmen?"* (A5/1.3; zur Lehrenden beim morgendlichen Rundgang, in einem Patientenzimmer).

> *„Ich pack schon mal den Arbeitswagen"* (A1/8.1; zum Lehrenden zu Beginn des gemeinsamen Arbeitens).

> Die Lernende misst Puls, Blutdruck und Temperatur bei einer Patientin, dokumentiert die Werte am Arbeitswagen. *„Hier müssen wir noch Gewicht messen!"* (A6/8.6; zur Lehrenden im Patientenzimmer). Die Lernende holt die Waage für die Patientin, wiegt, dokumentiert.

Lernende zeigten ihre Einsatzbereitschaft auch, indem sie aufmerksam auf implizite Aufforderungen der Lehrenden reagierten.

> Der Lehrenden fällt eine Makrohämaturie bei einer Patientin auf, die eigentlich am gleichen Tag nach Hause entlassen werden sollte. *„Haben Sie da mal dran gezogen heute Nacht?"* (P2/12.4; zur Patientin im Patientenzimmer). Patientin: *„Das kann natürlich*

sein." "Wir machen das jetzt mal leer und schauen, was da so nachläuft." (P2/12.4; zur Patientin). Die Lernende holt ein Ablaufgefäß und leert den Ablaufbeutel.

Nicht zuletzt arbeiteten Lernende in der Routine weiter, ohne expliziten Auftrag durch die Lehrenden und auch in Phasen des getrennten Arbeitens.

> Die Lehrende bringt „Notfallblut" in das Labor, führt im Anschluss die Blutentnahmen in einem anderen Patientenzimmer durch. Die Lernende geht alleine in das nächste Patientenzimmer und erfasst die Vitalzeichen der Patienten (A5/4.7).

> Der Lehrende verlässt das Patientenzimmer, um Frühstück für die Patientin zu richten. Die Lernende misst den Blutdruck der Patientin und verlässt im Anschluss das Zimmer, um die gebrauchten Materialien zu entsorgen (A1/2.8).

Alle Aktivitäten der Lehrenden und Lernenden, die in der Kategorie „Den Fortgang des Arbeitsablaufs sicherstellen" beschrieben sind, blieben – soweit dies beobachtbar war – fokussiert auf die Aufgabenerfüllung als Pflegende. Die Lehr-/Lernperspektive, der Lehr-/Lerngehalt, der den delegierten Aufgaben bzw. ausgetauschten Informationen möglicherweise innewohnt, spielte hierbei keine Rolle. Lehrende und Lernende agierten vorrangig in ihrer Rolle als Pflegende.

6.1.2 Lehr-/Lernsituationen identifizieren und nutzen

Die Kategorie „Lehr-/Lernsituationen identifizieren und nutzen" umfasst Aktivitäten von Lehrenden und Lernenden, die das Auffinden von Lehr-/Lernsituationen im pflegerischen Arbeitsalltag markieren. Lehrende richten Lernangebote an die Lernenden, sie erfragen Wissen der Lernenden und nutzen Lehrchancen, indem sie beispielsweise die Gelegenheit zur expliziten Wissensvermittlung ergreifen. Lernende wiederum nehmen Lernangebote an, beantworten die Wissensfragen der Lehrenden und äußern ihr Lerninteresse in Form von Fragen an die Lehrenden oder auch, indem sie Lehrenden explizit ihre Lernintentionen darlegen.

Impulse für die Lehr-/Lernaktivitäten von Lehrenden und Lernenden gehen dabei nahezu ausschließlich von den anfallenden pflegerischen Arbeitsaufgaben und -situationen aus: Anfallende Arbeitsaufgaben, Pflegesituationen, Anfragen von Patienten etc. stellen Impulse bereit, die von den Akteuren günstigenfalls als Lernanlässe identifiziert und genutzt werden. Arbeitssituationen werden auf diese Weise als Lehr-/Lernsituationen aufgefasst, moduliert und gestaltet.

6.1.2.1 Als Lehrende Lernangebote machen – als Lernende Lernangebote der Lehrenden nutzen

Mehrfach konnte beobachtet werden, dass Lehrende explizite Lernangebote an Lernende richten, die von diesen in aller Regel auch genutzt werden.

Die Einleitung eines Lernangebots erfolgte häufig mit den Worten „Möchtest Du...?" oder „Hast Du schon einmal...?"

> Der Verbandwechsel soll erfolgen. „*Machen wir es so: Ich sage erst mal gar nichts. Wir können dann hinterher sprechen.*" (P4/4.5; zur Lernenden im Patientenzimmer). „*Ja, prima.*" (A4/4.5). Die Lernende führt den Verbandwechsel durch, spricht Arbeitsschritte dabei laut vor sich hin. Der Lehrende übernimmt die Kommunikation mit der Patientin; spricht mit ihr über die PEG. Es werden zusätzliche Kompressen benötigt. Der Lehrende holt die Kompressen.

> Eine Patientin fragt nach dem Termin für ihre Bestrahlung. Die Lernende schaut in der Patientenkurve nach. „*Frau (Name der Patientin) hat ihren Bestrahlungstermin morgen um 09:30 Uhr*" (A2/6.2; zur Lehrenden vor dem Patientenzimmer. „*Hast Du das in der Kurve nachgesehen?*" (P2/6.2). Die Lernende bejaht. „*Hast Du es ihr gesagt?*" „*Dann mach das doch mal*". Die Lehrende bleibt in der offenen Zimmertür stehen und lauscht aufmerksam während die Lernende in das Patientenzimmer geht und mit der Patientin spricht (A2/6.2).

Lernangebote offerierten den Lernenden die Möglichkeit, bei einer Handlung der Pflegeperson zuzusehen; das eigentliche Lernangebot bestand aber in aller Regel darin, eine Pflegehandlung selbst durchzuführen.

> Es ist Katheterurin abzunehmen. „*Hast Du das schon mal gemacht?*" (P2/9.3; zur Lernenden). „*Nein, nie.*" (A2/9.3). „*Was, ehrlich?*" P2 erläutert, erklärt und korrigiert bei der Handlung – leitet an. Die Lernende führt die Urinentnahme durch.

> Es soll ein Verbandwechsel bei einer Patientin erfolgen. Die Lehrende löst den alten Verband. „*Am besten ist, wir spülen noch mal. Möchtest Du oder soll ich?*" (P6/12.1; zur Lernenden). „*Mach ich gerne.*" (A6/12.1). Die Lehrende unterstützt verbal. Die Lernende führt den Verbandwechsel durch – und fragt während des Handelns bei der Lehrenden nach; entsorgt das Material (A6/12.1).

> „*Jetzt haben wir ja drei Tage zusammen. Wollen wir es so machen, dass Du an allen drei Tagen Übergabe machst?*" (P6/1.1; zur Lernenden bei Dienstbeginn außerhalb der Patientenzimmer).

Selbst als die handelnde Durchführung durch die Lernende abgelehnt wurde, versuchte dieser Lehrende, die Lernende in Teilen handelnd zu beteiligen.

> „*Bei Frau (Name der Patientin) ist der Nierenfistelkatheter (NFK) zu entfernen. Soll ich Dir das zeigen oder willst Du das selber machen? Oder hast Du Angst? Das ist ja eigentlich okay, dann zeige ich es Dir. Da denke ich, dass Du das dann mit dem Druckverband kannst.*" (P1/5.1; zur Lernenden).

Inhaltlich ergaben sich Lernangebote aus anfallenden pflegerischen Tätigkeiten, wie beispielsweise der Entnahme von Katheterurin, dem Durchführen eines Verbandwechsels etc. Beobachtet werden konnten Lernangebote zu

- stationsbezogenen Aufgaben von Lernenden (Medikamente richten, z.B. „Tropfen stellen"),
- der Übernahme von (eher weniger häufig vorkommenden) Pflegehandlungen oder

- komplexeren pflegerischen Tätigkeiten, wie z.B. der Information von Patienten oder dem Durchführen der Dienstübergabe.

Seltener bestand das Angebot zum Führen eines Reflexionsgesprächs.

> *„Wollen wir jetzt ein kurzes Reflexionsgespräch führen?"* (P4/4.7; zu Lernenden im Anschluss an einen von der Lernenden durchgeführten Verbandwechsel). *„Ja, gerne direkt. Danach kann ich dokumentieren."* (A4/4.7).

Wurden Lernangebote durch die Lehrenden gemacht, wurden häufig in unmittelbarer zeitlicher Nähe die individuellen Lernvoraussetzungen erfragt, um den Wissens- und Könnensstand der Lernenden in Bezug auf die auszuführende Pflegehandlung einschätzen zu können.

> Bei einer Patientin soll die Magensonde gezogen werden. *„Hast Du schon mal eine Magensonde gezogen?"* (P1/1.27; zur Lernenden im Patientenzimmer). Erfragt weitere Information von der Lernenden, was zu beachten ist und wie vorgegangen werden soll. Die Lernende antwortet auf die Fragen. P1 zur Patientin: *„(Name der Lernenden) wird Ihnen jetzt sagen, was zu tun ist."* *„Soll ich das Pflaster (an der Nase) ganz abmachen?"* (A1/1.27). Die Lernende zieht die Sonde. Beim Ziehen der Sonde: *„Schneller, schneller. Jetzt kannst Du alles entsorgen."* (P1/1.27).

> Eine Patientin zur Lehrenden: *„Können Sie mir eine Verlängerung für die Infusion anbringen?"* *„Einweisung in Infusomaten habt ihr in der Schule bekommen, oder?"* (P2/9.2; zur Lernenden im Patientenzimmer). *„Ja."* (A2/9.2). Die Lernende bringt die Verlängerung an. Die Lehrende übernimmt die Kommunikation mit der Patientin: *„Jetzt sehen Sie, dass der Zug nicht direkt auf der Braunüle liegt, wenn eine kleine Schlaufe liegt."* (A2/9.2).

> *„So, (Name des Lernenden), jetzt gucken wir mal nach der Dokumentation. Inwieweit hast Du denn schon mal dokumentiert?"* (P3/3.1). Es entwickelt sich ein kurzes Gespräch über die gemeinsame Pflege. *„Welchen Eindruck hattest Du gehabt bei Herrn (Name eines Patienten) in Zimmer 1? – Das sehe ich auch so, dann kannst Du das dokumentieren."* Nennt den Wortlaut, der zu dokumentieren ist. Geht in ein Patientenzimmer. Der Lernende dokumentiert in der EDV (A3/3.1).

Dies war insbesondere in jenen Beobachtungssequenzen der Fall, in denen Lernende eine (weniger häufig vorkommende) Pflegehandlung erstmals unter Aufsicht einer Pflegeperson durchführten. Wenn Lehrende und Lernende erstmals miteinander arbeiteten, wie dies für die Tandems P2/A2 und P3/A3 galt, wurden die Lernvoraussetzungen auch vor häufiger vorkommenden Pflegehandlungen durch die Lehrenden erfragt. Das Einschätzen des Wissens- und Könnensstandes eines Lernenden erschien für Lehrende vor allem wichtig, um entscheiden zu können, ob und wann eine pflegerische Aufgabe delegiert werden kann, aber auch um zu erfahren, inwieweit die Durchführung einer Pflegehandlung eine Lernchance für einen Lernenden darstellte.

Lernangebote der Lehrenden und deren Nutzung durch die Lernenden verhielten sich in der überwiegenden Zahl komplementär zueinander: Lernende nahmen in aller Regel Lernangebote durch die Lehrenden an. „Ein Lernangebot nutzen" hieß in diesem Zusammenhang für die Lernenden, eine angebotene Pflegehandlung selbst durchzuführen.

Auch dies ist komplementär zur Kategorie „Als Lehrende Lernangebote machen", bei der das eigentliche Lernangebot in aller Regel darin besteht, Lernenden die handelnde Durchführung, das „Selbermachen" einer Pflegehandlung zu ermöglichen. Wurde ein Lernangebot durch die Lernenden nicht genutzt, schien dies mit mangelnder Erfahrung mit der Durchführung einer Pflegehandlung bzw. mangelndem Vertrauen der Lernenden in die eigenen Fähigkeiten zusammenzuhängen.

> *„Bei Frau (Name der Patientin) ist der Nierenfistelkatheter (NFK) zu entfernen. Soll ich Dir das zeigen oder willst Du das selber machen? Oder hast Du Angst? Das ist ja eigentlich okay, dann zeige ich es Dir. Da denke ich, dass Du das dann mit dem Druckverband kannst."* (P1/5.1; zur Lernenden auf dem Stationsflur). Die Lernende zögert, will das Entfernen des NFK nicht übernehmen. *„Ich habe noch zu tun – Du kannst schon mal den Verbandwagen ins Zimmer bringen und Frau (Name der Patientin) informieren."* (P1/5.1). Die Lernende holt den Verbandwagen und betritt das Zimmer der Patientin alleine.

6.1.2.2 Als Lehrende Wissen der Lernenden erfragen – als Lernende Wissensfragen der Lehrenden beantworten

Häufiger konnte beobachtet werden, dass Lehrende explizit Fachwissen von Lernenden erfragten. Lernende beantworteten diese Fragen in aller Regel. Im Rahmen der Beobachtungen war dies insbesondere der Fall, wenn vermeintlich „einfache", routinierte Arbeiten durch die Lernenden selbst ausgeführt wurden, z.B. Einzelhandlungen bei der Unterstützung eines Patienten bei der Körperpflege, die Dokumentation von Messwerten, Wundbeobachtung, Verbandwechsel etc.

> *„Was hat das Eincremen denn noch für positive Effekte?"* (P1/1.12; zur Lernenden, die einem Patienten im Rahmen der Körperpflege die Beine mit einer Lotion eincremt). *„Thromboseprophylaxe."* (A1/1.21).

> *„Was kannst Du denn dem Herrn (Name eines Patienten) sagen, worauf er achten soll?"* (P1/2.7; zur Lernenden, die einem Patienten im Rahmen der Unterstützung bei der Körperpflege im Bett die Anti-Thrombose-Strümpfe anzieht). *„Na ja, z.B. keine Falten in den Strümpfen usw."* (A1/2.7).

Dabei entstand der Eindruck, als wollten Lehrende auch vermeintlich einfache Routinehandlungen für Lehr-/Lernaktivitäten nutzen.

Gleiches galt, wenn Lehrende Fachwissen von Lernenden erfragten, wenn diese nicht handelnd aktiv waren, sondern bei einer Pflegehandlung zusahen, also eine Demonstration durch die Pflegeperson erfolgte.

> *„Und dann noch die sterilen Pflaster. Worauf sollte man achten, wenn man ein Pflaster am Rücken klebt, (Name der Lernenden)?"* (P1/8.8; zur Lernenden bei der Durchführung eines aseptischen Verbandwechsels). Die Lernende bringt die benötigten Materialien. *„Auf die Falten, nicht zu stramm, dass es keine Blasen gibt."* (A1/8.8).

Die Pflegeperson führt den Wechsel der Stomaversorgung bei einem Patienten durch. Reibt die Stomaumgebung nochmals trocken. *„Das zieht sich jetzt hier schon zusammen, siehst Du das? Was ist denn das Gelbe hier?"* (P1/9.4; zu Lernenden). *„Eiter?"* (A1/9.4).

„Nee, Eiter ist das nicht. Das ist Fibrin, wenn die Wunde beginnt, sich zu schließen." (P1/9.4).

Lehrende machten sich auf diese Weise auch ein Bild vom Wissenstand der Lernenden, z.B. wenn sie erstmals mit einer Lernenden zusammenarbeiteten, wie das beispielsweise bei den Beobachtungen der Tandems P2/A2 und P3/A3 der Fall war. Das Erfragen von Wissen der Lernenden diente hier also der Lerndiagnostik der Lehrenden. Eine Rolle spielte dabei sicherlich auch das Gewinnen von Sicherheit bezüglich der Frage, welche Aufgaben künftig verantwortlich an die Lernende delegiert werden können.

> Die Lernende teilt das Messergebnis des Blutdrucks einer Patientin mit. Der Blutdruck einer Patientin ist 140/90mm/Hg. *„Was sind die Grenzwerte vom Blutdruck?"* (A2/1.12; zur Lernenden im Patientenzimmer). *„Über 140 ist schwierig."* (A2/1.12).

> Der Lernende unterstützt einen Patienten bei der Körperpflege im Bett. Der Patient war wegen einer Pneumonie aufgenommen worden und soll am gleichen Tag entlassen werden. *„Was glaubst Du denn, auf welche Parameter wir vor der Entlassung bei Herrn (Name des Patienten) noch achten sollten? Was hatte Herr (Name des Patienten) für Probleme?"* (P3/7.8; zum Lernenden im Patientenzimmer). *„Pneumonie. Da sollten wir nochmal die Temperatur kontrollieren."* (A3/7.8).

Zudem bezogen Lehrende Lernende auf diese Weise „denkend" in die Gestaltung der Pflegehandlung mit ein, insbesondere dann, wenn nicht die Lernenden, sondern die Lehrenden eine Pflegehandlung ausführten und Lernende dabei lediglich zusahen. Transferleistungen der Lernenden wurden so angeregt, unterstützt und überprüft, indem explizites Wissen der Lernenden, das häufig aus dem schulisch-theoretischen Kontext bekannt war, mit dem Handeln und der realen Situation verbunden bzw. in einen Handlungskontext eingebunden wurde.

6.1.2.3 Als Lehrende Lehrchancen nutzen

Lehrende nutzten zudem Gelegenheiten, um Lernende zu unterweisen und explizites Wissen zu vermitteln. Ausgangspunkte/Impulse für das Ergreifen von Lehrchancen durch die Lehrenden waren in aller Regel (Pflege-)Handlungen und (Pflege-) Situationen, die entweder von Lehrenden oder Lernenden oder von beiden gemeinsam ausgeführt und gestaltet wurden. Lehrchancen wiesen häufig einen konkreten Handlungsbezug auf oder standen im Kontext einer Pflegehandlung, die unmittelbar oder zeitnah zur Unterweisung von der Lernenden und/oder der Lehrenden ausgeführt wurde (werden sollte). Sie eröffneten sich demzufolge aus alltäglichen Arbeitssituationen, die durch das Handeln der Beteiligten – initiiert durch die Lehrenden – zu Lernsituationen für die Lernenden bzw. zu Lehr-/Lernsituationen wurden.

Im Rahmen der Arbeits-/Pflegesituationen gaben Lehrende begleitende Erläuterungen und wiesen auf wichtige und wesentliche (Handlungs-)Aspekte hin, während sie selbst und/oder die Lernenden handelten.

Der Lehrende kontrolliert Materialien; bereitet Stomaplatte mit Schablone für den Zuschnitt am Verbandwagen vor. Erläutert dabei Wesentliches zum Versorgungssystem, weiteren Ablauf, Zusammenarbeit mit dem Sanitätshaus, Wechsel der Stomaversorgung; informiert dabei sowohl die Lernende als auch die Patientin. Die Lernende schaut interessiert zu. *„Jetzt bitte so ausschneiden, dass die blaue Linie weg ist."* (P1/1.28). Die Lernende schneidet die Stomaplatte zu. *„Ist das so in Ordnung?"* (A1/1.28). *„Ja, gut so."* (P1/1.28).

Der Lehrende erläutert während der gemeinsamen Unterstützung der Patientin die Prinzipien der Körperpflege nach dem Bobath-Konzept. Während der Körperpflege sollen zwei Mitpatientinnen zu einer Untersuchung gebracht werden. Der Lehrende unterstützt die Mobilisation einer Patientin aus dem Sessel in das Bett. Setzt Erläuterungen nach der Unterbrechung fort (P4/4.2).

Die Pflegeperson leitet die Lernende zur Urinabnahme aus einem transurethralen Ableitungssystem an. Es entwickelt sich eine Diskussion über die Vorgaben der Schule bezüglich des Richtens von Einzeltabletts. *„Das ist die Theorie, (Name der Lernenden), ja, und das ist die Praxis. Ich sag' gleich draußen noch mal was dazu."* Vor der Tür: *„Ja, wir haben hier den Wagen – ideal wäre, wenn wir eine reine und eine unreine Seite hätten."* (P2/9.3).

Impulse für das Ergreifen von Lehrchancen gingen auch von anstehenden Aufgaben im Stationsablauf aus, also von solchen Arbeiten, die nicht unmittelbar am und mit dem Patienten bzw. im Patientenzimmer erbracht wurden, wie beispielsweise das Richten von Medikamenten, die Dokumentation der erbrachten Pflegeleistungen oder auch die Vorbereitung diagnostischer Maßnahmen.

Die Lehrende sucht die Lernende. *„Tropfen stellen ist ja eine Aufgabe von Schülern hier. Ich würde das gerne mal mit Dir durchsprechen. Und jetzt ist ja gerade auch etwas Ruhe und Zeit und da können wir das machen."* (P2/8.1). Lehrende und Lernende lehnen an der Theke und gehen die Tropfen-Pläne durch. Die Lehrende fragt nach Wirkung, Indikation, Verabreichungsart, Austauschpräparaten etc. Die Lernende wirkt aufgeregt. Antwortet auf die Fragen der Lehrenden. *„Oh je, das weiß ich jetzt gerade nicht."* (A2/8.1). *„Das ist nicht schlimm, wenn Du was nicht weißt, aber Du solltest die Medikamente ja kennen wenn Du sie richtest."* Die Lehrende ergänzt, fragt nach (P2/8.1).

Der Lernende berichtet, dass ein Patient über Schmerzen klagt. Die Lehrende erläutert dem Lernenden die Bedarfsmedikation am „Schmerzplan" und weist auf die Notwendigkeit der Dokumentation in der elektronischen Patientenakte hin. Der Lernende hört zu und bringt im Anschluss die Analgetika zum Patienten (P3/11.2).

Bei einer Patientin steht eine Urinuntersuchung an, die die Sammlung über 24 Stunden und Ansäuerung erfordert. Der Lehrende informiert die Lernende über Sammelurin, Art der Untersuchung, Bestellschein, Dokumentation etc. Mahnt Vorsicht an, da Ansäuerung erforderlich ist. (P4/6.10. *„Was macht man mit dem Wert?"* Fragt zudem nach, wie der Versand erfolgt (A4/6.10). Der Lehrende regt bei weiteren Fragen Nachlesen an (P4/6.10).

Lehrende bezogen ihre Ausführungen dabei sowohl auf unmittelbar situative Erfordernisse, wie beispielsweise das konkrete Vorgehen bei der Durchführung einer Pflegehandlung, als auch auf weiterführende Aspekte, den Kontext, in dem die jeweilige Pflegehandlung stand, Hintergrundwissen etc.

Auch bewährte Handlungsstrategien wurden von Lehrenden weitergegeben und vermittelt. Sie bezogen sich einerseits auf die Arbeitsorganisation, beispielsweise auf die Koordination von Pflegehandlungen oder auf Hinweise zur Vorbereitung auf eine Pflegehandlung.

> Lehrende und Lernende kommen aus Patientenzimmer 3. Absprache zwischen Lehrender und Lernender vor dem Patientenzimmer. Beide stehen am Arbeitswagen vor der Patientenkurve.

> *„Ich mach' das so, dass ich immer gleich die Pflege abzeichne."* (P2/1.9; vor dem Patientenzimmer beim morgendlichen Rundgang durch die Patientenzimmer zu A2).

> *„Ich markiere zu erledigende Dinge auf meinem Zettel immer in rot. Dann habe ich alles, was zu tun ist, im Blick."* (P2/6.4; vor dem Patientenzimmer beim mittäglichen Rundgang durch die Patientenzimmer zu A2).

> Kommt zurück. *„Es ist immer gut, vorher auf den Plan zu schauen, ob Thrombosespritzen erforderlich sind."* (P3/12.3; im Patientenzimmer zu A3).

> *„Wenn man so mehrere GTT (Glukose-Toleranz-Tests) hat, dann macht es Sinn, die zuerst zu machen."* (P4/6.5; vor dem Patientenzimmer beim morgendlichen Rundgang durch die Patientenzimmer zu A4).

Andererseits thematisierten sie die Organisation und Strukturierung einzelner Pflegehandlungen und konkrete Ratschläge zum „Handling".

> *„Wenn Du das immer so machst, dann wird das ein Automatismus, dann wist Du das nie anders machen."* (es geht um die Wischrichtung bei der Wundreinigung) (P1/9.4).

> *„Ich mache das so mit dem Stecklaken, weil man dann nicht das ganze Laken wechseln muss und das ist für Patienten anstrengend"* (P3/1.15).

> *„Wenn ich jemanden raussetzen will, hole ich immer die Physiotherapeutin in deren Dienstzeit hinzu."* (P4/4.2).

Dass es hierbei um die Weitergabe eigener Erfahrungen ging, machte auch die häufige Einleitung dieser „Handlungstipps" mit „Ich mache das immer so, dass…" oder „Ich habe mir angewöhnt…" deutlich.

6.1.2.4 Als Lernende Lerninteressen äußern

Auch Lernende brachten im Stationsalltag zum Ausdruck, dass sie ihr Wissen und Können erweitern und vorhandene Wissenslücken schließen wollten. Lerninteressen wurden seitens der Lernenden insbesondere in Form von Fragen an die Lehrenden zu pflegefachlichen Themen deutlich. Diese standen einerseits im Kontext von aktuell von den Lernenden durchzuführenden Pflegehandlungen, andererseits ergaben sich Fragen der Lernenden aber auch durch externe Impulse, z.B. durch Anfragen von Patienten, die Lernende auf der Basis ihres aktuellen Wissens- und Könnensstandes nicht bedienen konnten. Dann wurden Handlungsoptionen bei den Lehrenden erfragt:

Die Lernende betritt im Rahmen des morgendlichen Rundgangs allein ein Patientenzimmer, geht zu einem Patienten und erfasst dessen Vitalzeichen (Puls, Blutdruck). *„Machen Sie mir auch das EKG ab, dann kann ich duschen gehen."* (Patient zur Lernenden nach erfolgter Vitalzeichenkontrolle). Die Lernende antwortet: *„Da muss ich erst fragen."* (A5/4.3).

Während einer Pflegehandlung thematisierten die Fragen der Lernenden in aller Regel das weitere Vorgehen bei einer Pflegehandlung, wenn die Lernende nicht sicher war, wie weiter verfahren werden sollte, etwa bei einem Verbandwechsel. Zudem dienten sie der Rückversicherung über die Richtigkeit des eigenen Handelns, häufig im Kontext von zuvor angenommenen Lernangeboten, also bei Pflegehandlungen, die noch nicht beherrscht, aber auf Angebot der Pflegeperson hin von den Lernenden unter Aufsicht der Pflegeperson ausgeführt wurden. Lernende waren dann in aller Regel in der führenden Rolle bei der Durchführung einer Pflegehandlung, Lehrende supervidierten das Handeln der Lernenden.

> Ab hier findet gemeinsames Arbeiten statt: Der Lehrende greift immer dann ein/übernimmt dann, wenn die Lernende unsicher ist oder nicht weiter weiß oder eine Handlungsausführung nicht „klappt". Während der gesamten Zeit übernimmt der Lehrende die Kommunikation mit der Patientin, die Lernende ist voll konzentriert auf das eigene Handeln. Die Lernende fragt nach, wenn sie nicht weiter weiß (A1, P1/1.29; beim Wechsel der Stomaversorgung einer Patientin).

Lernende erfragten auch explizit Fachwissen von Lehrenden, z.B. zur Vergabe und Dosierung von Medikamenten. Auch hier stellte die im Stationsablauf anstehende Pflegehandlung quasi den Impuls dar, der die Lernende zum Fragenstellen anregte.

> Die Lernende kontrolliert beim morgendlichen Rundgang die zu verabreichenden Medikamente. Sie fragt die Lehrende: *„Was ist das eigentlich?"* (A6/2.4).

Andere Fragesequenzen von Lernenden konnten stärker im Kontext einer anstehenden Leistungsüberprüfung der Lernenden im Praxisfeld beobachtet werden. Vor dem Hintergrund der anstehenden Aufgabe bei einer praktischen Leistungsüberprüfung durch eine Lehrende der Ausbildungsstätte (Gestaltung der Aufnahmesituation für einen Patienten) und in Vorbereitung darauf thematisierte die Lernende Einzelaspekte und fragte die Lehrende explizit um Rat.

> Die Lernende erfragt Hinweise zur Vorgehensweise bei einem Aufnahmegespräch, das Gegenstand einer Praxisbegleitung durch eine Lehrende der Ausbildungsstätte ist. *„Für mein Aufnahmegespräch: Ich würde gerne noch mal wissen, wie man gut anfängt. Mit den ATL oder mit Formalia?"* (A5/2.3; im Anschluss an den morgendlichen Rundgang durch die Patientenzimmer zur Lehrenden im Aufenthaltsraum der Station). *„Wie war das, als Du bei mir zugehört hast?"* (P5/2.3; zur Lernenden). *„Die Lehrer wollen das anders. Ist alles irgendwie doof. Wie fange ich an? Mit Atmen, Essen, Trinken?"* (A5/2.3). *„Ja, wieso: Du musst alles abfragen und erfahren. Hör auf Deinen Bauch. Sei locker – auch wenn Du sehr aufgeregt bist."* (P5/2.3).

In diesem Kontext fanden zudem Gespräche zwischen Lehrender und Lernender statt, die stärker das Lehren und Lernen selbst, d.h. Lernintentionen, Umgang mit Lernhindernissen usw. im Sinne einer Metakommunikation zum Inhalt hatten.

„Das ist eine komische Situation, das kann ich nachvollziehen. Du kannst noch einmal in die Kurven schauen. Und Du kannst mir dann sagen, was Du für heute nach Deiner Prüfung noch auf dem Wunschzettel hast." (P5/7.1; zur Lernenden im Aufenthaltsraum; im Anschluss an den morgendlichen Rundgang). A5: *„Ich würde vielleicht versuchen, noch einmal Dienste zu tauschen, damit wir zusammen arbeiten können."* Die Lehrende ermutigt die Lernende, Dienste zu tauschen, damit gemeinsames Arbeiten möglich ist. Allerdings seien mehrere Auszubildende da, die auch begleitet werden wollen. *„Was kannst Du mitnehmen aus heute Vormittag?"* (P5/7.1; zur Lernenden). *„Die letzten beiden Tage waren super. Wenn Du nicht da bist, dann ist es komisch. So macht es Spaß, sonst ist keiner richtig zuständig."* (A5/7.1). *„Ich setze mich persönlich ein für Schüler – auch durch das Beobachten kommen Fragen."* (P5/7.1). *„Ich hatte mal Bescheid gegeben, dass ich gerne beim Redon ziehen zusehen wollte. Aber das hat dann nicht geklappt – es war dann doch schon gezogen. Die Morgen- und Abendrunden sind super."* (A5/7.1). Die Lehrende erläutert, dass die Organisation (auf der Station) nicht immer optimal sei.

Dann erfolgt ein Wechsel zu Arbeits- bzw. Patiententhemen. *„Ich möchte unbedingt noch einmal mit Dir Infusionsvorbereitung machen."* (A5/7.1). Die Lehrende antwortet: *„Am Praxisanleitertag ist vieles drin. Auch das Arbeiten am PC."* *„Das Selbermachen ist wichtig. Ich weiß heute noch, wie ich die Redons auf der Station (Name einer Station) gezogen habe."* (A5/7.1). Die Lehrende antwortet: *„Deshalb habe ich auch immer die Augen auf – und lasse Dich machen."* (P5/7.1).

Darüber hinaus konnten Situationen beobachtet werden, in denen objektiv Lernchancen für Lernende bestanden, beispielsweise wenn Pflegepersonen im Rahmen der morgendlichen Rundgänge durch die Patientenzimmer ihres Bereichs Informationsgespräche mit Patienten führten. Aus der Position der Beobachterin heraus verstrichen diese Lernchancen von den Lernenden häufig ungenutzt, vermutlich auch, da die Pflegepersonen für diese Pflegehandlungen/Lernchancen bei den Lernenden keine explizite Aufmerksamkeit hergestellt hatten.

Beim morgendlichen Rundgang informiert der Lehrende einen Patienten über die am selben Tag beginnende Cortison-Therapie und führt im Anschluss ein Informationsgespräch mit einem weiteren Patienten über dessen geplante Rehabilitationsmaßnahme und den weiteren Therapieverlauf. Derweil erfasst die Lernende die Vitalzeichen bei anderen Patienten und dokumentiert diese. Nach einem kurzen Gespräch mit dem Lehrenden über Pulsuhren begibt sich die Lernende in das nächste Patientenzimmer. Es ist nicht ersichtlich, dass die Informationen über die Cortison-Therapie und den weiteren Therapieverlauf die Lernende interessieren. Sie hört nicht zu und fragt nicht nach (Beobachtung 4/2.2, 2.3).

Die Kategorie „Lernsituationen identifizieren und nutzen" stellt eine von zwei didaktisch bedeutsamen Kategorien des Handelns von Lehrenden und Lernenden im Praxisfeld Pflege dar. Lehrende machen Lernangebote an Lernende und verbinden über Wissensfragen an die Lernenden explizites, im (berufs-)schulischen Kontext erworbenes Wissen mit Anwendungs-/Handlungsbezügen. Lernende wiederum beantworten die Fragen der Lehrenden und nutzen die Lernangebote der Lehrenden. Beide didaktischen Elemente erscheinen als eher von den Lehrenden initiiert; Lernende werden dabei eher in der reaktiven Rolle in der Interaktion erlebt. Zudem nutzen Lehrende Gelegenheiten zur Wissensvermittlung. Impulse hierfür gehen – wie auch im Zusammenhang mit Wissensfragen und Lernangeboten an die Lernenden – von aktuellen Arbeitsaufgaben und

Pflegehandlungen aus, die von den Lehrenden als Lehr-/Lernanlässe aufgefasst und genutzt werden. Lernende bringen ihre Lerninteressen zum Ausdruck – in aller Regel durch Fragen an die Lehrenden, wenn sie bei einer selbst durchgeführten Pflegehandlung oder bei spezifischen Fragen von Patienten an die Grenzen ihres eigenen Wissens- und Könnensstandes stoßen. Seltener erscheinen Wissensfragen der Lernenden an die Lehrenden ausschließlich intrinsisch motiviert.

Die Impulse für alle in der Kategorie „Lehr-/Lernsituationen identifizieren und nutzen" beobachteten und beschriebenen Aktivitäten von Lehrenden und Lernenden gehen von alltäglichen Arbeits-/Pflegesituationen aus. Sie werden von den Akteuren als Lehr-/Lernanlässe aufgefasst und durch deren Handeln zu Lehr-/Lernsituationen moduliert; Arbeitserfordernisse, erforderliche Pflegehandlungen, das Handeln als Pflegende werden quasi ergänzt bzw. angereichert um Lehr-/Lernaktivitäten. Ob eine Arbeits-/Pflegesituation zu einer Lehr-/Lernsituation wird, hängt damit weniger stark von der Art der Situation selbst, als vielmehr entscheidend von der Bereitschaft und Fähigkeit der Akteure ab, deren potenzielle Lernhaltigkeit zu erkennen und für die Beteiligten nutzbar zu machen.

6.1.3   Lernende handelnd beteiligen

Die Kategorie „Lernende handelnd beteiligen" umfasst Aktivitäten von Lehrenden, die es Lernenden ermöglichen, im Arbeitsalltag handelnd zu lernen, die auf die Unterstützung der Lernenden im Pflegehandeln gerichtet sind und – im weitesten Sinne – eine Intervention der Lehrenden bei Pflegehandlungen darstellen – sei es durch verbale und/oder durch handelnde Impulse. Während die Kategorie „Lehr-/Lernsituationen identifizieren und nutzen" stärker den Zugang zu Lehr-/Lernsituationen beschreibt, geht es in der Kategorie „Lernende handelnd beteiligen" insbesondere um deren Gestaltung durch die Lehrenden.

Auffällig ist insbesondere die hohe Bereitschaft der Lehrenden, Lernende – wann immer möglich – selbst handeln zu lassen und ihnen nicht lediglich das Zusehen bei Pflegehandlungen zu ermöglichen. Der Grad der Selbstständigkeit der Handlungsdurchführung der Lernenden und die Art und Intensität der Interventionen der Lehrenden variieren dabei im wechselseitigen Bezug. Lehrende nehmen sich bei gemeinsam mit Lernenden durchgeführten Pflegehandlungen selbst zurück und setzen eine Reihe von Strategien ein, um Lernende im Rahmen ihres Wissens- und Könnensstandes handelnd zu beteiligen und in der handelnden Rolle zu stützen – sie supervidieren das Handeln der Lernenden und intervenieren gegebenenfalls, indem sie Lernende instruieren, auf korrektes Handeln und Handlungsfehler hinweisen und gegebenenfalls (Teil-)Handlungen übernehmen, wenn Lernende dazu nicht in der Lage sind. Auch bei Pflegehandlungen, die von Lernenden mit einem hohen Grad an Selbstständigkeit und ohne direkte Anwesenheit der Lehrenden ausgeführt werden, beispielsweise wenn Lehrende und Lernende im selben Patientenzimmer mit jeweils anderen Aufgaben befasst sind oder auch räumlich getrennt voneinander Arbeiten erledigen, wird das Handeln der Lernenden von den Lehrenden überwacht und kontrolliert. Lehrende stellen auf diese Weise die korrekte Ausführung einer Pflegehandlung durch die Lernenden sicher. Damit verhindern sie einerseits Nachteile und Gefahren für Patienten und gewährleisten auf diese Weise deren Sicherheit, andererseits tragen ihre Impulse zur Anbahnung korrekter Handlungsmuster bei den Lernenden bei.

Lehrende behalten das pflegerische Handeln der Lernenden folglich immer im Blick – auch wenn es beispielsweise in Phasen getrennten Arbeitens mit einem hohen Grad an Selbstständigkeit erfolgt. Damit wird hier auch das Spannungsfeld für Lehrende zwischen der Sicherstellung der sach- und fachgerechten Durchführung einer Pflegehandlung einerseits und der lernförderlichen Gestaltung des Arbeitsalltags für Lernende andererseits besonders deutlich: Lehrende erbringen quasi eine doppelte Leistung, indem sie sowohl auf die Sicherheit für Patienten als auch auf den Lernerfolg der Lernenden achten.

6.1.3.1 Handeln von Lernenden supervidieren

Ein geringer Interventionsgrad der Lehrenden beim Handeln von Lernenden konnte beobachtet werden, wenn Lehrende das Handeln von Lernenden supervidierten. Sie waren dabei nicht gleichzeitig mit anderen Aufgaben befasst, sahen Lernenden beim Handeln zu und hatten ihre Aufmerksamkeit auf die Durchführung einer Pflegehandlung durch die Lernenden gerichtet. Auf diese Weise überwachten sie die korrekte Durchführung der Pflegehandlung und überzeugten sich davon, dass die Lernenden die gestellte Aufgabe bewältigen konnten.

> Eine Patientin fragt nach dem Termin für ihre Bestrahlung. Die Lernende schaut in der Patientenkurve nach. *„Frau (Name der Patientin) hat ihren Bestrahlungstermin morgen um 09: 30 Uhr"* (A2/6.2; zur Lehrenden vor dem Patientenzimmer. *„Hast Du das in der Kurve nachgesehen?"* (P2/6.2). Die Lernende bejaht. *„Hast Du es ihr gesagt?" „Dann mach das doch mal"*. Die Lehrende bleibt in der offenen Zimmertür stehen und lauscht aufmerksam während die Lernende in das Patientenzimmer geht und mit der Patientin spricht (A2/6.2).

> Lehrende und Lernende sind im Stationszimmer und dokumentieren. Zwischendrin erfolgt eine Absprache zwischen der Lehrenden und der Stationsärztin wegen der Patienten in Patientenzimmer 5. Die Lernende verlässt das Stationszimmer kurz, um die neue Anordnung umzusetzen. Ab 16:20 Uhr wird dann wieder gemeinsam dokumentiert, u.a. werden Medikamente in den Akten und in der elektronischen Akte aktualisiert. Lernende und Lehrende sitzen nebeneinander; die Lernende dokumentiert, die Lehrende supervidiert, dokumentiert aber auch selbst. Später ist das gesamte Team im Stationszimmer – es entwickelt sich eine Diskussion über die Einstufung der Patienten (P6/15.1).

Lehrende nahmen in den beschriebenen Situationen eine in Bezug auf das Pflegehandeln passive Rolle ein; es bestand also eine hohe Handlungsbeteiligung der Lernenden und ein geringer Interventionsgrad der Lehrenden bei der Handlung der Lernenden: Die Lernenden waren aktiv und führten die Pflegehandlung durch. Lehrende wiederum waren aktiv in Bezug auf das Beobachten der Handlung der Lernenden; ihre unterstützende Intervention schien in diesen Situationen nicht von vornherein vorgesehen und erfolgte auch nicht, da die Lernenden die Aufgabe selbstständig und ohne Unterstützung erfolgreich bearbeiten konnten. Sie hielten sich vielmehr im Hintergrund bereit, unterstützend und/oder korrigierend einzugreifen, wenn es die Situation erfordern sollte, Lernende also die gestellte Aufgabe nicht erfolgreich bewältigen konnten.

In aller Regel erfolgte eine (mehr oder weniger) explizite Absprache zwischen Lehrenden und Lernenden über die Rolle der Akteure, indem Lehrende entsprechende Lernangebote oder Lernende Lernintentionen äußern:

> Der Verbandwechsel einer percutanen Gastrostomie (PEG) soll erfolgen. *„Machen wir es so: Ich sage erst mal gar nichts. Wir können dann hinterher sprechen."* (P4/4.5; zur Lernenden). *„Ja, prima."* (A4/4.5). Die Lernende führt den Verbandwechsel durch, spricht Arbeitsschritte dabei laut vor sich hin. Der Lehrende übernimmt die Kommunikation mit der Patientin; spricht mit ihr über die PEG. Es werden zusätzliche Kompressen benötigt, die der Lehrende holt.

> Lehrende und Lernende sprechen während der Unterstützung einer Patientin bei der Körperpflege im Bett über die Examensprüfung der Lernenden. Die Lernende richtet die Utensilien für den Verbandwechsel. Die Lehrende löst den Verband einer Patientin in der Steißregion. *„Am besten ist, wir spülen noch mal. Möchtest Du oder soll ich?"* (P6/12.1; zur Lernenden). *„Mach ich gerne."* (A6/12.1). Die Lehrende wechselt auf die andere Seite des Bettes. Die Lernende führt den Verbandwechsel durch – und fragt während des Handelns bei der Lehrenden nach. Die Lehrende unterstützt verbal.

> Lehrende und Lernende begrüßen die Patientinnen beim morgendlichen Rundgang in einem Zimmer. *„Soll ich gleich Blut abnehmen?"* (A5/1.3). *„Ja, kannst Du."* (P5/1.3). Die Lernende richtet alles für die Blutentnahme und beginnt. Die Lehrende steht am Bett dabei, flüstert: *„Stell Dir ruhig das Bett hoch."* Die Lernende stellt das Bett höher.

Wie die dargestellten Situationen zeigen, blieb die Rolle der Lehrenden nicht immer auf das Supervidieren beschränkt. Häufig intervenierten die Lehrenden verbal und/oder handelnd, um Lernende bei der Durchführung der Pflegehandlung und in ihrer handelnden Rolle zu stützen (s.a. Kapitel 6.1.3.3 und 6.1.3.4).

6.1.3.2 Lernende auf korrektes Handeln hinweisen

Häufiger konnten Situationen beobachtet werden, in denen Lehrende Lernende während des gemeinsamen Arbeitens auf korrektes und/oder vollständiges Handeln aufmerksam machten. Die Impulse der Lehrenden bezogen sich dabei auf erforderliche Handlungsschritte, die korrekte Arbeitstechnik und/oder die sichere Arbeitsorganisation.

> *„Die Infusion vorher abdrehen."* (P1/2.4a; zur Lernenden, die beim Entkleiden einer Patientin für die Körperpflege die Infusion durch das Oberteil des Schlafanzugs fädeln will). Die Lernende reagiert nicht gleich auf die Aufforderung des Lehrenden. *„Nein, Du musst erst abdrehen."* (P1/2.4a zur Lernenden mit Nachdruck, die die Infusion dann abdreht).

Die Lehrende zur Lernenden vor dem gemeinsamen Austeilen des Frühstücks für die Patienten: *„Wenn man von der Pflege auf Essen wechselt, dann finde ich es immer wichtig, dass man sich die Hände wäscht. Das habe ich jetzt nicht beobachtet, ob Du das gemacht hast."* (P2/2.1).

Lehrender und Lernende sprechen sich am Arbeitswagen während des morgendlichen Rundgangs durch die Patientenzimmer über die Dokumentation der Urinausfuhr eines Patienten ab. *„Die Ausfuhr bezieht sich immer auf den Zeitraum des gestrigen Tages."* (P4/3.8; zur Lernenden). *„Dann habe ich das bislang immer falsch gemacht."* (A4/3.8).

Die Lernende misst im Rahmen des morgendlichen Rundgangs durch die Patientenzimmer den Blutdruck bei einer Patientin und bemerkt eine Wunde an deren rechten Arm. *„Das müssen wir mit „Floratüll" zumachen."* (P6/2.3 zur Lernenden). Die Lernende holt Verbandmaterial, legt einen Verband am Arm an und will diesen mit Pflaster fixieren. *„Wollen wir da lieber einen Wickel drum machen, nicht dass die Haut wieder reißt? Soll ich mal eine holen?"* (P6/2.3).

Weitere Impulse der Lehrenden bezogen sich auf handlungsbegleitende Wahrnehmungsleistungen der Lernenden sowie auf die Information und den Einbezug der Patienten in das Pflegehandeln.

Der Lehrende fordert die Lernende bei der Körperpflege einer Patientin zur Hautbeobachtung auf *„Wie sieht denn der Po aus?"* (P1/1.22). Die Lernende antwortet: *„Leicht gerötet."* Der Lehrende kontrolliert die Aussage der Lehrenden, schaut selbst nach und informiert und beruhigt die Patientin.

Die Lehrende fordert den Lernenden bei der Körperpflege eines Patienten zur Schmerzbeobachtung auf: *„Hast Du Herrn (Name des Patienten) schon nach Schmerzen gefragt?"* (P3/1.5 leise zum Lernenden). *„Haben Sie Schmerzen?"* (A3/1.5; zum Patienten).

Der Lehrende fordert die Lernende bei der Unterstützung eines Patientin bei der Körperpflege im Bett zur Patienteninformation auf: *„Jetzt kannst Du dem Herrn (Name des Patienten) schon mal erzählen, was er selber tun kann."* (P1/2.4c). *„Es ist gut, wenn Sie sich immer mal ein bisschen bewegen, damit die Haut nicht rot wird."* (A1/2.4c; zum Patienten).

In aller Regel waren Lehrende und Lernende in diesen Situationen gemeinsam bei Pflegehandlungen aktiv, beispielsweise im Rahmen der Unterstützung eines Patienten bei der morgendlichen Körperpflege. Lehrende stellten durch ihre verbalen Interventionen die korrekte Durchführung von Pflegehandlungen durch die Lernenden sicher – gleichzeitig unterstützten sie damit auch die Anbahnung korrekter Handlungsmuster bei den Lernenden.

6.1.3.3 Lernende in der handelnden Rolle stützen

Es konnte auch beobachtet werden, dass Lehrende eine Reihe von Anstrengungen unternahmen, um Lernende dabei zu unterstützen, bei der Durchführung einer Pflegehandlung in der handelnden Rolle zu verbleiben – auch wenn diese an die Grenzen ihres Wissens- und Könnensstandes stießen. Lehrende instruierten Lernende während der

Durchführung einer Pflegehandlung; sie begleiteten das Handeln der Lernenden also verbal über Bestätigungen, Anweisungen, Handlungstipps und Erläuterungen.

> Die Lernende führt unter Aufsicht des Lehrenden den Wechsel der Stomaversorgung bei einer Patientin durch. Der Lehrende richtet die Utensilien für die Lernende und unterstützt einzelne Handlungsschritte verbal; antwortet auf die Fragen der Lernenden. Die Lernende löst die Platte, bevor die Materialien gerichtet sind, und reinigt dann die Stomaumgebung. Fragt während der Teilschritte der Handlung, ob sie es richtig macht. Der Lehrende erläutert das Vorgehen beim Wechsel der Stomaversorgung. *„Das jetzt so und so anfassen."* Lobt viel, bestätigt Richtigkeit beim Aufsetzen des Stomadeckels (P1/7.4).

> Die Lernende führt unter Aufsicht der Lehrenden bei einer Patientin einen Verbandwechsel (Dekubitus) in der Steißregion durch. Die Lehrende löst den alten Verband. *„Am besten ist, wir spülen noch mal. Möchtest Du oder soll ich?" „Mach ich gerne."* (A6/12.1; zur Lehrenden). Die Lernende führt den Verbandwechsel durch – und fragt während des Handelns bei der Lehrenden nach. Die Lehrende wechselt auf die andere Seite des Bettes und unterstützt einzelne Handlungsschritte der Lernenden verbal (P6/12.1).

Lehrende unterstützten Lernende während der Durchführung einer Pflegehandlung nicht nur verbal, sondern auch handelnd, indem sie beispielsweise (Teil-)Handlungen selbst ausführten, zu denen die Lernenden nicht in der Lage waren. Dies konnte sich beispielsweise auf einzelne Handlungsschritte einer pflegerischen Fertigkeit beziehen.

> Die Lernende wechselt unter Aufsicht des Lehrenden das Urostoma-Versorgungssystem bei einer Patientin. Der Lehrende greift immer dann ein/übernimmt dann, wenn die Lernende unsicher ist oder nicht weiter weiß oder eine Handlungsausführung nicht „klappt". Während der gesamten Zeit übernimmt der Lehrende die Kommunikation mit der Patientin, die Lernende ist voll konzentriert auf das eigene Handeln. Sie fragt nach, wenn sie nicht weiter weiß (P1/1.29).

> Die Lernende führt unter Aufsicht des Lehrenden einen Verbandwechsel an einer percutanen Gastrostomie durch. Die Lernende richtet die Materialien auf dem Nachtschrank und beginnt mit dem Verbandwechsel. Sie fragt bei Unsicherheit. Der Lehrende wechselt bei Nachfrage der Lernenden auf die rechte Seite des Bettes der Patientin und übernimmt das weitere Vorgehen, aber nicht komplett. Er unterstützt die Lernende, stellt Fragen, gibt Tipps *(„wischen und dann weg mit der Kompresse")*. Er wirkt dabei energisch (P4/2.3a).

Auffällig war, dass Lehrende häufig auch die Gestaltung der Kommunikation mit Patienten übernahmen, während Lernende eine Pflegehandlung ausführten. Auch hier wurde das Handeln der Lernenden durch die Übernahme einer (Teil-)Handlung durch die Lehrenden unterstützt. Lehrende stellten auf diese Weise einerseits die korrekte und patientenorientierte Durchführung der Pflegehandlung sicher. Sie ermöglichten es Lernenden andererseits, sich voll auf die Durchführung der Pflegehandlung zu konzentrieren.

> Eine Patientin zur Lehrenden: *„Können Sie mir eine Verlängerung für die Infusion anbringen?"* Die Lehrende fragt die Lernende: *„Einweisung in Infusomaten habt ihr in der Schule bekommen, oder?"* Die Lernende bejaht und bringt die Infusionsverlängerung an. Die Lehrende übernimmt die Kommunikation mit der Patientin. *„Jetzt sehen Sie, dass der Zug nicht direkt auf der Braunüle liegt, wenn eine kleine Schlaufe liegt."* (P2/9.2; zur Patientin).

Bei einer Patientin soll ein Verbandwechsel an der percutanen Gastrostomie (PEG) erfolgen. „Machen wir es so: Ich sage erst mal gar nichts. Wir können dann hinterher sprechen." (P4/4.5). *„Ja, prima."* (A4/4.5). Die Lernende führt den Verbandwechsel durch, spricht die Arbeitsschritte dabei laut vor sich hin. Der Lehrende übernimmt die Kommunikation mit der Patientin; spricht mit ihr über die PEG (P4/4.5).

6.1.3.4 Eine Handlung der Lernenden übernehmen

In einigen Fällen übernahmen Lehrende Pflegehandlungen für die Lernenden. Anlass für die Übernahme durch die Lehrenden war entweder die fehlerhafte Durchführung einer Pflegehandlung durch die Lernenden oder eine von den Lernenden explizit geäußerte Bitte um Unterstützung.

> Der Lehrende bietet der Lernenden an, die Nassrasur eines Patienten im Rahmen der morgendlichen Körperpflege durchzuführen. *„(Name der Lernenden), kannst Du rasieren? Möchtest Du?"* (P1/2.2). *„Kann ich machen."* (A1/2.2). Die Lernende agiert bei der Rasur sehr zögerlich. Der Lehrende übernimmt die Rasur nach kurzer Zeit, weil die Lernende zu zögerlich ist und der Patient unruhig wird; zudem verletzt sie ihn an der Lippe. Der Lehrende führt die Rasur zu Ende.

> Die Lernende unterstützt eine Patientin bei der Körperpflege im Bett. Die Patientin wäscht sich am Bettrand sitzend – der Lehrende übernimmt das Waschen des Rückens, da die Lernende dabei nicht sorgfältig genug ist (Entfernen der Pflasterreste vom Peridural-Katheter) (P1/9.2).

> Die Lernende hängt eine Infusion an; diese läuft etwas schnell. *„Läuft die zu schnell?"* (A5/4.1; zur Lehrenden). Die Lehrende korrigiert, stellt die Laufgeschwindigkeit der Infusion langsamer ein (P5/4.1).

Es lässt sich festhalten, dass Lehrende beim Handeln von Lernenden also sowohl verbal als auch handelnd oder in einer Kombination aus beidem intervenieren. Lehrende scheinen dabei eine Staffelung des Interventionsgrads von „verbal" – durch Hinweise, Instruktionen, Korrekturen – über „verbal/handelnd" – in Form von handlungsbegleitenden Erläuterungen und Übernahmen von Teilhandlungen – zu „handelnd" vorzunehmen – wenn Handlungen der Lernenden selbst übernommen werden.

Verbale Interventionen der Lehrenden – als Hinweis auf korrektes und vollständiges Handeln – erfolgen in aller Regel zu einem Zeitpunkt, zu dem eine Korrektur des Handelns der Lernenden noch möglich ist und die Impulse der Lehrenden von den Lernenden in ihr Handeln integriert werden können – also *bevor* ein Handlungsfehler der Lernenden erfolgt oder wenn eine unmittelbare Handlungskorrektur Nachteile und/oder Gefahren für Patienten verhindern kann. Sie zielen damit einerseits auf die Gewährleistung von Sicherheit für Patienten, andererseits stellen sie eine Rückmeldung zum Handeln der Lernenden dar und tragen dazu bei, korrekte Handlungsmuster bei den Lernenden anzubahnen.

Kombiniert verbal/handelnde Interventionen der Lehrenden erfolgen zumeist *während* einer Handlung der Lernenden. Sie gleichen quasi fehlendes Wissen und Können der

Lernenden aus; die Pflegehandlung kann unter Umsetzung der Impulse der Lehrenden dennoch korrekt und damit unter Gewährleistung der Sicherheit für Patienten von den Lernenden ausgeführt werden. Gleichzeitig gewährleisten die stützenden Interventionen der Lehrenden Handlungssicherheit für die Lernenden: Lehrende bahnen korrekte Handlungsmuster bei den Lernenden an und reduzieren die Komplexität von Pflegehandlungen, indem sie ggf. einzelne Handlungsschritte oder die Gestaltung der handlungsbegleitenden Kommunikation mit Patienten übernehmen. Damit passen sie das Anforderungsniveau der Pflegehandlung an den Wissens- und Könnensstand der Lernenden an – und machen sie auf diese Weise für die Lernenden bearbeitbar und lösbar. Lernenden wird so ermöglicht, selbst in der handelnden Rolle zu verbleiben und handelnd zu lernen.

Lehrende intervenieren handelnd – übernehmen also Pflegehandlungen der Lernenden und lösen sie aus der handelnden Rolle heraus – insbesondere dann, wenn die Lernenden eine Pflegehandlung fehlerhaft durchgeführt haben oder wenn Lernende signalisieren, dass sie zu deren Durchführung nicht in der Lage sind. Sie erfolgen also in aller Regel *im Anschluss* an einen nicht erfolgreichen Handlungsversuch der Lernenden; eine erneute Durchführung der Pflegehandlung durch die Lernenden findet – auch mit Unterstützung durch die Lehrenden – nicht statt. Handelnde Interventionen der Lehrenden beim Handeln von Lernenden zielen damit vor allem auf das Gewährleisten von Sicherheit für Lernende und Patienten.

6.1.3.5 Handeln von Lernenden kontrollieren

Auch in Phasen, in denen Lehrende und Lernende eher kollegial miteinander arbeiten, also im selben Patientenzimmer mit jeweils anderen Aufgaben befasst sind oder auch räumlich getrennt voneinander Arbeiten erledigen, bleibt das Handeln der Lernenden im Blick der Lehrenden und wird von diesen überwacht und kontrolliert.

In Phasen, in denen Lehrende und Lernende getrennt voneinander arbeiten, also in unterschiedlichen Patientenzimmern Arbeiten erledigen, kontrollieren Lehrende beispielsweise, ob alle vorgesehenen Aufgaben durch Lernende ausgeführt wurden.

> Der Lehrende kommt in das Patientenzimmer, in dem die Lernende die Patienten im Rahmen des morgendlichen Rundgangs betreut hat. *„Die Patientin in Zimmer 1 hat Medikamente bekommen. Wir messen dann so in 15 Minuten noch einmal nach. Hast Du hier alles gespritzt und gemessen?"* (P4/3.4; zur Lernenden im Patientenzimmer). *„Ja, ich bin hier soweit fertig. Dann gehe ich weiter."* (A4/3.4; zum Lehrenden). Der Lehrende schaut am Kurvenwagen: *„Nee, hier müssen wir noch einmal rein. Es fehlt noch einiges. Zucker – Du hast vergessen, auf die Nüchtern-Protokolle zu schauen."* Geht zur Patientin in der Nasszelle und misst den Blutzucker-Wert (P4/3.4).

> Die Lehrende war mit anderen Aufgaben außerhalb des Patientenzimmers befasst, betritt das Patientenzimmer, in dem die Lernende die Patientin bereits im Bett zum Frühstück aufgesetzt und nicht wie bei der Körperpflege besprochen zum Frühstück an die Bettkante

gesetzt hat. *„Sollen wir das dann mal probieren mit der Bettkante?"* (P2/13.2; zur Lernenden). *„Habe ich vergessen."* (A2/13.2; zur Lehrenden). *„Das ist wichtig, im Altenheim sind die ja auch oft im Speisesaal, und wenn die dann die ganze Woche nicht aufstehen... Dann probieren wir es zum Mittag."* (P2/13.2).

Lehrende machen sich in Phasen des getrennten Arbeitens zudem ein Bild vom Handeln der Lernenden, indem sie kurzzeitig Lernenden beim Handeln zusehen:

Die Lehrende richtet das Bett einer Patientin, die der Lernende in die Nasszelle zur Unterstützung bei der Körperpflege begleitet. Nach dem Richten des Bettes an der Tür zur Nasszelle: *„Kommt ihr zurecht?"* (P3/12.6; zum Lernenden).

Der Lehrende kommt erneut ins Zimmer, stellt sich einen Moment lang an das Bett der Patientin (es wird gerade der Verband an der percutanen Gastrostomie durch zwei Lernende gewechselt): *„Ich gehe dann schon einmal mit Wasser durch."* (P4/8.2). Der Lehrende kommt nach einer Weile erneut ins Zimmer, führt ein kurzes Gespräch mit einer Patientin, die sich heute „schlapp" fühlt. *„Bitte messt bei Frau (Name der Patientin) noch Temperatur und helft ihr, sich auf die Seite zu drehen, In den anderen Zimmern ist nichts mehr zu tun."* (P4/8.3; zur Lernenden und einer weiteren Lernenden, die die Patientin im Anschluss an die Körperpflege und den Verbandwechsel bei der Mobilisation in einen Sessel unterstützt haben). *„Hier musst Du noch eintragen „Lagerung sitzend im Stuhl"."* (P4/8.3; zur Lernenden).

Die Lehrende kommt nach einem Transportdienst in das Patientenzimmer zurück. *„Kann ich noch etwas messen? Nein – dann gehe ich schon mal in die 2, da muss ich eh alleine rein."* (P5/4.8).

Zudem haben Lehrende das Handeln der Lernenden im Blick und achten auf die korrekte Durchführung einer Pflegehandlung, auch wenn sie selbst mit anderen Arbeiten im selben Patientenzimmer befasst sind. Sie achten auf das Handeln der Lernenden und greifen – wenn erforderlich – korrigierend ein:

Die Lernende will einem Patienten beim morgendlichen Rundgang durch die Patientenzimmer die Anti-Thrombose-Spritze geben. Der Patient äußert: *„Die habe ich gestern Abend bekommen."* *„Die bekommen Sie immer zweimal am Tag."* (A4/3.9; zum Patienten). Der Lehrende misst den Blutdruck des Patienten, schaut in die Kurve: *„Nein, das stimmt nicht. Die haben die schon auf der Überwachung gegeben."* (P4/3.9).

Die Lernende unterstützt eine Patientin bei der Körperpflege. Versucht, ein privates Gespräch mit dem Lehrenden anzufangen. Die Patientin äußert Schmerzen. Der Lehrende unterstützt eine andere Patientin im selben Zimmer bei der Körperpflege. Nimmt Bezug auf die Schmerzen: *„Wenn nachher die Ärztin kommt, dann fragen wir noch einmal nach, was Sie gegen die Schmerzen bekommen können."* (P4/7.1).

Für den Beobachter auffällig ist dieses Handeln der Lehrenden insbesondere dann, wenn eine Handlungskorrektur der Lernenden durch die Lehrenden vorgenommen wird. Beobachtet werden konnten aber auch Situationen, in denen Pflegepersonen sich beispielsweise im Nachhinein von der Richtigkeit des Pflegehandelns von Lernenden überzeugten:

„Ich habe jetzt nicht darauf geachtet – schaust Du immer, ob das System luftleer ist? Ich habe das mal erlebt, dass Luft im System war." (P5/4.2; zur Lernenden, nachdem diese eine Infusionslösung bei einer Patientin angehängt hat).

Das getrennte Arbeiten von Lehrenden und Lernenden bzw. das kollegiale, nicht aufeinander bezogene Arbeiten der beiden im selben Patientenzimmer, scheint zudem vorrangig der effizienten Arbeitsbewältigung geschuldet zu sein, bei der Lehrende und Lernende parallel Arbeitsaufgaben gemäß ihres jeweiligen Wissens- und Könnensstandes erledigen. Es erscheint damit eher als arbeitsorganisatorische Notwendigkeit, denn auf die Förderung der Selbstständigkeit der Lernenden und die Anbahnung einer symmetrischen Zusammenarbeit gerichtet.

Dennoch bleibt das Handeln der Lernenden auch dann im Blick der Lehrenden und macht deren Kontrolle erforderlich, wenn diese gleichzeitig mit anderen Arbeitsaufgaben befasst sind. Diese den eigenen Arbeitsprozess begleitenden Wahrnehmungsleistungen könnten einen großen Teil der Anstrengung ausmachen, der von Lehrenden im Praxisfeld in der Arbeit mit Lernenden häufig beschrieben wird.

6.1.4 Zusammenfassung

Bei der Auswertung der teilnehmenden Beobachtung konnten insgesamt 3 übergeordnete Kategorien des Handelns von Lehrenden und Lernenden im Praxisfeld Pflege identifiziert werden.

Der Kategorie „**Den Fortgang des Arbeitsablaufs sicherstellen**" konnten auf arbeitsorganisatorische und pflegefachliche Aspekte ausgerichtete Aktivitäten von Lehrenden und Lernenden zugeordnet werden. Sie umfassen den wechselseitigen Austausch von Informationen und das Erteilen von Arbeitsaufträgen durch Lehrende an Lernende bzw. das Annehmen und Ausführen der Aufträge durch Lernende. Damit thematisiert das in dieser Kategorie beschriebene Handeln stärker die Aufgabenerfüllung von Lehrenden und Lernenden in ihren Rollen als Pflegende; entsprechend spielt die Lehr-/Lernperspektive in diesem Kontext eine untergeordnete bzw. keine Rolle.

Auf das Lehren und Lernen im Praxisfeld gerichtete Aktivitäten von Lehrenden und Lernenden finden sich in den Kategorien „Lehr-/Lernsituationen identifizieren und nutzen" sowie „Lernende handelnd beteiligen". Diese „didaktischen" Kategorien beschreiben Lehr-/Lernhandeln von Lehrenden und Lernenden, das dazu beiträgt, den Arbeitsalltag lernförderlich zu gestalten und die Modulation von Arbeits-/Pflegesituationen in Lehr-/Lernsituationen zu unterstützen.

Die Kategorie „**Lehr-/Lernsituationen identifizieren und nutzen**" umfasst Aktivitäten von Lehrenden und Lernenden, die vor allem das Auffinden von Lehr-/Lernsituationen im pflegerischen Arbeitsalltag markieren. Das Handeln der Akteure stellt sich dabei wie auch in der Kategorie „Den Fortgang des Arbeitsablaufs sicherstellen" als aufeinander bezogen dar: Lehrende richten Lernangebote an die Lernenden und erfragen Wissen der Lernenden; Lernende wiederum nehmen Lernangebote an und beantworten die Wissensfragen der Lehrenden („Als Lehrende Lernangebote machen – als Lernende Lernangebote annehmen"/„Als Lehrende Wissen der Lernenden erfragen – als Lernende Wissensfragen der Lehrenden beantworten"). Darüber hinaus nutzen Lehrende Lehrchancen, indem sie beispielsweise die Gelegenheit zur expliziten Wissensvermittlung ergreifen („Als Lehrende Lehrchancen nutzen"). Lernende äußern ihr Lerninteresse in Form von Fragen an die Lehrenden oder auch, indem sie Lehrenden explizit ihre Lernintentionen darlegen („Als Lernende Lerninteressen äußern"). Diese Aktivitäten von Lehrenden und Lernenden tragen dazu bei, Arbeits-/Pflegesituationen im beruflichen Alltag in Lehr-/Lernsituationen zu überführen, den Arbeitsort Pflegepraxis also auch zu einem Lehr-/Lernort zu machen. Impulse für die Lehr-/Lernaktivitäten von Lehrenden und Lernenden gehen dabei nahezu ausschließlich von den anfallenden pflegerischen Arbeitsaufgaben und -situationen aus: Arbeitsaufgaben, Pflegesituationen, Anfragen von Patienten etc. stellen Impulse bereit, die von den Akteuren als Lernanlässe identifiziert und genutzt werden (können). Pflege-/Arbeitssituationen werden auf diese Weise als Lehr-/Lernsituationen aufgefasst, moduliert und gestaltet. Entscheidend hierbei ist, dass die Akteure die potenzielle Lehr-/Lernhaltigkeit einer Arbeits-/Pflegesituation erkennen, den Impuls als Lernanlass auffassen und das Pflegehandeln um Lehr-/Lernaktivitäten erweitern. Dabei scheinen es häufiger die Lehrenden zu sein, die Impulse für Lehr-/Lernaktivitäten nutzen, während Lernende eine mehr reaktive Rolle einnehmen. Das Einnehmen einer aktiven Lernhaltung konnte bei einer Lernenden beobachtet werden, die kurz vor einer zu erbringenden Leistungsüberprüfung im Praxisfeld stand.

Aktivitäten in der Kategorie „Lehr-/Lernsituationen identifizieren und nutzen" beschreiben folglich stärker den *Zugang zu Lehr-/Lernsituationen*. Demgegenüber geht es in der Kategorie „**Lernende handelnd beteiligen**" insbesondere um die *Gestaltung von Lehr-/Lernsituationen* durch die Lehrenden. Sie umfasst Aktivitäten von Lehrenden, die es Lernenden ermöglichen, im Arbeitsalltag handelnd zu lernen. Die Aktivitäten der Lehrenden sind auf die Kontrolle und Unterstützung der Lernenden im Pflegehandeln gerichtet und stellen – im weitesten Sinne – Interventionen der Lehrenden bei Pflegehandlungen der Lernenden dar – durch verbale und/oder durch handelnde Impulse. Lehrende supervidieren das Handeln der Lernenden, weisen auf korrektes Handeln hin, stützen Lernende in der handelnden Rolle und übernehmen (Teil-)Handlungen, zu denen Lernende nicht in der Lage sind. Diese Interventionen erfolgen situationsangepasst nach Intensität gestaffelt (von verbal über verbal/handelnd zu handelnd) und zu unterschiedlichen Zeitpunkten der Handlungsausführung durch Lernende (vor einem potenziellen Handlungsfehler der Lernenden, während oder im Anschluss an eine Handlung der Lernenden). Sie zielen gleichermaßen auf das Gewährleisten von Sicherheit für die zu pflegenden Menschen wie auch auf die Anbahnung korrekter Handlungsmuster bei den Lernenden. Lehrende ermöglichen Lernenden, in der handelnden Rolle zu verbleiben und handelnd zu lernen, indem sie über stützende Interventionen das Anforderungsniveau bzw. die Komplexität einer Pflegehandlung reduzieren und sie so dem Wissens- und Könnensstand des Lernenden anpassen. Das Handeln der Lernenden bleibt auch in Phasen des kollegialen Arbeitens im selben Patientenzimmer oder in Phasen räumlich getrennten Arbeitens im Blick und in der Kontrolle der Lehrenden: Lehrende überwachen und kontrollieren das Handeln der Lernenden und erbringen diese Wahrnehmungsleistungen parallel zur eigenen Arbeitsleistung.

Das Nebeneinander von eher arbeitsorganisatorisch ausgerichteten Handlungen einerseits (Kategorie „Den Fortgang des Arbeitsablaufs sicherstellen") und auf das Lehren/Lernen ausgerichteten Handlungen andererseits (Kategorien „Lehr-/Lernsituationen identifizieren und nutzen sowie „Lernende handelnd beteiligen") verdeutlicht, dass Arbeiten und Lehren/Lernen im Praxisfeld Pflege in einem ambivalenten Verhältnis zueinander stehen und Lehrende und Lernende sich im Spannungsfeld zwischen dem Erbringen der erforderlichen Arbeitsleistung und der lernförderlichen Gestaltung des Arbeitsalltags bewegen. Lehrende stehen in Bezug auf die Handlungsbeteiligung der Lernenden zusätzlich im Spannungsfeld zwischen der lernförderlichen Gestaltung des Arbeitsalltags und der Gewährleistung von Sicherheit für Patienten.

6.2 Ergebnisse der Auswertung der Interviews mit lehrenden Könnern und Lernenden

Im Folgenden werden die Ergebnisse der Auswertung der episodischen Interviews mit lehrenden Könnern und Lernenden dargestellt. Im Interesse der Lesbarkeit und Nachvollziehbarkeit wird dabei gruppenbezogen vorgegangen: Zunächst wird die Perspektive der Lehrenden auf Lehr-/Lernprozesse im Praxisfeld Pflege erläutert. Der thematischen Auswertung (Kapitel 6.2.2) ist dabei jeweils eine Kurzbeschreibung der Fälle im Sinne einer Zusammenfassung der Kernaussagen zu den in den Interviews benannten thematischen Bereichen vorangestellt (Kapitel 6.2.1). Hieran schließt sich in gleicher Abfolge die Darstellung der Ergebnisse aus den Interviews mit den Lernenden an (Kapitel 6.2.3 und 6.2.4). Die Auswertung endet mit einem Gruppenvergleich der Perspektiven von lehrenden Könnern und Lernenden auf das Lehren und Lernen im Praxisfeld Pflege (Kapitel 6.2.5).

6.2.1 Lehren und Lernen im Praxisfeld Pflege aus Sicht der Lehrenden – Kurzbeschreibung der Fälle – Lehrende

6.2.1.1 Lehrender P1: „und dass ich wirklich wie ein Pate im Grunde, also wie in einer Patenschaft einen Schüler an die Hand nehmen kann, das ist ganz wichtig."

Der Interviewpartner P1 (zum Zeitpunkt des Interviews 46 Jahre alt) hat nach einer Erstausbildung zum Kraftfahrzeugmechaniker und mehrjähriger Berufstätigkeit das Krankenpflegeexamen 2001 im Erhebungskrankenhaus abgelegt und arbeitet seitdem (im elften Jahr) auf der Erhebungsstation. 2008 hat er eine Weiterbildung zum Praxisanleiter absolviert. Mit der Schülerbetreuung und -begleitung ist er seit Beginn seiner pflegerischen Berufstätigkeit „mehr oder weniger" betraut. Sie ist auf der Station „sein Thema".

Er erzählt von seinen eigenen Erfahrungen als Schüler, diese werden von ihm konstruktiv für die Arbeit mit Lernenden genutzt. Lernende sind in seinen Augen Teammitglieder, die in ihrem Rahmen wertvolle Arbeit für das Team leisten. Alle Pflegesituationen sind seiner Meinung nach als Lernsituationen zu nutzen; er will Auszubildenden bevorzugt Zugang zu „anspruchsvollen", über die alltägliche Pflege hinausgehenden Pflegesituationen ermöglichen, um Lernen zu fördern. Lehren bedeutet für ihn, Lernende wie in einer „Patenschaft an die Hand zu nehmen" und kontinuierlich und an einem vollständigen Lehr-/Lernprozess orientiert zu begleiten. Lernende will er möglichst handelnd an Pflegesituationen beteiligen. Wichtig ist ihm dabei die gleichermaßen an den Bedürfnissen des Patienten und der Lernenden orientierte Gestaltung der Pflegesituation. Lehrender P1 sieht sich selbst als guten Lehrer in der Pflegepraxis, betont aber, dass eine positive und unterstützende Haltung aller Teammitglieder sowie eine gute Arbeitsorganisation wichtige Rahmenbedingungen für Lehren in der Pflegepraxis darstellen.

Die Beobachtungssituation entsprach nach Ansicht von P1 im Wesentlichen seinem beruflichen Alltag. Er gibt an, sich „etwas beobachtet gefühlt" zu haben, hat die Beobachtungssituation dennoch als entspannt erlebt. Positiv hat er die Möglichkeit der gezielten Begleitung der Lernenden A1 an den 3 Tagen empfunden, was auch von seinen Kollegen mitgetragen wurde. Dies erlebt er auch im beruflichen Alltag auf diese Weise; wenn „an allen Ecken und Kanten Not herrscht" würde er zudem auch nicht auf die Umsetzung von Anleitungssituationen bestehen. Lehrender P1 nutzt die Frage nach Ergänzungen im Rahmen des Interviews, um seine Besorgnis bezüglich aktueller Entwicklungen in der Ausbildung, die sich auch auf das Lehren und Lernen im Praxisfeld auswirken, zum Ausdruck zu bringen: die höhere Arbeitsdichte verkürzt seiner Meinung nach die für die Begleitung von Lernenden zur Verfügung stehende Zeit. Zudem bemerkt er eine Verlagerung von Ausbildungsinhalten mit stärkerer Betonung übergreifender kommunikativer Kompetenzen, die seiner Meinung nach zu Lasten von Detailwissen der Lernenden gehen. Diese veränderten Lern- und Wissensvoraussetzungen der Lernenden erfordern von ihm in der Pflegepraxis „Lücken zu stopfen".

6.2.1.2 Lehrende P2: „Ich möchte natürlich, dass sie arbeitet. Ja, dass sie auch selber was macht, ja."

Die Interviewpartnerin P2 (zum Zeitpunkt des Interviews 49 Jahre alt) hat das Krankenpflegeexamen 2001 abgelegt. Nach einer sechsmonatigen Anstellung in einem anderen Krankenhaus arbeitet sie nun im zehnten Jahr auf der Erhebungsstation. 2003 hat sie eine Weiterbildung zur Praxisanleiterin absolviert; 2005 eine Weiterbildung zur Stationsleitung. Seit 3 Jahren arbeitet sie als Stationsleitung auf der Erhebungsstation. Mit der Schülerbetreuung und -begleitung ist sie seit Beginn ihrer pflegerischen Berufstätigkeit regelmäßig, d.h. in fast jedem Dienst betraut.

Lernhaltige Pflegesituationen denkt Lehrende P2 insbesondere vom spezifischen Lernangebot der Station her. Für das Lernen hält sie dabei einerseits das Beobachten von Pflegepersonen in der Zusammenarbeit, andererseits insbesondere das selbstständige Handeln von Lernenden – auch in Abwesenheit einer Pflegeperson – für wesentlich. Wenn sie sich vom Können eines Lernenden überzeugt hat, nimmt sie sich bewusst zurück, um Lernenden zu ermöglichen selbstständig zu handeln. Der Zugang von Lernenden zum Handeln in einer Pflegesituation wird ihrer Meinung nach positiv durch Eigeninitiative der Lernenden und das Äußern von Lerninteressen unterstützt. Auch zeitliche Ressourcen spielen dabei als Rahmenbedingung eine wichtige Rolle. Lehrerfolge sieht sie insbesondere dann, wenn Lernende ihre Handlungsimpulse konstruktiv aufnehmen und im Handeln umsetzen.

Die Beobachtungssituation entsprach nach Ansicht der Lehrenden P2 ihrem beruflichen Alltag; sie spricht von „normalen Diensten". Als positiv hebt sie hervor, dass an den Beobachtungstagen ausreichend Zeit für die Begleitung der Lernenden A2 zur Verfügung gestanden habe. Sie betont, dass sie mit der Arbeitsweise der Lernenden A2 zufrieden sei, insbesondere vor dem Hintergrund der bis dato kurzen Einsatzzeit auf der Erhebungsstation und der Tatsache, dass Lernende A2 im Ausbildungsschwerpunkt Gesundheits- und Kinderkrankenpflege sei.

6.2.1.3 Lehrende P3: „Er muss ja auch einfach von uns lernen, wie handeln wir. Das kann ich ihm nicht sagen, so jetzt müssen wir das und das und das und das. So muss man sich verhalten."

Die Interviewpartnerin P3 (zum Zeitpunkt des Interviews 52 Jahre alt) hat (nach einem abgebrochenen Medizinstudium und anschließender Familienphase) das Krankenpflegeexamen 2008 im Erhebungskrankenhaus abgelegt und arbeitet seitdem in dem Erhebungskrankenhaus – auf der Erhebungsstation seit 1,5 Jahren. Sie hat außerdem eine Weiterbildung in der Palliative Care absolviert. Seit Beginn ihrer Tätigkeit auf der Erhebungsstation ist sie mit der Anleitung von Auszubildenden betraut; intensiver und regelmäßig seit ca. einen dreiviertel Jahr. Eine Weiterbildung zur Praxisanleiterin beginnt sie noch im Monat der Befragung; der Wunsch ist von der Stationsleitung und den hauptamtlichen Praxisanleiterinnen an sie herangetragen worden. Die Arbeit mit Auszubildenden und Praktikanten ist „ihr Part" auf der Station und sie macht ihr Freude.

Besonders lernhaltige Situationen sind ihrer Meinung nach umfassende Pflegesituationen, die Lernmöglichkeiten in vielen Kompetenzbereichen bieten, und eher behandlungspflegerische Situationen, die genaues Arbeiten erfordern. Für wichtig hält sie auch das Erlernen eines der Patientensituation angemessenen, begründeten Handelns, das manchmal auch das Abweichen von erlernten Standards erfordert. Alle diese Schwerpunkte hält sie im Fachgebiet ihres Arbeitsbereiches für wesentlich, da hier die individuelle Pflege „sehr hoch angesetzt" wird. Sie betont die Wichtigkeit einer guten Kommunikation und Interaktion zwischen Lehrenden und Lernenden während einer Pflegesituation, die im Interesse von Patienten auch mit indirekten und nonverbalen Signalen erfolgen sollte. Schwierige Situationen mit Lernenden ergeben sich für sie insbesondere dann, wenn Lernende „kein gutes Benehmen" haben und Vorgesetzte und Patienten nicht ausreichend respektieren. Sympathie und Antipathie für Lernende – wie für Kollegen – versucht sie professionell anzugehen, damit weder Bevorzugungen noch Nachteile für die Lernenden entstehen. Das Einschätzen des Könnens und das Kontrollieren der Pflegehandlungen von Lernenden sind für sie wichtige Strategien, um ihrer Verantwortung als Lehrende nachzukommen.

Die Beobachtungssituation entsprach nach Ansicht der Lehrenden P3 ihrem beruflichen Alltag; sie habe in einigen Situationen allerdings auch mit der Beobachterin gesprochen und ihr Dinge erklärt, was sonst nicht der Fall sei.

6.2.1.4 Lehrender P4: „ich versuche halt den Auszubildenden in den Normalstationsalltag zu integrieren, so je nach seinem Ausbildungsstand. Das ist so, das ist so meine Methode halt."

Der Interviewpartner P4 (zum Zeitpunkt des Interviews 38 Jahre alt) hat das Krankenpflegeexamen 1999 im Erhebungskrankenhaus abgelegt und arbeitet seitdem in dem Erhebungskrankenhaus – auf der Erhebungsstation im 8. Jahr. Er hat zudem vor 4 Jahren eine Weiterbildung zum Praxisanleiter absolviert. Mit der Begleitung und Anleitung von Auszubildenden ist er regelmäßig seit seinem Krankenpflegeexamen betraut. Praxisanleitung war „irgendwie von Anfang an sein Job"; heute sieht er sich als „erfahrenen Lehrer". Er bedauert es, dass sich seit dem Angebot der Weiterbildung zum Praxisanleiter andere Kollegen seiner Station aus der Begleitung von Lernenden eher heraushalten.

Lernen können Lernende seiner Meinung nach insbesondere dann, wenn sie Pflegehandlungen selbstständig durchführen. Er hält es für wichtig, Auszubildende in den „Normalstationsalltag" zu integrieren. Dies bezeichnet er als „seine Methode". Er arbeitet gerne mit Lernenden in seinem Bereich zusammen und bindet diese – abhängig vom jeweiligen Ausbildungsstand – in seinen Alltag ein – wenn zeitliche Rahmenbedingungen und die anfallenden Arbeiten es erlauben, versucht er alle Aufgaben gemeinsam mit den Lernenden zu bearbeiten. Dies ermöglicht ihm eine gute Beobachtung und entsprechende Rückmeldung an die Lernenden. Aus diesem Grund und weil es Lernenden den Blick für den Arbeitsablauf der Station verstellt, sieht er es kritisch, dass Kollegen teilweise weniger beliebte Pflegehandlungen an Lernende delegieren. Als Lehrerfolg sieht er es an, wenn Lernende ihr Handeln aufgrund seiner Rückmeldung verbessern.

Die Beobachtungssituation entsprach nach Ansicht des Lehrenden P4 seinem beruflichen Alltag. Als Ausnahme bezeichnet er eine Situation, in der er mit der Lernenden A4 gemeinsam eine Patientin bei der Körperpflege im Bett unterstützt hat; etwas, das sonst mit Lernenden im 3. Ausbildungsjahr nicht üblich sei, zumal Lernende A4 geäußert hatte, die Patientin selbstständig unterstützen zu können. An diesem Tag habe der zeitliche Rahmen dies jedoch zugelassen.

6.2.1.5 Lehrende P5: „da versuche ich, wenn die Zeit dafür ist und die Möglichkeit gegeben ist, jede Situation als Lernsituation zu nutzen."

Die Interviewpartnerin P5 (zum Zeitpunkt des Interviews 46 Jahre alt) hat (nach einer Erstausbildung zur Goldschmiedin und einigen Jahren Berufstätigkeit sowie längerer Pflege ihres Schwiegervaters) das Krankenpflegeexamen 2004 im Erhebungskrankenhaus abgelegt und arbeitet seitdem in dem Erhebungskrankenhaus – auf der Erhebungsstation seit 1,5 Jahren. Sie hat außerdem 2006 eine Weiterbildung zur Praxisanleiterin, 2007 eine Weiterbildung in der Intermediate Care und 2009 eine Weiterbildung in der Palliative Care absolviert. Mit der Begleitung und Anleitung von Auszubildenden ist sie regelmäßig seit ihrem Krankenpflegeexamen betraut.

Lernhaltige Situationen in der Pflegepraxis sieht sie insbesondere in solchen, die Lernmöglichkeiten in vielen Kompetenzbereichen bieten, da diese vielfältige Beobachtungen der Patienten und Lernenden, aber auch für die Lernenden ermöglichen. Lernen können Lernende ihrer Meinung nach insbesondere durch aufmerksames Beobachten in der Zusammenarbeit mit Lehrenden. Dies verlangt eine Arbeitsorganisation und Dienstplanung, die ihr die kontinuierliche Zusammenarbeit mit Lernenden und die Gestaltung eines vollständigen Lehr-/Lernprozesses erlaubt. Zudem trägt ihrer Meinung nach eine positive Haltung der Kollegen zur Ausbildung des eigenen beruflichen Nachwuchses zu einem lernförderlichen Rahmen bei. In der Zusammenarbeit mit Lernenden legt sie Wert auf zeitnahe und gegenseitige Rückmeldung zum Lehr-/Lernprozess; Offenheit und Ehrlichkeit sind für sie wichtige Voraussetzungen dafür, dass Lehren und Lernen effektiv gestaltet werden kann.

Die Beobachtungssituation entsprach nach Ansicht der Lehrenden P5 weitgehend ihrem beruflichen Alltag. Beobachterin, Lernende und sich selbst sah sie als „Trio"; sie spricht auch davon, dass sie die Beobachtungstage als anstrengender als andere Tage erlebt hat, da das Einverständnis der Patienten einzuholen war und sie die Arbeit mit möglichst vielen gemeinsamen Arbeitssequenzen organisieren wollte. Da Lernende A5 bereits längere Zeit auf der Erhebungsstation eingesetzt sei, seien zudem auch nicht viele behandlungspflegerische Lernsituationen angefallen. Sie habe sich dennoch auf die Lernende A5 konzentriert, etwas, das ihr leichter falle, wenn sie mit der Lernenden „aus dem Dienstplan ausgeplant" sei, wie es beispielsweise an den „Praxisanleitertagen" der Fall sei.

6.2.1.6 Lehrende P6: „Aber dass man die Dinge zusammen macht und sich gegenseitig zuguckt. Also ich glaube, davon lernt man am meisten"

Die Interviewpartnerin P6 (zum Zeitpunkt des Interviews 29 Jahre alt) hat das Kranken-pflegeexamen 2003 auf der Erhebungsstation abgelegt und arbeitet seitdem in dem Erhebungskrankenhaus. Nach drei Jahren Berufstätigkeit auf einer anderen Station ist sie – mit Unterbrechungen durch die Erziehungszeiten für ihre Kinder – im 3. Jahr auf der Erhebungsstation tätig. 2006 hat sie eine Weiterbildung zur Praxisanleiterin absol-viert. Mit der Begleitung und Anleitung von Auszubildenden ist sie regelmäßig seit ihrem Krankenpflegeexamen betraut.

Die Interviewpartnerin berichtet von eigenen Erfahrungen als Lernende in der Pflege-ausbildung – diese sind auch leitend für das Bild von Lernenden und ihre Haltung zu erfolgreichen Lernstrategien. Lernen können Auszubildende in der Pflege ihrer Mei-nung nach vor allem aus Situationen, in denen sie mit Pflegepersonen zusammen arbei-ten und sich Dinge „abgucken". Wichtig ist ihr dabei eine aktive Rolle von Lernenden, indem diese eine lernbereite Haltung zeigen und Lerninteresse signalisieren. Erfolgrei-ches Lernen erfordert eine gute Lern-/Arbeitsbeziehung, die durch ein „Miteinander" und die Arbeit an gemeinsamen Zielen gekennzeichnet ist. Zu bearbeitende Aufgaben werden dann zu „unseren" Aufgaben. Hierfür betont sie eine Arbeitsorganisation, die Kontinuität in der Zusammenarbeit von Lernenden und Lehrenden ermöglicht. Sie hält es für wichtig, sie im Lehr-/Lernprozess schrittweise zurückzunehmen, um zunehmend selbstständiges Handeln von Lernenden zu fördern und zu ermöglichen. Lehrerfolge sind für sie, wenn sich durch ihre Lehrimpulse Verbesserungen im Handeln der Lernen-den einstellen. Die Rolle als Lehrende verlangt ihrer Meinung nach viel Engagement, da die Begleitung von Lernenden durch Kollegen nicht immer anerkannt wird und mit einer doppelten Anforderung verbunden ist – „man passt auf den Patienten auf und auf den Schüler".

Die Beobachtungssituation entsprach nach Ansicht der Lehrenden P6 ihrem beruflichen Alltag; auch ohne Beobachtung hätte sie das gemeinsame Arbeiten mit der Lernenden A6 in dieser Form für den Lehr-/Lernprozess genutzt. Sie hat die Beobachtungstage dennoch als anstrengender als sonst erlebt, da mit der Beobachterin „noch jemand da war, um den man sich kümmern muss". Auch beschreibt sie sich selbst als etwas zu-rückhaltender und unsicherer als sonst üblich.

6.2.2 Ergebnisse der Interviews mit Lehrenden

Im Folgenden werden die Ergebnisse aus den Interviews mit den Lehrenden entlang der in den Interviews benannten thematischen Bereiche dargestellt. Einen Überblick zu den Ergebnissen zeigt Anlage 20.

6.2.2.1 Lernhaltige Situationen in der Pflegepraxis aus Sicht der Lehrenden

Auf die Frage nach Situationen in der Pflegepraxis, die besonders gut für das Lernen geeignet sind, werden von den Interviewteilnehmern aus der Gruppe der Lehrenden weniger pflegeinhaltliche Aspekte als vielmehr (implizite) Lehrintentionen sowie – im weitesten Sinne – Lehr- und Lernstrategien benannt.

Aus Sicht der Lehrenden kann prinzipiell jede Pflegesituation als Lernsituation genutzt werden.

> *„Ich möchte eigentlich also alle Situationen mit einbeziehen."* (P1/18.1)

> *„Eigentlich alles. Ich finde jetzt nichts wichtiger."* (P3/16.1)

> *„Und ansonsten ist es ja eigentlich alles, was man tut, angefangen bei der Grundpflege, bei dem Alltäglichen, allein der Ablauf, der tägliche Ablauf, dieses sich dran gewöhnen, also eigentlich ist es alles, man muss es nur zusammen machen und irgendwie zugucken, denke ich so."* (P6/14.4 – 14.6)

Die Interviewteilnehmerinnen beschreiben nur wenige Situationen, die sie als Lernsituationen für weniger oder nicht geeignet halten und/oder entsprechend nicht mit Lernenden gemeinsam bearbeiten möchten. Die Befindlichkeit der Akteure, die an einer Pflegesituation beteiligt sind, spielt dabei eine Rolle aber auch Widersprüche, die Lehrende zwischen subjektiven Lernbedürfnissen der Lernenden und objektiven Lernbedarfen entdecken.

> *„Also wenn ich jetzt mal speziell hier unsere Patienten sehe, dann gibt es sicherlich schon Situationen, die ich auch gerne dann ohne den Schüler mache, wenn es dem Patienten mal nicht so gut geht. Entweder wegen des Patienten oder auch mal wegen mir selber oder aber auch tatsächlich, weil ich den Schüler nicht einschätzen kann, wie gut er das verkraftet, sag ich mal einfach so."* (P6/14.1-14.3)

> *„Also ich hab eher manchmal das Gefühl, dass Schüler schon viel mehr wollen, als ich für wichtig erachte in dem Moment so. Da muss man manchmal so ein bisschen aufpassen, dass man sie wieder so ein bisschen auf den Boden der Tatsachen holt. Das ist so was, wo man so ein bisschen gucken muss, dass man sie so, ja da hält, was wirklich wichtig ist und dass es dann aufeinander aufbaut. So."* (P6/16.2, 16.3)

Manchmal treten Lernbedürfnisse und potenzielle Lernchancen für Lernende auch hinter arbeitsorganisatorische Erfordernisse zurück, insbesondere an Tagen mit hoher Arbeitsdichte, an denen Lehrende keine Zeit haben, auf die Lerninteressen der Lernenden einzugehen, sondern ganz mit der Betreuung von Patienten befasst sind.

> *„Wir versuchen, das Mögliche rausmachen, aber es gibt Tage, wo ich wirklich, für mich wichtig ist, dass es dem Patienten gut geht, dass keine Fehler entstehen, aber wo ich überhaupt keine Zeit und Möglichkeit habe, zu erklären, warum das so ist oder zu sagen oder überhaupt was. Also da wird eben gearbeitet und also, wenn zuviel Hektik ist, ist es schwierig, mit Anleiten, sagen wir so."* (P5/22.2)

Entsprechend der Aussage, dass prinzipiell alle Pflegesituationen des beruflichen Alltags als Lernsituationen genutzt werden können, scheint es für Lehrende eher wesentlich, wie diese Alltagssituationen für das Lehren und Lernen genutzt werden. Das Handeln der Akteure – von Lehrenden und Lernenden – bestimmt folglich, ob eine alltägliche Pflegesituation als Lehr-/Lernsituation genutzt und damit zur Lernsituation wird oder nicht.

In Bezug auf das Lehrhandeln der Lehrenden wird von den befragten Lehrenden die Fähigkeit und Möglichkeit hervorgehoben, eine vollständige Handlung im Lehr-/Lernprozess zu gestalten, indem eine Absprache über Ziele und geplante Interventionen sowie die Reflexion der Situation erfolgt.

> *„Ja, ich überleg grade. Ja wie zum Beispiel jetzt so in den letzten drei Tagen so ganz gezielt. Also wenn man ganz gezielt 'ne Anleitung macht, dass man wirklich auch ein Vorgespräch, dass man Patienten gut vorstellt, dass er genau weiß, was Sache ist und solche Sachen. Also dass man richtig informiert ist und dann auch vorher schon bespricht ganz gezielt, welche Maßnahmen man eigentlich machen möchte und welche Ziele man sich halt setzt, auch so im Pflegeprozess halt eben. Schauen, welche Ressourcen da sind, welche Ressourcen man nutzen kann, welche Probleme vorhanden sind. So ein ganz strukturiertes und gezieltes Lernen eigentlich auch. So ein oberflächliches, so ein Waschkommando, das ist nicht Sinn der Sache.“* (P1/15)

> *„Und das sind Tage, wo ich die Pflege, also wo ich die Betreuung der Schüler für fast den ganzen Tag planen kann und solche Tage eignen sich sehr gut, um in Ruhe, erst mal vorweg zu besprechen, anschließend zu machen, zu tun und dann zu reflektieren.“* (P5/24.3)

In den Aussagen der Lehrenden wird auch deutlich, dass es für das Lernen wichtig ist, als Lernende selbst handeln zu können. Lehrenden kommt hierbei die Aufgabe zu, das Handeln von Lernenden zu ermöglichen und sie in einer Pflegesituation handelnd zu beteiligen.

> *„Also, wenn die Lernenden selbstständig oder selber etwas machen können. Also wenn sie die Pflegetechnik selber machen, wenn sie es sich angucken, das ist okay, aber wenn sie's dann selber machen müssen, das hat den größten Lerneffekt, wenn sie's selber machen müssen.“* (P4/11.1, 11.2)

> *„Glaube ich aber, dass sie das dann erst lernen, wenn sie alleine sind. Wo sie's vielleicht versuchen zu imitieren und alleine anwenden. Weil sie dann nämlich unbefangener sind, wenn keine Examinierte dann dabei ist.“* (P2/14.5)

Lehrende sind sich dabei auch ihrer Modellfunktion bewusst, die sie für den Lernenden haben. Sie bieten Lernenden die Möglichkeit, sich während des gemeinsamen Arbeitens am Handeln der Lehrenden zu orientieren.

> *„dass man eigentlich so eine Patenschaft übernehmen sollte. Weil wenn ich einen Schüler permanent begleite und er sich auch wirklich daran orientieren kann an diesem Ablauf, wie er ihm halt eben auch vorgegeben wird, dann ist dieser Lernprozess viel effektiver in meinen Augen.“* (P1/14.2)

> *„und wir forcieren das, indem wir die Schüler möglichst nicht alleine Grundpflege machen lassen, sondern dass wir zumindest mit im Zimmer sind. Ja. Und das ist sicherlich eine Situation, wo die viel lernen können von uns. [...] Was sie vielleicht mehr so sich abgucken können, ohne dass es eine gezielte Anleitungssituation ist, ist dadurch, dass wir zusammen in den Zimmern sind.“* (P2/14.2, 14.4)

Wichtig hierfür ist aus Sicht der befragten Lehrenden auch die grundsätzliche Lehrbereitschaft des Lehrenden.

> *„Ja. Also ich gebe auch meine Bereitschaft, ich frag: „Komm, wir machen's zusammen.“* (P5/24.1)

Lernende können nach Ansicht der befragten Lehrenden eine Pflegesituation für das Lernen nutzen, indem sie in der Zusammenarbeit mit Pflegepersonen deren Handeln aufmerksam beobachten.

> *„Was sie vielleicht mehr so sich abgucken können, ohne dass es eine gezielte Anleitungssituation ist, ist dadurch, dass wir zusammen in den Zimmern sind.“* (P2/14.4)

> *„Das [die Körperpflege am Patienten; Anm. der Verf.] ist, denke ich, eine sehr praktische Sache, die wirklich praktische Tätigkeit ist und auch, die uns unheimliche viele Möglichkeiten gibt, die Schüler zu beobachten und Schüler uns,“* (P5/21.2)

> *„dass es immer wichtig ist, einfach die Augen aufzuhalten und zu gucken und mit dabei zu sein. Also einfach alles zusammen zu machen, mehr oder weniger, also natürlich teilt man sich auf, aber dass man die Dinge zusammen macht und sich gegenseitig zuguckt. Also ich glaube, davon lernt man am meisten. Dieses Gucken und natürlich offen Fragen stellen.“* (P6/13.2)

Aus Sicht der Lehrenden scheint bei der Frage nach der Lernhaltigkeit einer Pflegesituation folglich weniger deren pflegeinhaltlicher Aspekt, also die konkrete Pflegehandlung, um die es geht, bedeutsam. Vielmehr bestimmen Lehrhandeln der Lehrenden und Lernhandeln der Lernenden, also die Lehr-/Lernaktivitäten der Beteiligten, die Lernhaltigkeit einer Pflegesituation.

Nichtsdestotrotz werden von den befragten Lehrenden auch pflegeinhaltliche Aspekte im Kontext lernhaltiger Situationen in der Pflegepraxis benannt. Als lernhaltig sehen Lehrende Situationen an, die Lernenden Lernmöglichkeiten in vielen Kompetenzbereichen bieten. Mehrfach wird in diesem Zusammenhang die Unterstützung von Patienten bei der Körperpflege mit Aspekten wie Gestaltung der Interaktion, Umgang mit Nähe und Distanz usw. benannt.

> *„Sehr sehr wichtig ist eine Körperpflege an Patienten. Da kann man, angefangen von ganz einfachen Sachen wie Umgangsformen, Kommunikation über Nähe und Distanz, über Beobachtungen bis zu, ja Üben von verschiedenen Pflegetechniken, das ist das, wo wir am meisten sehen, [...] und daraus kann man, ja auch innerhalb von den zwanzig Minuten eine ganze Menge sehen und darüber sprechen und eben so lernen.“* (P5/21.1)

> *„Was ich aber ganz gut finde, ist die Grundpflege an sich, weil ich denke, da kann man viel lernen in allen Bereichen, was auch die Sozialkompetenz betrifft, Kommunikation, Nähe, Distanz.“* (P2/16.2)

Lehrende nutzen diese Situationen zugleich als Rahmen für die Lerndiagnostik, indem sie Lernerfolge und Lernerfordernisse der Lernenden beobachten.

> *„Da seh' ich auch, grad so wenn ich ihn morgens zur Grundpflege mitnehme, so wo sind seine Stärken, seine Schwächen.“* (P3/17.3)

„Das ist, denke ich, eine sehr praktische Sache, die wirklich praktische Tätigkeit ist und auch, die uns unheimliche viele Möglichkeiten gibt, die Schüler zu beobachten und Schüler uns." (P5/21.2)

Betont werden von den Lehrenden zudem Situationen, die Lernenden das Erlernen genauen und exakten Arbeitens ermöglichen und die weitestgehend geplant und nach einem bestimmten Muster erfolgen.

„Also es gibt sowohl dann die Sachen, die vielleicht so ganz strikt nach Standard und Routine sind. Also wenn ich jetzt zum Beispiel denke an 'ne OP-Vorbereitung oder so was, wo man dann wirklich ganz klar auch praktisch einfach lernt und sieht, wie das funktioniert" (P6/17.2)

„Genau oder die Behandlungspflege an sich, finde ich natürlich auch sehr wichtig. Da kann man auch das genaue Arbeiten lernen, wie wird etwas umgesetzt, wie bereitet derjenige sich vor, der Schüler, ne. Denkt er an alles, was er mitnimmt?" (P3/17.3a)

Eine Lehrintention der Lehrenden ist dabei, Lernenden zu vermitteln, dass Pflegesituationen manchmal auch das begründete Abweichen von Standards und die flexible Anpassung erlernter Regeln erfordern.

„Bedenkt er, in welcher Situation befindet der Patient sich heute, jetzt. Wie sind die Gegebenheiten im Zimmer? Oder muss ich einfach mal den Standard über Bord werfen und ganz anders handeln. Oder mit dem arbeiten, was ich da hab, weil ich jetzt einfach nicht rausgehen kann, weil ich den Patienten nicht alleine lassen kann. Das ist hier auf der (Name der Erhebungsstation) ja auch im Besonderen, weil wir ja die individuelle Pflege doch ganz hoch ansetzen." (P3/17.4)

Von besonderer Bedeutung – auch hinsichtlich ihrer Lernhaltigkeit – scheinen diese Situationen für die befragten Lehrenden in erster Linie deshalb zu sein, weil sie ihnen die Gelegenheit bieten, über längere Zeit mit zu Pflegenden in Interaktion zu treten und „sich ein Bild von der Situation des Patienten zu machen". Pflegehandlungen, die in diesem Kontext benannt werden, beispielsweise die Unterstützung bei der Körperpflege oder der morgendliche Rundgang durch alle Patientenzimmer, erscheinen dabei weniger hinsichtlich der Pflegeverrichtungen, die sie erfordern, bedeutsam. Sie ermöglichen Pflegepersonen, individuelle Patientensituationen einzuschätzen und zu beurteilen und werden von den befragten Lehrenden auch so genutzt.

„Ich denke, in so 'ner umfassenden Pflegehandlung morgens in der Grundpflege, auch wenn ein Patient neu ist, da hat man ja die beste Möglichkeit, finde ich, immer einen Patienten auch kennenzulernen. Da kommt man ihm sehr nahe und hat alles im Blick, das Bild auf dem Nachttisch oder man kommt ins Gespräch und genau. Und das find ich auch ganz gut für Schüler." (P3/17.2)

„Das ist für mich weniger wichtig, als dass ich den Patienten einmal gesehen habe und ja, mir erst einmal ein Bild gemacht habe. Und das versuche ich auch, den Auszubildenden zu vermitteln, dass es halt nicht wichtig ist, morgens um halb sieben bis um acht fünf Patienten gewaschen zu haben. Ich versuche denen zu vermitteln, es ist wichtig, durchzugehen und zu fragen: „Wie geht's?" Oder ich sehe es dann ja auch, Leute, die sich nicht äußern können. Und dann alles andere danach zu machen. Ja." (P4/48.2, 48.3)

„Also es soll nicht so punktuell sein, dass ich jetzt sage, ich möchte von Dir heute sehen, dass Du eine Vollwaschung durchführen kannst, sondern es fängt ja im Grunde an morgens mit der Übergabe. Dass der Schüler die Übergabe versteht, sich da auch ein Bild von machen kann und dass er den Patienten als Ganzes auch dann sieht. Aber ja auch jeden Patienten separat für sich, weil ein Patient ist nicht der andere. Jeder hat ein anderes Krankheitsbild und solche Sachen und dass ganz gezielt auf die Bedürfnisse halt eben dann auch eingegangen wird. Also das sind schon so die Merkmale denk ich." (P1/18.2)

„Sehr sehr wichtig ist eine Körperpflege an Patienten. Da kann man, angefangen von ganz einfachen Sachen wie Umgangsformen, Kommunikation über Nähe und Distanz, über Beobachtungen bis zu, ja Üben von verschiedenen Pflegetechniken, das ist das, wo wir am meisten sehen, auch von den Patienten und wo der Kontakt ziemlich nah zu Patienten ist und daraus kann man, ja auch innerhalb von den zwanzig Minuten eine ganze Menge sehen und darüber sprechen und eben so lernen." (P5/21.1)

Dieser Aspekt wird von den befragten Lehrenden auch als wesentlich für Lernende in der Pflege beschrieben. Das Einschätzen einer individuellen Patientensituation markiert damit eine bedeutsame Lehrintention der Lehrenden.

„Also dass sie jetzt in der Lage ist, selbstständig jemanden frisch zu machen und anzuziehen, davon muss ich mich nicht überzeugen, sondern mir geht's dann darum, ist bei der Körperpflege irgendwas Besonderes aufgefallen. Welche Hautveränderungen oder so was halt und das ist auch immer das, wo ich dann auch denen im 1. Ausbildungsjahr sage, das ist nicht wichtig. Es ist nicht so wichtig, es geht auch um das Wohlfühlen des Patienten. Akzeptiert er das überhaupt, lehnt er das ab. Möchte er das vielleicht mal einen Tag nicht oder so. Ich erkläre denen, die Grundpflege ist ja dazu da, um den Patienten zu beobachten, denn zu keiner anderen Tageszeit sehe ich den Patienten noch mal so in seiner ganzen Pracht, sag ich mal, wie halt da in dieser halben Stunde oder dreiviertel Stunde. Und es kommt auf andere Sachen an. Natürlich kommt es auch drauf an, dass der Patient sich sauber fühlt und wohl fühlt, weil er die eigene Kleidung trägt usw. Es kommt drauf an, den Auszubildenden mitzuteilen, worauf man während der Grundpflege achten kann. Man kann, man kann auf ganz viele Sachen achten, auf Vigilanz, damit fängt es an, wie adäquat oder nicht adäquat antwortet jemand im Gespräch währenddessen. Während der Körperpflege ist man, wenn man ganz viel Zeit hat, eine Dreiviertelstunde mit dem Patienten zusammen. Da erfahr ich was über die Vigilanz, da erfahr ich was über den Hautzustand, da erfahr ich was über die Mobilität bei einer bestehenden Parese. Ich frage: „Ist da Gefühl drin?" Ja – nein, bewegt sich die Extremität wieder bei einem Schlaganfall-Patienten jetzt zum Beispiel. Ganz viele Sachen sind das, also das sind jetzt die Beispiele und darauf kommt es an auch, auf die Beobachtung halt. Das versuch ich dann schon zu vermitteln halt." (P4/52.1, 52.2, 53)

„ist halt dieses immer mal über die Schulter gucken in besonderen Situationen so. Da muss man aber auch ein Auge für haben, was einen dann auch wirklich interessiert, dass man von dem anderen einfach mal, oder mal genau zuhört, wie er das einschätzt. So, das find ich halt eigentlich ganz wichtig." (P6/17.4)

6.2.2.2 Auswahl von Lernsituationen aus Sicht der Lehrenden

Lernsituationen werden – entsprechend der Aussage, dass prinzipiell alle Pflegesituationen durch Lehr-/Lernaktivitäten als Lernsituationen genutzt werden können – in aller Regel von Lehrenden nicht speziell ausgewählt oder künstlich hergestellt. Sie ergeben sich aus der alltäglichen Arbeitssituation und den aktuellen Pflegesituationen, die im Arbeitsalltag zu bewältigen sind.

„Selten. Selten. Meistens ist es so, dass das sich einfach ergibt durch die Arbeit, die da ist." (P2/21.1)

„Ja, also wenn der Schüler neu kommt, dann muss ich ja auch morgens einfach die Situation nehmen, wie sie ist, wo geht er mit." (P3/23.1)

„Ich nehme alles, was vorrätig ist, das ist sicher." (P5/26)

„aber ich, nee ich bastle eigentlich nicht bewusst irgendwas so hin, dass sie da jetzt, würd ich nicht behaupten, nee." (P6/18.3)

Eine klassische „Auswahl" von Pflegesituationen als Lernsituationen findet im beruflichen Alltag aus Sicht der Lehrenden folglich nicht statt. Vielmehr werden Pflegesituationen im beruflichen Alltag durch Lehrhandeln der Lehrenden in der Zusammenarbeit mit Lernenden zu Lernsituationen, beispielsweise indem Lehrende Aufmerksamkeit für Interessantes oder Besonderes im Alltäglichen herstellen.

„und so dies im Alltag, das find ich, man kann ihnen mal sagen: „Hier guck mal, das ist bestimmt interessant. Oder hier das find ich irgendwie, der geht's nicht so gut. Lass uns da mal das und das machen." Oder ein bisschen vorsichtiger oder das kann man machen, aber das ist eigentlich eher so das, was ich in dem Moment für richtig halte, versuch ich dann halt in Worte zu fassen und zu erklären vielleicht so." (P6/18.5)

Lehrende nehmen nichtsdestotrotz individuelle Akzentuierungen und Schwerpunktsetzungen bei der Bearbeitung von Pflegesituationen mit Lernenden vor. Dabei spielen neben subjektiven Lernbedürfnissen und objektiven Lernbedarfen der Lernenden auch die Lehreintentionen der Lehrenden eine wichtige Rolle. Lehrende wollen Lernenden Zugang zum spezifischen Lernangebot der Einsatzstation, also zu Pflegehandlungen, die in ihrem Einsatzbereich häufig, in anderen eher selten vorkommen, ermöglichen.

„Und dann im Rahmen der Ausbildung, dann überlegen wir uns halt. Gerade auch, was ist hier auf Station wichtig, wo kann man hier was Besonderes lernen und was kann der Schüler hier lernen, was er auf anderen Stationen nicht lernen kann. Und dann, das haben wir eigentlich so alle Schwestern hier." (P3/23.2)

Wichtig ist ihnen auch, dass Lernende einen Einblick in das gesamte pflegerische Handlungsspektrum erlangen, indem sie Gelegenheit bekommen, seltene, besondere und/oder aus Sicht der Lehrenden bedeutsame Pflegesituationen zu bearbeiten.

„Also egal, der Schüler ist gerade zwei Tage auf unserer Station. Wir holen von der OP jemanden mit neu angelegtem Shunt. Ich sage: „Das musst du hören. Dieses Rauschen ist wie ein Meer. Das ist so was Tolles, das wirst du nicht oft kriegen." Und dann nehm ich, egal wie alt, also sprich, wie weit er gerade ist, die besondere Situation, die wirklich gar nicht so oft vorkommt, die versuche ich gleich jedem beizubringen und egal, in welchem Ausbildungsstand er sich gerade befindet, ich bin gerade, wenn etwas selten vorkommt, ist es wichtig, dass die die Möglichkeit haben, so etwas zu sehen. Also eben, wie gesagt, ein Shunt vorsichtig anzufassen, wie es sich anfühlt, wie es sich anhört, was wichtig ist, worauf wir achten müssen, was sind die, was darf überhaupt nicht gemacht werden und und und." (P5/30.1)

„Also ich persönlich bevorzuge gerne solche, schwierige Patienten ist jetzt übertrieben, möchte ich auch nicht sagen, aber anspruchsvolle Sachen. Wirklich, wo es anspruchsvoll ist. Und nicht jetzt zehnmal am Tag zeigen, wie man eine Infusion anhängt oder wie man einen Nierenfistelkatheter verbindet. Sondern so das Ganze." (P1/20.2)

„Aber ich möchte halt gerne, dass er lernt, was bei Visite wichtig ist, [...] Man hört und sieht und kann auch während der Arzt jetzt dokumentiert, Dinge schon auf den Weg bringen, telefonieren oder gerade das und das schon mal ins Zimmer bringen oder die Schmerzmedikation wird höher gesetzt, da kann man schon nachgeben oder ne, dass es das Miteinander ist. Und ich denke, das wertet uns auch auf von der Pflege. Weil wir dann auch was dazu sagen können. Und deswegen find ich auch, dass es für die Schüler wichtig ist. Aber war auf der (vorherige Station) auch. Wenn Gelegenheit ist, geht der Schüler mit." (P3/77.2, 77.3)

Auch subjektive Lerninteressen und -bedürfnisse der Lernenden können für die Akzentuierung leitend sein. Diese werden beispielsweise in Gesprächen zu Beginn eines Praxiseinsatzes erfasst.

„Also in der Regel weiß ich ja, was meine Schüler noch brauchen sozusagen, also wenn sie mir vorher erzählt haben, bei einem Vorgespräch, oder zwischendurch mal, dass sie die eine oder andere Sache noch nicht gemacht haben oder noch mal üben möchten oder da noch Hilfe brauchen, dass man das dann halt natürlich schon im Kopf hat oder sie dann eben halt Bescheid sagen, hier wollen wir das zusammen machen. Und dann sucht man sich das zusammen." (P6/24)

Objektive Lernbedarfe ergeben sich aus der Lerndiagnostik der Lehrenden, aber auch aus zentralen Vorgaben der Ausbildungsstätte oder dem Zeitpunkt im Praxiseinsatz bzw. im Ausbildungsverlauf. Lehrende sind bemüht, Lerninteressen und Lernbedarfe der Lernenden zu bedienen, indem sie entsprechende Lernangebote machen.

„Ja, wenn die schon länger bei uns auf Station sind, dann kennen wir ja vielleicht Defizite, wo wir sagen, da muss man noch mal gucken. Dass man so was dann integriert." (P2/24)

„Genau. Und dann haben wir verschiedene Aufträge wie Schmerz, Atmung, Post-OP. Da gibt's im (Ausbildungsstätte) halt 'ne Dokumentenmappe, da sind die hinterlegt. Die werden von den Praxisanleitern, von den beiden, wo ich gesprochen habe, werden die erstellt. Vom (Ausbildungsstätte) geprüft und abgesegnet, und wir können uns dann praktisch speziell für die Station die Handlungsaufträge rausziehen und den Schülern geben." (P3/30, 31)

„Genau. Ja, man weiß ja schon jetzt zum Beispiel die Oberkursschüler, die wir vermehrt haben, dass gewisse Dinge, die müssen einfach dann auch Programm sein, die müssen sie dann auch wirklich können und das bietet man denen dann schon an: das hier hast du schon oder brauchst du noch mal? Das schon." (P6/27.1, 27.2)

Eine Auswahl und gezielte Planung von Lernsituationen findet aus Sicht der befragten Lehrenden insbesondere dann statt, wenn der zeitliche Rahmen es erlaubt.

„Aber wir machen es schon mal, wenn wir wirklich viel Zeit haben, dass wir das richtig planen auch, den ganzen Tag. Ich hab ja noch 'ne Praxisanleiterin hier auf Station und die hat dann schon mal den ganzen Tag Zeit, sich mit einem Schüler außerhalb des regulären Arbeitsalltages zu beschäftigen und dann wird es gezielt ausgesucht, vorher. Am Tag vorher." (P2/21.2)

6.2.2.3 Erfolgreiche Lehrende im Praxisfeld aus Sicht der Lehrenden

Lehrende benennen eine Vielzahl von Eigenschaften und Fähigkeiten, die ihrer Meinung nach einen guten Lehrenden im Praxisfeld kennzeichnen. Dabei spielen übergeordnet das Fachwissen und Können im eigenen Handlungsbereich und die Aufgabe, Lernenden Zugang zum pflegerischen Handeln zu ermöglichen, eine wichtige Rolle. Betont wird von den befragten Lehrenden die doppelte Anforderung, nämlich Lernenden und Patienten gerecht zu werden. Als wesentlich für einen guten Lehrenden im Praxisfeld sehen Lehrende das Signalisieren von Lehrbereitschaft an, z.B. über Lernangebote an die Lernenden, damit Lernende den Mut haben, Lerninteressen zu äußern. Zudem spielt auch die Offenheit gegenüber – auch kritischen – Rückmeldungen nach Meinung der Lehrenden eine wichtige Rolle. Nicht zuletzt sind sich Lehrende auch ihrer Modellfunktion in Bezug auf das Pflegehandeln für Lernende bewusst.

Über Fachwissen und Können im eigenen Handlungsbereich verfügen

Die Interviewteilnehmerinnen betonen die Wichtigkeit für Lehrende, über Fachwissen, Können und Handlungssicherheit im eigenen Handlungsbereich zu verfügen.

> *„Es ist natürlich gut, wenn er eine hohe fachliche Kompetenz hat. Ja, das schadet natürlich nicht. Das schadet nicht."* (P2/29.3)

> *„Erstens mal muss er sicher sein in dem, was er tut. Er muss das Wissen haben."* (P3/58.1, 58.2)

> *„Erstmal muss er, erstmal muss er grundsätzlich wissen, also das Hintergrundwissen haben von dem Fachgebiet, wo halt der Auszubildende eingesetzt ist. Also sei es jetzt, also es fängt bei den Erkrankungen an und natürlich auch die Pflegetechnik beherrschen usw. Also im Groben."* (P4/34.2)

Der Stellenwert, den Fachwissen und Können eines Lehrenden einnehmen, wird auch darin deutlich, dass mehrere Interviewteilnehmer betonen, dass für Lehrende ein reflektierter und konstruktiver Umgang mit eigenen Wissenslücken sowie die Bereitschaft, sich entsprechend weiterzubilden, wesentlich ist.

> *„Da ändert sich viel. Ich bin dann auch immer erstaunt, wenn ich dann höre, das wird wieder anders gemacht als vielleicht noch vor zwei Jahren oder so. Ja, es sollte jemand sein, der auch dazu bereit ist, so würde ich mich einschätzen, auch mal zu sagen: „Ich weiß es jetzt einfach nicht. Ich gucke nach und du guckst bitte auch nach." Das ist dann so mein Auftrag an mich selber auch, dass ich dann halt einfach auch noch was nachlese, wenn ich was nicht weiß."* (P4/34.3)

Lernenden Zugang zum Handeln ermöglichen

Aus Sicht der Lehrenden haben Lehrende die Aufgabe, Lernenden Zugang zum Handeln zu ermöglichen. Sie sind entscheidend daran beteiligt, dass Lernende Gelegenheit bekommen, ihre Fähigkeiten in der Pflege von Patienten zu erproben. Dies verlangt von ihnen, sich selbst zurückzunehmen und Lernende „machen zu lassen".

„Verhaltensweisen, d.h., ja. z.B. auch wenn man mal zugucken kann, wenn man mal ein-fach was geschehen lassen kann," (P2/30.1, 30.2)

„aber auch, denke ich auch, einfach mal machen lassen. Ihnen so das Gefühl geben, du machst das schon, aber ich guck dir halt zu, so dass sie auch selber dieses aus eigenem Antrieb wissen, was jetzt eigentlich dran ist, was man jetzt zu tun hat. Ja." (P6/48.5, 48.6)

„Jemand, der bereit ist, für den Schüler da zu sein, den zwar nicht, also der nicht die Ar-beit wegnimmt, aber auch nicht den nur als rechte Hand sieht," (P5/33.2)

Lehrende nehmen in diesem Kontext die Beobachterrolle ein. Sie sind sich aber auch der Tatsache bewusst, dass sie Verantwortung für das Handeln der Lernenden tragen und aufgefordert sind, dieses zu kontrollieren, um die Sicherheit der Patienten zu ge-währleisten. Auch sollten Anleitungssequenzen der individuellen Patientensituation entsprechend erfolgen.

„Verantwortung tragen und übernehmen, weil ich bin ja auch für das, was der Schüler tut, verantwortlich.[...] Ja, ich bin also da schon, ich kontrolliere dann auch gerne. Dass ich gucke, was er, ob das so funktioniert. Dass ich mir halt ein Schema geschaffen hab, was ist ganz wichtig, was ich beachten muss. Dass ich einfach nachschaue. [...] Die wich-tigen Dinge möchte ich gerne immer selbst noch überprüfen." (P3/58.8, 60-61, 63)

„Ja. Ich denke, er sollte – Die Anleitung sollte strukturiert sein, auf jeden Fall. Also sie sollte auch Sinn haben. Auf jeden Fall sollte dem Patienten entsprechend erfolgen, also wirklich auf Ressourcen, auf Pflegeplanung ausgelegt." (P1/36.1)

Die Begleitung von Lernenden erfordert Engagement der Lehrenden und deren Bereit-schaft, die doppelte Verantwortung – für Patienten und für Lernende – zu tragen.

„Und, na ja, also insgesamt muss man natürlich schon 'ne gewisse Menge Engagement mitbringen, dass man das halt schon macht, weil von den Kollegen wird es oft so gesehen ‚Na ja, du hast ja den Schüler, der macht das ja alles für dich'. Aber grundsätzlich ist es ja immer noch einer mehr, auf den man aufpasst. Man passt auf den Patienten auf und auf den Schüler. Und so dieses, da braucht man schon das Wollen, das auch immer so zu ma-chen, grade wenn man wirklich dann so einen Schüler nach dem anderen hat und irgend-wie nie Luft hat, braucht man schon, muss man schon was mitbringen." (P6/38.5, 38.6)

Wesentlich ist für Lehrende auch, dass sie ihr Lehrhandeln am aktuellen Wissens- und Könnensstand von Lernenden orientieren.

„Aber was ganz wichtig ist, was oft vergessen wird in der Praxis, ist so dieses Thema: Es kommt ein Mittelkursschüler auf die Station und jeder erwartet ja, du bist ja schon fast examiniert. Also nach dem Motto „eigentlich musst du ja schon alles können". So, und das ist totaler Schwachsinn in meinen Augen. Selbst wenn ein Schüler examiniert ist, in der Anfangszeit kann er noch lange alles nicht. Und ich kann heute noch nicht alles, das ist einfach so. Und ich denke schon, dass man sich an diesem Ausbildungsstand des Schü-lers orientieren sollte und selbst wenn der Schüler noch nicht so weit ist, sollte man ver-suchen, das zu fördern, diese Lücken." (P1/39.4)

Lernenden Lernerfolge und -erfordernisse zurückmelden

Lehrende sehen es auch als ihre Aufgabe an, Lernenden eine Rückmeldung zum Handeln zu geben. Dabei wird in den Interviewaussagen tendenziell mehr Gewicht gelegt auf die Rückmeldung von kritischen Aspekten. Dies könnte darauf hinweisen, dass der Umgang mit Lernerfordernissen gegenüber dem Umgang mit Lernerfolgen eher als herausforderndes Element in der Begleitung von Lernenden erlebt wird.

> *„Ehrlichkeit natürlich, auch also was Kritik angeht oder eben auch halt nicht nur Kritik, sondern eben auch das Lob, das ruhig immer mal wieder, find ich auch ganz wichtig."* (P6/39)

> *„Also Beispiele: Heute die Visite. Nimmt sich die Auszubildende selbstständig mal einen Zettel und schreibt mal ein paar Sachen mit auf. Das hat sie jetzt nicht getan. Wär auch 'ne Sache, die ich ihr noch sagen würde. Wenn ich jemanden mit zur Visite nehme, der in der Ausbildung ist, dann erwarte ich auch, dass er sich ein paar Notizen mitmacht. Das ist so ein Beispiel. Ich muss schon beobachten. Das sind halt so kleine Details. Händedesinfektion, alles was auch so Hygiene und so was halt. Die Vorbereitung."* (P4/36.3)

In diesem Kontext wird mehrfach darauf eingegangen, dass auch ein konstruktiver Umgang mit Handlungsfehlern der Lernenden wichtig ist für das Lehrhandeln. Geduldig sein, Situationen deeskalieren, wenn Handlungen nicht wie erforderlich von Lernenden ausgeführt werden und Handlungsfehler der Lernenden prinzipiell als Lehrchance zu begreifen, stellen wesentliche Aspekte einer Fehlerkultur der Lehrenden im Umgang mit dem Handeln der Lernenden dar.

> *„und vor allen Dingen, ganz wichtig für mich persönlich, man sollte die Ruhe bewahren können und nicht so das Pulverfass spielen, wenn mal irgendwas nicht so funktioniert, wie es funktionieren soll. Vielleicht bin ich selber da ein bisschen zu laissez faire manchmal, aber ich glaube, im Laufe der Jahre damit relativ gut gefahren zu sein."* (P1/36.3)

> *„Wie sieht der denn aus? Ich glaube, dass es gut ist, wenn er geduldig ist."* (P2/29.1)

> *„Also es ist, wenn ein Fehler passiert, machen wir alle, daraus lernen wir. Ich ziehe Fehler als Feedback eben, also als Möglichkeit eben Feedback darüber auszuloten und die Situation zu besprechen. Wiederholen sich die Sachen, dann müssen wir, also beiden Seiten müssen einen Plan machen, wie können wir es beide besser machen, das hilft uns beiden."* (P5/42.5, 42.6)

Lernenden Lehrbereitschaft signalisieren

Spaß und Freude an der Begleitung von Lernenden werden als grundlegende Haltung und Einstellung von Lehrenden beschrieben. Dabei hilft es Lehrenden, bewusst die Perspektive der Lernenden einzunehmen und sich deren Lernbereitschaft zu vergegenwärtigen.

> *„Und ich meine, ich muss mir immer bewusst machen, dieser Lernende möchte, der möchte ja gerne etwas von mir lernen. Das kann ich ihm ja beibringen."* (P1/39.2)

> *„Sich noch daran erinnern, wie es war, selber Schüler zu sein. Das noch nicht alles zu wissen, was man jetzt im Laufe der Jahre alles sich erworben hat."* (P2/29.2)

Wesentlich ist auch der Aspekt, Lernenden die grundsätzliche Lehrbereitschaft, z.B. über Lernangebote, zu signalisieren, nicht zuletzt deshalb, damit Lernende sich trauen, Lerninteressen und -bedürfnisse zu äußern.

> *„Also ich bin gerne, also ich mache gerne das, was ich tue, also sprich ich bin wirklich unglaublich gerne dabei, ich setze mich sehr sehr ein für die Schüler, ich biete denen sehr viel an, ob sie's nutzen, das ist deren Sache. Ich laufe nicht hinterher, aber ich sage: „Wenn du gerne Pflegeplanungen schreiben möchtest, ich bin jederzeit bereit, sie zu lesen und mit dir zu besprechen. Ich stehe für alle Fragen da, zur Verfügung, nutz die Gelegenheit".* (P5/41.1, 42.2)

> *„Also ich glaube ganz wichtig ist, dass man auch einfach sehr offen ist und so, ich weiß nicht, wie ich's sonst sagen soll, aber dass man sich als Schüler auch einfach traut zu fragen, dass man nicht so, ja, nicht so muffelig vielleicht oder irgendwie so. Das find ich schon ganz wichtig, dass die sich auch wirklich trauen, einen zu fragen."* (P6/38.1)

Für (kritische) Rückmeldungen der Lernenden offen sein

In diesem Kontext werden von den befragten Lehrenden auch die Fähigkeit zur Selbstreflexion und Selbstkritik sowie eine grundsätzliche Offenheit für kritische Rückmeldungen der Lernenden betont. Auch diese Aspekte markieren demnach Elemente einer lehrbereiten Grundhaltung.

> *„Ja klar. Ja, man orientiert sich ja immer an sich selbst. Und ich glaub, man ist selbst auch immer sehr selbstkritisch sich gegenüber. Also ich auf jeden Fall."* (P1/35).

> *„der auch selber Feedback einholt von den Schülern [...] Also ich bin offen, ehrlich und ich erwarte gute Kommunikation und Feedback zeitnah"* (P5/33.6, 42.3)

Lernende strukturiert anleiten

Eine Lehrende betont die Fähigkeit der Lehrenden zur Selbstorganisation, damit Lernende die Möglichkeit haben, ihr eigenes Handeln an dem der Lehrenden zu orientieren. Struktur in der eigenen Arbeit bzw. in der Anleitungssituation unterstützt Lernende dabei, sich modellhaft Verhaltensweisen von Lehrenden abzuschauen.

> *„Welches Verhalten von mir? Also ich denke, man muss immer ziemlich klar sein und ich denke auch, ganz gut strukturiert, damit die Schüler das aufnehmen können, was ich mache. Wenn ich dauernd hin- und her renne und irgendwie selber nicht so genau weiß, was ich als Nächstes zu tun habe, ist das natürlich schon mal schwierig, um sich da an irgendwas zu gewöhnen und das auch dann halt quasi als Tatsache hinzunehmen, dass man das genauso macht. Ist ja dann schwierig, wenn sie immer irgendwas macht, dann weiß man nie, was davon soll ich mir jetzt eigentlich merken. Also man muss sich schon selber auch organisieren."* (P6/48.1 – 48.3)

Modellfunktion für Lernende einnehmen

Lehrende sind sich auch ihrer Modellfunktion für Lernende in Bezug auf das Pflegehandeln sehr bewusst. Sie versuchen, ihr Bild von „guter Pflege" vorzuleben, um Lernenden Orientierung im Handeln zu geben. Benannt wurden von den befragten Lehrenden dabei sowohl Aspekte des organisierten und strukturierten Handelns sowie Pflegetechniken als auch spezifische Anforderungen in Bezug auf das „Schaffen einer sicheren Atmosphäre" für Patienten.

„Wir hatten letztens auch eine Patientin, die dann über ein paar Tage praktisch präfinal war, dann verstorben ist, und dann kamen die Angehörigen und haben gesagt: „Unsere Mutter hat sich hier so sicher gefühlt." Und das ist das Wichtige, dass die Patienten sich hier sicher fühlen und die Angehörigen. Und diese Atmosphäre zu schaffen und auch mit dem Schüler und dem das auch, ohne Worte zu zeigen, wie das geht, ist ja wichtig. Er muss ja auch einfach von uns lernen, wie handeln wir. Das kann ich ihm nicht sagen, so jetzt müssen wir das und das und das und das. So muss man sich verhalten." (P3/96.2, 96.3)

„dass man eigentlich so eine Patenschaft übernehmen sollte. Weil wenn ich einen Schüler permanent begleite und er sich auch wirklich daran orientieren kann an diesem Ablauf, wie er ihm halt eben auch vorgegeben wird, dann ist dieser Lernprozess viel effektiver in meinen Augen." (P1/14.2).

„Welche Pflegesituationen? Ja bei uns gibt's halt viel Grundpflege. Das heißt, das können die Schüler bei uns lernen und wir forcieren das, indem wir die Schüler möglichst nicht alleine Grundpflege machen lassen, sondern dass wir zumindest mit im Zimmer sind. Ja. Und das ist sicherlich eine Situation, wo die viel lernen können von uns. Dann sind Sachen, die wir immer wieder haben, Infusionstherapie. Was sie vielleicht mehr so sich abgucken können, ohne dass es eine gezielte Anleitungssituation ist, ist dadurch, dass wir zusammen in den Zimmern sind." (P2/14.1 – 14.4).

„Welches Verhalten von mir? Also ich denke, man muss immer ziemlich klar sein und ich denke auch, ganz gut strukturiert, damit die Schüler das aufnehmen können, was ich mache. Wenn ich dauernd hin- und her renne und irgendwie selber nicht so genau weiß, was ich als Nächstes zu tun habe, ist das natürlich schon mal schwierig, um sich da an irgendwas zu gewöhnen und das auch dann halt quasi als Tatsache hinzunehmen, dass man das genauso macht. Ist ja dann schwierig, wenn sie immer irgendwas macht, dann weiß man nie, was davon soll ich mir jetzt eigentlich merken. Also man muss sich schon selber auch organisieren." (P6/48.1 – 48.3).

6.2.2.4 Erfolgreiche Lernende im Praxisfeld aus Sicht der Lehrenden

Auf die Frage nach erfolgreichen Lernenden im Praxisfeld geben die Interviewteilnehmer im Wesentlichen zwei Aspekte an: Lernende sollten aus Sicht der Lehrenden über eine lernbereite Grundhaltung verfügen und eine aktive Lernhaltung einnehmen. Ergänzt werden diese Aussagen um Aspekte, die sich eher Eigenschaften und Fähigkeiten beziehen, die für Pflegepersonen generell als von Vorteil angesehen werden.

Als Lernender eine lernbereite Grundhaltung besitzen

Lehrende erachten eine lernbereite Grundhaltung der Lernenden als wichtig für erfolgreiches Lernen im Praxisfeld Pflege. Sie zeigt sich für Lehrende insbesondere darin, dass Lernangebote der Lehrenden – auch bei sich wiederholenden Aufgaben – angenommen werden.

> *„Ich meine, schön ist es natürlich immer, wenn ein Schüler Interesse zeigt. Wenn ich als Praxisanleiter, wenn ich schon die Frage stelle: „Hier hast du Interesse, sollen wir heute mal dies oder das tun?" Und man merkt dann so direkt an dieser Reaktion, und ich muss wirklich, der Großteil der Schüler ist da eigentlich immer ganz begeistert und sagt: „Oh ja, super, hab ich noch nie gemacht." So nach dem Motto."* (P1/41.2)

> *„und ich finde halt, ne gewisse Zurückhaltung schadet eben auch nicht, wenn man einfach, wie soll ich das sagen? Ja, so diese Grundhaltung, dass man eben nicht so tut als ob man schon ganz viel weiß, sondern einfach eher so kommt und sagt: „Ich würde gerne hier noch was mitnehmen." So, ich weiß nicht, wie ich's anders sagen soll."* (P6/31.5)

> *„Theoretisch sollte ihm nichts zu viel sein und selbst wenn man 20x am Tag dieselbe Tätigkeit machen müsste, dass man auch das tut ohne zu murren."* (P1/32.6)

Die Lernbereitschaft von Lernenden wird für Lehrende auch dadurch deutlich, dass Handlungsimpulse der Lehrenden als Hilfestellung aufgefasst, angenommen und in der Folge durch die Lernenden auch im Handeln umgesetzt werden.

> *„Dann ist es natürlich gut, wenn dann Kritik geübt wird oder man sagt: „Ja guck mal, das war noch nicht so richtig. Kannst du da vielleicht noch mal gucken?" Wenn die das annehmen und sich nicht direkt angegriffen fühlen, sondern es wirklich als Hilfestellung verstehen. Das wär gut."* (P2/28.2)

> *„Ja halt, dass man was annimmt. Offen heißt ja nicht, aber dass man es auch annimmt. Annehmen und umsetzen."* (P3/51.2)

Dies scheint ein wesentlicher motivationaler Faktor für das Lehrhandeln der Lehrenden zu sein: Lehrende beschreiben, wie wichtig ihnen dieses Zeichen der Wirksamkeit ihres Lehrhandeln ist und reflektieren gegenteilige Reaktionen der Lernenden kritisch.

> *„und was natürlich auch immer toll ist, wenn man merkt, wenn ein Schüler richtig dankbar dafür ist, dass man ihm weiterhilft und ihm versucht was zu zeigen und das auch annimmt. Es gibt halt auch Negativbeispiele."* (P1/42.4)

> *„Ja, bei der Grundpflege, da hatten wir letztens mal einen Schüler, der war schon im Oberkurs, der war schon anfangs vor der Prüfung, war aber auch leider in vielen Funktionen gewesen und war nicht so viel in der Pflege und da musste ich dem noch mal komplett irgendwie so einen Ablauf von der Grundpflege doch noch mal sagen, wie ich mir das vorstelle. Und das hat er einfach gemacht. Hat er umgesetzt."* (P3/52)

> *„Also ich muss halt schon auch das Gefühl haben, dass sie das hören wollen, was ich ihnen sage. Weil sonst sage ich's einmal, dann überlege ich's mir beim zweiten Mal, beim dritten Mal hab ich dann auch keine Lust mehr, wenn mir so dieses vermittelt wird und das na."* (P6/52)

Als Lernender eine aktive Lernhaltung einnehmen

Lernende sollten nach Ansicht der Lehrenden auch eine aktive Lernhaltung einnehmen. Diese zeigt sich für Lehrende in unterschiedlichen Verhaltensweisen der Lernenden. Wesentlich ist, dass Lernende Lerninteressen und -bedürfnisse äußern und Fragen stellen.

„Ein Lernender? Also ich mag Lernende gerne, die viel fragen. Ja, die also wirklich, wenn sie was nicht wissen, auch wirklich fragen und das wie jetzt, dann kann ich auch von mir aus viel erklären. Aber wenn es stressiger wird, dann fällt das Erklären immer schwerer. Wenn die aber dann fragen, ja, dann habe ich die Erfahrung gemacht, dass sich doch dann alle die Zeit nehmen, das noch mal vernünftig zu erklären.“ (P2/28.1)

„und die mir mitteilen, ich sag's in den Vorgesprächen zu den Praxiseinsätzen immer, die mir mitteilen, was sie machen möchten, denn,“ (P4/21.5)

„Also ich persönlich finde, dass man als Auszubildender schon auch, ich weiß gar nicht, also man muss natürlich viel selber fordern, fragen, Fragen stellen,“ (P6/31.1, 31.2)

Zudem wird von den Lehrenden aber auch Eigeninitiative in der Auseinandersetzung mit eigenen Lerninteressen erwartet, indem sie beispielsweise Lernaufgaben weitgehend selbstständig bearbeitet oder Wissenslücken durch Eigenstudium geschlossen werden.

„und dass sie selbstständig arbeiten, z.B. gibt es Praxisaufgaben von der Schule, es gibt so ein Praxisordner, wo halt sie dokumentieren, was sie gemacht haben. Da gibt es Aufgaben, dass diese Aufgaben selbstständig durchgeführt werden müssen, denn ich hab da kein Interesse dran, dass sie gemacht werden. Insofern nur, dass ich natürlich möchte, dass sie das kennen lernen. Ein Beispiel: Praxisaufgabe Mundpflege. Ich sag immer: „Ich kann euch den Patienten zeigen, der dafür in Frage kommt.“ Die Aufgabe ist da genau detailliert beschrieben, was sie machen müssen. „Das müsst ihr dann selbstständig machen. Ich les' es mir zwischendurch durch oder wenn ihr Fragen habt, dann könnt ihr das machen.“ (P4/21.6 – 21.8)

„sich selber auch einfach mal selber belesen, ganz wichtig.“ (P6/31.3)

Die aktive Lernhaltung eines Lernenden drückt sich für Lehrende weiter darin aus, dass Lernende sich aktiv mit ihrem Lernstand auseinander setzen, eigene Lernerfordernisse einschätzen können und den Mut haben, diese gegenüber den Lehrenden zu äußern.

„Natürlich muss man so ganz einfache Dinge wie ‚ich muss wissen, was ist in meinem Lernstand, was muss ich können, was muss ich noch nicht können, was ist schon längst, was muss ich wiederholen?‘ Man muss sich gut einschätzen können, auf jeden Fall. Das ist auch nicht schlimm, wenn man was nicht kann, aber man muss halt wissen, dass es irgendwie noch fehlt. Also man muss sich auf jeden Fall einschätzen können“ (P6/31.4)

„Aber eben auch den Mut haben zu sagen: „Da bin ich mir jetzt noch nicht sicher. Kannst du mir das noch mal zeigen?“ Oder aber auch sagen: „Das hab ich noch nie gemacht. Ich bin zwar im Oberkurs, aber ich hatte bisher die Gelegenheit nicht.“ Dass sie da keine Hemmungen haben zu sagen: „Da bin ich mir noch nicht sicher. Das weiß ich noch nicht, wie das geht.“ (P2/32.2, 32.3)

Positiv auf den Lernerfolg der Lernenden im Praxisfeld wirkt sich nach Meinung der Lehrenden außerdem ein gewisses Maß an theoretischem Wissen aus Unterrichten an den jeweiligen Ausbildungsstätten aus, weil Lernende auf diese Weise theoretisches Wissen mit praktischen Erfahrungen verknüpfen können.

> *„Noch toller ist es natürlich, wenn man, wenn Schüler in der Praxis was fragen und er mir da auch in der Theorie was dazu erzählen kann, also diese theoretischen Erfahrungen mit den praktischen verknüpfen kann. Das ist natürlich noch besser"* (P1/42.3)

> *„Ja, dass er gut vorbereitet ist von der Schule. Das ist ganz wichtig. Dass wenn, die Schüler auf Station kommen und wir dann ja auch wissen, was haben sie dann so jetzt im letzten Block gehabt, dass sie das auch können oder, also das theoretische Wissen vorhanden ist. Dass sie die Zusammenhänge kennen. Warum mess ich denn den Blutdruck, was passiert denn da? Was mess' ich denn da? Oder Schmerzmittel, dass sie, wie jetzt im Oberkurs der (Auszubildende 3) schon wissen, wie wirken die, sind die eingeteilt. Dass einfach das Wissen vielleicht schon mal da ist. Ich mein, das referieren wir jetzt immer noch mal, aber dass das schon mal da ist."* (P3/50.4, 50.5)

Mehrfach betonen Lehrende auch die Fähigkeit der Lernenden zur Konzentration und zu einer guten Beobachtung als wesentlich für den Lernerfolg in der Pflegepraxis. Dabei spielt das Lernen durch aufmerksames Beobachten der Lehrenden, die dann quasi eine Modellfunktion einnehmen, eine wichtige Rolle. Dies bringt allerdings aus Sicht der Lehrenden auch Herausforderungen mit sich, denn Lernende lernen auf diese Weise unterschiedliche Handlungsvarianten der Lehrenden kennen, aus denen sie sich dann einen eigenen Zugang zum Handeln erarbeiten müssen.

> *„wenn dann das, ja, wenn man einfach bei der Sache auch ist, wenn man nicht mit den Gedanken woanders ist."* (P5/40.2)

> *„Und es ist nicht verkehrt, dann auch mal den anderen zu beobachten oder das einfach mal anzunehmen. So, dass man, also ich, ja, ich selber war noch so. Ich hab mir halt wirklich das genau angeguckt, was die gemacht haben und hab versucht, das irgendwie alles dann auch so zu wiederholen quasi."* (P6/34.3 – 34.4)

> *„Und es ist ja auch, dass die Schüler auf verschiedenen Stationen auch manches verschieden erklärt oder beigebracht, gezeigt bekommen. Das ist ja auch ein Problem. Oder jede Schwester, die ist ja examiniert, die kann, die entscheidet ihre Dinge ja selbst. Das sehen sie auch und dass man dann, das denke ich immer, das ist für Schüler auch schwierig. Und dann sag ich ihnen immer: „Du siehst das aus verschiedenen Perspektiven wie wir arbeiten. Wenn du dann examiniert bist, dann kannst du selber entscheiden. Und vielleicht hast du die Möglichkeit durch die vielen Einsätze hier dir das mitzunehmen, was du auch für dich am besten findest."* (P3/54)

Weitere Eigenschaften, die Lehrende für Lernende als wichtig benennen, beziehen sich weniger auf Lernerfolge, sondern beschreiben vielmehr eher generelle Eigenschaften und Persönlichkeitsmerkmale, die für beruflich Pflegende allgemein wichtig sind.

> *„Also. Das sind Auszubildende, die offen sind, also die jetzt nicht schüchtern sind, die 'ne gute Kontaktaufnahme zum Personal haben, einen guten Kontakt, also die generell sich nicht scheuen erstmal in Kontakt zu Menschen zu treten. Zum Patienten ganz wichtig."* (P4/21.1)

> *„Wie muss der sein? Also ich denke, der muss mal zuallererst für den Beruf natürlich geeignet sein. der sollte gut kommunizieren können auf jeden Fall"* (P1/32.1, 32.3)

„auch das, die müssen lernen, nicht nur voll bei der Sache zu sein, sondern auch auf sich zu achten und die Balance zwischen, ja, Tun und Erholung finden für sich." (P5/35.1)

6.2.2.5 Lernförderliche Rahmenbedingungen aus Sicht der Lehrenden

Für das Lehren und Lernen im Praxisfeld förderliche Rahmenbedingungen lassen sich zwei großen Gruppen zuordnen: Die Interviewteilnehmerinnen beschreiben Team- und Leitungsbezogene Aspekte sowie Rahmenbedingungen in der konkreten Lehr-/Lern- bzw. Arbeitssituation.

Als Lehrender ideelle und organisatorische Unterstützung für die Begleitung von Lernenden erfahren

Die befragten Lehrenden betonen die Wichtigkeit der ideellen und arbeitsorganisatorischen Unterstützung durch Kollegen des Pflegeteams und die verantwortlichen Leitungspersonen bei ihrer Arbeit in der Begleitung von Lernenden. Ideell spielt die Einstellung und Haltung der Teammitglieder zur Anleitung und Begleitung von Lernenden eine wichtige Rolle. Die mit der Begleitung von Lernenden betrauten Lehrenden halten eine positive Haltung der Teamkollegen zur Ausbildung des beruflichen Nachwuchses, die Akzeptanz der Begleitung von Lernenden als Arbeitsaufgabe der Lehrenden und die Anerkennung ihrer Arbeit, die sie in der Begleitung der Lernenden leisten, für wesentlich.

„Beide. Also, ich denke, es ist sehr wichtig, dass das Umfeld mitspielt, also dass die anderen Kolleginnen und Kollegen eine ähnliche Einstellung haben und verstehen, wie wichtig das ist, unsere Pflege von morgen vernünftig zu begleiten. Es ist schwierig und es macht, es ist anstrengend, wenn man das Gefühl hat, dass die anderen das nicht so akzeptieren und die erst denken: „Du hast Schüler, die arbeiten für dich und du kannst dich den ganzen Tag ausruhen." Also das ist wichtig, dass die andern mitspielen," (P5/37.1, 37.2)

„Also ich kann jetzt nur von meiner Station hier sprechen. Ganz wichtig ist, dass man wirklich von seinen Kollegen unterstützt wird. Also ohne deren Mithilfe ist es gar nicht möglich. Die bekomm ich ja auch, diese Möglichkeit," (P1/37.1)

„Auf der anderen Seite unterstützen mich meine Kollegen aber wirklich gut, muss ich wirklich sagen, auch die letzten drei Tage, wo ich dann von vornherein gesagt habe: „Also ich möchte mir diese Zeit nehmen und ich werde mir die auch nehmen." Das war nie ein Thema, also nie dass gesagt wurde, das geht nicht oder das ist nicht möglich. Das war dann gar kein Thema, ist in Ordnung." (P1/37.3)

Kritisch bewertet wird insbesondere die Tendenz der Teamkollegen, die Verantwortung für die Begleitung der Lernenden ausschließlich an die Lehrenden/Praxisanleiter abzugeben und sich aus der Begleitung von Lernenden vollständig zurückzuziehen.

„und ich hab auch von Anfang an klargestellt, also es ist ja der Praxisanleiter oder der Mentor ist ja irgendwie so ein bisschen das Stiefkind auf der Station sag ich immer. Soll sich nicht negativ anhören, aber es ist so. Wenn irgendwo Sachen vonnöten sind, die die

Schüler betreffen, dann heißt es immer: „Ja, geh mal zum (Lehrender 1)." Am besten immer schön weit weg von sich." (P1/37.2)

Die Haltung und Einstellung im Team beeinflusst nach Ansicht der Lehrenden auch das Verhalten der Lernenden. Eine Lehrende betont, dass es eine angespannte Atmosphäre und Stimmung im Team für Lernende erschwert, ihre Lerninteressen zu äußern.

> *„Ja genau. Also ich denke, dass man als Auszubildender schon mitbekommt, wenn die Stimmung allgemein, also wie die Stimmung allgemein im Team gerade ist. Also da kann ich mich auch selber noch erinnern, wenn alle rumpoltern, dann mag man nicht dann auch noch etwas fragen, obwohl man es eigentlich total gerne jetzt gerade wissen möchte. Das ist schon wichtig."* (P6/41.1, 41.2)

Arbeitsorganisatorisch erachten Lehrende es für das Lehren und Lernen als wesentlich, dass die Gestaltung des Dienstplans, in aller Regel eine Aufgabe der verantwortlichen Leitungspersonen, eine regelmäßige und kontinuierliche Zusammenarbeit zwischen Lehrenden und Lernenden erlaubt.

> *„und dass ich wirklich wie ein Pate im Grunde, also wie in einer Patenschaft einen Schüler an die Hand nehmen kann, das ist ganz wichtig. Lernen in Gruppen ist mit Sicherheit auch ganz toll, aber ganz intensiv beschäftigen mit einem Schüler kann ich mich nur, wenn ich ihn an die Hand nehme und ihn auch führe dann. Das ist so."* (P1/37.6)

> *„Ja, ich denke, so ein bisschen natürlich auch die Organisation, wer ist für welchen Auszubildenden zuständig, wie oft arbeitet man zusammen. Und so was halt natürlich auch. Das spielt auch eine Rolle. Ja."* (P6/41.4)

> *„dass man das halt wiederholt in den Schichten eben, nicht nur heute und dann erst nächste Woche wieder, sondern eben hintereinander immer mal wieder. So, dass man das wiederholen kann."* (P6/42.4)

> *„und es geht nicht, wenn ich sage, ich muss, das ist ein Schüler, der wirklich viel Unterstützung braucht, ich möchte gerne so viel wie möglich mit denen arbeiten und ich habe sechs Wochen keinen einzigen Tag mit ihm zusammen. Auch das hab ich gehabt, wo ich sage, das funktioniert nicht. Ich kann nicht die Verantwortung übernehmen und ich kann, ich möchte nicht, also es ist, es funktioniert so nicht, das geht nicht."* (P5/37.3)

Lehr-/Lern- bzw. Arbeitssituationen störungsfrei und mit ausreichend Zeit durchführen können

Auch in der Lern- und Arbeitssituation selbst werden von den befragten Lehrenden lernförderliche Rahmenbedingungen benannt. Ausreichend Zeit für die Begleitung von Lernenden ist dabei ein wesentliches Element.

> *„Also ich glaub, die Zeit ist das allerwichtigste dafür,"* (P1/37.4)

> *„Ja gut, das ist natürlich, wenn man Zeit hat. Das haben wir jetzt gehabt. Das muss ich noch mal betonen, wir hatten ja jetzt wirklich Zeit Das ist manchmal nicht. Ja, dann wird es stressig, dann wird es hektisch, dann muss man plötzlich mal Anweisungen geben ohne was zu erklären. Wenn man Zeit hat, ist alles viel einfacher."* (P2/19.1, 19.2)

„Gut, Zeit ist natürlich immer wieder ein Thema. Das ist einfach so. Wenn man, das krie-gen die, manche kriegen's mehr, manche weniger mit, ob da nun jetzt gerade Zeit für ist oder nicht. Wär natürlich schon gut, wenn sie immer da wäre. " (P6/42.3)

Störungen und Unterbrechungen in der Lern- und Arbeitssituation mit Lernenden wer-den von den Lehrenden als lernhinderlich benannt, beispielsweise wenn Lernende für die Erledigung anderer Aufgaben abgerufen werden oder Unterbrechungen der gemein-samen Arbeit durch den Patientenruf, das Telefon oder andere Arbeitsaufgaben entste-hen.

„oder irgendjemand kommt und sagt: „Hier, kann ich bitte mal die Schülerin mal für fünf Minuten ausleihen?" Das ist natürlich die Katastrophe schlechthin dann, wenn Sie immer wieder von vorne aufrollen müssen. Das ist sehr schlecht. " (P1/38.5)

„Ja, ich denke, die Rahmenbedingungen müssen ja erst mal stimmen. Ich denke, auf der (vorherige Arbeitsstation) ist das manchmal schwieriger als hier. Zeit und Ruhe. Wenn ich jetzt morgens in ein Dreibettzimmer gehe, hab's Telefon in der Tasche, muss draußen noch auf alle möglichen Klingeln hören, dann wird noch einer für den OP abgerufen und die Neuaufnahmen stehen vor der Tür, ich werde immer wieder unterbrochen, dann ist das was anderes als wie ich jetzt einfach mit demjenigen ins Zimmer gehen kann und viel-leicht nur zwei- oder dreimal gestört werde. Die Rahmenbedingungen. Wenn die stimmen, das ist wichtig. " (P3/49.1)

6.2.2.6 Gelungene Lehr-/Lernsituationen aus Sicht der Lehrenden

Auf die Frage nach gelungenen Pflegesituationen in der Zusammenarbeit mit Lernenden betonen die befragten Lehrenden einerseits für sie sichtbare Lernerfolge der Lernenden, die auf ihr Lehrhandeln zurückzuführen sind, andererseits beziehen sie die Perspektive der zu Pflegenden ein: Eine gemeinsam mit Lernenden bearbeitete Pflegesituation wird von ihnen dann als gelungen bezeichnet, wenn die zu pflegenden Patienten zufrieden sind und sich wohlfühlen. Ein wichtiges Gütekriterium ist folglich das Patientenwohl – unabhängig von Lehr- und Lernintentionen. Mehrere Lehrende betonen auch Prozess-kriterien, nämlich die gute Zusammenarbeit zwischen Lehrendem und Lernendem in einer Pflegesituation.

Durch Lehrhandeln Lernerfolge der Lernenden ermöglichen

Wesentliche Merkmale gelungener Lehr-/Lernsituationen stellen für Lehrende in erster Linie sichtbare Lernerfolge der Lernenden dar, die wesentlich auf ihre Lehrimpulse zurückzuführen sind. Benannt werden in diesem Zusammenhang vor allem vorgenom-mene Handlungskorrekturen, die von Lernenden angenommen und im pflegerischen Handeln umgesetzt werden oder ein auf Erklärungen des Lehrenden zurückzuführender Wissenszuwachs bzw. eine Weiterentwicklung des Lernenden.

„Komplett. Also ich empfinde das immer als erfolgreich, wenn der Schüler nachher sagt, das hat mir gut getan, weil ich habe was falsch gemacht, kann die Kritik annehmen und sagt auch, okay das seh' ich auch so, dass das nicht gut war und setzt das beim nächsten

Mal richtig um. Ja, also das wäre, dann würde ich sagen, das war ein Erfolg." (P2/26.1 – 26.3)

„Also, ich bin zufrieden, wenn ich sehe, dass es bei dem Auszubildenden zu Verbesserungen gekommen ist. Das ist jetzt, ein Beispiel Verbandwechsel, aseptischer Verbandwechsel, wo ich Verbesserungen gesehen habe und dass es dann halt angenommen wurde und dass es dann auch umgesetzt worden ist." (P4/27)

„Ja. Also von der einen Seite natürlich einfach, dass ich dann schon hinterher sagen kann, okay das hat sie jetzt, entweder sie hat davon gelernt, dass ich ihr ganz deutlich nochmals was erklären konnte, was sie vorher nicht wusste. Das ist natürlich für mich dann gut, wenn es auch wirklich so was, 'ne Entwicklung irgendwie gebracht hat." (P6/28.1, 28.2)

Eine Lehrende betont, dass auch ein vollständiger Lehr-/Lernprozess mit den Lernenden für sie einen Lehrerfolg darstellt, dann nämlich, wenn sie gemeinsame Lehr-/Lernintentionen von der Planung bis hin zur Reflexion vollständig umsetzen kann.

„Die Schüler, also wenn wir wirklich das, was wir uns vorgenommen haben, gut durchführen können, wenn die Situation so ist, dass wir dann für uns Zeit haben und anschließend das auch noch reflektieren können, wie das für mich war, wie das für, also erst mal für die Schüler wie das war, dann für mich, was ich so beobachten konnte. Lob dazu. Wenn dafür alles Zeit ist, dann gehe ich zufrieden nach Hause." (P5/31.3)

Sich mit Lernenden erfolgreich über Arbeitsaufgaben verständigen

Auch die gute Zusammenarbeit mit Lernenden wird von Lehrenden als Merkmal einer gelungenen Pflegesituation beschrieben. Dabei steht die erfolgreiche Kommunikation und Interaktion und gemeinsame Verständigung der Beteiligten über Aufgaben und Ziele im Vordergrund: Lehrende und Lernende arbeiten an gemeinsamen Zielen und die Verständigung zwischen beiden kann ohne größere Erklärungen und Anweisungen – häufig sogar nonverbal – erfolgen.

„Ja, oder einfach wenn wir dann schon einfach stimmig zusammenarbeiten, dass man, ja dass es einfach passt, dass beide sich klar sind, was wir jetzt hier wollen, dass wir das noch mal üben wollen, dass ich ihr dabei helfen will und das ist ja so eine Gefühlssache eigentlich dann, dass man merkt, okay sie ist zufrieden, ich bin zufrieden." (P6/28.3)

„Dass man mal, dass ich mit ihm so in Kontakt komme, dass er merkt, was ich möchte, dass ich da nicht jetzt großartig dozieren muss, sondern dass kurze Fragen reichen oder Anmerkungen, damit er tut, was ich denke, was noch zu tun ist [...] Und ich muss halt versuchen, einen Draht zu dem Schüler zu finden." (P3/39.1, 39.2, 40.1)

Wohlbefinden und Einbezug des Patienten in das Pflegehandeln gewährleisten

Für die befragten Lehrenden sind mit Lernenden gemeinsam bearbeitete, gelungene Pflegesituationen eng verbunden mit dem Wohlbefinden der zu pflegenden Patienten. Dabei ist ihnen einerseits wichtig, dass Patienten durch die Lernsituation nicht verunsichert werden, andererseits verfolgen sie die Intention, Lernenden ein Qualitätsbewusstsein für „gute Pflege" vorzuleben und zu vermitteln.

> *„Ja. Also für mich persönlich ist ganz wichtig, dass man auch auf den Patienten eingeht. Also ich finde, Kommunikation ist der erste Weg, der erste Zugang zum Patienten. Definitiv. Und der Patient selber kann mir immer sagen, ob er das als wohltuend empfindet oder als ganz schlimm oder schrecklich womöglich. Ich denke, das ist auch das, was Pflege ausmacht. Sicher ist ein Schüler manchmal verunsichert oder wie heute Morgen zum Beispiel mit dem Stomabeutel. Na, dass er halt so zusammenklebt. Ist passiert, mein Gott, das ist kein Drama. Kann man sehen, wie man möchte. Also ich persönlich, ich mach da keinen Weltuntergang draus oder so was. Auch ich hab mich da mal verschnitten mit der Platte. Wichtig ist, dass die Kommunikation stimmt. Der Patient selber kann mir immer am besten mitteilen, was möglich ist, welche Ressourcen er hat und welche nicht."* (P1/30.1 – 30.3)

> *„Ich frage nicht, ich sage nichts. Es ist viel einfacher für den Patienten auch, wenn er das Gefühl hat, es läuft alles rund. Wenn ein Patient merkt, dass da jemand mit etwas nicht klar kommt und ich dazwischen in Panik gerate oder sonst was. Ich sage, ich greife erst ein, wenn es lebensgefährlich ist, ansonsten wenn ich merke und wenn ich dann praktisch daneben stehe,"* (P5/32.3)

> *„Ja, ja würd ich sagen. Weil ich denke, die Frau (Patientin) hat sich nachher, was heißt gut gefühlt, aber es war für sie in Ordnung gewesen und sie hat sich eigentlich getragen, sicher gefühlt. So hatt' ich das Gefühl. Und das ist immer das, was auch mein „Erfolgserlebnis" ist. Wir hatten letztens auch eine Patientin, die dann über ein paar Tage praktisch präfinal war, dann verstorben ist, und dann kamen die Angehörigen und haben gesagt: „Unsere Mutter hat sich hier so sicher gefühlt." Und das ist das Wichtige, dass die Patienten sich hier sicher fühlen und die Angehörigen. Und diese Atmosphäre zu schaffen und auch mit dem Schüler und dem das auch, ohne Worte zu zeigen, wie das geht, ist ja wichtig."* (P3/96.1, 96.2)

6.2.2.7 Handlungsbeteiligung von Lernenden in Pflegesituationen aus Sicht der Lehrenden

Als wichtigsten Bedingungsfaktor für Art und Umfang der Handlungsbeteiligung von Lernenden sehen die Interviewteilnehmer den Wissens- und Könnensstand der Lernenden, der zu Beginn des gemeinsamen Arbeitens eingeschätzt werden muss. Hiervon hängt entscheidend ab, inwieweit Lernenden Pflegehandlungen selbstständig übertragen und Pflegesituationen in Sequenzen gemeinsamen oder getrennten Arbeitens gestaltet werden. Als weitere Bedingungsfaktoren sehen Lehrende zeitliche Rahmenbedingungen, das Anforderungsniveau einer Pflegehandlung und die Lerninteressen und Lernbedarfe der Lernenden. Die befragten Lehrenden führen zudem aus, unter welchen Bedingungen sie beim Handeln von Lernenden intervenieren.

Grundhaltung der Lehrenden: Lernende handelnd beteiligen

Die Haltung der befragten Lehrenden zur Handlungsbeteiligung von Lernenden fällt dabei grundsätzlich positiv aus: Lehrende sind überzeugt davon, dass Lernende Gelegenheit bekommen müssen, selbst zu handeln, um lernen zu können.

> *„Weil ich der Meinung bin, ein Schüler kann's wirklich auch nur lernen: learning by doing, wissen Sie."* (P1/58)

> *„Ich möchte natürlich, dass sie arbeitet. Ja, dass sie auch selber was macht, ja."* (P2/50.1)

> *„Ja unbedingt. Also finde ich auch ganz wichtig, dass so dieses Selbstständige. Ich denke schon, das gibt denen auch ein gutes Gefühl. Ja."* (P6/72)

Bedingungsfaktor: Wissens- und Könnensstand der Lernenden

Als ein wesentlicher Bedingungsfaktor im Hinblick auf die Handlungsbeteiligung von Lernenden in Pflegesituationen wird von den befragten Lehrenden der Wissens- und Könnensstand der Lernenden beschrieben. Dieser muss zu Beginn der gemeinsamen Arbeitsphase in einem Praxiseinsatz von den Lehrenden eingeschätzt werden – eine grundlegende Aufgabe der Lehrenden, um überhaupt Entscheidungen über Art und Umfang der Handlungsbeteiligung treffen zu können. Lehrende nutzen hierzu unterschiedliche Strategien und Methoden – allen voran steht das gemeinsame Arbeiten und das wiederholte Beobachten der Lernenden beim Handeln in diesen Sequenzen. Auch wird gezielt nachgefragt oder in der Patientendokumentation nachgeschaut, wenn beispielsweise Phasen des getrennten Arbeitens vorausgegangen sind. Lehrende geben auch an, dass die von der Ausbildungsstätte zur Verfügung gestellten Dokumente zum Ausbildungsstand und die ausbildungsbegleitenden Gespräche mit Lernenden, z.B. zu Beginn eines Praxiseinsatzes, als Quellen für die Einschätzung des Wissens- und Könnensstandes von Lernenden genutzt werden.

> *„Ja ich meine, ich kann ja jetzt eigentlich, ich muss den Schüler, den ich hab, ja mitnehmen, gell. Ich versuche mir halt ein Bild zu schaffen, wie weit ist der Schüler. [...] Was ich gesehen hab, wie der Schüler arbeitet, wenn ich ihn beobachtet hab. Das kann ich nicht von einmal, da muss ich schon ein paar Mal dabei gewesen sein."* (P3/65.1, 68.1)

> *„Was ich dann mache, ich guck mir dann schon, versuche dann, innerhalb von ein paar Tagen mir das dann schon einmal anzugucken, ob das auch alles gut ist und dann halt auch an der Dokumentation sehe ich dann ja auch hinterher, ist dem irgendetwas Besonderes aufgefallen oder ich frage nach: „Wie ging das jetzt mit dem, ist irgendetwas auffällig gewesen von der Haut, von der Vigilanz und dann kommt da halt auch schon."* (P4/12.5)

> *„Wenn ich mich fest, also wenn ich prüfen konnte und mich überzeugen konnte, der Schüler kann das, dann darf er das machen. Also dann kann er es auch selbständig machen."* (P5/49.5)

> *„Also dieses Kennen finde ich schon einfach sehr sehr wichtig und eben dieses Einschätzen da, natürlich nicht nur Kennen als Person, sondern eben dass man sich einschätzt oder dass ich sie einschätzen kann, wie gut sie mit den Dingen zurechtkommt."* (P6/66.3)

„Es gibt hier die Vorgespräche, die wir haben. Also die Vorgespräche zu den Praxiseinsätzen, wo halt der Lernstand abgefragt wird, wo die Auszubildenden halt ihren Lernstand auch darlegen. Ich selber habe die Möglichkeit, auch den theoretischen Lernstand aus der Schule abzufragen im Intranet glaub ich. Da gibt's immer den aktuellen, also das aktuelle Wissen, was die so haben und ansonsten versuche ich eigentlich, auch das zu machen." (P4/17.1)

Lehrende betonen auch, dass die ausschließliche Orientierung am Ausbildungsstand des Lernenden für die Einschätzung nicht ausreicht.

„Ich kann nicht sagen: ‚Da kommt ein Oberkurs-Schüler. Du bist ja Oberkurs, das musst du können. 'Wenn jetzt ein Schüler angekündigt ist und der kommt den ersten Tag, der ist Oberkurs, ja du bist ja Oberkurs, du weißt was, das kannst du ja alles, dann geh mal. Das mach ich nicht. Ich mach mir immer ein Bild, bevor ich ihn selbstständig irgendwie –"
(P3/68.2, 69)

Routinehandlungen von Pflegenden werden demgegenüber auch ohne Kontrolle als gekonnt akzeptiert, wenn sie schon länger ausgeübt werden.

„Also jetzt alleine so 'ne Tätigkeit wie das Blutdruckmessen oder wenn jemand sagt, das Subkutanspritzen, das macht er schon seit einem Jahr, dann guck ich da jetzt nicht unbedingt noch mal drauf." (P4/12.6)

Lehrenden ist es wichtig zu erkennen, inwieweit der jeweilige Wissens- und Könnensstand das Übertragen bestimmter Aufgaben an Lernende ermöglicht und in welchem Maß Lernende in der Lage sind, diese selbstständig auszuführen. Diese Entscheidung wird getroffen vor dem Hintergrund, dass Lehrende sich als verantwortlich für das Handeln der Lernenden ansehen. Sie müssen vor der Delegation von Pflegehandlungen an Lernende ein „gutes Gefühl" bzw. ein grundlegendes Vertrauen in die Lernenden entwickeln können, das einschließt, dass Lernende verantwortlich mit den übertragenen Aufgaben umgehen und beispielsweise Unterstützung anfordern, wenn sie nicht alleine zurechtkommen.

„Und wenn ich mich davon überzeugen kann, dass sie das gut macht, kann ich sie, die ist ja jetzt ganz kurz erst hier und die bleibt noch lange. Das heißt, wenn ich jetzt morgen noch mal mit ihr Dienst habe, dann weiß ich schon: Das kann sie, das kann sie, das kann sie. Da kann ich sie alleine schicken und kann sagen: „Das kannst du machen, das kannst du da machen, das kannst du machen." Und wenn ich das gesehen habe, dass sie das macht, dann habe ich mich davon überzeugt und dann habe ich ein gutes Gefühl, wenn ich sie dann einfach das selbstständig machen lasse." (P2/50.2)

„Und ich versuch mich halt zurückzuhalten, damit sie das selber macht und nicht das Gefühl hat, dass ich da jetzt mich noch mal einmischen möchte, sondern sie soll das machen. Aber trotzdem möchte ich mich halt gern davon überzeugen, dass sie es gut macht. Dass sie es kann. Ja, ich trag ja die Verantwortung. Letztendlich trag ich die Verantwortung. [...]" (P2/50.3, 51)

„[...]Wenn ich weiß, dass ich dem vertrauen kann, dass er, wenn er es nicht kann, nicht Experimente macht oder so und wenn ich mehrmals gesehen habe, da sind keine Fehler und kann ihm so wirklich, ich weiß und das ist nicht die erste Station, das hat er, dann kann ich den auch überlassen. Dann weiß ich, da ist Blut abzunehmen, guck mal, wie weit du kommst und dann weiß ich, vertraue ich, dass er dann kommt, wenn er es nicht ge-

schafft hat oder gar nicht das machen kann. Da brauche ich mich gar nicht einzumischen." (P5/51.4)

„Natürlich auch so ein bisschen das Vertrauen, was lasse ich ihn alleine machen. Wo kann ich aus dem Zimmer gehen und sie da trotzdem irgendwie was tun lassen?" (P6/66.2)

Vom Ergebnis der Einschätzung des Wissens- und Könnensstand der Lernenden hängt ab, welche Aufgaben bzw. Pflegehandlungen übertragen werden und in welchem Maß sie diese selbstständig und ohne Beisein der Lehrenden ausführen können. Die handelnden Anteile der Lernenden sind bei einem niedrigen Wissens- und Könnensstand der Lernenden – also beispielsweise zu Beginn der Pflegeausbildung bzw. zu Beginn eines Praxiseinsatzes – eher gering. Lehrende übernehmen hier klassisch eine führende Rolle, Lernende sehen Lehrenden beim Handeln zu und werden eher beauftragt. Diese Rollenverteilung verändert sich aus Sicht der Lehrenden im weiteren Verlauf der Ausbildung und eines Praxiseinsatzes. Lehrende nehmen sich immer mehr bewusst zurück, sodass Lernende eine zunehmend führende Rolle einnehmen können – bis hin zum Rollentausch.

„Und, aber wie gesagt, ich hatte letzte Woche einen Tag mit einer Schülerin, die war den ersten Tag da, da war natürlich klar, oder wär es von mir auch nicht fair gewesen zu sagen: „Dann mach mal", sondern da hab ich natürlich gesagt: „Jetzt können wir das machen, jetzt kannst du das machen." So, aber (Auszubildende 6) ist schon eine Weile hier und dann erwarte ich einfach schon, wenn sie ins Zimmer kommt, dass sie weiß, was wir jetzt machen, wenn wir morgens ins Zimmer kommen. Da sag ich ihr nicht, dass jetzt Blutdruck-Runde ist, sondern dann warte ich im Endeffekt dann auch, bis sie dann quasi entscheidet, dass wir wieder gehen können, dass ich dann sage: „Und was hältst du denn noch von davon und was hältst du denn noch von davon?"" (P6/59.2, 59.3)

„Das ist unterschiedlich. Das ist, wenn die neu sind, mache ich viel und die gucken zu. Ja, und das wechselt, wenn die im Oberkurs sind, wenn die dann eine längere Zeit bei uns eingesetzt sind, dass ich es auch schon mal mache, dass die die Examinierten-Rolle übernehmen und ich bin Schüler. Also so, dass man diesen Rollentausch macht." (P2/33.1, 33.2)

„Ja das kommt ein bisschen drauf an. Also ich glaube, wenn man sich schon gut kennt, kann ich mich mehr zurücknehmen und die Auszubildenden, also quasi Rollentausch, dass man dann sich wirklich zurücknimmt und wartet, dass sie einen dann auch schicken mal so. Dann geh ich da schon eher in Hintergrund. Wenn man sich noch nicht so gut kennt, dann bin ich dann doch schon sehr, ich weiß nicht wie man das nennt, aber schon so, dass ich dann viel rede und sage: „Mach schon mal das und mach schon mal das." Das schon, aber das entwickelt sich, glaube ich." (P6/56.1, 56.2)

„Es ist, es wird einfacher, je mehr die Schüler dürfen vom Ausbildungsstand. Am Anfang dürfen sie nicht subkutan spritzen, sie dürfen keine Infusionen vorbereiten, sie dürfen ganz viele Sachen nicht machen. Es ist eine größere Hilfe für den Bereich, jetzt Hilfe insofern, dass man sich die Arbeit adäquat teilen kann, je mehr die Schüler Hintergrund, also können, alleine von Pflegetechniken auch." (P4/44.4)

Die jeweiligen Handlungsanteile von Lehrenden und Lernenden sind dabei nicht statisch, sondern können – je nach Handlungssicherheit der Lernenden – auch wechseln.

„Das kann man so sagen. Und das ist aber auch mal situationsabhängig, weil es gibt manchmal Sachen, wenn ich was sehe, dass etwas nicht klappen sollte, dann, entweder besprechen wir das oder eben machen es so, dass ich beim nächstem Mal dann wieder mehr Teil übernehme und lasse mich dann beobachten. Und dann wiederum wechselt die Rolle.“ (P5/50.1)

Eng mit der Einschätzung des Wissens- und Könnensstandes der Lernenden ist auch die Entscheidung verbunden, ob getrenntes oder gemeinsames Arbeiten von Lehrenden und Lernenden erfolgt.

„Also ein Beispiel ist da z.B. noch, wenn ein Auszubildender den ersten Einsatz auf der Station überhaupt hat, dann ist mir halt wichtig, dass er den Stationsablauf kennen lernt, den kann er nicht kennen lernen, wenn ich ihn irgendwohin delegiere und er soll da alleine irgendwie jetzt Blutdrücke messen oder so was. Das kann er nur lernen, indem er mit mir mitgeht und sich anguckt, was halt morgens ab halb sieben bis zum Frühstück für Tätigkeiten anfallen, dann sind die Eckpunkte. Die nächsten Eckpunkte sind dann das Frühstück, was findet nach dem Frühstück, was findet nach dem Frühstück und Mittagessen statt? Das ist eigentlich so für mich der ausschlaggebende Faktor.“ (P4/16.2 – 16.4)

„Der geht erst mal mit, na. Wenn ein neuer Auszubildender kommt, der geht dann mit.“ (P3/71)

Als weitere Aspekte, die die Entscheidungen über gemeinsames oder getrenntes Arbeiten beeinflussen, benennen die befragten Lehrenden Arbeits- und Situationserfordernisse, z.B. Zeiten mit hoher Arbeitsdichte oder auch den Grad der Beliebtheit bestimmter Pflegehandlungen bei anderen Pflegepersonen. Es kommt vor, dass Aufgaben an Lernende delegiert werden, weil Pflegepersonen diese selbst ungern ausführen.

„Es ist immer so, Auszubildende grade im – eigentlich generell in allen drei Jahren werden, und ich weiß es aus Erfahrung, werden von vielen, von vielen Mitarbeitern zu so Tätigkeiten herangezogen, die die Mitarbeiter ungerne machen. Das ist die Körperpflege, das ist das Essen anreichen, das sind Patiententransporte, das sind Botengänge, das sind auch Aufnahmen, wo also Patienten-Neuaufnahmen mit 'ner Anamnese-Erhebung, wobei, da denke ich, das ist auch was, da schicke ich die Auszubildenden auch hin.“ (P4/17.2)

„Wie sich dann an dem Tag was aufteilt, das kann natürlich dann sein, dass, wenn wir einen Patienten grundpflegerisch zu versorgen haben, also die gewaschen werden müssen oder die Hilfe beim Essenanreichen brauchen, das wird sich dann auch geteilt. Das ist situationsabhängig.“ (P4/18)

Bedingungsfaktor: Zeitliche Rahmenbedingungen

Die befragten Lehrenden benennen neben dem Wissens- und Könnensstand der Lernenden weitere Bedingungsfaktoren, die den Umfang der Handlungsbeteiligung von Lernenden beeinflussen. Hierzu gehören seitens der Einsatzstation die Qualität der Einarbeitung der Lernenden und zeitliche Rahmenbedingungen. Je besser die Begleitung der Lernenden zu Beginn eines Praxiseinsatzes und damit die Einführung in den Stationsablauf gelingt, desto höher kann im Folgenden die Handlungsbeteiligung der Lernenden sein. Gleiches gilt für die zeitlichen Rahmenbedingungen: Je höher die Arbeitsdichte, desto höher ist der Anteil der Lehrenden am Handeln und entsprechend geringer der der Lernenden.

> *„Ja, das ist auch davon abhängig, wie gut die Einarbeitung läuft. Also jetzt in dieser ersten Zeit, wo die da sind. Wenn wir da keine Zeit haben, die wirklich dahin zu führen, dann haben wir keine Chance. Oder wenn der Dienst sowieso stressig werden wird, wenn das abzusehen ist, dann geht das auch nicht. Ja, desto weniger Zeit ich habe, da wirklich zu gucken, desto höher ist mein Anteil am Tun."* (P2/35.1, 35.2)

Bedingungsfaktor: Anforderungsniveau von Pflegehandlungen

Weitere Bedingungsfaktoren beziehen sich auf das Anforderungsniveau von Pflegehandlungen sowie auf die Lerninteressen und Lernbedarfe der Lernenden. Einige Pflegehandlungen werden von den befragten Lehrenden aufgrund ihres Anforderungsniveaus prinzipiell von einer selbstständigen und verantwortlichen Übernahme durch Lernende ausgeschlossen.

> *„Aber es gibt so bestimmte Sachen. Bei dem Port, den würd ich schon bei dem besten Schüler nicht alleine, das ist Prinzip. Das mach ich nicht. Oder Subkutannadel legen und ich bin dann"* (P3/65.2)

> *„Also so ein Iso-Zimmer würde ich nie acht Stunden lang einem Schüler allein geben. So nicht."* (P6/70.3)

Bedingungsfaktor: Lerninteressen und Lernbedarfe der Lernenden

Auch die Lerninteressen und Lernbedarfe der Lernenden nehmen Einfluss auf deren Handlungsbeteiligung. Die befragten Lehrenden geben an, dass sich die Initiative der Lernenden im Hinblick auf das Wahrnehmen ihrer Lerninteressen ebenfalls positiv auf den Zugang und die Beteiligung an einer Pflegehandlung auswirkt. Auch tragen spezifische Lernbedarfe der Lernenden dazu bei, dass Lehrende bemüht sind, Übungsmöglichkeiten für Lernende zugänglich zu machen.

> *„Auch natürlich, auch. Ja. Da gibt's natürlich Schüler, die drängeln sich auch nicht dahin. Es gibt ja Schüler, die sind mit dem zufrieden, was sie können und sind froh, dass sie das selbstständig machen können. Machen das auch perfekt, sehnen sich aber nicht danach, noch weiterzukommen, weil ihnen das schon reicht. Und wenn die sich nicht danach drängeln, dann passiert das auch nicht. Wenn mir aber jemand sagt: „Kann ich doch heut mal Übergabe machen", zum Beispiel und sich dadurch da anbietet oder sogar in Vordergrund schiebt, dann passiert das auch eher."* (P2/37.1, 37.2)

> *„Genau. Und das war, glaub ich, der zweite Tag, wo wir dann irgendwie, und da hab ich gedacht, ich frage sie, ob sie's noch mal machen möchte oder mein Gedanke war tatsächlich in dem Moment, vielleicht will sie auch noch mal sehen, wie ich's mache. Das war tatsächlich meine Überlegung, aber mir war fast klar, dass sie's noch mal machen möchte, weil das ist ja schon spannend so."* (P6/85)

„Jemand, der, wo ich merke, der ist überhaupt nicht gut organisiert, nach vielen Versuchen und eben zwei, drei Wochen gebe ich ihm die Möglichkeit, so viel wie möglich zu machen, um eben das, was am Anfang nicht gut geklappt hat, gut üben kann." (P5/49.3)

Bedingungsfaktor: Sicherheit für Patienten gewährleisten

Lehrende gehen in ihren Aussagen zur Handlungsbeteiligung von Lernenden auch auf Situationen ein, in denen sie die Handlungsbeteiligung von Lernenden durch eigene Interventionen begrenzen. Als wichtigstes Kriterium erscheint hierbei der Ausschluss eines wie auch immer gearteten Schadens für den Patienten.

„Da hat sie so 'ne kleine Schnittverletzung gesetzt und sie war ja auch wirklich sehr zaghaft [bei der Nassrasur; Anm. der Verfasserin]. Also sie hat da so wirklich Härchen für Härchen. Und ich sah aber auch schon, dass der Herr (Patient) so ein bisschen mit den Augen am Rollen war und dann hat sie ihn halt eben so ganz kurz unter der Lippe. Einen kleinen, ganz minimalen Schnitt. Da dachte ich, ich glaub ich übernehm's lieber." (P1/55)

„Nein, genau. Dass es halt zu Schmerzen kommt oder jetzt, ich sag jetzt, bei, können ja so ganz einfache Sachen sein, wo fass ich den Patienten an, wenn ich ihn auf die Seite drehe oder so was halt. Oder umbette. Das sind so Situationen, wo ich dann halt schon" (P4/32)

„Und so grundsätzlich, also so richtig, also in so 'ner speziellen Situation würd ich halt wirklich nur eingreifen, wenn da was schief läuft. So, wenn sie da jetzt reingefasst hätte mit nicht sterilen Handschuhen zum Beispiel, sag ich jetzt und so grundsätzlich, wenn es so Kleinigkeiten sind, so Geschicklichkeitssachen, dann würd ich's eigentlich machen lassen." (P6/89.2, 89.3)

Grundsätzlich betonen die Lehrenden, dass es ihnen wichtig ist, die Lernenden in der handelnden Rolle zu belassen und Interventionen ihrerseits – z.B durch handelndes Eingreifen bzw. Übernahme der Handlung – nur selten vorkommen.

„[...] Ich weiß das inzwischen nach so vielen Jahren und ich greife so gut wie nie ein und wenn, dann ist es nur, wenn es ein Notfall ist und da versuche ich auch zu sagen: „Warte mal, ich übernehm' das jetzt." So dass der Patient immer das Gefühl hat, es ist alles noch im grünen Bereich." (P5/55.4)

„Ich glaub, das war jetzt seit ewigen Zeiten mal 'ne Situation, dass ich wirklich das mal selbst in die Hand genommen hab." (P1/59.2)

Lehrende nutzen neben dem – eher seltenen – handelnden Eingreifen weitere Formen der Intervention, wie unmittelbare verbale Unterstützung, um das Handeln von Lernenden zu formen oder zu korrigieren, beispielsweise wenn diese umständlich agieren.

„[...] In anderen Situationen einzugreifen, ich würd es auch eher als spontan beschreiben, also wenn ich sehe, dass irgendwie ein Griff nicht richtig angesetzt bei einer Lagerung oder so was halt, dann würd ich auch das, würd ich sofort sagen, da würd ich dann direkt korrigieren oder so korrigierend eingreifen." (P4/31.1, 31.2)

Ein Lehrender betont, dass Misserfolge beim Handeln der Lernenden für ihn kein Grund sind, Lernenden den Zugang zu diesen Handlungen nicht mehr möglich zu machen. Er sieht hierin vielmehr einen Anlass, weitere Übungsmöglichkeiten zu geben.

„Ich glaube, wo man wirklich aufpassen sollte und etwas abbrechen sollte, ist eine Situation, wo man denkt, der Patient könnte geschädigt oder verletzt werden. Aber jetzt so ein Stomabeutel, der zusammenklebt oder so, das ist kein Beinbruch und auch kein Kriterium für mich oder ein K.O.-Kriterium zu sagen: „Du darfst es ab heute nicht mehr“. Im Gegenteil.“ (P1/59.5)

6.2.2.8 Die Lern-/Arbeitsbeziehung aus Sicht der Lehrenden

Sowohl positive als auch herausfordernde Lern-/Arbeitsbeziehungen werden von den befragten Lehrenden als Realität beschrieben. Sie nehmen vielfach Einfluss auf das Lehren und Lernen im Praxisfeld. Neben allgemeinen Merkmalen für eine positive bzw. herausfordernde Lern-/Arbeitsbeziehung sprechen die Interviewteilnehmerinnen über Verhaltensweisen von Lehrenden und Lernenden, die den Aufbau und Erhalt einer guten Lern-/Arbeitsbeziehung befördern oder behindern.

Generell wird eine gute Lern-/Arbeitsbeziehung von den befragten Lehrenden als lernförderlicher Faktor angesehen.

„Gut ist natürlich, wenn man sich mit dem Schüler gut versteht. Ja, wenn da zumindest Sympathie ist. Ich glaube, dass das wichtig ist, weil die dann auch eher bereit sind, was anzunehmen.“ (P2/17.1)

„Ja gut, die beiden müssen sich natürlich auch verstehen, ist ganz klar.“ (P6/42.5)

Lernende in ihrer Rolle als lernende Berufsangehörige ernst zu nehmen, erscheint als zentrales Merkmal einer positiven Lern-/Arbeitsbeziehung aus Sicht der befragten Lehrenden. Ausdruck findet diese Haltung, indem Lehrende versuchen, eine persönliche Beziehung aufzubauen und Lernende im Rahmen ihres Ausbildungsstandes als gleichwertige Teammitglieder anzusehen. Hierzu gehört auch, dass sie Kritik seitens der Lernenden begrüßen und diese auffordern, evtl. Ängste zu äußern.

„Man versucht, eine persönliche Beziehung aufzubauen.“ (P2/17.2)

„Mir ist es ganz wichtig, das sag ich den Schülern auch immer beim Erstgespräch, aber auch beim Zwischengespräch noch mal nach wie vor. Ich sage immer: „Du bist zwar als Schüler zu uns auf die Station gekommen und ab diesem Moment zählst du für mich persönlich zum Team. Also du bist jetzt nicht Schüler A oder Schüler B, sondern du zählst zum Team und leistest genauso deine Arbeit in diesem Maße, soweit du kannst, wie wir es auch tun als Examinierte.“ Ich sag auch immer, ich bin auch sehr dankbar über Kritik, weil auch ich bin nicht vollkommen, auch ich kann noch zulernen. Und ich bin auch immer sehr dankbar, wenn die Schüler mir erzählen, dass sich irgendwas geändert hat oder so in der Pflege. Dass man sagt: Solche Sachen, die früher so und so halt eben gemacht wurden, die werden heute ganz anders gemacht. Nehm ich immer sehr dankbar an und vor allem Kritik wär mir ganz wichtig, obwohl ich immer wieder feststelle, dass die Schüler da sehr zurückhaltend sind. Und wichtig ist mir auch, wenn die Schüler Angst haben oder Probleme haben, zu kommen und zu sagen: „He, ich hab da unheimlich Panik vor.““ (P1/44.3 – 44.5)

„Und ich habe die Erfahrung gemacht, das ist so ein bisschen abhängig vom Ausbildungsstand, dass ich den Lernenden als, wenn ich zusammen mit dem in einem Bereich bin, als vollwertigen Partner sehe. und dem vermittle, ich versuche jetzt, den Auszubildenden zu vermitteln, dass sie wichtig sind, je nach Ausbildungsstand. [...] sondern ich versuche halt den Auszubildenden in den Normalstationsalltag zu integrieren, so je nach seinem Ausbildungsstand." (P4/11.3, 11.4, 11.7)

Ob eine Lern-/Arbeitsbeziehung als positiv gelten kann, lässt sich für Lehrende an den Verhaltensweisen der Lernenden ablesen, indem diese beispielsweise Kritik und Ängste äußern oder sich auch am Arbeitsgeschehen beteiligen.

„Ich merke, denke ich auch, oder man merkt auch einfach, ob die sich dann wirklich trauen, was von alleine zu machen oder ob sie sich vielleicht doch eher immer mal so ein bisschen verkrümeln. Das merkt man ja vielleicht auch. Und ich finde schon, man merkt nach so einem Tag, wenn der wirklich gut gelaufen war und man viel zusammengearbeitet hat und ja, dann merkt man schon auch die Stimmung von den Auszubildenden, finde ich. Das kriegt man dann schon mit, denke ich, ob das für die erfolgreich war oder nicht so ein Tag." (P6/44.2, 44.3)

Auch herausfordernde Lern-/Arbeitsbeziehungen werden von den befragten Lehrenden thematisiert. Sie können mit konkreten Verhaltensweisen der Lernenden oder ihrer Arbeitsweise zusammenhängen, aber auch in der Ablehnung einer Person begründet sein. Als schwierig erleben Lehrende es auch, wenn Lernende Umgangsformen missachten oder Rollenerwartungen, die Lehrende an sie als Lernende oder Berufsangehörige stellen, nicht erfüllen.

„Na ja, es ist ja schon auch mal so, dass man einfach, das ist ja nun mal so, dass man kann nicht mit jedem. Das ist einfach so." (P6/43.1)

„Ich hab halt oft ein Problem mit Leuten, will ich ganz einfach sagen, die sich nicht benehmen können. Die keine Distanz, Nähe und Distanz nicht auseinanderhalten können, die dazwischen plärzen, immer alles besser wissen. Ja, die. Ich hatte hier schon Schüler, die sich den Schmerzband geschnappt haben und dann einfach schon mal 5 mg Morphin eingetragen haben und die am liebsten schon selber aus dem Schrank genommen hätten, na. Der Patient hat Schmerzen, ich geb dem jetzt mal 5 mg Morphin. Selbstüberschätzung, Unehrlichkeit, keine Höflichkeit, keinen Respekt. Den Respekt nicht zum Vorgesetzten oder den Respekt den anderen, Respekt zu meinen Mitmenschen an sich. Ja also der Patient." (P3/43, 44)

In diesem Fall sprechen Lehrende die störenden Elemente direkt an bzw. versuchen auch, die Situation aufzulösen, indem sie Lernende in die Begleitung einer Kollegin/eines Kollegen abgeben. Lehrende sehen, dass sich diese Situation der Einflussnahme der Lernenden in aller Regel entzieht.

„Und, also vielleicht gehört es dann auch zu den Aufgaben der Praxisanleiter, wenn man selber merkt, es funktioniert zwischen uns beiden hier irgendwie gar nicht, warum auch immer, ob ich das Arbeiten nicht mag von der Auszubildenden oder die Art und Weise oder dass man dann auch schon ehrlich einem Kollegen übergibt, der besser damit zurechtkommt." (P6/43.2)

„Ja. Soweit ich auch denke, dass es auch eigentlich schon mal, jetzt gerade in dem Fall dieser Praktikantin, eigentlich ganz gut gelungen ist. Sie hat, sie ist von zuhause, glaub

ich, wie soll ich das sagen, hat da nicht so viel mitbekommen, und am Anfang war das schon sehr auffällig. Und dann geht man einfach auf sie ein und erklären ihr auch Dinge in Ruhe, dass das so oder so nicht geht. Man nimmt sie mal beiseite, aber es gibt auch halt, da hatt' ich auch jemanden im Kurs, den kann man nicht bekehren oder ein bisschen. Ich hatte hier eine im Kurs, die war auch hier auf der Station und die hatte eine fünf bekommen. Die war von sich so was von überzeugt und hatte keine Nähe, keine Distanz und eine Fäkalsprache, da war nix zu machen. Aber es hat oft schon mal funktioniert es halt, dass man die auch hier einnorden auf die Station oder überhaupt einnorden.” (P3/47.1 – 47.3)

Die Lern-/Arbeitsbeziehung störende Elemente lassen sich aber von den Lehrenden nicht immer genau bestimmen. Eine Lehrende betont, dass der bewusste Umgang mit Sympathie und Antipathie Lernenden gegenüber zum professionellen Handeln von Lehrenden dazugehört.

„Das kann ich nicht sagen. Das ist, leider ist es, man hat paar Sympathien oder Antipathien. Und es gibt manchmal jemanden, den kann man nicht ab oder da muss man halt seine Professionalität zusammenreißen und den genauso behandeln wie die anderen und dann muss ich manchmal aufpassen, dass ich mich nicht erwische, dass ich jemanden, der mir angenehmer ist, bevorzuge. Da muss ich immer jeden Tag neu drauf aufpassen. Das muss ich sagen.” (P3/42)

Auch Verhaltensweisen seitens der Lehrenden können aus Sicht der befragten Lehrenden eine herausfordernde Lern-/Arbeitsbeziehung befördern. Hierzu gehört die Betonung der Distanz und des hierarchischen Gefälles zwischen Lehrenden und Lernenden, die Delegation vermeintlich weniger angesehener Aufgaben oder auch die mangelnde Bereitschaft von Lehrenden, kritische Rückmeldungen der Lernenden ernst zu nehmen.

„Wir haben's z.B. schon mal versucht, wir duzen uns ja alle, ja. Wir im Team duzen uns alle und ich hab schon mal versucht, weil das auch damals angeregt worden ist, dass man vielleicht eine Sie-Situation erzeugt. Ja, und man sagt, okay mit dem Schüler zumindest als Stationsleitung macht man das mit „Sie“. Hab ich probiert. Das ist nicht, hat nicht funktioniert, nicht gut. Die Distanz war sehr groß plötzlich. Also das war einfach die Autorität. Aber ich glaube, dass ich auch so genügend Autorität habe, ja, aber durch das „Sie“ war das plötzlich, also so als wär's zu weit weg. Zu weit weg. Vielleicht zu große Angst, was falsch zu machen. Ja so, dass sie sich nichts mehr getraut haben, so was.” (P2/17.3, 18)

„und was ich halt gar nicht mag, ist dieses Delegieren, also dieses morgens aufteilen und ich bin ja der Bereichsleiter und ich mache die Visite mit und ich mache auch die Übergabe, sondern ich versuche halt den Auszubildenden in den Normalstationsalltag zu integrieren, so je nach seinem Ausbildungsstand.” (P4/11.6, 11.7)

6.2.2.9 Gespräche über gemeinsam mit Lernenden bearbeitete Pflegesituationen aus Sicht der Lehrenden

Gespräche über gemeinsam mit Lernenden bearbeitete Pflegesituationen beziehen die befragten Lehrenden in erster Linie auf die Interaktion mit Lernenden und dabei insbesondere auf die Rückmeldung zum Handeln der Lernenden. Thematisiert werden in diesem Rahmen Lernerfolge und Lernerfordernisse. Lehrende erbitten zudem auch eine Rückmeldung der Lernenden zum eigenen (pädagogischen) Handeln. Gespräche über Pflegesituationen dienen vorrangig dem Austausch über die Einschätzung von Patientensituationen.

Lernenden eine Rückmeldung zu ihrem Handeln geben

Lehrenden ist dabei wichtig zu erfragen, auf welchen Wissensgrundlagen der Lernende handelt, um das Vorgehen der Lernenden einschätzen zu können. Diese können sich auf das in der Ausbildungsstätte vermittelte Theoriewissen, aber auch auf die bisherigen Lehr-/Lernschwerpunkte im Praxiseinsatz beziehen.

> *„Also ich würde erstmal generell fragen, ob jetzt in dem Fall also diese Blutzuckermessung morgens in dem ersten Rundgang ist Routine und ich würde dann erstmal grundsätzlich das Gespräch so anfangen, sie zu fragen, ob sie weiß, worauf sie morgens achten muss. Also was morgens überhaupt in der Runde anfällt. Das hatte für mich den Anschein, als wär sie eine, die die erste Woche den Frühdienst vielleicht nicht so erlebt hat, wie, so wie ich versuche, das zu gestalten. Dass sie am 1. oder am 2. Tag schon ganz gezielt irgendwo alleine hingeschickt worden ist und gar nicht mitbekommen hat, was im Frühdienst in der ersten Runde – Das war so mein Eindruck. Also dass da Blutdruck gemessen werden muss und dass sie auch noch nach den Subkutanspritzen gucken muss, aber dass da auch halt noch Blutzuckerwerte dazu gehören und die Tabletten verteilen, die waren auch nicht verteilt in dem einen Zimmer. Hat mir so den Eindruck vermittelt. Da würd ich sie fragen, was sie im Frühdienst gemacht hat oder ob sie das gar nicht so mitgekriegt hat und dann, je nachdem, wie das Gespräch verläuft dann, würde ich dann halt darüber sprechen."* (P4/37).

> *„Ja oder aber, manchmal frag ich auch erst mal nach: „Wie habt ihr das denn in der Schule gelernt?" Ja, weil das kann natürlich ein Unterschied sein zu dem, wie ich das gelernt habe, zumal es ja jetzt schon zehn Jahre her ist."* (P2/38.3)

Der Rückmeldung von Lernerfolgen und Lernerfordernissen geht seitens der Lehrenden häufig die Aufforderung nach einer Selbsteinschätzung des Lernenden voraus, auf die dann die Fremdeinschätzung durch den Lehrenden folgt.

> *„Reflexionsgespräch. Ja, im Grunde ist es ja eigentlich so, ich mach es so und ich glaube, es so gelernt zu haben. Also dass ich den Schüler erst mal frage, wie er sich selbst reflektiert. Wie er sich selber gesehen hat oder wie er sich selber darstellt."* (P1/49.1)

> *„Ich gebe den Auszubildenden schon an gewissen Punkten zu erklären, was ihnen vielleicht selber aufgefallen ist. Das ist so eine Möglichkeit, so als Gesprächsbeginn. Also ich orientiere mich da schon auch an den Gesprächen, wie sie z.B. bei einer Prüfung ablaufen oder so. So ja auch Situationen vorgefunden werden und danach dann der Schüler erst mal die Möglichkeit hat, selber zu berichten, wie's halt da war und dann was mir halt aufgefallen ist, was war gut, was war weniger gut oder wo gibt es halt meiner Meinung nach Lernbedarf. Das findet aber, wie gesagt, das findet eher selten statt. Also wenn, dann ist es halt auch so 'ne spontane Sache hauptsächlich."* (P4/41.1)

Dabei werden Lob und Kritik gleichermaßen als wichtig erachtet. Betont wird, dass positive Kritik – wie in Feedback-Regeln erlernt – zuerst benannt werden sollte.

„Vor allen Dingen, denk ich, ist es dann ganz wichtig, dass man erst mal auch die positiven Sachen herausnimmt und dem Schüler darlegt und, ich sag mal, negative Sachen gibt's in dem Sinn jetzt gar nicht. Es gibt halt eben Sachen, die hat man sehr gut gemacht, die kann man auch sehr gut dann, da kann man sagen: „Das hast du toll gemacht und super gemacht."" (P1/49.2)

„Ja, haben wir ja gelernt alle, dass man mit etwas Positivem anfängt. Ja, dass man erst mal sagt: „Das ist gut, das kannst du schon prima, das hat mir gefallen."" (P2/38.1)

„Das ist je nachdem, was ich sehe. Es ist einerseits ist es Lob, andererseits ist es Kritik und das ist den Situationen entsprechend. Also ich habe die Ohren und Augen auf und wenn mir was einfällt, versuche ich das anzusprechen, [...] Und ich spreche die Sachen an, die ich wahrgenommen habe, wenn etwas Besonderes mir etwas -. Also wenn wir noch nie darüber gesprochen haben und ich etwas besonders Gutes gesehen habe, spreche ich deswegen auch an und sage: „Das hast du gut gemacht, hast gut mobilisiert, du hast daran gedacht, weiß ich nicht, Blutdruck zu messen und und und." Oder eben Situationen, die ich dann schon ein bisschen krass fand." (P5/55.1, 55.5)

Inhaltliche Schwerpunkte, die aus Sicht der Lehrenden unbedingt rückgemeldet werden müssen, wenn sie seitens der Lernenden nicht zufriedenstellend bearbeitet worden sind, beziehen sich auf fahrlässiges Handeln der Lernenden, Patientengefährdung oder wiederholte Fehler der Lernenden. Dabei ist den Lehrenden bewusst, dass die Rückmeldung an Lernende, insbesondere zu kritischen Aspekten, sensibel handzuhaben ist und in einem geschützten Rahmen stattfinden sollte.

„Oder wenn man die Situation schon mal hatte, dass man sagt: „Komm, wir haben ja schon mal darüber gesprochen und das wollten wir doch eigentlich anders machen." Dass mal so was war. Das muss man machen." (P2/39.2)

„Und die schlechten oder negativen, ja das hört sich immer direkt so schlimm an, dass man da eben sagt am Ende: „Man könnte noch an diesen Sachen gezielt weiterarbeiten. Also es war nicht grundsätzlich verkehrt, aber es könnte ein bisschen besser noch sein." So. Also wenn sie da direkt mit der Schippe drauf hauen und sagen: „Ja, da warst du schlecht und hier warst du schlecht". Da nehmen sie komplett die Motivation weg, sagen wir mal so." (P1/49.3, 49.4)

„Ja. Wenn ich jetzt, sagen wir mal, nicht zufrieden bin, das würd ich jetzt nie vor einem Patienten machen. Nur wenn's gefährlich ist. Das machen wir dann draußen, wenn was wäre." (P3/83)

Lehrende achten darauf, dass die Rückmeldungen an die Lernenden möglichst zeitnah erfolgen und „dosieren" die inhaltlichen Schwerpunkte.

„aber jetzt was ganz Normales ist, 'ne Kleinigkeit oder so was, am liebsten direkt, wenn man aus dem Zimmer raus ist. So dass man es noch gut in Erinnerung hat, wie die Pflegesituation gewesen ist." (P2/38.5)

Und, also ich glaube das zeitnah, glaub ich, ist mir dann schon wichtig. Ich kann das immer nicht gut haben, wenn ich, manchmal denke ich: ‚Oh, das müsstest du noch mal sagen' und dann mach ich's nicht und dann lass ich's aber auch. Also eigentlich wenn ich was sage, dann will ich's auch eigentlich direkt gleich, dann ist es erledigt, so. Nee, irgendwie dann irgendwann später noch mal: ‚Ach übrigens, da war das und das.' Ich glaube, das kommt dann auch nicht mehr so an, wie es eigentlich ankommen sollte." (P6/81.2, 82)

„ich versuche, an verschiedenen Tagen, auch wenn wir mehrere Tage zusammen arbei-
ten, und das nicht alles an einer großen Sache rauszumachen, sondern mal über die hygi-
enischen Aspekte, ein anderes Mal vielleicht mehr über Kontakt, Nähe, Distanz und so
oder ja, weiß ich jetzt nicht. Wenn jemand da kommt, Visite, und der Patient sitzt da nackt
am -, auf dem Stuhl oder sonst irgendwo, und keiner kommt auf die Idee, den zuzudecken,
das sprech ich dann auch mal an.“ (P5/55.7)

Auch die Perspektive der zu Pflegenden ist ein wichtiges Kriterium für die Rückmeldung zum Handeln der Lernenden.

„Ja, ich denke der Schüler sollte auch wahrnehmen, wie empfindet der Patient halt eben
diese Pflege oder wie hat er sie wahrgenommen. Oder bin ich da wirklich gezielt auf die
Bedürfnisse des Patienten eingegangen. Es kann nicht Sinn der Sache sein, wie ich eben
schon sagte, sollte schon eine Struktur drin sein und nicht dieses Schema F. Gut ich habe
jetzt den Patienten geschrubbt, auf Deutsch gesagt, so von A – Z wie ich das in der Schule
gelernt hab und gut ist. Dieses Zwischenmenschliche, wie der Patient auch sich verstan-
den fühlt und wie er sich gepflegt fühlt, und dass der Schüler den Patienten auch wirklich
so pflegen sollte wie er sich selber pflegen würde, wissen Sie. Ich denke, dann kann man
das am besten umsetzen.“ (P1/51.1 – 51.4)

Von Lernenden eine Rückmeldung zum Lehr-/Lernprozess bekommen

Lehrende wünschen sich aber auch eine Rückmeldung der Lernenden zum Lehr-/Lern-
prozess und zu ihrem Lehrhandeln, insbesondere dazu, ob sie die Lerninteressen der
Lernenden entsprechend berücksichtigen und ob sie einen lernförderlichen Rahmen für
die Lernenden gestalten.

„Ganz wichtig, dass der Schüler noch mal sagt, wo er noch Probleme hat. Oder wo er
glaubt, noch Probleme zu haben. Dass er wirklich offen auch darüber spricht und mir
nicht erzählt nach einmal oder zweimal, ja ich kann das jetzt perfekt. Das gibt es nicht,
das ist einfach so. [...] Also auf jeden Fall auch die Interessen. Also so ob ich auch die
Interessen wahrnehme des Schülers und ihm nicht zum 20. Mal zeige, wie misst man den
Puls oder so. [...] Oder auch auf die Lernbedürfnisse halt eben, da möchte ich drauf ein-
gehen, auf jeden Fall.“ (P1/47.1, 48.1, 48.2)

„und Feedback, also auch zeitnah Feedback so, dass ich auch, wenn sie sich in einer Si-
tuation nicht gut gefühlt haben, wenn denen was nicht gepasst hat oder wenn sie fanden
am Ende auch die Atmosphäre nicht gut oder, egal was. Die guten und die schlechten Sei-
ten, die möchte ich und die wünsche ich mir gleich angesprochen zu haben.“ (P5/53.2)

Sich mit Lernenden über das weitere Lehr-/Lernhandeln verständigen

Die Interaktion betonen Lehrende auch in ihren Aussagen zu „guten“ Gesprächen. Ihnen
ist es wichtig, dass im Gespräch mit Lernenden beide Seiten beteiligt sind und – auch
bei unterschiedlichen Ansichten – ein Konsens zur weiteren Zusammenarbeit gefunden
sowie gemeinsame Arbeitsschwerpunkte und -perspektiven vereinbart werden können.

„Wenn ein Gespräch ist, also wenn es, wenn es ein Gespräch bleibt, wenn beide Seiten beteiligt sind, ihre Meinung äußern können und wenn zu einem Grad, also ein, ja, Abschluss kommt und also wo wir uns beide einig sein können" (P5/56.1)

„Ich glaube, dass beide meinen, das Gespräch war in Ordnung, dass man fertig ist, dass man das zu Ende besprochen hat, dass man ein Konsens gefunden hat, wenn möglich, gibt's natürlich nicht immer. Was gut war, was nicht gut war und dass man überlegt hat, was machen wir denn, gibt's noch offene Punkte, was machen wir in Zukunft, was haben wir da vor." (P2/40)

„Eigentlich nicht. Nee, eigentlich, also, es ist schon so, dass dann, dass dann halt da ganz, wir bereden dann, wir kommen dann meistens ins Gespräch halt und manchmal kommen dann auch die Sätze: „Ich hab das auf der Station aber so gesehen oder so gemacht. Oder in der Schule wurde das so gezeigt." Und ja, also ich nehm dann die Information auch mit, das was mir die Auszubildenden sagen halt und andersrum halt auch. Und ich versuche dann natürlich, wenn es jetzt, wenn ich weiß, da war irgendwie, da ist jetzt Lernbedarf, das dann auch in den nächsten Tagen noch mal zu überprüfen halt." (P4/43)

Die befragen Lehrenden berichten auch von gegenteiligen Erfahrungen, in denen Gespräche mit Lernenden eher herausfordernd waren, insbesondere dann, wenn Lernende nicht offen über Lernbedürfnisse sprechen.

„Es gab aber Situationen, wo ich dann wirklich gar nicht mehr weiter wusste, dann war das mehr ein Monolog und kam keine Antwort und da sind wir uns einig gewesen, dass wir noch mal beide überdenken müssen, wie das so ist, was wir beide ändern sollten, dass es besser läuft. Also es ist, vielleicht mache ich etwas, nicht dass ich zu viel erwarte, aber vielleicht sollen wir einfach bei kleineren Sachen anfangen. Wenn jemand schon dreieinhalb Jahre in der Ausbildung ist, dann darf ich, denke ich, eine ganze Menge erwarten, aber wenn es für jemand doch zu viel ist, erwarte ich, dass es mir gesagt wird: „Komm, wir fangen noch mal klein an. Ich bin überfordert, ich möchte es nicht." Und wenn es nicht kommt, dann ist das für mich kein schönes Gespräch, weil dann bleiben wir beide hängen und wissen nicht wie weiter." (P5/57.1)

Sich mit Lernenden über die Einschätzung von Patientensituationen austauschen
Insgesamt beziehen die Lehrenden Gespräche über gemeinsam mit Lernenden bearbeitete Patientensituationen in erster Linie auf die Einschätzung und Bewertung des Handelns der Lernenden. Sich mit Lernenden über die Einschätzung von Patientensituationen auszutauschen, scheint demgegenüber eher eine weniger vordringliche Funktion von Gesprächen zu sein.

Zwei Lehrende gehen explizit auf den Austausch mit Lernenden über die Einschätzung von Patientensituationen ein. Sie sehen dies einerseits als Möglichkeit, sich ein Bild über den Wissens- und Könnensstand von Lernenden zu machen und auf dieser Basis entscheiden zu können, inwieweit sie Lernenden die selbstständige Bearbeitung von Pflegesituationen zutrauen können. Eine Rolle spielt dabei auch, dass sie der Einschätzung der Lernenden Bedeutung geben möchten.

„Ich frage das. Ich möchte wissen, was er so für Kenntnisse hat, wie weit er ist oder worauf er achtet. Was ich damit, damit will ich ja auch gucken, was kann ich ihm zutrauen. Kann ich ihn alleine in ein Zimmer schicken? Was erkennt er schon? Die Situation schon ein. Kann ich ihm zutrauen, das Ganze alleine zu, kann ich ihn morgens alleine in das Zimmer schicken, ohne vielleicht dies oder das noch zu kontrollieren. [...] Dass seine Meinung gefragt ist. Dass er schon, dass er selbstständig sagen soll jetzt, wie geht es dem Patienten oder dass er die Situation des Patienten einschätzt. Ich denke, das gibt ihm ja auch 'ne positive Resonanz und dass er sich akzeptiert fühlt.“ (P3/78, 79, 81)

Der Austausch mit Lernenden über die Einschätzung von Patientensituationen erfolgt auch dann, wenn diese für die Beteiligten emotional bewegende Situationen darstellen und ein gemeinsames Gespräch eine entlastende Funktion für Lehrende wie für Lernende gleichermaßen einnehmen kann. Zudem werden Gespräche im Nachgang von gemeinsam bearbeiteten Pflegesituationen von Lehrenden auch genutzt, um von üblichen Vorgehensweisen abweichende Handlungen im Nachhinein zu erklären.

„Gut, manchmal bewegt es einen, glaub ich, fast mehr selbst als die Auszubildenden so sehr, aber ich sprech's dann trotzdem an, weil ich glaube, dass es schon auch was, was sie auch ruhig wissen dürfen, dass es auch schon dazu gehört, dass man sich eben solche Gedanken macht. Sei es nun ‚Ich find das so traurig, dass es der nicht gut geht‘ oder ‚Mensch, die war gestern noch besser‘. Irgendwie solche Sachen. [...] Ich finde es schon wichtig, dass ich ganz deutlich sage, entweder jetzt eben meine Gefühle in dem Fall, wenn ich irgendwie mir da halt so meine eigenen Gedanken mache über jemand, dass ich das schon versuche rüberzubringen, weil ich das eben wichtig finde. Weil man davon auch lernen kann.“ (P6/73.2, 77.1)

„Dass man eine Situation erklärt, die vielleicht anders war als erwartet oder die irgendwie dann aus meiner Sicht für den Schüler nicht deutlich war, warum man jetzt dann vielleicht auch anders gehandelt hat als sie's vielleicht von mir erwartet hätte oder so. Ja genau, wenn was nicht so ganz deutlich war aus meiner Sicht. Ja, ja.“ (P6/76.2)

6.2.2.10 Zusammenfassung

Die Aussagen der Lehrenden können entlang der thematischen Struktur zu lernhaltigen Situationen im Praxisfeld Pflege, erfolgreichen Lehrenden und Lernenden, gelungenen Lehr-/Lernsituationen, zur Handlungsbeteiligung der Lernenden, lernförderlichen Rahmenbedingungen, zur Lern-/Arbeitsbeziehung sowie zu Gesprächen über Pflegesituationen dargestellt werden (Anlage 20).

Nach Ansicht der befragten Lehrenden können prinzipiell alle Arbeit-/Pflegesituationen zu Lehr-/Lernsituationen werden. Entscheidend hierfür sind weniger inhaltliche Ausrichtungen der Situationen als vielmehr das Lehr-/Lernhandeln der beteiligten Personen: Lernende lernen ihrer Meinung nach vor allem durch aufmerksames Beobachten des Handelns der Lehrenden sowie durch das „selber handeln“. Entsprechend ermöglichen Lehrende Lernenden eigenes Handeln – idealerweise das Bearbeiten vollständiger Handlungen in Situationen gemeinsamen Arbeitens – und nutzen diese Situationen für die Lerndiagnostik. Zudem sind es insbesondere Situationen, die das Einschätzen einer

Patientensituation ermöglichen und erfordern, die in den Augen der Lehrenden einen hohen Lerngehalt aufweisen. Eine gezielte Auswahl von Pflegesituationen als Lehr-/Lernsituationen findet im Arbeitsalltag in aller Regel nicht bzw. dann statt, wenn der zeitliche Rahmen es erlaubt. Dann konstituieren Lernbedürfnisse der Lernenden und Lehrintentionen der Lehrenden Lehr-/Lernsituationen im Praxisfeld.

Als grundlegende Haltungsaspekte für ihre Lehrtätigkeit beschreiben die Lehrenden das Signalisieren von Lehrbereitschaft und die Offenheit für Rückmeldungen der Lernenden. Für das Lehrhandeln werden Wissen und Können im Handlungsbereich, aber auch die Rückmeldung von Lernerfolgen und -erfordernissen an Lernende sowie die Fähigkeit zur strukturierten Anleitung benannt. Auch in diesem Zusammenhang (erfolgreiche Lehrende) wird wieder die Bereitschaft der Lehrenden, Lernenden Zugang zum eigenen Handeln zu ermöglichen, benannt.

Sie kann gleichsam als Grundhaltung der Lehrenden beschrieben werden – Lehrende sind bemüht, wann immer möglich, Lernende *handelnd* am Pflegehandeln zu beteiligen und ihnen Lernen durch und im Handeln zu ermöglichen. Nichtsdestotrotz ist die Handlungsbeteiligung der Lernenden an Bedingungen geknüpft: Wissens- und Könnensstand der Lernenden, das Anforderungsniveau der auszuführenden Pflegehandlung, Lerninteressen und Lernbedarfe, zeitliche Rahmenbedingungen sowie Arbeits- und Situationserfordernisse und die Gewährleistung von Sicherheit für den zu pflegenden Menschen stellen wichtige Bedingungsfaktoren für die Entscheidung der Lehrenden über Art und Ausmaß der Handlungsbeteiligung von Lernenden dar.

Von Lernenden wiederum erwarten Lehrende, dass sie eine lernbereite Grundhaltung zeigen, indem sie Lernangebote der Lehrenden nutzen und deren Handlungsimpulse in das eigene Handeln integrieren, sowie eine aktive Lernhaltung einnehmen, beispielsweise indem sie Lerninteressen äußern, Lehrende bei der Zusammenarbeit aufmerksam beobachten etc. Beides deutet darauf hin, dass Lehren und Lernen von den Lehrenden als „dialogisches Geschehen" betrachtet wird: Impulse der Lehrenden sollen eine sichtbare Reaktion bei den Lernenden erzeugen; gleichzeitig erwarten Lehrende auch Eigenaktivität der Lernenden. Diese Sichtweise findet auch Ausdruck in der Konzeption gelungener Lehr-/Lernsituationen: Lehrende betrachten Lehr-/Lernsituationen dann als gelungen, wenn durch ihr Lehrhandeln Lernerfolge der Lernenden ermöglicht werden, wenn sie mit Lernenden gut zusammenarbeiten und Wohlbefinden und Zufriedenheit für Patienten erreicht werden kann.

Lernförderliche Rahmenbedingungen sind aus Sicht der Lehrenden insbesondere dann gegeben, wenn sie Lehr-/Lern- bzw. Arbeitssituationen störungsfrei, ohne Unterbrechungen und mit ausreichend Zeit durchführen können. Für Lehrende spielt zudem die ideelle und arbeitsorganisatorische Unterstützung für die Begleitung von Lernenden durch die Leitung und das Team eine wichtige Rolle.

Auch die Beschaffenheit der Lern-/Arbeitsbeziehung nimmt nach Ansicht der befragten Lehrenden Einfluss auf den Lehr-/Lernprozess: Eine positive Beziehung wirkt sich eher lernförderlich aus, eine herausfordernde Beziehung eher lernhinderlich aus. Zentrale Bedingung für eine positive Lern-/Arbeitsbeziehung ist aus Sicht der Lehrenden das Ernstnehmen der Lernenden in ihrer Rolle als lernende Berufsangehörige, indem sie im Rahmen ihres Ausbildungsstandes als gleichwertige Teammitglieder betrachtet werden. Eine positive Lern-/Arbeitsbeziehung ermöglicht eine wechselseitige kommunikative Öffnung und das offene Ansprechen von Lerninteressen durch die Lernenden. Zugleich werden aber auch herausfordernde Lern-/Arbeitsbeziehungen als Realität von den Lehrenden beschrieben: Lehrende versuchen diese Situationen professionell zu gestalten oder setzen sich für eine andere personelle Zuordnung ein.

Gespräche über gemeinsam mit Lernenden bearbeitete Pflegesituationen beziehen die befragten Lehrenden in erster Linie auf Rückmeldungen zum Handeln der Lernenden. Dabei sprechen sie Lernerfolge und insbesondere Lernerfordernisse sensibel an und erfragen vor allem im Zusammenhang mit Lernerfordernissen die Handlungsgrundlagen der Lernenden. Der Austausch wird genutzt, um sich mit Lernenden über das weitere Lehr-/Lernhandeln zu verständigen. Lehrende erwarten auch hier eine Rückmeldung von den Lernenden zur Gestaltung des Lehr-/Lernprozesses – auch hier wird das oben bereits erwähnte „dialogische Geschehen" deutlich. Die Funktion der Gespräche über gemeinsam bearbeitete Pflegesituationen im Zusammenhang mit dem Lehr-/Lerngeschehen erschien prominent – allerdings nutzen Lehrende diese Gespräch auch, um sich mit Lernenden über die Einschätzung von Patientensituationen auszutauschen.

6.2.3 Lehren und Lernen im Praxisfeld Pflege aus Sicht der Lernenden – Kurzbeschreibung der Fälle – Lernende

6.2.3.1 Lernende A1: „Und dass ich halt auch, wie gesagt, das dann auch irgendwann nach Anleitung auch mal selbst machen kann"

Die Interviewpartnerin A1 (zum Zeitpunkt des Interviews 20 Jahre alt) ist Auszubildende im 3. Jahr der Ausbildung in der Gesundheits- und Krankenpflege. Ihre praktische Abschlussprüfung hat sie zum Zeitpunkt der Erhebung bereits absolviert. Auf der Erhebungsstation ist sie aktuell in der 7. Woche eingesetzt (der Einsatz ist durch einen Theorieblock geteilt in 2x4 Wochen); auch im 1. Ausbildungsjahr war sie bereits einmal auf der Erhebungsstation eingesetzt. Damals wie auch im aktuellen Praxiseinsatz ist sie dem Lehrenden 1 als Auszubildende zugeordnet gewesen. Im aktuellen Einsatz ist sie in derselben Schicht wie der Lehrende 1 eingeteilt. Zu Beginn des Einsatzes hat eine hohe Arbeitsdichte die kontinuierliche Zusammenarbeit von beiden verhindert; zum Zeitpunkt der Erhebung ermöglicht eine ruhigere Arbeitsphase die häufigere Zusammenarbeit.

Pflegehandlungen, die nicht so häufig vorkommen und/oder eine für sie erstmals durchzuführende Handlung darstellen, erlebt die Interviewpartnerin A1 als besonders lernhaltig. Sie lernt vor allem dann gut, wenn sie eine gute Anleitung mit ausreichend Erklärungen durch den Lehrenden erfährt und auch selbst handeln darf. Wichtig hierfür sind störungsfreie Rahmenbedingungen. Subjektiv gefühlte Defizite, unbekannte Situationen bzw. Pflegehandlungen oder auch der Wunsch danach, durch eigene Fähigkeiten einen Beitrag zum Pflegehandeln auf der Station leisten zu können, markieren den wesentlichen Antrieb für ihr Lerninteresse. Gute Lehrende im Praxisfeld kennzeichnen insbesondere eine hohe Motivation zur Anleitung von Lernenden sowie die Fähigkeit, Lernchancen für Lernende zu erkennen und ihnen einen Zugang zum Pflegehandeln zu ermöglichen. Beides sieht sie bei Lehrendem 1 gegeben. Als wichtig für das Lernhandeln von Lernenden erachtet sie neben einer grundsätzlich motivierten Lernhaltung das deutliche Äußern von Lerninteressen sowie das Nutzen von Lernchancen, indem Pflegehandlungen nach Möglichkeit selbst durchgeführt werden sollten, wenn die Situation es zulässt.

Lernende 1 hat die Beobachtungstage als anstrengender als sonst erlebt, weil „viel geplant gewesen" ist und sie mehr über ihr Handeln nachgedacht hat, weil jemand zugeschaut hat. Positiv hebt sie hervor, dass sie durch die Beobachtung Gelegenheit zu 3 Tagen Anleitung mit dem Lehrenden 1 hatte. Dieser habe mehr gefragt als sonst, sei aber ansonsten zu Patienten „wie immer" gewesen.

6.2.3.2 Lernende A2: „Wenn's einem erklärt wird und wo man's direkt selber machen kann, also unter Anleitung durchführen kann"

Die Interviewpartnerin A2 (zum Zeitpunkt des Interviews 20 Jahre alt) ist Auszubildende am Beginn des 3. Jahres in der Gesundheits- und Kinderkrankenpflege. Auf der Erhebungsstation ist sie aktuell in der 2. Woche eingesetzt. Mit der Lehrenden 2 hat sie in ihrer ersten Einsatzwoche einen halben Tag und während des Erhebungszeitraums zusammengearbeitet. Bislang war sie einer anderen Pflegeperson, die aktuell nicht im Dienst ist, zugeteilt. Im weiteren Verlauf wird sie jeweils einer Pflegeperson zugeordnet sein, wobei die personelle Zuordnung wechseln kann.

A2 hat einen hohen Lerngewinn in erster Linie in Pflegesituationen, in denen sie eine schrittweise Erklärung durch eine Lehrende bekommt und Gelegenheit hat, eine Pflegehandlung unter Anleitung direkt selbst durchzuführen. Wichtig hierbei sind störungsfreie Rahmenbedingungen. Das Lerninteresse umfasst dabei insbesondere Pflegehandlungen, die sie selbst noch nicht durchgeführt hat und die sie für die Abschlussprüfung und das Handeln einer examinierten Pflegeperson für wesentlich hält. Auch das Erlangen einer gewissen Routine im Handeln sowie persönliche Vorlieben spielen bei ihrem Lerninteresse eine Rolle. Die Fähigkeit zu einer guten Lehre im Praxisfeld ist ihrer Meinung nach nicht an die Praxisanleiterqualifikation gekoppelt, sondern zeichnet sich aus durch Motivation und Freude an der Anleitung von Lernenden sowie die Fähigkeit, gut erklären zu können. Die Anteile von Pflegepersonen und Lernenden in gemeinsam gestalteten Pflegesituationen beschreibt A2 als komplementär zwischen den Polen führend und helfend. Wer welchen Anteil übernimmt, hängt ihrer Meinung nach ab von der (Patienten-)Situation, der zur Verfügung stehenden Zeit dem Können der Lernenden sowie der Pflegeperson selbst. Eine gute Lern- und Arbeitsbeziehung kann sich ihrer Meinung vor allem mit Pflegepersonen entwickeln, mit denen eine häufige Zusammenarbeit erfolgt. Dies ermöglicht kommunikative Offenheit – auch im Hinblick auf das Äußern von Kritik – sowie das Äußern von Lerninteressen, z.B. durch Nachfragen. A2 betont zudem, dass es für eine gute Lern-/Arbeitsbeziehung auch wichtig ist, Auszubildende in der Pflege als künftige Berufsangehörige mit hoher Lernbereitschaft zu sehen und ihnen Zugang zum gesamten Spektrum pflegerischen Handelns zu ermöglichen.

Lernerfolge sieht Lernende 2 an den Beobachtungstagen insbesondere in der Zusammenarbeit mit einer festen Ansprechpartnerin und darin, dass sie mehr Erklärungen als sonst üblich erhalten hat. Inhaltlich steht für sie das Kennenlernen des Arbeitsablaufs des Frühdienstes, der Umgang mit Medikamenten und die Entnahme von Katheterurin im Vordergrund. Positiv hebt sie hervor, dass an den Beobachtungstagen ein zeitlicher Rahmen für einen geordneten Arbeitsablauf bestand. Die intensive Zusammenarbeit mit der Lehrenden 2 markiert für sie eine Besonderheit an den Beobachtungstagen, die ihrer Meinung nach ansonsten dem Alltag entsprochen haben.

6.2.3.3 Lernender A3: „aber ich denke, das ist mitunter eine der besten Lernmethoden, wenn man die Theorie direkt in die Praxis umsetzen kann"

Der Interviewpartner A3 (zum Zeitpunkt des Interviews 19 Jahre alt) ist Auszubildender im 3. Jahr der Ausbildung in der Gesundheits- und Krankenpflege. Auf der Erhebungsstation ist er aktuell seit 4 Tagen eingesetzt. Mit der Lehrenden 3 hat er erstmals während des Erhebungszeitraums zusammengearbeitet. Im weiteren Verlauf wird er der Lehrenden 3 zugeordnet sein.

Situationen, in denen in der Theorie Gelerntes in der Praxis angewendet werden kann, sind für A3 besonders lernhaltig. Von Vorteil ist dabei die zeitliche Nähe von Lern- und Anwendungssituation. Unbekannte Situationen bzw. Pflegehandlungen, die er noch nicht selbst durchgeführt hat oder bei deren Durchführung er sich noch nicht sicher fühlt, sind für ihn von besonderem Lerninteresse. Fachliche Kompetenz, die Fähigkeit, einen Sachverhalt für Lernende verständlich zu erklären und Patienten in Anleitungssituationen einzubeziehen, machen für ihn einen guten Lehrenden im Praxisfeld Pflege aus. Dies ist nicht zwangsläufig mit der formalen Praxisanleiterqualifikation gekoppelt. Für erfolgreiches Lernen ist dabei auch eine gute Lern-/Arbeitsbeziehung entscheidend, die auf Sympathie von Lehrendem und Lernendem füreinander beruht. Der jeweilige

Anteil von Pflegepersonen und Lernenden in gemeinsam gestalteten Pflegesituationen hängt nach Meinung von A3 von der (Patienten-)Situation und dem Können des Lernenden zum Ausbildungszeitpunkt ab. In Bezug auf lernförderliche Rahmenbedingungen spielt die personelle Zuordnung zu einer Praxisanleiterin/Bezugsperson – nach Möglichkeit von Beginn eines Einsatzes an – ebenso eine große Rolle wie ein störungsfreier Rahmen, ausreichend Zeit für Erklärungen während der Anleitung und Vertrautheit mit den Abläufen und Personen einer Station. Lernmotivation und -wille, Neugierde sowie die Bereitschaft und Fähigkeit, sich bietende – auch stationsspezifische – Lernchancen zu nutzen und den Mut zur selbstständigen Durchführung von Pflegehandlungen aufzubringen, sind nach Meinung von A3 Eigenschaften eines erfolgreichen Lernenden. Er sieht das Pflegehandeln im aktuellen Einsatzbereich aufgrund des Fachschwerpunkts stark am Wohlbefinden der Patienten und weniger an den bislang bekannten Stationsabläufen orientiert. Dies erlebt A3 als sehr positiv, da er hier die Gelegenheit hat, Konzepte zur Förderung des Wohlbefindens eines Patienten, die er bislang nur aus der Theorie kennt, da sie in anderen Einsatzgebieten eine untergeordnete Rolle spielten, auch in der Pflegepraxis anzuwenden.

Als Lernerfolg an den Beobachtungstagen sieht Lernender 3 insbesondere den Umgang mit Patienten in der Palliativsituation, den er für sich auch als Lernziel für diesen Einsatz beschreibt. Dies sieht er als gewinnbringend für sein Handeln als Pflegender an, da er Patienten in palliativen Situationen auch auf anderen Stationen betreuen wird. Besonderheiten der Beobachtungstage sieht er vor allem darin, dass er hierdurch eine gute Einarbeitung in den Stationsablauf bekommen hat. Er betont seine Motivation für die Teilnahme an der Erhebung, von deren Ergebnissen er sich einen Beitrag zur Verbesserung der Situation von Lernenden in der Pflege erhofft.

6.2.3.4 Lernende A4: „und ja, so lernt man, denk ich, am besten, wenn man's selber macht"

Die Interviewpartnerin A4 (zum Zeitpunkt des Interviews 20 Jahre alt) ist Auszubildende Mitte des 3. Jahres in der Gesundheits- und Krankenpflege. Auf der Erhebungsstation ist sie aktuell in der 3. Woche eingesetzt. Sie ist während dieses Praxiseinsatzes normalerweise einer anderen Praxisanleiterin zugeteilt, die auch im Anschluss an die Beobachtungstage wieder für sie zuständig sein wird. Die Beobachtungstage sind die ersten Arbeitstage mit dem Lehrenden 4, mit dem sie ein Tandem für die Beobachtungszeit bildete.

Mit der Anleitungssituation und ihren Aufgaben als Lernende ist A4 in diesem Praxiseinsatz – im Gegensatz zu ihren Erfahrungen auf den bisherigen Stationen – sehr zufrieden. Gut gefällt ihr insbesondere, dass ihr Verantwortung übertragen wird und sie als nahezu gleichwertige Partnerin in einem Arbeitsbereich gesehen wird. Dies ermöglicht ihr auch, Zusammenhänge zu erkennen, Delegation zu lernen und sich auf die Zeit nach dem Ausbildungsabschluss vorzubereiten. Die Beteiligung an den Rundgängen durch die Patientenzimmer und an der Arztvisite erlebt sie daher auch als besonders lernhaltige Situationen. Wichtig für das Lernen ist ihr auch eine gute Lern-/Arbeitsbeziehung zwischen Lehrenden und Lernenden, die kommunikative Offenheit ermöglicht.

Bislang hat A4 überwiegend negative Erfahrungen mit der Motivation und dem Engagement von Praxisanleitern für die Anleitung und Begleitung von Lernenden gemacht. In diesem Einsatzbereich macht sie eine positive Kontrasterfahrung. Gute Lehrende sind ihrer Meinung nach bereit, auf Lernbedürfnisse von Lernenden einzugehen, Sachverhalte zu erklären und Lernenden einen Zugang zum gesamten Spektrum pflegerischen Handeln zu ermöglichen. Besonders positiv hebt A4 dabei die Möglichkeit hervor, Handlungen auszuführen, die ihr das Verstehen von Patientensituationen und das Erkennen von Zusammenhängen ermöglichen. Von großer Bedeutung für das Lernen ist für sie, dass sie Handlungen möglichst rasch – unter Aufsicht – selbst durchführen kann. Der hohe Stellenwert, den die Begleitung von Auszubildenden gerade in diesem Einsatzbereich bei Teamleitung und Teammitgliedern hat, bietet ihrer Ansicht nach hierfür einen sehr guten Rahmen. Motivation, Lernwillen und Engagement, z.B. durch Nachfragen und/oder eigenständige Suche nach Antworten zeichnen einen erfolgreichen Lernenden aus.

Lernerfolge an den Beobachtungstagen sieht Lernende 4 insbesondere in der (für sie) zweiten Durchführung eines Verbandwechsels und in der Übernahme der Verantwortung für einen Bereich der Station (mehrere Patientenzimmer). Hier kann sie für sich die Koordination von Pflegehandlungen einüben und ihre Planungs- und Steuerungskompetenz verbessern. Sie profitiert davon, dass Lehrender 4 ihr Verantwortung überträgt, sie viel selbst handeln lässt und dennoch Sicherheit durch seine Anwesenheit im Hintergrund vermittelt. Sie spricht von einer „Mustersituation" im Rahmen der Erhebung und die Anwesenheit der Beobachterin habe dann doch dazu geführt, dass „man unterbewusst ganz anders" sei.

6.2.3.5 Lernende A5: „weil vom Zugucken da lern ich nicht wirklich was"

Die Interviewpartnerin A5 (zum Zeitpunkt des Interviews 20 Jahre alt) ist Auszubildende in der Mitte des 2. Jahres in der Gesundheits- und Krankenpflege. Auf der Erhebungsstation war sie vor dem letzten Theorieblock bereits vier Wochen eingesetzt. Während ihres jetzigen Einsatzes ist sie der Lehrenden 5 zugeordnet, die mehrere Lernende in demselben Zeitraum begleitet. Dies führt auch dazu, dass A5 nicht immer in derselben Schicht wie die Lehrende 5 eingeteilt ist. Real sind derzeit neben dem Beobachtungszeitraum noch zwei weitere gemeinsame Dienste vorgesehen.

A5 hat einen hohen Lerngewinn in erster Linie in außergewöhnlichen Pflegesituationen, die das individuelle und feinfühlige Einschätzen von Patientenbedürfnissen verlangen und an die sie durch Lehrende gut herangeführt wird. Nicht alltägliche, unbekannte Pflegehandlungen und solche, die in besonderem Maße pflegerisches Können verlangen markieren ihr Lerninteresse. Für ihre Lerninteressen sollten sich Lernende ihrer Erfahrung nach aktiv einsetzen. Von Lehrenden erwartet sie ein echtes Interesse an der Ausbildung von Lernenden; Geduld, wiederholtes Erklären, Humor und die Bereitschaft zu einer objektiven Beurteilung sind dabei wichtige Merkmale. Eine angemessene Äußerung von Kritik an ihrem Handeln in einem geschützten Rahmen hält sie für ebenso wesentlich wie die externe Verstärkung von Handlungserfolgen. In Bezug auf einen lernförderlichen Rahmen betont A5 die Möglichkeit zur kontinuierlichen Zusammenarbeit mit einer Lehrenden, die eine entsprechende Dienstplanung auf Stationsebene, aber auch eine gute Organisation innerhalb einer Schicht voraussetzt. Hier hat sie auch häufiger bereits gegenteilige Erfahrungen gemacht.

Lernerfolge an den Beobachtungstagen sieht Lernende 5 insbesondere darin, ein Bewusstsein für den eigenen Bereich der Station (mehrere Patientenzimmer) und ein besseres Verständnis für die Patienten, deren Erkrankungen, Pflegebedarf und Bedürfnisse entwickelt zu haben. Dies wurde vor allem durch die kontinuierliche Zusammenarbeit mit der Lehrenden 5 in einem Bereich ermöglicht, etwas, das an anderen Tagen ihrer Erfahrung nach nicht zwingend üblich ist. Sonst sei sie öfter auch einmal für Hilfstätigkeiten eingeplant oder anderen, weniger an der Ausbildung interessierten Pflegepersonen, zugeteilt. Ansonsten entsprach die Beobachtungssituation laut Lernender 5 weitgehend dem Alltag.

6.2.3.6 Lernende A6: „Also ich find's gut, wenn man mir sagt, was und es aber auch zeigt und ich es danach dann noch mal selber machen darf"

Die Interviewpartnerin A6 (zum Zeitpunkt des Interviews 22 Jahre alt) ist Auszubildende in der Mitte des 3. Jahres in der Gesundheits- und Krankenpflege. Auf der Erhebungsstation ist sie aktuell in der 9. Woche eingesetzt. Während ihres Praxiseinsatzes auf der Erhebungsstation hat sie auch mit einem anderen Lehrenden, aber überwiegend mit der Lehrenden 6 zusammengearbeitet.

A6 hat einen hohen Lerngewinn, wenn sie eine Pflegehandlung durch eine Pflegeperson erklärt und demonstriert bekommt und sie im Anschluss selbst durchführen kann. Dabei spielt die Demonstration – das „einmal eine Handlung gesehen haben" – für sie eine besondere Rolle. Das Lerninteresse von A6 umfasst Pflegehandlungen, die ihr bislang nur aus der Theorie bekannt sind und die sie selbst noch nicht durchgeführt hat, aber auch seltener vorkommende oder komplexe Pflegehandlungen. Besonders wichtig ist ihr das Erlernen von Routine bei der Übernahme von Verantwortung für eine Patientengruppe über einen gesamten Schichtzeitraum (vollständige Handlung), was ihr durch die

Lehrende 6 auch ermöglicht wird. Dies hält A6 – neben fachlicher Kompetenz und einem Gefühl für den Unterstützungsbedarf eines Lernenden – auch für ein wesentliches Merkmal eines guten Lehrenden. Motivation, Empathiefähigkeit und eine gute Beobachtungsgabe hält sie für wichtige Eigenschaften von Lernenden. Gute Rahmenbedingungen für das Lernen im Praxisfeld sind für sie Absprachen zwischen Pflegeperson und Lernendem über zu bearbeitende Aufgaben sowie strukturiertes und organisiertes Arbeiten in einem Umfeld ohne Hektik. Positiv hebt sie hervor, dass die Anleitung von Lernenden auf dieser Einsatzstation von allen Teammitgliedern als wichtige Arbeit erachtet wird und auch andere Pflegepersonen Lernangebote machen.

Lernerfolge an den Beobachtungstagen sieht Lernende 6 insbesondere im Erlernen von Routine in der kontinuierlichen Zusammenarbeit mit der Lehrenden 6 in einem definierten Zuständigkeitsbereich (mehrere Patientenzimmer). Der Rundgang im Frühdienst ermöglicht ihr den „Blick auf die Patienten" und das Erlernen der Koordination von pflegerischen Aufgaben und Handlungen. Dies markiert für sie auch eine Besonderheit an den Beobachtungstagen, da es ihrer Erfahrung nach personenabhängig ist, ob die Teilnahme von Lernenden an den Rundgängen durch die Patientenzimmer erfolgen kann.

6.2.4 Ergebnisse der Interviews mit Lernenden

Im Folgenden werden die Ergebnisse aus den Interviews mit den Lernenden entlang der in den Interviews benannten thematischen Bereiche dargestellt. Einen Überblick zu den Ergebnissen zeigt Anlage 21.

6.2.4.1 Lernhaltige Situationen in der Pflegepraxis aus Sicht der Lernenden

Lernende haben eine klare Vorstellung von lernhaltigen Situationen in der Pflegepraxis. Schlüsselaspekt ist dabei der Aufforderungscharakter der Situation, insbesondere über die Aspekte (geringe) Handlungssicherheit und (hohe) Handlungsbeteiligung des Lernenden. Auch das Lehrhandeln des Lehrenden, insbesondere Zulassen und Stützen des Handelns des Lernenden durch Erklären und Demonstrieren, ist für eine Lernsituation in der Pflegepraxis von Bedeutung.

Wichtig für die befragten Lernenden ist die handelnde Beteiligung in einer Lernsituation. Besonders gut lernen sie ihrer Meinung nach in Situationen, in denen sie Gelegenheit haben, eine Pflegehandlung entweder erstmals selbst durchzuführen oder sie zu erproben oder zu üben.

> *„Das find ich auch ganz wichtig, dass ich es auch selbst probieren kann."* (A1/17.4)

> *„Wenn's einem erklärt wird und wo man's direkt selber machen kann, also unter Anleitung durchführen kann."* (A2/21)

„aber ich denke, das ist mitunter eine der besten Lernmethoden, wenn man die Theorie direkt in die Praxis umsetzen kann." (A3/16.3)

„Wenn ich's wirklich machen darf." (A6/17.1)

Lehrenden kommt dabei die wichtige Funktion zu, das Handeln von Lernenden zu ermöglichen und zuzulassen und sich selbst eher zurückzuhalten. Dies wird weniger explizit als vielmehr implizit durch die Wortwahl der Lernenden deutlich (eine Handlung „durchführen können"; „machen dürfen").

Als lernhaltig beschriebene Situationen umfassen dabei häufig für Lernende gänzlich unbekannte, lediglich aus der Theorie bekannte oder komplexe Pflegehandlungen, in denen sie eine relativ geringe Handlungssicherheit besitzen.

„Also letztens war auch toll. Da hab ich mit (Lehrender 1) 'ne i.m.-Spritze zum ersten Mal gemacht zum Beispiel." (A1/11.1)

„Also es sind vor allem Situationen, in denen ich mit Krankheitsbildern oder Patienten konfrontiert werde, über die ich gerade erst in den letzten Blöcken in der Theorie etwas gelernt habe" (A3/15.1)

„und es gibt aber oft, wo man sehr viel lernen kann, sind oft so außergewöhnliche Sachen. Also ich persönlich zum Beispiel kann sagen, dass ich auf onkologischen Stationen, wo onkologische Patienten gelegen haben, wirklich sehr viel lernen konnte, vor allem dann in psychosozialer Begleitung einfach" (A5/14.2)

„Ja, also man muss es natürlich immer wiederholen, aber zum Beispiel Magensonden legen habe ich hier auf der Station das erste Mal gemacht" (A6/19).

Der Bekanntheitsgrad einer Pflegehandlung für den Lernenden ist zudem ein wichtiger Katalysator für den Aufforderungscharakter der Situation bzw. den Lernanreiz, der von ihr ausgeht. Für den Lernenden unbekannte Pflegehandlungen oder solche mit geringem oder mittlerem Bekanntheitsgrad fordern zum Lernen auf, indem sie die Möglichkeit bieten, Pflegehandlungen erstmals selbst durchzuführen oder theoretisches Wissen in einer Pflegesituation anzuwenden (Wissenstransfer). Auch Situationen, die kognitive Dissonanzen bei Lernenden erzeugen und das Verstehen von Zusammenhängen und Patientensituationen ermöglichen sowie solche, die eine hohe Komplexität aufweisen und die flexible Handhabung in der Theorie erlernter Regeln verlangen, werden von Lernenden als besonders lernhaltig beschrieben.

„Am meisten ist es, würd ich sagen, beim Rundgang, wenn wir durch die Zimmer gehen und auch danach, wenn man sich dann noch mal besprechen kann, weil da bilden sich ja die meisten Fragen." (A4/13.1, 13.2)

„also da hab ich viel über das Menschliche einfach irgendwie noch mal so gelernt und wie man doch, man sagt oft irgendwie so was in der Schule, ja so in Arm nehmen und so was, das ist irgendwie, eigentlich soll das nicht so unbedingt, aber die Frau hat das in dem Moment einfach gebraucht. Und da hab ich für mich einfach so gelernt, es individuell abzuschätzen und einfach auf mein Bauchgefühl auch einfach so zu hören." (A5/18)

An Lehrende ergeht dabei der klare Wunsch der Lernenden, die Pflegehandlung über nachvollziehbares, korrektes und schrittweises Erklären und Demonstrieren handhabbar zu machen.

> *„Ja es ist halt, wie ich eben gesagt hab. Dass man erklärt dabei, dass man auch alles zeigt, dass man's auch richtig zeigt. Ja, gut erklärt dabei. Ja und ruhig bleibt dabei und nicht schnell irgendwas machen will. Der Zeitdruck, auch wichtig."* (A1/41)

> *„Ja halt so, was man Schritt für Schritt machen muss, z.B. gestern Katheterurin abnehmen. Was man beachten muss, wenn man das und das nicht macht, was das für Folgen haben kann. Das ist dann gut. Wenn es wirklich halt erklärt wird."* (A2/20.1)

> *„und wenn man dann noch einen guten Anleiter dazu hat, der einen an alles so ranführt und einem viel zeigt und erklärt."* (A5/14.3)

6.2.4.2 Auswahl von und Zugang zu Lernsituationen aus Sicht der Lernenden

Zentrales Kriterium für die Auswahl von Pflegesituationen als Lernsituationen durch die Lernenden ist das eigene Lerninteresse. Hierbei lassen sich bei den Interviewteilnehmern insbesondere motivationale und intentionale Aspekte identifizieren. Während letztere eher auf den Erwerb von Handlungssicherheit und Routine durch Übung fokussieren und den Nutzen im Lernprozess thematisieren, sind in Bezug auf motivationale Aspekte persönliche Vorlieben der Lernenden und der Wunsch, komplexe Pflegehandlungen nach den in der schulischen Ausbildung gelernten Regeln durchführen zu können von Bedeutung. Zudem spielen subjektiv gefühlte Wissens- und Könnensdefizite eine wichtige Rolle: Entsprechend werden Situationen ausgewählt, in denen für den Lernenden bislang neue, unbekannte Pflegehandlungen eine Rolle spielen (z.B. weil diese Pflegehandlungen auch insgesamt eher selten vorkommen oder nicht alltäglich sind) oder aber Pflegehandlungen, die aus Sicht des Lernenden (noch) nicht sicher beherrscht und/oder mit spezifischem Können von Pflegepersonen assoziiert werden. Dabei ist auch der Aspekt der Selbstkontrolle, also die Überprüfung des eigenen Könnens von Bedeutung.

> *„Also, entweder Sachen, die komplett neu sind, wobei ich die natürlich erst mal gezeigt bekomme oder Sachen, bei denen ich mir noch nicht sicher bin, sind dann solche, wo ich sagen würde: „Da würde ich jetzt gerne noch mal gezielt rangehen." Wenn wir solche Patienten haben."* (A3/24.3)

Das hieraus resultierende Lerninteresse äußern Lernende gegenüber der Praxisanleiterin oder einer für sie oder den jeweiligen Patienten zuständigen Pflegepersonen, indem sie beispielsweise das Interesse bekunden, eine Handlung sehen oder üben, also selbst durchführen zu wollen.

> *„dass ich die Situation dann schon ergreife und dann frage, ob das geht und ob ich mitgehen kann oder selbst machen kann zum Beispiel."* (A1/18.2)

Diesen Grad an Aktivität halten die Lernenden für den Zugang zu Lernsituationen für entscheidend. Überwiegend berichten sie von positiven Reaktionen und einer großen

Bereitschaft aller Pflegepersonen eines Einsatzgebietes, auf die Lerninteressen der Lernenden in einer konkreten Situation einzugehen. Dies setzt allerdings voraus, dass die Lernenden ihr Lerninteresse auch entsprechend äußern, sich also aktiv dafür einsetzen. Nur in einigen Fällen wird – und dies auch mit einer äußerst positiven Konnotation – angemerkt, dass auch Pflegepersonen aus anderen Bereichen (also solchen, in denen die Lernenden auf der Einsatzstation nicht primär eingeteilt sind) die Lernenden auf für sie möglicherweise interessante Pflegehandlungen und -situationen aufmerksam machen.

> *„Also es ist außergewöhnlich. Man muss auf einer außergewöhnlich guten Station sein, wo gesagt wird: „Du, da ist was Superinteressantes für dich, da musst du unbedingt mitgucken kommen." Das ist eher nicht der Regelfall."* (A6/21.2)

Für den Zugang zu von den Lernenden ausgewählten Lernsituationen ist es zudem wichtig, dass Lernende organisatorisch auch einen Ansprechpartner, einen Praxisanleiter oder eine Pflegeperson, für ihr Anliegen vorfinden. Ist dies nicht der Fall, sehen Lernende das Bekunden ihres Lerninteresses als schwierig an.

> *„Schwierig, also es kommt auf die Station wirklich drauf an. Ich hatte schon bei der (Name einer Einsatzstation) leider gar keinen Praxisanleiter und keiner, der mit mir mitgegangen ist. Ich wurde immer nur geschickt."* (A5/23.2)

Weitere limitierende Faktoren für die Auswahl von Lernsituationen, die ihrem Lerninteresse entsprechen, sehen Lernende einerseits in der spezifischen Patientenklientel eines Einsatzgebietes (nicht alles, was Lernende gerne zu einem Ausbildungszeitpunkt lernen wollen, kann in einem Einsatzgebiet auch gelernt werden), andererseits auch in der Anbindung an den Arbeitsbereich einer Pflegeperson in einem Einsatzgebiet. Für Lernende interessante Lernmöglichkeiten in anderen Bereichen bleiben ihnen hierdurch auch manchmal verschlossen.

> *„Und ich mach einfach das, wo meine Anleitung ist und, also so richtig aussuchen kann man es sich eigentlich nicht."* (A5/22.7)

In Bezug auf die Frage, wie Lernende auf für sie interessante Pflegesituationen und -handlungen aufmerksam werden, sind die Antworten der Interviewpartnerinnen eher vage.

> *„Also wenn ich es mitbekomme, dass irgendetwas gemacht wird..."* (A1/18.1)

> *„Also wenn irgendwie so was kommt, dann frag ich schon..."* (A2/23.1)

Lernende haben dabei auch ein Gespür für die Situation und deren Rahmenbedingungen. Sie sind sich der Tatsache bewusst, dass Anleitungsprozesse von Lehrenden mehr Zeit erfordern, als wenn diese eine Pflegehandlung selbst ausführen würden. Teilweise werden eigene Lerninteressen dann gegebenenfalls auch hinter die Arbeitserfordernisse im Stationsbetrieb zurückgestellt, beispielsweise, wenn eine hohe Arbeitsdichte herrscht:

> *„weil das Erklären und so dauert dann doch schon ein bisschen länger als wie grad mal schnell selbst machen."* (A2/23.2)

„Wenn's jetzt wirklich hier wirklich schnell gehen muss, weil im Moment alles zu viel ist, dann sag ich: „Dann mach ich's halt nächstes Mal." Dann guck ich zu und lass mir's vielleicht nebenbei erklären. Dann mach ich's vielleicht nächstes Mal." (A2/24)

Lernende verfolgen hierbei auch klare Lernintentionen. Wesentlich hierbei ist für die Lernenden das Erlangen von Handlungssicherheit und Routine durch Übung. Der Nutzen, der im Beherrschen der ausgewählten Pflegehandlungen für die Lernenden liegt, ist einerseits auf persönliche Bezüge ausgerichtet („um es für die Prüfung zu können"; „um es in anderen Einsatzgebieten oder in der Theorie nutzen zu können"), weist aber auch darüber hinaus. So wird den ausgewählten Pflegehandlungen Bedeutung für das Handeln einer Pflegeperson insgesamt zugemessen, indem Lernende diese als für eine Pflegeperson wichtige Könnenselemente definieren.

„und das würde ich dann halt auch gerne lernen und machen, weil ich's halt fürs Examen muss, also nach der Ausbildung muss ich es ja können. Dann wird's ja eigentlich erwartet, dass ich einen Katheter legen kann, aber wenn ich's in der Ausbildung noch nicht gemacht hab, dann ist es natürlich schlecht eigentlich." (A2/27.3)

„Es ist einfach seltener auf Station. Man sieht das nicht so oft und es hat einfach was mit einem bestimmten Können zu tun." (A5/27.1)

Nicht unerheblich ist auch der Wunsch der Lernenden, mit Beherrschen einer Pflegehandlung auch einen Beitrag zum Pflegehandeln in dem jeweiligen Einsatzgebiet leisten zu können.

„Ja ich denke mal, dass es auch wichtig ist, dass man so was auch mal, ich meine... Einerseits ist es ja auch wichtig. Also wir haben hier viele Frauen, die hierher kommen. Deswegen wäre es auch blöd, wenn ich es dann nicht könnte. Deswegen denke ich mir immer, es ist eigentlich wichtig für mich, dass ich das kann, damit nicht immer jemand anders es machen muss, sondern dass ich auch mal gehen kann und es mache." (A1/21)

6.2.4.3 Erfolgreiche Lehrende im Praxisfeld aus Sicht der Lernenden

Die Interviewteilnehmerinnen haben ein recht klares Bild von guten Lehrenden in der Pflegepraxis. Grundlegende Aspekte, die von guten Lehrenden erwartet werden, sind Fachwissen im eigenen Handlungsbereich und die Motivation für die Anleitung und Begleitung von Lernenden. In Bezug auf die Motivation für die Arbeit mit Lernenden wird seitens der Lernenden insbesondere eine möglicherweise fehlende Passung zwischen Lehrbefugnis, z.B. über eine formale Qualifikation im Bereich der Praxisanleitung, und Lehrbefähigung sensibel reflektiert, vor allem dann, wenn die formale Qualifikation zwar vorliegt, aber nicht in der Haltung zum Lehren und im Handeln mit Lernenden umgesetzt wird. Lehrende sollen Lernenden insbesondere den Zugang zu Lernsituationen ermöglichen, ihnen Sachverhalte verständlich erklären und Handlungserfolge und -erfordernisse rückmelden. Zudem betonen zwei Lernende, dass erfolgreiche Lehrende auch die Patientenperspektive in Anleitungssituationen nicht aus dem Blick verlieren.[24]

Über Wissen und Können im Handlungsbereich verfügen

Das Wissen und Können der Lehrenden im jeweiligen Handlungsbereich wird von den Lernenden als wichtig für einen guten Lehrenden erachtet. Dabei erwarten sie nicht unbedingt eine Antwort auf jede gestellte Frage, wohl aber die grundsätzliche Bereitschaft, sich um die Lernanliegen der Lernenden zu kümmern.

> *„Zum einen natürlich die fachliche Kompetenz. Logisch. Wenn der Lehrer selbst nicht sicher ist, wovon er redet, kann er das natürlich auch nur sehr schwer rüberbringen."* (A3/30.1)

> *„Ich setze voraus, dass mein Anleiter ein gutes Wissen hat, also ein breites Wissen. Man kann nicht immer alles wissen, aber man sollte wissen, wo's steht. Dann ist's auch gut. Ja, man sollte sich auch wirklich sicher sein, was man erzählt und es bringt mir nichts, wenn mir irgendjemand was erklärt und das kann ich danach alles vergessen, weil es alles komplett falsch ist."* (A4/34)

Motivation für die Begleitung von Lernenden haben

Lernende messen der Motivation der Lehrenden für die Arbeit mit Lernenden große Bedeutung bei und haben ein ausgeprägtes Gespür dafür, ob Lehrende zum Lehren und zur Anleitung von Lernenden motiviert sind. Häufig wird „Spaß an der Arbeit mit Lernenden" oder „Wille zur Anleitung von Lernenden" als ein wesentlicher Faktor für einen guten Lehrenden benannt.

> *„Also, wie soll ich das erklären? Auf jeden Fall müsste er auch den Willen haben, irgendwie dem Schüler was beibringen zu wollen."* (A1/28.2)

Vielfach berichten Lernende erfahrungsbasiert auch in Negativkategorien: Ausrichtung ausschließlich auf die Pflegearbeit, Lernende als Belastung empfinden oder keine Freude am Lehren haben sind für sie Faktoren, die auf eine fehlende Motivation schließen lassen. Auf Lernbedürfnisse gerne eingehen, offen sein für Fragen, an der Weiterentwicklung des Lernenden interessiert sein kennzeichnen hingegen eine motivierte Haltung zum Lehren ebenso wie die Bereitschaft zum Erklären von Sachverhalten und die Beachtung individueller Lernvoraussetzungen des Lernenden.

---

24 Von den Interviewteilnehmerinnen benennen 3 (A1, A5 und A6) explizit, dass sie aktuell mit aus ihrer Sicht „guten" Lehrenden zusammenarbeiten. A4 berichtet vor dem Hintergrund bislang überwiegend negativer Erfahrungen mit Lehrenden in der Pflegepraxis in der Ausbildung von einer derzeit positiven Kontrasterfahrung während ihres Einsatzzeitraums auf der Erhebungsstation. Sie ist allerdings überwiegend einer anderen Pflegeperson zugeteilt als derjenigen, mit der die Erhebungssequenzen stattfanden. A2 und A3 hatten zum Zeitpunkt der Erhebung ihre ersten Einsatztage auf der Erhebungsstation.

„Ja, offen Fragen gegenüber und ja, ich nenne es jetzt mal zugewandt und halt auch jemandem etwas beibringen wollen." (A6/36.3)

„Wenn man zusammenarbeitet und dann fragt oder um Hilfe bittet oder sagt: „Ich möchte das gerne jetzt noch mal speziell unter Anleitung machen." Der macht das gerne und hat da auch Spaß dran und steht da voll hinter, dann, das ist eigentlich der ideale Praxisanleiter." (A4/21.2)

„Eigentlich das Gleiche, nur anders umgedreht. Ich finde, es ist sehr wichtig, dass der Lehrende ein ehrliches Interesse an der Ausbildung seines Schülers hat, na. Dass der nicht als Klotz am Bein empfunden wird, sondern eben als: Das ist mein Schüler und der ist so lange auf Station und dem bring ich jetzt das Bestmögliche, was die Station hergibt, bei. Und das finde ich einfach sehr wichtig." (A5/43.1)

Differenzierung: Lehrbefugnis versus Lehrbefähigung

Lernende berichten sowohl von positiven als auch von negativen Lernerfahrungen mit Pflegenden mit Praxisanleiterqualifikation. Die Lehrbefugnis wird dabei von mehreren Interviewpartnerinnen explizit nicht mit der Lehrbefähigung einer Pflegeperson gleichgesetzt. Vielmehr erscheint der erlebte Kontrast zwischen beiden Aspekten als groß. Von formal qualifizierten Praxisanleiterinnen wird seitens der Lernenden erwartet, dass sie über eine Lehrmotivation und Engagement für die Arbeit mit Lernenden verfügen. Diese Erwartung ist in einigen Fällen enttäuscht worden. Eine Lernende kommt erfahrungsbasiert zu dem Schluss, dass sie in ihrer bisherigen Ausbildung (Anfang 3. Ausbildungsjahr) sogar vermehrt auf Praxisanleiterinnen ohne echtes Interesse an der Anleitung und Begleitung von Lernenden getroffen ist. Formale Lehrbefugnis und die Fähigkeit zum Lehren gehen aus Sicht der Lernenden manchmal, aber keinesfalls immer miteinander einher.

„weil es gibt schon Praxisanleiter, die sich so nennen dürfen, die aber keine Lust auf Schüler haben. Die schicken einen dann gerne einfach nur zum Waschen und machen selbst alles." (A6/36.2)

„Also, ich hab von vielen Kollegen nach drei, vier Wochen erfahren, dass sie Praxisanleiter sind, aber sich nie für irgendeinen Schüler interessiert haben und auch nie mit einem Schüler zusammenarbeiten wollten." (A4/26.3)

„Mit den Praxisanleitern muss ich sagen, arbeite ich nicht allzu gerne, weil die, ich weiß nicht, die haben irgendwie so 'ne komische Art an sich. Mit denen, die sind zwar streng und die wollen das dann auch so mal in der Schule machen, aber machen das dann doch nicht ganz und manchmal erklären sie: „Ja ich hab jetzt keine Zeit." Und die erklären's dann einfach nicht so gut wie manche andere Schwester, die sich dann einfach die Zeit nimmt." (A2/38.1)

Lernenden Zugang zu Lernsituationen (vollständigen Pflegehandlungen) ermöglichen

Eine wichtige Aufgabe von Lehrenden im Praxisfeld Pflege besteht aus Sicht der befragten Lernenden darin, Lernenden den Zugang zu Lernsituationen und entsprechenden Lernerfahrungen zu ermöglichen. Lernende reflektieren sensibel einen eher funktionalen Einsatz, der Lernen aus ihrer Sicht erschwert bzw. verunmöglicht.

> *„Also es gibt halt auch oft die Situation, dass man irgendeine einzelne Tätigkeit gezeigt bekommt und das kannst du jetzt erst mal die nächsten zwei Jahre machen. Ganz speziell am Anfang der Ausbildung hier so wie Blutdruck messen. Jetzt misst du erst mal die ganze Station der Blutdruck. Das geht permanent so, als Beispiel.“* (A4/31.5)

Positiv erwähnt eine Lernende, dass sich die Lehrende, der sie während ihres Praxiseinsatzes zugeteilt ist, einen lernförderlichen Rahmen schafft, indem sie sich für die Lernanliegen der Lernenden gegenüber den Kolleginnen einsetzt.

> *„Nee, das kommt auch viel von (Lehrende 5), dass sie dann wirklich sagt. Ich war die ersten Tage, die ich hier war, bin ich immer zur Klingel gelaufen, egal wo's geklingelt hat in welchem Bereich, ich war ständig weg. Und da hat sie dann irgendwie dem auch Einhalt geboten und gesagt: „Na, meine Schülerin und die geht mit mir mit.“ So nach dem Motto: Ihr könnt auch alleine zur Klingel gehen. Das fand ich irgendwie ziemlich stark, dass sie dann sich so für mich eingesetzt hat. Denn vom Klingellaufen hat man kein Erfolgserlebnis, das bringt's eben nicht so richtig.“* (A5/75)

Der Zugang zu vollständigen (Pflege-)Handlungen ermöglicht Lernenden demgegenüber vielfältige Lernerfahrungen, das Erkennen von Zusammenhängen und Erfolgserlebnisse. Wichtig erscheint ihnen auch, dass sie hierdurch gut auf die Zeit nach der Ausbildung als examinierte Pflegeperson vorbereitet werden.

> *„Oder ja, was hier sehr sehr positiv ist, dass hier wirklich gesagt wird: „In einem halben Jahr bist du examiniert, in einem halben Jahr musst du das machen, was wir jetzt auch machen. Deswegen bist du jetzt komplett mit drin.“* (A4/31.6)

> *„Hier wird wirklich darauf geachtet, dass man von Anfang an wirklich gleich lernt, wie es denn ist, wenn man halt mit der Ausbildung fertig ist. Dass man sagt, man übernimmt einen Patienten oder man übernimmt ein Zimmer, je nachdem in welchem Ausbildungsstand man ist. Wirklich, du musst an alles selber denken, du musst alles komplett machen und das ist halt das, was fehlt. Die einzelnen Techniken erlernt man auch relativ schnell, nur man macht's halt immer überall vereinzelt bei einem Patienten, aber man macht nie komplett das Gesamte.“* (A4/33.1 – 33.4)

Lehrende müssen hierzu erst einmal potenzielle Lernsituationen für Lernende erkennen und sollen aus Sicht der Lernenden dabei auch über ein gutes Gefühl für das Anforderungsniveau der Aufgaben verfügen, um Erfolgserlebnisse für Lernende zu ermöglichen.

> *„ja und auch die Situationen sieht, wo man einen Schüler auch anleiten kann.“* (A1/28.4)

> *„Und ich kam jedenfalls total zerpflügt auf die (Name einer Einsatzstation) und ich war einfach, ja einfach aufgelöst, dachte, ich bin total falsch in dem Beruf, bin so schlecht und so. Und die hat mich jedenfalls richtig wieder zusammengeflickt und hat mir auch immer wieder Herausforderungen gegeben so kleine und hat mich das dann einfach ganz alleine*

machen lassen: „Du gehst jetzt den Katheter ziehen." „Aber ich hab noch nie einen Ka-
theter gezogen." „Dabei kann man nichts falsch machen." „Ich weiß, aber…" „Nein,
nicht aber, du gehst da rein und ziehst den Katheter. Ich bleib hier draußen vor der Tür
stehen und sollte irgendwas passieren, komm ich sofort rein." Und ich hab das ganz al-
lein gemacht, kam wieder raus mit einem Riesengrinsen und hab mich so gefreut, und das
war einfach immer wieder so." (A5/33.2)

„dann mich auch sehr viel machen lassen. Sie war halt immer dabei oder hat mir auch
mal ein eigenes Zimmer gegeben vom Patienten, wo sie wusste, der ist jetzt nicht so ex-
trem schlecht und nicht so pflegeaufwändig, wo sie wusste das klappt." (A6/39.3)

Wichtig ist zudem, dass Lehrende über Sensibilität für Potenziale und Grenzen des
Lernenden und ihren individuellen Unterstützungsbedarf verfügen, also Sicherheit vermitteln und unterstützend eingreifen, wenn ein Lernender allein nicht weiter kommt.

„und einen auch mal lassen und gucken, wo sind eigentlich die Grenzen vom Schüler und
sie auch selbst erfahren. Dann auch einfach mal ja sagen: „Du machst jetzt den Durch-
gang." Und man merkt dann ja selber, wo die Fehler sind oder wo man dann einfach
nicht weiterkommt. Und in dem Moment dann halt auch wirklich da zu sein und zu sagen:
„So, das machen wir jetzt zusammen." So ein bisschen Feingefühl dazu entwickeln."
(A6/36.4, 36.5)

Sehr pragmatisch sehen Lernende eine gute Lehrleistung dann gegeben, wenn sie am
Ende eines Praxiseinsatzes das Lernangebot eines Einsatzbereichs erfolgreich vermittelt
bekommen haben. Gute Lehrende kennen und vermitteln aus Sicht der Lernenden folglich das Lernangebot einer Einsatzstation.

„Als ich am ersten Tag in der (Name einer Einsatzstation) gesessen hab und die ganzen
Fachwörter gehört habe, kannte ich kein einziges Wort. Als ich da fertig gewesen bin auf
der Station, kannte ich nicht nur jedes Wort, sondern ich wusste zu jedem Patienten, was
das macht, was ich für den tun kann, wie ich am besten damit umgehe. Ich habe alles mit-
bekommen, von den Säuglingen auf Station bis zu den Müttern, der Wochenbettvisite bis
hin zu den Patienten mit den Mamma-Ca und alles, was die Station hergegeben hat, hab
ich wirklich gelernt." (A5/43.2)

Sachverhalte für den Lernenden verständlich erklären
Eine wichtige Eigenschaft eines guten Lehrenden im Praxisfeld Pflege sehen die befragten Lernenden in der Fähigkeit, ihnen Sachverhalte verständlich zu erklären. Zuhören
und erklären können, dabei eine für den Lernenden verständliche Terminologie verwen-
den, das individuelle Lerntempo des jeweiligen Lernenden berücksichtigen und auch
organisatorische Abläufe im Einsatzbereich erläutern, stellen die wichtigsten Elemente
einer guten Erklärung dar.

„Und auch sehr sehr viel erklärt. Es ist ja auch noch mal ein bisschen was anderes, so
Tagesabläufe" (im Intensivbereich – Anm. der Verf.) (A6/39.2)

„und Geduld einfach auch. Der eine lernt schneller, der andere lernt langsamer. Und da
muss man dann eben so geduldig sein und es meinetwegen noch ein zweites oder drittes
Mal erklären, wenn es dann eben einfach noch nicht so geklappt hat." (A5/44.5)

„Es sollte auch gegeben sein, dass man's auch einfach erklären kann. Also oftmals ist es so, dass man dann zwar die Sache erklärt bekommt, aber mit so vielen Fachbegriffen oder teilweise stationsinternen Begriffen erklärt bekommt, dass man selbst gar nicht so wirklich dahinter steigt, was denn jetzt gemeint ist und selbst bekannte Sachen einen dann verwirren." (A3/30.3)

Positiv hebt eine Lernende hervor, dass Lehrende bei der Wahl der Lehrmethoden kreativ sind und sich auch vergewissern, dass Lernende Sachverhalte verstanden haben.

„oder ja, auch spielerisch. In einem Nachtdienst habe ich mal mit einer Mitarbeiterin, die mit mir Nachtdienst gemacht hat, Stadt – Land – Fluss gespielt, aber anstatt Beruf und Name hatten wir Medikamente und Krankheit." (A6/59.3)

„Ja, nicht so unter Zwang, sondern nebenbei. Also zum Beispiel am Patienten ‚Warum lagern wir den jetzt so und was denkst du, was du jetzt machen könntest? Und worauf musst du achten?' So was halt. Nicht, wie in der Schule aufstehen und jetzt abfragen, sondern halt wirklich in der Situation drin noch mal hinterfragen, ob man das auch wirklich verstanden hat, weil teilweise macht man's, aber man weiß gar nicht warum." (A6/61, 62)

Wesentlich ist auch, dass sich die Lernenden auf die Erklärung des Lehrenden verlassen können – lückenhafte Erklärungen oder Demonstrationen, z.B. aus Zeitknappheit, werden von den Lernenden sehr sensibel wahrgenommen.

„Und manche, wenn man den was fragt oder so, dann merkt man: Aha jetzt schon wieder. Das merkt man einfach. Oder die zeigen einem das dann auch nicht richtig und erklären dann nur die Hälfte so ungefähr und lassen dann wichtige Sachen weg." (A2/33.3)

Lernenden Handlungserfolge und -erfordernisse rückmelden

Lernende profitieren von Lehrenden, die ihnen im Anschluss an gemeinsam bearbeitete Pflegesituationen eine Rückmeldung zu ihren individuellen Handlungserfolgen und -erfordernissen geben. Dabei betonen sie sowohl die Bedeutung von Lob und positiver Bestärkung als auch das Feedback zu eher kritischen Handlungsaspekten.

„Ein Anleiter muss sowohl das Positive sehen können und loben können, find ich sehr wichtig, weil sonst führt es einfach zu Frustrationen und man hat einfach keine Lust mehr, irgendwas zu machen." (A5/32.2)

„Er muss aber auch wirklich ehrlich sein und sagen: „So, das hast du, musst du noch mal gucken, das war jetzt nicht so doll." Oder: „Darauf musst du unbedingt achten, das wäre schulisch jetzt irgendwie falsch." Er muss wirklich die Fehler sehen." (A5/32.3)

Wichtig ist Lernenden dabei, dass neben der Fremdeinschätzung auch das eigene Erleben im Sinne einer Selbsteinschätzung seinen Platz hat und konkrete Verbesserungsvorschläge für unterschiedliche Handlungssituationen seitens der Lehrenden aufgezeigt werden.

„Erzählt nicht nur, wie er's wahrgenommen hat, sondern fragt auch den Schüler: „Wie war's für dich, was siehst du selber, was vielleicht noch anders ist?"" (A4/31.3)

„Und mir dann halt auch hinterher immer Feedback gegeben, was ich auch wichtig finde zu sagen, was ich falsch und was ich richtig gemacht habe, sowohl bei halt so Notsituationen als aber auch im Alltag." (A6/39.5)

„Und dann halt auch Verbesserungsvorschläge, weil immer nur was ich falsch gemacht habe, das bringt mir nicht viel. Ich brauch auch was ich besser machen kann." (A6/39.6)

Lernende wünschen sich zudem, dass ihre individuellen Lernerfordernisse gesehen werden und dass Lehrende in der Praxis diesen auch mit kreativen Lösungen begegnen.

„Man muss einfach pädagogisches Geschick haben, wie meine Anleiterin da auf der Station, die ganz klar sah, die hat solche Probleme mit Selbstbewusstsein, für die muss ich irgendwie was tun. Da muss ich mir was einfallen lassen, damit das besser wird." (A5/44.2)

Die Patientenperspektive in Anleitungssituationen berücksichtigen

Ein Lernender betont, dass erfolgreiche Lehrende auch die Patientenperspektive in Anleitungssituationen einbeziehen:

„Das war – ich kann's nicht genau erklären. Es ist halt dieses unerklärliche Phänomen, wenn zwei Menschen sich sehen und direkt super miteinander zurechtkommen. Aber er erfüllt halt alle drei Kriterien, kann man so sagen: unheimliches Fachwissen, er kann's auch normal erklären, dass es jeder versteht. Das Schöne ist, er verliert bei der Anleitung auch nicht den Patienten aus dem Blick. Das passiert ja auch ab und zu mal, dass dann quasi die Erklärung nur noch an den Schüler geht, obwohl der Patient es eigentlich auch wissen müsste, aber er erklärt es direkt beiden Leuten. Also er erklärt es sowohl dem Schüler als auch dem Patienten und nachher fühlen sich alle drei Seiten wunderbar aufgeklärt, also das ist schon sehr gut. Kann man so stehen lassen." (A3/40).

6.2.4.4 Erfolgreiche Lernende aus Sicht der Lernenden

Auf die Frage nach erfolgreichen Lernenden im Praxisfeld fallen die Aussagen der Interviewteilnehmer vielfältig aus. Lernende sollten aus Sicht der Lernenden über eine lernbereite Grundhaltung verfügen, die durch Interesse und Motivation gekennzeichnet ist. Neben der Einnahme einer aktiven Lernhaltung und dem Nutzen von konkreten Lernstrategien werden auch Aspekte benannt, die sich auf die (Zusammen-)Arbeit im Pflegeteam oder auf die Arbeit mit Patienten beziehen.

Als Lernender eine lernbereite Grundhaltung besitzen

Interesse und Motivation werden von Lernenden als Elemente einer grundsätzlich lernbereiten Grundhaltung beschrieben.

„Und so halt auch interessiert sein und auch motiviert sein und es auch richtig wollen. Also jetzt nicht desinteressiert sein, aber ich würd sagen," (A1/34.2)

„Also ein guter Lernender sollte eigentlich Interesse daran zeigen" (A2/43.1)

„Auf jeden Fall, man muss Interesse haben. Also wenn man kein Interesse wirklich an dem Beruf hat, an den Patienten, an den ganzen medizinischen Aspekten, dann ist man auf jeden Fall falsch.“ (A5/34.1)

Auffallend ist, dass einige Lernende die lernförderliche Grundhaltung auch in Negativformulierungen beschreiben. Dies könnte als Ergebnis früherer kritischer Rückmeldungen durch Lehrende zu mangelnder Lernmotivation und/oder -interesse oder auch als an sich selbst erlebte Ausdrucksform fehlenden Interesses bzw. gescheiterter Lernerfolge von Lernenden interpretiert werden.

„und nicht nur immer so total uninteressiert rumstehen eigentlich oder halt auch nichts von sich selbst zeigen oder kein Interesse zeigen“ (A2/43.3 – 43.5)

„Motiviert. Man muss auf jeden Fall motiviert sein. Das ist das Allerwichtigste denk ich mal. Wenn man keinen Bock hat auf gut Deutsch, dann lernt man auch nichts. Man muss schon ein bisschen hinterher sein.“ (A4/35.1)

Lernbereitschaft drückt sich aus Sicht der Lernenden insbesondere in dem Streben nach eigener Weiterentwicklung zu einer guten Pflegekraft aus.

„Aber so im Allgemeinen, dass man schon wirklich das auch wissen will und auch dahinterstehen will und auch wirklich sagen, ich will in einem halben Jahr alles können und ich will das schaffen und ich möchte danach auch ’ne gute Pflegekraft sein, man muss schon sich dahinter hängen und ein bisschen hinterherrennen.“ (A4/35.5)

Wichtig erscheint es Lernenden auch, stationsspezifische wie auch explizite Lernangebote von Lehrenden zu nutzen. Dabei wird sowohl der Aspekt der eigenen Weiterentwicklung als auch die positive Rückmeldung an den Lehrenden betont.

„Ja ja. Also ich denke mal ’ne gewisse Neugier gehört natürlich dazu. Man muss auch darauf achten, was Neues lernen zu wollen. Wenn man sich jetzt nur auf das beschränkt, was man vielleicht schon vorher gelernt hat und aber dann nichts mehr, obwohl die Station einem viel mehr an neuem Input bietet, aber sich nur auf das Alte beschränkt, finde ich, so kommt man nicht wirklich weiter. Also sowohl als Lernender, würde ich sagen, sollte man möglichst viel wissen wollen. Teilweise auch Sachen, die vielleicht total uninteressant sind, aber man sollte auf jeden Fall das Bestreben haben, sich immer weiterzubilden“ (A3/41.1)

„Ja ich glaube, das hatte ich schon so ein bisschen beantwortet, einfach finde, Interesse und Aufgeschlossenheit sind einfach wichtig. Also, wenn gesagt wird: „Okay, wir gehen jetzt dahin und das machen wir.“ Dass dann so ein bisschen Euphorie auch kommt: „Ja, das machen wir jetzt. Schön, dass mir das jetzt gezeigt wird.“ Dass einfach so ein Feedback an den Anleiter kommt, dass der merkt, okay, der macht das gerne, das macht Spaß und der interessiert sich wirklich dafür, was ich hier mache. Es ist nicht umsonst, was ich dem hier alles zeige. So das auf jeden Fall.“ (A5/39.1, 39.2)

Als Lernender eine aktive Lernhaltung einnehmen und Lernstrategien nutzen
Motivation, Interesse und Lernbereitschaft zeigen Lernende in konkreten Verhaltensweisen und Lernstrategien. Fragen stellen, den Mut zum eigenen Handeln haben, sich

an Modellpersonen orientieren und sich für die eigenen Lerninteressen einsetzen, sind dabei wichtige Ausdrucksformen.

- **Mut zum eigenen Handeln haben**

Lernende messen der eigenständigen Durchführung von (Pflege-)Handlungen eine wichtige Bedeutung für das Lernen bei. Manchmal ist diese mit einer gewissen Hemmschwelle verbunden, über die Lernende gehen müssen. Lernende beschreiben dies als „sich etwas selbst zutrauen" oder „Mut haben, eine (Pflege-)Handlung selbst durchzuführen".

„und halt auch immer selbst probieren. Also wenn es die Situation zulässt und man es sich auch selbst zutraut. Auf jeden Fall." (A1/34.3)

„Des Weiteren sollte man, denke ich mal, auch dann das Bestreben und teilweise auch den Mut dazu haben, es einfach zu probieren, d.h. man hat's dann erklärt bekommen und sagt sich: „So, beim nächsten Mal versuch ich's dann." Damit ich auch die praktische Umsetzung hab und nicht: Ja, vielleicht, noch mal und noch mal und noch mal sehen, damit ich mir auch ganz sicher bin, wie das geht. Also ab einem gewissen Punkt sollte man wirklich sagen: „Okay jetzt mach ich's."" (A3/41.4)

- **Sich für die eigenen Lerninteressen einsetzen**

Erfolgreiches Lernen im Praxisfeld verlangt aus Sicht der befragten Lernenden auch, dass sie sich aktiv und initiativ für ihre Lerninteressen einsetzen. Teilweise legt die Wortwahl der Interviewpartner nahe, dass eine gewisse Vehemenz beim Vortragen der eigenen Lerninteressen erforderlich ist, damit diese auch Beachtung finden.

„Auf jeden Fall immer, also wo sich Situationen anbieten, auf jeden Fall immer reinstürmen, so ungefähr. Halt immer sagen: „Ja darf ich? Darf ich mit? Oder darf ich jetzt mal machen?"" (A1/34.1)

„Man sollte schon sich dafür einsetzen." (A2/43.6)

„Was man wirklich wissen will, muss man sich dann holen." (A4/35.4)

Fragen stellen nimmt beim Äußern von Lerninteressen eine prominente Stellung als Lernstrategie ein. Dabei scheint es einerseits und naheliegend darum zu gehen, das eigene Wissen zu erweitern, andererseits scheint es als Ausdruck einer lernbereiten Grundhaltung Lehrenden gegenüber als unerlässlich. Es wird von Lernenden als hilfreich erachtet, bei auftretenden Fragen zunächst eigenständig nach Lösungen zu suchen. Hierdurch kann fehlendes Wissen bei Lehrenden kompensiert und zudem die eigene Lernbereitschaft deutlich gemacht werden.

„Ich glaub ganz wichtig, Fragen stellen. Ja. Und sich auch teilweise selbst Informationen beschaffen, weil es nicht immer möglich ist oder auch nicht immer das Wissen da ist." (A6/56, 57.1)

„Ja, indem ich aktiv nachfrage, wenn ich irgendwas nicht weiß bzw. ich mach es ganz oft so: ich such mir die Information erst mal selber und wenn ich's nicht finde oder mir nicht einleuchtet, dann frage ich noch mal nach. Das ist irgendwie immer, ich finde, man sieht dann auch ein bisschen, dass man auch selber denken kann. Wenn man selber erst mal so

schlau ist, erst mal überlegt, wo könnt ich sie denn jetzt noch herkriegen die Informationen. Dann erst mal auf dem Weg." (A4/36.1, 36.2)

- **Sich an Modellpersonen orientieren**

Als hilfreich für das Lernen im Praxisfeld Pflege beschreibt ein Interviewteilnehmer die vorrangige Orientierung am Können – und nicht zwangsläufig an der formalen Qualifikation – einer Pflegeperson, auch wenn die hierdurch entstehende Vielfalt an Zugängen zu Pflegehandlungen und -situationen zu einer vorübergehenden Verunsicherung der Lernenden führen kann.

> *„Und ich denke auch, die, es ist jetzt nur auf die Praxis bezogen, man sollte sich vielleicht auch nicht unbedingt nur an seinem Praxisanleiter orientieren, also ich meine, es gibt ja nun mal auf Station mehr als nur den Praxisanleiter. Wie ich eben schon gesagt habe, nur weil's, es gibt auch noch Schwestern, die vielleicht sogar ein besseres Handling haben als der Praxisanleiter. [...] Also, wenn sich diese Schwestern, die schon länger da sind auch weitergebildet haben in dem Bereich und wirklich das aktuelle Wissen dazu haben, dann kann man sich auch durchaus bei denen natürlich was abschauen und das sollte man auch meiner Meinung nach tun."* (A3/43.1, 43.2, 43.4)

> *„Es besteht natürlich die Gefahr, dass es einen dann verwirrt, weil man dann plötzlich zwei verschiedene Wege kennen lernt, aber dann kann man immer noch nachfragen, was denn jetzt der bis zum Examen schulisch richtige Weg ist."* (A3/43.5)

Um als Lernender im Praxisfeld Pflege erfolgreich sein zu können, scheinen auch teambezogene Aspekte eine Rolle zu spielen. So geht eine Lernende explizit darauf ein, dass die Anpassung an das Team von Bedeutung ist, ohne dies jedoch weiter zu konkretisieren.

> *„und mich auch anpasse an das Team und nicht beleidigt oder mit null Bock in der Ecke rumstehe und mich einfach absolut nicht anpassen kann, das wäre schlecht"* (A2/50.4, 50.5)

Auch auf die Arbeit mit Patienten bezogene Aspekte werden von einer Lernenden erwähnt: Empathie, gute Beobachtungsgabe, Humor und ehrliches Interesse am Befinden von Patienten haben, werden von ihr als Voraussetzung für erfolgreiches Lernen im Praxisfeld Pflege benannt.

6.2.4.5 Lernförderliche Rahmenbedingungen aus Sicht der Lernenden

Lernförderliche Rahmenbedingungen aus Sicht der Lernenden lassen sich drei großen Gruppen zuordnen. Sie betreffen erstens Rahmenbedingungen, die die konkrete Lern-/Anleitungssituation betreffen, zweitens die personelle Zuordnung der Lernenden zu einer Pflegeperson sowie drittens teambezogene Aspekte, die in erster Linie auf den Stellenwert der Begleitung von Lernenden im Pflegeteam bezogen sind.

Lern-/Arbeitssituationen ohne Störungen und Unterbrechungen durchführen können

Aus Sicht der Lernenden ist in der konkreten Lern-/Arbeitssituation ein störungsfreier Rahmen von besonderer Bedeutung. Störungen können dabei allgemein als Beeinträchtigungen der Aufmerksamkeit und Konzentration auf eine Pflegehandlung beschrieben werden. Sie haben vielfältige Ursachen und Erscheinungsformen. Akustische Störungen (z.B. durch Baulärm, Telefonklingeln, laufende Fernseher, rufende Mitpatienten etc.) sind dabei ebenso lernhinderlich wie ein empfundener Zeitdruck, z.B. durch weitere, parallel anstehende Aufgaben. Gestört fühlen sich Lernende in der Lernsituation ebenso durch Unterbrechungen ihrer Arbeit, z.B. weil der Patientenruf bedient, fehlende Arbeitsmaterialien besorgt werden müssen oder andere Personen das Zimmer betreten oder verlassen.

„Es müsste auf jeden Fall nicht immer jemand stören, nicht immer jemand reinkommen oder Fernseher laufen oder Fenster auf mit den Nebengeräuschen." (A1/31.1–36.3)

„Dass es halt nicht, dass wenn zu wenig Zeit ist, wenn man noch zehn Patienten waschen muss, ja aber nur zwei Stunden Zeit hat so ungefähr, dann wird's einfach, dann kann man nicht so richtig kommunizieren, weil man schnell hier und da und zwischendurch noch rausgehen muss oder so. Das ist dann einfach 'ne schlechte Lernatmosphäre." (A2/47.1, 47.2)

„Ich meine, es ist mir bis jetzt noch nicht passiert, aber ich kann mir vorstellen, dass es ab und zu mal vorkommen könnte und ich denke, dann funktioniert es auch nicht so wirklich gut, wenn man dann noch durch andere Sachen irgendwie abgelenkt wird von der Anleitung. Also das sollte schon vorhanden sein. Auch dass man dann nicht vielleicht alle fünf Minuten rausgehen muss, weil irgendwer einen dahin schickt oder sonst wo." (A3/47.3)

Auch ausreichende Zeit für Erklärungen durch die Lehrenden halten Lernende in der Anleitungssituation für wichtig.

„Es müsste, ja und auch jetzt nicht so schnell schnell schnell, irgendwie erklären. Und ja." (A1/36.4)

„Eine Rahmenbedingung wäre für mich z.B. Zeit, dass man sich dann auch die Zeit nimmt, das zu erklären, wenn's 'ne groß angelegte Anleitung wird" (A3/47.1)

Eine Lernende betont die strukturierte und organisierte Herangehensweise von Pflegepersonen an Arbeitsaufgaben als wichtige lernförderliche Rahmenbedingung. Organisierte und strukturierte Planung, eine gute Information der Lernenden vor Beginn der gemeinsamen Arbeit und eine insgesamt ruhige Herangehensweise an die anstehenden Aufgaben sind für sie wichtige Rahmenbedingungen. Mangelnde Organisation und Struktur sowie ein eher hektisches Auftreten der Pflegeperson sind für sie in der gemeinsamen Lern-/Arbeitssituation kontraproduktiv.

„Gute Organisation. Es gibt durchaus welche, die immer hin und her rennen, weil sie vieles vergessen haben und dann eigentlich mehr aus dem Zimmer sind als im Zimmer. Das find ich auch immer, das bringt immer so zusätzlich Hektik rein. Ja, strukturiert arbeiten, halt so einen roten Faden in seiner Arbeit haben. Ich finde dadurch hat man, obwohl es stressig ist, immer das Gefühl, man schafft alles, wenn man ,Das mach ich, erst das das

das' und halt auch, ja ich werd darüber auch informiert, was wir als nächstes machen und ich finde, da kann's noch so stressig sein, man schafft alles und man hat auch nicht das Gefühl, sich totgearbeitet zu haben, sondern ja, man hat trotzdem alles geschafft irgendwie. " (A6/49.2 – 49.4)

Eine Bezugsperson während des Praxiseinsatzes haben

Lernende empfinden es auch als lernförderlichen Rahmen, wenn sie eine Bezugsperson während des Praxiseinsatzes haben – vorzugsweise die Praxisanleiterin, die auch während des Praxiseinsatzes für sie zuständig sein wird.

„Am besten von Anfang an schon mal 'ne Bezugsperson, im besten Fall die Praxisanleitung, das war jetzt hier leider am ersten Tag nicht der Fall, weil sie im Urlaub war, aber es ist schon wesentlich besser, wenn man von Tag eins an von der Praxisanleitung aufgegriffen wird und die einen da abholt, wo man grade ist. " (A3/62.1)

„Also prinzipiell ist es natürlich so, dass man ein bisschen vom Wohlwollen der Dienstplaner abhängig ist. Das ist, wie wenn man frei haben möchte. Man muss natürlich mit den entsprechenden Personen auch eingesetzt sein. Da hat man als Schüler natürlich eher wenig Mitspracherecht, [...] Aber na gut, dann muss man halt sein Möglichstes tun und trotzdem als Lernender sich andere Bezugspersonen evtl. suchen, mit denen man dann halt zusammenarbeitet, die es ebenfalls einem zeigen können. " (A3/45.1, 45.4)

„Ja, dann muss man einfach oft genug mit seinem Anleiter zusammenarbeiten, damit er sich überhaupt ein Bild davon machen kann. Also ich find das immer so ganz unglücklich, wenn man so wenig mit seinem Anleiter zusammenarbeitet und dann braucht man, find ich, unbedingt einen Ersatzanleiter, der dann sagt, so wenn der Hauptanleiter nicht da ist, kümmert sich jemand anders. " (A5/32.5)

Die Wichtigkeit kontinuierlicher Zusammenarbeit mit einer Bezugsperson während eines gemeinsamen Dienstes und während des Praxiseinsatzes betont auch diese Lernende:

„In meinem ersten Einsatz, da hab ich fast nur so mit meiner Anleiterin zusammengearbeitet. Ich war jeden Tag mit meiner Anleiterin zusammen, wir haben zusammen den gleichen Bereich gemacht, wir sind zusammen in die Zimmer gegangen. Ich hab den Blutdruck gemessen, sie hat gefragt: „Wie war der Wert?" Und was fehlte jetzt da, auch so ein Nachhaken einfach auch. Oder: „Guck dir mal die Patientin an. Was fällt dir auf, wenn du die siehst?" „Ja, die hat einen roten Kopf." „Ja, warum könnte sie denn einen roten Kopf haben?" Gerade so im ersten Einsatz, na, meine Anleiterin hatte einfach die Zeit, sich um mich zu kümmern, hat mich überall mit hingenommen. Also, da musste sie dann manchmal sagen: „Du, ich geh jetzt nur auf Toilette, du kannst sitzen bleiben." Weil ich so die Chance hatte, einfach immer mit ihr mitzugehen. Und das macht es einfach aus, weil das ist einfach eine ganz andere Anleitungssituation als wenn man – Ich hab das manchmal von Klassenkameraden mitbekommen, die in einer so brechendvollen Station waren, denen wurde am ersten Tag ein Waschlappen in die Hand gedrückt und gesagt: „So, du gehst in Zimmer soundso und wäschst den." Und das ist ja furchtbar. Das ist keine Anleitungssituation. " (A5/38)

Als Lernender ideelle und arbeitsorganisatorische Unterstützung für das Lernen erfahren

Lernförderliche Rahmenbedingungen beschreiben Lernende nicht nur in der konkreten Lern-/Arbeitssituation und in der Verfügbarkeit einer Bezugsperson während des Praxiseinsatzes, sondern auch in Bezug auf den Stellenwert, den die Begleitung und Anleitung von Lernenden im Stationsteam innehat. Zu einem lernförderlichen Rahmen während des Praxiseinsatzes gehören für sie team- und leitungsbezogene Aspekte. Dabei sehen sie die Aufgabe der Leitungen insbesondere darin, durch die Gestaltung des Dienstplans einen Rahmen zu schaffen, der die kontinuierliche Zusammenarbeit von Lernenden und Praxisanleitern/Bezugspersonen sowohl während des Praxiseinsatzes als auch während einer Schicht ermöglicht.

> *„Also, 'ne gute Lernatmosphäre ist meistens dann so. Es fängt schon bei der Teamleitung irgendwie an. Wenn der Arbeitsplan so gestaltet ist, dass wirklich so 'ne entzerrte Lernatmosphäre ist. Dass es irgendwie blöd ist, wenn ich als Schüler manchmal nur auf den Flur komme, dann kommt: „Ach (Lernende 5), du musst noch mal da hin und das musst du auch noch mal erledigen und jenes auch." Dann bin ich die ganze Zeit weg und mein Anleiter arbeitet irgendwie anders und das ist einfach total unglücklich, weil dann lern ich ja nichts. Vom Essenausteilen und vom Patienten im Rollstuhl schieben, na, das kann man im ersten Einsatz schon, so, das ist auf jeden Fall sehr wichtig. Dass die Situation einfach so entzerrt ist, dass man wirklich die Möglichkeit hat, mit seinem Anleiter wirklich zusammenzuarbeiten. Das ist wirklich das Wichtigste."* (A5/35)

> *„Durch die Bereitschaft, durch die Freude daran, dass da alle dahinter stehen. Auf dieser Station stehen alle hinter, Beginn von der Teamleitung, der ja voll hinter steht und den Anleitern freie Hand lässt."* (A4/76.1)

Den Stellenwert, der der Begleitung und Anleitung von Lernenden von einem Stationsteam beigemessen wird, wird für Lernende positiv spürbar, wenn auch Pflegepersonen aus anderen Bereichen sich für ihre Lerninteressen einsetzen, indem sie Lernende auf Lernangebote aufmerksam machen und von anderen Aufgaben entlasten, damit sie diese wahrnehmen können.

> *„Dann, wenn das Team gut durchorganisiert ist, dann sagen die dann auch: „So (Lernende 5), komm her, wir gucken das jetzt, wir machen das."* (A5/22.3)

> *„Genau, sondern wenn irgendwas, was für mich wichtig oder interessant ist oder zum Beispiel 'ne Pleurapunktion hatt' ich auch noch nicht gesehen. Und das wissen die, die wissen ja oder fragen nach, ob ich das schon mal gesehen habe, dann sind die auch so kulant und sagen: „Dann geh ich halt lagern und du guckst dir das an." Und das find ich halt auch ganz wichtig. Man arbeitet teilweise über zwei, drei Wochen in einem Bereich, wenn's möglich ist und da bekommt man von den anderen Bereichen nicht so viel mit und vielleicht passiert da gerade in dem Moment das, was ich gerne sehen würde oder machen würde und da find ich's gut, wenn das Team wirklich so ist, dass es sagt, die soll was lernen und dann da mit hin und im, ja, im Zweifel zu unterstützen, wie dann halt die Person, mit der sie mitgegangen ist."* (A6/55.1, 55.2)

Auch gegenteilige Situationen werden von Lernenden berichtet: Als wenig lernförderlich erleben sie es, wenn sie sich für Anleitungssituationen rechtfertigen müssen.

„Nee, dazu kommt, glaub ich, der ganze Rahmen drum herum. Die Station selber, die Mitarbeiter. Ja, wie die halt auch eingestellt sind. Man merkt halt schon, nehmen wir jetzt zum Beispiel einen Praxisanleiter-Tag, da sind wir immer zusätzlich geplant und es gibt dann schon Mitarbeiter, die sagen, hier auf der Station nicht, aber hab ich auf einer anderen Station erlebt: „Ja, dann macht ihr euch einen ruhigen Tag und wir müssen hier arbeiten und ihr langweilt euch da und dreht Däumchen", was ich halt, ja find ich, in dem Moment ungerechtfertigt, weil es ist ja ein Tag, an dem ich das lernen soll oder lernen kann, was ich eventuell durch Stationsalltag nicht lernen konnte oder halt noch mal vertiefen kann, was ich lerne. Und wenn wir dann halt nur ein Zimmer oder zwei Patienten machen, dann sind es halt nur die zwei Patienten, die wir machen. Das find ich dann, weiß nicht, es ist halt ein bisschen" (A6/52)

6.2.4.6 Gelungene Lehr-/Lernsituationen aus Sicht der Lernenden

Gelungene Lehr-/Lernsituationen sind aus Sicht der Lernenden solche, in denen sie die Bedingungen für erfolgreiches Lernhandeln erfahren und in denen sie einen Lernerfolg verzeichnen können.

Einen Lernerfolg verzeichnen können

Lernerfolge beschreiben Lernende in Aussagen wie „etwas verstanden haben" oder „etwas behalten haben". Für den Lernerfolg ist aber auch wichtig, dass das Gelernte in einer neuen Pflegesituation bewusst genutzt werden kann und sich das Gefühl bei Lernenden einstellt zu wissen, wie sie eine Pflegehandlung künftig selbst durchführen können.

„dass ich mir ja auch dann sicher bin" (A2/31.2)

„Dass ich, wenn ich das nächste Mal selber mach, weiß." (A2/31.3)

„Da konnte ich, hab ich auch heute dann sofort, ohne groß Nachzudenken, wusste ich: ‚Ah, Waschen nach Bobath, das war so und so.' Da konnte ich am meisten Effekt rausziehen." (A4/44)

Als Lernerfolg wird es von Lernenden aber auch gesehen, wenn sie das Zutrauen in ihre eigenen Fähigkeiten entwickeln können und sich z.B. das Durchführen einer Pflegehandlung beim nächsten Mal selbst zutrauen.

„Und das würde ich zwar auch noch mal der Vollständigkeit halber erklärt bekommen, aber ich würd's dann auch parallel durchführen, das würd ich mir schon zutrauen." (A3/29)

Ein Lernerfolg ist auch, wenn subjektiv herausfordernde Pflegesituationen von Lernenden erfolgreich bewältigt werden können oder die individuelle Situation eines Patienten im Verlauf gut beurteilt werden kann.

„Wenn es eine Herausforderung ist, das mit meiner Anleiterin besprochen: „Also, du musst dies und dann machst du das usw." Dann geh ich rein und dass alles super klappt, also dass das Gespräch mit den Patienten gut ist, dass die hygienischen Dinge alle gut gelaufen sind, dass der Vorgang an sich prima war, dass ich jetzt keine hundert Jahre ge-

braucht habe für eine einfache Sache und dann, wenn der Patient auch zufrieden ist und bedankt sich, gehe ich raus und meine Anleiterin dann sagt: „Das hast du wirklich gut gemacht." Das ist dann, dass ich mir auf die Schulter klopfe und sage: „Ach ist das toll."" (A5/28.4)

„Ich muss wirklich immer auf einen Patienten mich konzentrieren und nicht bei jedem schnell den Urin ablassen, sondern wirklich: Ich hab jetzt den Patienten, (Lehrende 6) macht den nächsten, aber genau bei dem steh ich jetzt und dann kann ich auch sagen, ob der Patient zu gestern anders ist." (A6/33.3)

Durch Lehrende Bedingungen für erfolgreiches Lernhandeln erfahren

Lernerfolge in gelungenen Lernsituationen werden auch in Kombination mit Bedingungen für erfolgreiches Lernhandeln genannt; dabei kommt dem Lehrhandeln der Lehrenden eine prominente Bedeutung zu. Die Fähigkeit der Lehrenden, Sachverhalte für den Lernenden verständlich zu erklären und auch Begründungen für das eigene Handeln zu geben, ist von besonderer Bedeutung für den Lernerfolg. Geplantes und strukturiertes Vorgehen, vor allem dann, wenn die auszuführende Pflegehandlung für den Lernenden neu und/oder herausfordernd ist, wird als wichtiges Element gesehen, Lernende in die Lage zu versetzen, überhaupt lernen zu können.

„Wichtig ist mir auch, dass man auch dabei erklärt und nicht einfach nur irgendwie macht und nichts dabei erklärt, sondern dass man auch dabei redet und sagt, warum das so ist und wie man das macht jetzt. Das finde ich auch wichtig." (A1/24.1)

„Also ich denke mal, es ist wichtig, dass das in dem Moment, wenn was Neues dazu kommt, dass es in dem Moment natürlich strukturiert abläuft mit Erklärung," (A3/26.1)

„Er hat's erklärt. Er hat's gut erklärt. Er wusste, warum und er hat auch gleich weiterführend erzählt, was da genau passiert, warum man von der zu der Seite und ja. Man setzt den Reiz auf der gesunden Seite, dass es übergeht da. Da war mir alles viel klarer plötzlich und hab gesagt: „Klar, da muss ja von der Seite am besten kommen und da muss man den Nachtschrank auf die Seite schieben. Ja, das hat einen guten Effekt irgendwie hinterlassen."" (A4/45)

„Also es muss von meiner Seite aus, also es muss erst mal alles gut durchgeplant sein, dass ich weiß, okay wir versorgen jetzt den und den Patienten." (A5/28.1)

„Also mitarbeiten lassen und halt auch selbstverantwortlich mitarbeiten." (A6/33.5)

Wohlbefinden und Einbezug von Patienten in das Pflegehandeln gewährleisten

Auch das Wohlbefinden, die Zufriedenheit und der Einbezug von Patienten in gemeinsam mit Lehrenden bearbeiteten Pflegesituationen sind Lernenden wichtig.

„Und für mich ist auch wichtig, dass der Patient sich danach wohl fühlt. Oder auch, dass man mit dem Patienten kommuniziert, nicht nur so: Der bekommt alles mit, kann auch reden und so. Aber man unterhält sich nur untereinander zwischen den Pflegekräften. Dann tut man zwar am Patienten arbeiten, aber den nicht mit einbeziehen und das, also man sollte halt schon den Patienten mit einbeziehen, auch beim Waschen, die Ressourcen z.B.

mit einbeziehen dann. Nicht einfach so: Komm, wir machen das jetzt alles so, schnell, aber obwohl der Patient was selber machen kann. Man sollte den schon mit einbeziehen und halt individuell auf den Patienten abgestimmt. Das ist mir auch wichtig." (A2/31.4, 31.5)

„Wenn es eine Herausforderung ist, das mit meiner Anleiterin besprochen: „Also, du musst dies und dann machst du das usw." Dann geh ich rein und dass alles super klappt, also dass das Gespräch mit den Patienten gut ist, dass die hygienischen Dinge alle gut gelaufen sind, dass der Vorgang an sich prima war, dass ich jetzt keine hundert Jahre gebraucht habe für eine einfache Sache und dann, wenn der Patient auch zufrieden ist und bedankt sich, gehe ich raus und meine Anleiterin dann sagt: „Das hast du wirklich gut gemacht." Das ist dann, dass ich mir auf die Schulter klopfe und sage: „Ach ist das toll."" (A5/28.4)

6.2.4.7 Handlungsbeteiligung von Lernenden in Pflegesituationen aus Sicht der Lernenden

Auf welche Weise und in welchem Umgang Lernende in konkreten Pflegesituationen handelnd beteiligt werden, hängt aus Sicht der Lernenden von einer Reihe von Faktoren ab. Lernende führen hier den eigenen Wissens- und Könnensstand sowie die Lernziele im Ausbildungsstand, zeitliche Rahmenbedingungen, die Komplexität der Patientensituation, aber auch die Bereitschaft der Lehrenden, Lernende handelnd zu beteiligen, an.

Die Handlungsbeteiligung von Lernenden an einer Pflegesituation erleben die befragten Lernenden als wechselnd. Sie beschreiben sie in einem weiteren Sinne als komplementär zu der der Lehrenden und in Begriffen wie „führend" vs. „helfend", „ausführend" oder „begleitend".

„Das ist unterschiedlich. Mal den führenden, aber auch mal den begleitenden, sag ich mal." (A2/53)

„Es kommt drauf an. Wenn es jetzt 'ne neue Sache ist, natürlich einen größeren, weil sie dann der Hauptakteur ist sozusagen. Ich krieg's ja dann erst einmal gezeigt." (A3/49.1)

„und häufig ist es so, dass meine Anleiterin schreibt dann schon mal und ich versorge einfach so den Patienten, um diesen Patientenkontakt einfach so zu bekommen. So ist es eigentlich häufig." (A5/46.4)

Bedingungsfaktor: Bereitschaft der Pflegeperson, Handeln der Lernenden zuzulassen

Die Entscheidungen über die Handlungsbeteiligung der Lernenden in einer Pflegesituation geht aus Sicht der Lernenden in aller Regel von der jeweiligen Pflegeperson aus; sie hängen also wesentlich mit der Bereitschaft einer Pflegeperson zusammen, das Handeln des Lernenden zuzulassen und zu ermöglichen.

„Das hängt einmal von der Person ab, mit der man zusammenarbeitet." (A2/62.1)

„Ich finde, er sollte sich mehr im Hintergrund bewegen. Also er sollte mich machen lassen und sagen: „Hier guck dir das an."" (A4/39.1)

„Je nachdem, was der Anleiter sagt." (A4/59.2)

„Manchmal wird man gefragt. Kommt auch darauf an, wer es ist. Es ist aber auch bis jetzt nur bei (Lehrender 4) so, dass man morgens zusammen durchgeht. Das kannte ich auch noch nicht das System." (A4/60)

„Abhängig von dem, mit dem ich zusammenarbeite, würd ich jetzt sagen. Bei (Lehrende 6) hab ich den größten Teil. Dadurch dass sie halt auch schon vorausschauend aufs Examen mich sehr viel delegieren lässt, weil ich's halt definitiv noch üben muss. Ich mach viel zu viel selber, anstatt mal was abzugeben." (A6/65.1)

Nicht immer sind die zugrunde liegenden Entscheidungsprozesse der Lehrenden den Lernenden dabei klar oder hängen mit einer auf Routine basierenden, üblichen Vorgehensweise zusammen.

„Ja und es kommt manchmal auf den Patienten auch drauf an. Da macht man's so und beim nächsten Patienten im anderen Zimmer macht man's anders rum. Das ist manchmal total komisch. Da denkt man sich: Okay." (A2/62.2)

„Sonst geht die examinierte Pflegekraft durch die Zimmer, verteilt Medikamente, Spritzen etc. und der Schüler fängt an zu waschen." (A4/61.1)

„Das hat sich irgendwie so rauskristallisiert. Ich weiß es gar nicht. Wenn wir in ein Zimmer gehen, dann schnapp ich mir als erstes das Blutdruckmessgerät und geh zum Patienten und frag ihn, ob er gut geschlafen hat und bau so ein bisschen den Kontakt auf. Es war irgendwie immer so. Ich glaube, ich weiß es nicht. Ja, es war irgendwie immer so, dass das so gewesen ist. Wahrscheinlich irgendwie schon so 'ne Gewohnheit von mir, Schüler macht den Blutdruck, Puls und die Temperatur, quatscht mit dem Patienten und der Examinierte guckt irgendwie immer in der Kurve rum und hält sie so, ist doof, aber es ist irgendwie so." [Lachen] (A5/50, 51)

Die Einflussmöglichkeiten der Lernenden auf ihre Handlungsbeteiligung erscheinen ihnen als eher gering; sie können allerdings Einfluss nehmen, indem sie z.B. ihre Bereitschaft zum Handeln deutlich zeigen oder das Signal geben, eine Pflegehandlung selbstständig bewältigen zu können.

„Genau. Meiner Meinung nach sollten sie so schnell es nur irgendwie machbar ist, soviel wie's geht selber übernehmen." (A4/41.1)

„und man sollte auch, je weiter man ist, mehr an Verantwortung übernehmen." (A4/41.3)

„Oder wenn man sagt: „Ja den Patienten könnte ich eigentlich relativ alleine waschen." Dann sagen die auch so: „Mach du jetzt, wasch du mal." Dann helfen die wirklich nur beim Lagern oder so." (A2/56)

Die Vermutung, dass Lernbedürfnisse hinter die Arbeitserfordernisse des Einsatzbereichs zurücktreten, führt manchmal auch dazu, dass sie von Lernenden erst gar nicht geäußert werden.

„Ich könnte bestimmt sagen, ich möchte aber lieber, aber das wird nicht so. Die wollen natürlich auch erst mal ihre Patienten selber sehen. Die haben ja letztendlich auch die

Verantwortung, ist ja auch alles richtig, aber manchmal würd ich auch gerne mitlaufen."
(A4/64.1)

Bedingungsfaktor: Wissens- und Könnensstand der Lernenden

Andere Bedingungsfaktoren für die Handlungsbeteiligung der Lernenden in einer Pflegesituation werden von Lernenden mit dem eigenen Wissen und Können assoziiert. Die Handlungsbeteiligung steigt in aller Regel mit zunehmendem Wissens- und Könnensstand der Lernenden im Ausbildungsverlauf und in Bezug auf die jeweils zu bearbeitende Aufgabe.

> *„Das denke ich ja. Ja und so am Anfang. Wenn ich an den Anfang der Ausbildung zurückdenke, auch das Können. Was kann man schon und was kann man noch nicht. Ja z.B. hat die Pflegeperson meistens gewaschen und ich dann nur abgetrocknet und nur dann halt so zu 'ner Anleitungssituation, wo's halt geplant war, dass man den Patienten dann wäscht. Ja."* (A2/57, 58)

> *„Wenn's jetzt aber Sachen sind, wie z.B. morgens bei der Grundpflege, wo ja die (Lehrende 3) jetzt auch dabei war, dann ist da natürlich weniger für sie zu tun, weil ja solche Sachen sind mir ja schon bekannt und das kann ich dann natürlich komplett in Eigenregie machen. Da könnte sie quasi auch aus dem Zimmer rausgehen und ich wüsste immer noch, was zu tun ist. Das ist ja nicht das Problem."* (A3/49.2)

> *„Ja, weil es ist ja dann bekannt und bekannte Schemata kann man ja abspielen, sag ich jetzt mal. Das ist ja die Pflegeroutine, die man dann auch schon als Lernender ein bisschen hat. Das ist ja nicht so, als wenn so, jetzt nach dem Examen jetzt hab ich erst Pflegeroutine. Natürlich hab ich nicht so viel wie andere, die schon länger dabei sind, aber es gibt Sachen, die kann ich halt schon, logischerweise, und das sind dann so Sachen, wo ich auch meistens gemacht, also wo ich dann gelassen werde, wo ich dann selbst rumhantieren darf und ja natürlich, dann bin ich aktiver."* (A3/51.1)

> *„Na ja, Wissensstand, was wir machen. Es kommt immer drauf an, ob ich das, was wir machen, kenne oder nicht kenne und in welcher Situation wir das gerade machen. Ich denke, in einer Notfallsituation kommt es auch drauf an, welche Notfallsituation, wie das verteilt ist. Also wenn's um Reanimieren geht, würde ich glaub ich, den größeren Teil einnehmen, einfach aus dem Grund, weil ich jetzt durch die Intensivstation und mehrfache Reanimationen, die ich mitgelaufen bin, einfach mittlerweile auch beherrsche, aber bei, ich glaub so Situationen wie jetzt mal schnell 'ne Infusion vorbereiten, das Medikament, das Medikament, würde ich glaub ich, den kleineren Part einnehmen, weil ich noch nicht so schnell arbeite und auch nicht die Medikamente so drauf habe wie die erfahreneren Pflegenden."* (A6/67.1, 67.2, 67.3)

Wenn Lernende darüber entscheiden können, in welcher Weise (zusehen, durchführen) sie sich handelnd an einer Pflegesituation beteiligen, geschieht dies auf der Basis der eigenen Handlungssicherheit und einer internen Bewertung der Wahrscheinlichkeit des Handlungserfolgs.

> *„Ja und Nassrasieren macht man ganz selten. Auf der Sozialstation hab ich das zum letzten Mal gemacht, das war letztes Jahr. Ja deswegen auch und. Also mach ich, glaub so ein inneres Gefühl irgendwie, wenn man denkt: „Oh, da bin ich mir jetzt nicht so sicher, ob das so klappen wird". Dann sag ich lieber: „Ja mach du lieber." Zu (Lehrender 1).*

Aber wenn ich denke: „Ja doch". Wenn der (Lehrender 1) dabei ist, also kommt es ir-
gendwie so vom Gefühl, ist irgendwie so ein Gefühl dann, wo man denkt so. [...] Wenn
ich das schon mal gesehen hab oder so, dann ist das für mich so eigentlich kein wirkliches
Problem. Aber wenn ich das noch gar nicht so gesehen habe, dann denk ich, besser ein-
mal gucken und dann." (A1/50.2, 50.3, 51.2)

Häufiger berichten Lernende von einem bewussten Übertrag der eher führenden Rolle durch die Lehrenden bei gemeinsamen Arbeiten mit Pflegepersonen. Dies erfolgt aus ihrer Sicht als didaktisches Mittel der Lehrenden, indem mit Lernenden bewusst die Übernahme der führenden Rolle abgesprochen wird, um die Verantwortungsübernahme und Koordination/Delegation von Aufgaben einzuüben, also wichtige Lernziele im Ausbildungsverlauf zu verfolgen.

„Jetzt, wo ich schon etwas weiter bin, gibt sich meine Anleiterin immer Mühe, mir den
Hauptteil zu überlassen, dass ich das manage, sie auch anleiten soll, eben Vorbereitung
fürs Examen" (A5/46.3)

„Also wenn ich, wie es jetzt bei (Lehrende 6) meist der Fall ist, das Kommando hab, wie
Sie immer so schön sagt, dann sag ich, was ich mache. Und in dem Fall sag ich dann halt,
ich mach jetzt den Patienten, und sie sagt dann halt: „Soll ich messen?" Oder ich sage:
„Kannst du mal den und den Patienten durchmessen oder die Tabletten verteilen?""
(A6/80, 81.1)

Bedingungsfaktor: Anforderungsniveau der Patientensituation

Auch die Situation eines Patienten wird als Bedingungsfaktor für die Handlungsbeteiligung der Lernenden gesehen. Je komplexer oder schwieriger eine Pflegesituation wahrgenommen wird, desto größer ist der handelnde/führende Anteil der Pflegeperson.

„Also es kommt immer ein bisschen auf die Situation an, auch natürlich bei schwierigen
Fällen, sag ich jetzt mal, da können natürlich auch bekannte Sachen schwieriger werden,
so dass man dann doch zwei Personen braucht." (A3/49.3)

„Ja und es kommt manchmal auf den Patienten auch drauf an." (A2/62.2)

Bedingungsfaktor: Zeitliche Rahmenbedingungen

Bei der Entscheidung über die Handlungsbeteiligung der Lernenden in einer Pflegesituation werden auch die zur Verfügung stehende Zeit und das Arbeitsaufkommen auf der Station als wesentliche Bedingungsfaktoren erachtet. Je enger das Zeitfenster ist, desto eher übernehmen Pflegepersonen eine Pflegehandlung; Lernerfordernisse und -bedürfnisse treten dann folglich Arbeitserfordernissen gegenüber in den Hintergrund.

„Ich denke, auch vom Zeitfaktor hängt das auch ab. Wenn wenig Zeit ist, dann nehmen
die meistens den führenden Part ein." (A2/55)

„Es kommt immer drauf an, was so sonst noch nebenbei anfällt. Also ja, wenn jetzt ir-
gendwelche Entlassungen sind oder so oder Aufnahmen, dann sagt man, dann geht man
halt, dann geht die eine Person allein durch, die andere macht die Aufnahme fertig."
(A4/58.1)

Bedingungsfaktor: Routine als Lernende

Einige Lernende beschreiben zudem, dass es bei wiederkehrenden Arbeitsabläufen eine übliche, eingespielte Arbeitsaufteilung zwischen Lehrenden und Lernenden gibt, die sich oft einer expliziten Begründung entzieht.

> *„Je nachdem, was der Anleiter sagt. Manchmal wird man gefragt. Kommt auch darauf an, wer es ist. Es ist aber auch bis jetzt nur bei (Lehrender 4) so, dass man morgens zusammen durchgeht. Das kannte ich auch noch nicht das System. Sonst geht die examinierte Pflegekraft durch die Zimmer, verteilt Medikamente, Spritzen etc. und der Schüler fängt an zu waschen."* (A4/59.2, 60, 61.1)

> *„Das hat sich irgendwie so rauskristallisiert. Ich weiß es gar nicht. Wenn wir in ein Zimmer gehen, dann schnapp ich mir als erstes das Blutdruckmessgerät und geh zum Patienten und frag ihn, ob er gut geschlafen hat und bau so ein bisschen den Kontakt auf. Es war irgendwie immer so. Ich glaube, ich weiß es nicht. Ja, es war irgendwie immer so, dass das so gewesen ist. Wahrscheinlich irgendwie schon so 'ne Gewohnheit von mir, Schüler macht den Blutdruck, Puls und die Temperatur, quatscht mit dem Patienten und der Examinierte guckt irgendwie immer in der Kurve rum und hält sie so, ist doof, aber es ist irgendwie so".* (Lachen) (A5/50, 51).

6.2.4.8 Die Lern-/Arbeitsbeziehung aus Sicht der Lernenden

Auch die Lern-/Arbeitsbeziehung zwischen Lernenden und Lehrenden ist für das Lernen im Praxisfeld Pflege aus Sicht der Lernenden bedeutsam. Eine positive Lern-/Arbeitsbeziehung wird von den Lernenden als lernförderlicher Faktor gesehen.

> *„Zudem sollte natürlich ein angenehmes Verhältnis zwischen Lehrer und Lernenden entstehen oder vorhanden sein, damit, weil damit find ich, geht es immer noch ein bisschen einfacher,"* (A3/30.2)

> *„Also ganz wichtig ist, dass das menschliche Verhältnis zwischen den beiden, zwischen Anleiter und Schüler, funktioniert. Dass das ganz doll stimmt,"* (A4/16.1)

> *„Also, er muss. Also ich finde, es ist unwahrscheinlich wichtig, also es ist nicht immer unbedingt zu gewährleisten, aber es wäre auf jeden Fall schön, wenn man eben so ein bisschen auf einer Wellenlänge zumindest ist oder zumindest gut miteinander arbeiten kann einfach."* (A5/32.1)

Häufigere Zusammenarbeit mit Lehrenden wird von Lernenden als Voraussetzung für das Entstehen einer guten Lern-/Arbeitsbeziehung beschrieben. Sie ermöglicht vor allem die kommunikative Öffnung der Lernenden: Lernende trauen sich dann eher, Fragen zu stellen und die Rolle des Lernenden einzunehmen.

> *„mit denen man, oftmals sind das dann die Schwestern, mit denen man oft Dienst zusammen hat und mit denen hat man dann einfach so das bessere Verhältnis und dann redet man auch mehr und dann traut man sich eher was zu fragen und das geht dann besser mit denen, wo man oft zusammenarbeitet."* (A2/38.2 – 38.4)

> *„denn wenn da ein angespanntes Verhältnis ist oder man einfach nicht klar kommt, dann traut man sich erst mal nicht so viel zu fragen und ja, man kriegt auch nicht richtig die Rückmeldung, die man vielleicht haben möchte. Und wenn das Verhältnis aber stimmt*

und man sich gut mit seinem Anleiter versteht oder auch mit den Kollegen, die man ja auch jederzeit ansprechen kann, dann geht das alles super." (A4/16.2, 16.3)

Offenheit in der Kommunikation wird aber auch als Merkmal einer guten Lern-/Arbeitsbeziehung von Lernenden beschrieben. Dabei ist es einerseits wichtig, als Lernender kritische Aspekte ohne Sorge vor Repressalien ansprechen zu können, andererseits fordern Lernende auch eine kritische Rückmeldung der Lehrenden, wenn diese mit dem Verhalten von Lernenden unzufrieden sind.

„Oder wenn man halt sagt, wenn einem irgendwas nicht passt, dass man's direkt sagt und nicht denkt: Nee, wenn du das jetzt ansprichst, dann gibt's wieder nur Ärger oder so. Man sollte es schon direkt ansprechen können, das finde ich wichtig und mit einem darüber reden kann. Und ich find's auch wichtig, wenn auch von den Kollegen, mit denen man dann zusammenarbeitet, dass die einem dann auch direkt sagen, wenn irgendwas nicht richtig ist, dass die das dann sagen. Wenn man so eher hintenrum mitbekommt, ja das und das hat sie jetzt gesagt, das wär nicht so gut gewesen, dann denkt man sich ja: Warum sagt sie mir das nicht persönlich?" (A2/45.2, 45.3)

Als zentrales Merkmal einer guten Lern-/Arbeitsbeziehung erscheint aus Sicht der befragten Lernenden die Bereitschaft der Lehrenden, Lernende in ihrer Rolle als lernende Berufsangehörige ernst zu nehmen. Sie wollen als lernbereite Kollegen gesehen werden und zur Gruppe der Pflegenden dazugehören und drücken damit ihr Bedürfnis nach Enkulturation in die Berufsgruppe der Pflegenden aus.

„Ja, dass man so als Kollege angesehen wird und nicht nur als der Schüler, sondern als jemand, der den Beruf auch machen will und viel lernen will." (A2/51.1)

„und jetzt ist es halt so, man sagt: „Ich mach jetzt das, und du kannst in der Zeit das machen." Und es ist halt auf gleicher Ebene so mittlerweile ungefähr." (A4/49.2)

Dies drückt sich für Lernende insbesondere darin aus, dass Lehrende ihnen nicht unbeliebte und berufsferne Aufgaben delegieren, sondern den Zugang zum gesamten pflegerischen Handlungsspektrum ermöglichen.

„Und dass man jetzt halt nicht nur die Putzarbeiten machen muss, sondern auch mal was Richtiges, also halt die Infusionen und die Medikamente und die Patienten dann auch pflegen und vielleicht auch Gespräche mit denen führen. Dass man halt nicht nur die typische Schülerarbeit machen soll, sondern halt auch wie 'ne examinierte Schwester einfach arbeiten soll, halt auch in die Kurven schreiben und so." (A2/51.2 – 51.4)

Wichtig ist für die befragten Lernenden auch, dass sie das Interesse von Lehrenden und Pflegepersonen an der Weiterentwicklung der Lernenden erfahren, beispielsweise durch deren Bereitschaft, eine lehrende Rolle einzunehmen.

„und ja, auch wenn die Anleiter bereit dazu sind überhaupt oder generell die Kollegen bereit dazu sind, Fragen zu beantworten und auch zu erklären, anzuleiten, dann funktioniert's auf jeden Fall besser, als wenn man irgendwie nicht miteinander klar kommt. Also man sich nicht so menschlich versteht." (A4/18.2)

Herausfordernde Lern-/Arbeitsbeziehungen werden durch die Lernenden sensibel reflektiert und durch wenig lernförderliches Lehrhandeln der Lehrenden beschrieben.

Lehrende enttäuschen dabei die Rollenerwartungen der Lernenden, was sich negativ auf das Lerninteresse der Lernenden auswirkt.

„Ich meine, ich kann jetzt natürlich nicht psychologisch erklären, wie Sympathie entsteht und Antipathie, aber wenn man halt merkt, diese oder jene Person hat eigentlich überhaupt keinen Nerv dazu, mir irgendwas zu erklären und sieht mich mehr oder minder als Ballast und als Bremse. In der Situation arbeitet man natürlich weniger gerne mit der zusammen und, geb ich zu, hört vielleicht auch weniger zu, wenn sie denn mal was erklärt. Wenn man sich dann denkt: „Ja, das ist jetzt mal eine kleine Ausnahme und die anderen fünf Tage der Woche krieg ich nichts erklärt." Oder so." (A3/36.2)

„Es gibt halt auch Pflegekräfte, die ich in meiner Ausbildung getroffen habe oder Anleiter, die da nicht so bereit sind, die haben den Schüler benutzt: Mach mal dies, mach mal das, mach mal jenes, und haben nur das gemacht, wozu die Lust hatten in dem Augenblick" (A4/51.3)

Schwierig ist es dabei für die Lernenden, dass sie wenig Einfluss auf die personelle Zuordnung zu einer Lehrenden nehmen können. Manchmal wird dies dann durch weitere Lehrende einer Einsatzstation kompensiert; Lernende orientieren sich dann an anderen Pflegepersonen.

„Ja. Das war auf der (Name der Station). Und da kriegt man eigentlich immer jemand zugeordnet, mit dem man so zusammenarbeitet. Der ich zugeordnet war, die war immer auf der anderen Seite. Und da hatte ich mit einer Schwester zusammengearbeitet oft und die hat mich auch viel gefragt, die hat mir viel erklärt. So zwischendurch haben wir das immer wieder wiederholt und immer wenn ich irgendwelche Fragen hatte, dann hat sie mir die beantwortet oder wenn ich dann selbstständig gearbeitet hab, dann hat sie immer mal wieder drauf geguckt und mir dann vielleicht auch noch Tipps gegeben. Mit der hab ich sehr gerne zusammengearbeitet und von ihr hab ich wirklich viel gelernt." (A2/40)

„Ich meine zumindest, es erlebt zu haben. Vielleicht nicht in der starken Ausprägung, aber das, ich weiß gar nicht mehr genau, man vermischt ab und zu mal die Einsätze, aber das müsste - auf der (Name einer Station) müsste das gewesen sein. Das war aber zu meinem Glück die zweite Praxisanleiterin, die hatten zwei auf Station, und dadurch, aus irgendeinem Grund mochte mich diese zweite Praxisanleiterin nicht so wirklich leiden. Ich hab im Nachhinein auch nicht herausgefunden, woran es gelegen hat. Ich hatte ihr meines Wissens nach keinen Grund gegeben, aber manchmal ist es halt so. Aber die erste Praxisanleiterin hat mich dann noch mal zur Seite genommen und mir das, was sie versucht hat zu erklären, noch mal erklärt. Und da ging's dann auch besser. Aber ich seh's schon, sehe es schon als Problem an, wenn es nur eine Praxisanleiterin auf Station gäbe und man mit der dann überhaupt nicht zurechtkäme. Das wär wahrscheinlich schon 'ne schlechte Situation." (A3/37.1 – 37.3)

6.2.4.9 Gespräche über gemeinsam mit Lehrenden bearbeitete Pflegesituationen aus Sicht der Lernenden

Gespräche über gemeinsam mit Lehrenden bearbeitete Pflegesituationen beziehen Lernende in erster Linie auf ihr eigenes Pflegehandeln. Zentral ist für sie, dass sie von Lehrenden eine Rückmeldung zu ihrem Handeln bekommen. Dabei benennen Lernende klar, was für sie zu einer guten, für sie nutzbaren Rückmeldung gehört: das Thematisieren von Handlungserfordernissen, Handlungserfolgen und Handlungsalternativen bzw. Verbesserungsmöglichkeiten sind dabei zentral.

Von Lehrenden eine Rückmeldung zum eigenen Handeln bekommen

Ausnahmslos wird von Lehrenden erwartet, dass sie Handlungserfordernisse der Lernenden ehrlich benennen.

> *„Man soll ja auch sagen, was nicht gut war, wo man sich noch verbessern kann. Und auch wirklich sagen, was man verbessern kann. Und nicht denkt, das sag ich jetzt lieber nicht oder irgendwie. Ja, dass man ehrlich ist,"* (A1/65.2, 65.3)

> *„Auf jeden Fall, weil sonst lern ich daraus auch nichts. Wenn ich da jetzt irgendwas falsch mache und jemand sagt mir: „Das hast du jetzt aber gut gemacht." Dann hab ich daraus keinen Effekt. Da bringt's mir nichts."* (A4/69)

> *„dass mir ehrlich gesagt wird, was ich ändern soll. Ja, dass eben einfach hauptsächlich, dass mir einfach ganz konkret gesagt wird: „Du das und das jetzt ganz genau, da musst du noch mal genau da drauf achten.""* (A5/65.2)

Bei allem Interesse der Lernenden an einer ehrlichen Rückmeldung zu ihrem Handeln durch die Lehrenden wird in den Interviewaussagen aber auch deutlich, dass ausschließlich oder überwiegend kritische Rückmeldungen sensibel von Lernenden reflektiert und als eher wenig hilfreich für den weiteren Lernprozess erachtet werden.

Eine gute Rückmeldung sollte nach Ansicht der Lernenden daher nicht ausschließlich Handlungserfordernisse, sondern auch das Benennen von Handlungserfolgen umfassen.

> *„was gut war. Nicht nur negative Sachen, sondern so ein Feedback in dieses Sandwich packen. Das find ich irgendwo ganz, also so. Find ich halt jemand, der bewertet, wo ein Feedback gibt, find ich immer ganz wichtig, dass man das so in ein Sandwich einpackt, nicht nur negativ negativ, sondern positiv negativ positiv."* (A1/55.2 – 55.4)

> *„Aber das war wirklich ein Gespräch, wo ich dann, vor allem wichtig, es wurde auch mit Lob gearbeitet. Also es wurde nicht nur das gesagt, was jetzt falsch oder nicht so rund war, sondern es wurde auch wirklich noch mal aufgegriffen, was gut an der Situation war. Und das ist, denke ich, auch noch 'ne ganz wichtige Sache,"* (A3/61.4)

> *„Und aber auch noch mal sagen, was ich auch richtig gemacht hab, weil immer nur die Fehler, ich finde, dann denkt man immer ‚Okay, ich mach ja nur alles falsch', sondern auch, dass noch mal das Positive genannt wird."* (A6/71.2)

Für das weitere Lernen und Handeln erachten es Lernende als hilfreich, wenn das Benennen von Handlungserfordernissen nicht nur mit positiven Aspekten sondern auch mit konkreten Verbesserungsvorschlägen und dem Aufzeigen von Handlungsalternativen verbunden wird.

> *„Ja, dass er auf jeden Fall ehrlich ist und dass er mir sagt, was nicht gut war. Und dass er mir auch sagt, wo ich mich verbessern kann,"* (A1/55.1)

> *„Und es wäre auch schön zu wissen, ja wie denn. „Also, das hast du nicht so gut gemacht, nächstes Mal solltest du's so und so machen, weil dadurch passiert das oder dadurch verhinderst du diese Gefahr." Irgendwas in der Richtung."* (A4/68.3)

„Das Feedback, wie das gegeben wird zum Beispiel. Es gibt natürlich die Feedback-Regeln, erst das Positive, dann das Negative. Mir ist es allerdings eher wichtig, dass man mir meine Fehler nennt, ja, aber auch gleichzeitig, wie ich's hätte richtig machen können oder besser machen können." (A6/71.1)

„ja Verbesserungsvorschläge sowohl zum Handling als auch zur Organisation und halt noch mal irgendwie bespricht halt, was man gemacht hat." (A6/71.3)

Auch der Rahmen des Gesprächs und das Gesprächsverhalten des Lehrenden werden sensibel reflektiert. Auffällig ist dabei, dass insbesondere Lernende, die im Interview von negativen Erfahrungen mit den Rückmeldungen von Lehrenden berichten, sehr genau formulieren, welche Anforderungen sie an eine gute Rückmeldung stellen und dabei über die eher „rezepthaften" Aussagen wie „Positives und Negatives ansprechen" hinausgehen. Lernende erachten es als wichtig, dass Lehrende zuhören und Lernende ausreden lassen, dass eine insgesamt ruhige und vor Dritten geschützte Atmosphäre eingehalten sowie eine sorgfältige Wortwahl seitens des Lehrenden getroffen wird. Wichtig ist einer Lernenden auch, dass Lehrende Gründe für ein bestimmtes Handeln von Lernenden erfragen.

„Also mir ist auf jeden Fall immer so, Nähe und Distanz ist immer so wichtig, dass wenn es, manchmal gibt es einfach Situationen, wo irgendwas nicht toll gelaufen ist, und ich find das total blöd, wenn einem dann so hitzig mitgeteilt wird, so nach dem Motto „Was für ein Scheiß hast denn du da eben gerade gemacht", also das find ich irgendwie immer sehr, also mir persönlich geht das zum Einen irgendwie immer sehr nahe, wenn ich das so bekomme, aber es ist irgendwie auch nicht schön, das einfach so. Dass das eben so sehr konstruktiv einfach die Kritik dann zum Beispiel ist. Das find ich immer wichtig." (A5/53)

Von Lehrenden eine Rückmeldung zum eigenen Handeln anfragen

Mehrfach wird von Lernenden angemerkt, dass die Gesprächsinitiative eher von Lehrenden ausgeht, bzw. dass Gesprächssituationen sich eher dann ergeben, wenn ein lernförderlicher organisationaler Rahmen (Praxisanleiter-Tag) besteht.

Ergibt sich jedoch die Gelegenheit zum Gespräch über eine gemeinsam bearbeitete Pflegesituation, dann sprechen die Lernenden Lehrende durchaus auch aus eigenem Antrieb auf ihr Handeln an und fordern eine Rückmeldung dazu ein.

„Also ich frag dann meistens so, ob das so gut war oder ob ich nicht was hätte besser machen können. Und wenn ja, was. Und mir dann halt Tipps dafür einhole und so." (A2/68)

„und dann am nächsten Tag durfte ich es beim Patienten selbst machen. Dann habe ich auch danach ein Nachgespräch geführt und gefragt: „So wie war das jetzt?"" (A3/61.2)

Alle befragten Lernenden räumen dem Thema „Rückmeldung zum eigenen (Pflege-) Handeln" einen Schwerpunkt in Gesprächen mit Pflegepersonen über gemeinsam bearbeitete Pflegesituationen ein. In diesen Gesprächen erwarten Lernende eine Rückmeldung von Lehrenden zu ihrem (Pflege-)Handeln und verfolgen demnach vorrangig das Ziel, die eigene Lernleistung einordnen zu können und aus der Fremdeinschätzung der Lehrenden Bestätigung oder Korrektur für ihr Handeln ableiten zu können.

Fragen und Herausforderungen thematisieren, die sich in einer Pflegesituation ergeben haben

Weniger stark auf die Rückmeldung der Lehrenden ausgerichtet, aber dennoch auf das Lernhandeln der Lernenden bezogene Funktionen betonen andere Aussagen zu Gesprächen über gemeinsam bearbeitete Pflegesituationen: Lernende nutzen Gespräche über gemeinsam bearbeitete Pflegesituationen auch, um Herausforderungen oder Fragen, die sich ihnen in der Pflegesituation gestellt haben, zu klären oder das eigene, vom ursprünglichen Plan abweichende Handeln zu erläutern.

> *„Teilweise halt Fragen, die ich noch im Nachhinein habe, weil aus manchen Situationen entwickeln sich dann ja erst die Fragen, die man vorher vielleicht gar nicht so gesehen hat. Als Fragen oder als Probleme auch. Oder ja vielleicht Zeitmanagement, wo ich hätte vielleicht Zeit sparen können oder wo ich's hätte besser machen können. Ja so was hinterfrag ich dann, aber ansonsten."* (A6/76,77)

> *„Natürlich wäre es in der Situation angebrachter, so was vorher zu klären, damit so was erst nicht entsteht, aber in dem Fall, das war 'ne spontane Entscheidung am Pflegebett und ich dachte mir, das mache ich jetzt mal, und dann hat man das halt nachher noch erläutert."* (A3/54.3)

> *„Ob die Durchführung natürlich so auch korrekt war. Ich meine, wenn irgendwas total schief läuft, wird natürlich schon während der Handlung eingegriffen, aber wenn es jetzt z.B. Ecken gab, wo ich mir nicht ganz so sicher war, aber wo ich quasi nicht in der Pflegesituation direkt nachfragen wollte. Das sind meistens Kleinigkeiten, die einem auch erst im Nachhinein auffallen, dann sind das so Themen oder Punkte, die ich auf jeden Fall noch mal ansprechen würde."* (A3/60)

Eher auf das Pflegehandeln, im Sinne des Austauschs über eine konkrete Patientensituation bezogene Gespräche, scheinen somit für Lernende nicht im Vordergrund zu stehen.

Lediglich eine Lernende betont das Gesprächsziel, den Informationsfluss zwischen Lehrendem und Lernendem in einem Bereich bei Arbeitsteilung im Sinne einer Patientenübergabe sicherzustellen.

> *„Ja, ich finde, man sollte immer wirklich so gesehen werden, dass man halt auch in dem Bereich mit ist. Dass man immer weiß auch, was ist sonst wo los. Man wird hier wirklich in den Bereich mitgenommen und ich finde, dann sollte man auch in seinem Bereich einigermaßen Bescheid wissen, z.B. wenn wir getrennt frühstücken gehen, dass wenn er wiederkommt oder ich wiederkomme, er mir sagt, das war jetzt halt. Das mach ich halt mit ihm genauso. Dass ich ihm Rückmeldung gebe, was ist passiert, was muss jetzt noch passieren. Ja, das finde ich ganz wichtig. Nur so weiß man, wie alles zusammen halt einen Tag ergibt. Das heißt immer ganzheitliche Pflege und das geht halt nur, wenn man wirklich auch im Bereich arbeitet und nicht Funktionspflege macht."* (A4/65)

6.2.4.10 Zusammenfassung

Die Aussagen der Lernenden werden – wie die der Lehrenden – entlang der thematischen Struktur zu lernhaltigen Situationen im Praxisfeld Pflege, erfolgreichen Lehrenden und Lernenden, gelungenen Lehr-/Lernsituationen, zur Handlungsbeteiligung der

Lernenden, lernförderlichen Rahmenbedingungen, zur Lern-/Arbeitsbeziehung sowie zu Gesprächen über Pflegesituationen dargestellt (Anlage 21).

Für die befragten Lernenden stehen hinsichtlich lernhaltiger Situationen im Praxisfeld Pflege die Möglichkeit, selbst zu handeln (hohe eigene Handlungsbeteiligung) sowie Situationen, die einen hohen Aufforderungscharakter durch einen geringen Bekanntheitsgrad (für die Lernende neue, unbekannte, erstmals durchzuführende Handlungen), Komplexität und die Möglichkeit, Patientensituationen und Zusammenhänge zu verstehen, im Vordergrund. Wichtig in Bezug auf die Lernhaltigkeit ist für sie auch, dass sie in diesen Situationen unterstützendes Lehrhandeln durch die Lehrenden erfahren. Lernende erlangen den Zugang zu Lernsituationen, indem sie ihr Lerninteresse gegenüber einer Pflegeperson äußern – in aller Regel gegenüber den ihnen jeweils zugeteilten Pflegepersonen. Das eigene Lerninteresse ist demnach das zentrale Kriterium für die Auswahl von Lernsituationen aus Sicht der Lernenden – hierbei sind motivationale (persönliche Vorlieben der Lernenden, Wunsch, Handlungen nach schulisch gelernten Regeln ausführen zu können, subjektiv gefühlte Wissens- und Könnensdefizite) sowie intentionale Aspekte (Erwerb von Handlungssicherheit und Routine durch Übung; „um es als Pflegeperson, in anderen Einsatzgebieten, für die Prüfung zu können") von Bedeutung. Lernende wählen dementsprechend Situationen mit für sie bislang unbekannten Pflegehandlungen oder solchen Pflegehandlungen aus, die von ihnen noch nicht sicher beherrscht und/oder mit spezifischem Können von Pflegepersonen in Verbindung gebracht werden. Auch die Möglichkeit zur Überprüfung des eigenen Könnens spielt eine wichtige Rolle.

Gelungene Lehr-/Lernsituationen beschreiben Lernende in erster Linie im Zusammenhang mit ihrem Lernerfolg und Bedingungen für erfolgreiches Lernhandeln, die sie durch Lehrende erfahren haben. Sie beziehen aber auch die Patientenperspektive ein, indem sie betonen, dass ihnen das Wohlbefinden und der Einbezug des Patienten in das Pflegehandeln im Rahmen einer Lehr-/Lernsituation ebenfalls wichtig sind.

Ein wichtiges Kriterium für erfolgreiche Lehrende im Praxisfeld ist aus Sicht der Lernenden deren Motivation für die Begleitung von Lernenden. Diese Erwartung stellen sie an Pflegepersonen mit Lehrbefugnis und reflektieren sensibel, wenn diese Erwartung enttäuscht wird, also formal für die Begleitung von Lernenden qualifizierte Pflegepersonen sich nicht für ihre Begleitung engagieren. Lehrende sollten nach Ansicht der Lernenden zudem über Wissen und Können im Handlungsbereich verfügen, Sachverhalte für Lernende verständlich erklären und Handlungserfolge und -erfordernisse an die Lernenden zurückmelden. Wichtig ist Lernenden insbesondere die Fähigkeit von Lehrenden, potenzielle Lernsituationen zu erkennen und ihnen einen (handelnden) Zugang zu diesen Situationen zu ermöglichen. Positiv wird auch die Fähigkeit von Lehrenden angemerkt, die Patientenperspektive in der Anleitungssituation zu berücksichtigen.

Die Bereitschaft der Lehrenden, das Handeln der Lernenden zuzulassen ist aus Sicht der Lernenden auch das entscheidende Kriterium für die Handlungsbeteiligung der Lernenden in Pflegesituationen, denn die Entscheidungen, wann sie wie in Pflegesituationen einbezogen werden, ist für Lernende nicht immer transparent. Dennoch sehen auch sie wichtige Bedingungsfaktoren für die eigene Handlungsbeteiligung im eigenen Wissens- und Könnensstand, im Anforderungsniveau der Patientensituation und in zeitlichen Rahmenbedingungen. Lernende berichten auch davon, dass sich bestimmte Aufgaben- verteilungen zwischen Lehrenden und Lernenden im Sinne einer Routine „einspielen"; diese entziehen sich häufig einem expliziten Begründungszusammenhang.

Lehrenden kommt also aus Sicht der Lernenden in Bezug auf den Zugang zu Lernsitua- tionen, ihre Handlungsbeteiligung in Pflegesituationen und auch im Hinblick auf die Strukturierung und Stützung der Lernenden im Lernprozess eine wesentliche Bedeutung zu. Es verwundert daher nicht und wird vor diesem Hintergrund nachvollziehbar, dass für Lernende in Bezug auf lernförderliche Rahmenbedingungen die Verfügbarkeit einer Bezugsperson während eines Praxiseinsatzes als wichtiger Faktor benannt wird. Hier fügt sich auch der Wunsch nach idealer und arbeitsorganisatorischer Unterstützung durch die Leitung und das Pflegeteam ein, der nicht zuletzt stark auf die personelle Zuordnung zu einer Pflegeperson zielt. Lehr-/Lern- bzw. Arbeitssituationen störungs- frei, ohne Unterbrechungen und mit ausreichend Zeit durchführen zu können ermöglicht Lernenden die Konzentration auf die Lernaufgabe und den Lernprozess und wird als weiteres wichtiges Element lernförderlicher Rahmenbedingungen benannt.

Aus Sicht der Lernenden ist die Einnahme einer lernbereiten Grundhaltung eine wichti- ge Eigenschaft erfolgreicher Lernender, die durch das Annehmen von Lernangeboten der Lehrenden und die Aufmerksamkeit für potenzielle Lernchancen gekennzeichnet ist. Lernende sollten sich ihrer Meinung nach aktiv zeigen: Mut zum eigenen Handeln ha- ben, sich für die eigenen Lerninteressen einsetzen (beispielsweise über Fragenstellen) und sich an Pflegepersonen orientieren, die ihnen etwas beibringen können (nicht nur an den ihnen zugeteilten). Sie bewerten auch die Anpassung an das jeweilige Pflegeteam als Erfolgsfaktor für das Lernen im Pflegeteam.

Eine positive Lehr-/Lern- bzw. Arbeitsbeziehung wirkt sich auch nach Ansicht der Lernenden lernförderlich aus: Sie ermöglicht eine kommunikative Öffnung, Lernende trauen sich dann vermehrt, Fragen zu stellen und die Rolle als Lernende einzunehmen. Herausfordernde Lehr-/Lern- bzw. Arbeitsbeziehungen sind für Lernende schwer hand- zuhaben, denn sie können nur wenig Einfluss auf die personelle Zuordnung im Pra- xiseinsatz nehmen. Manchmal werden solche Situationen durch andere Pflegepersonen kompensiert. Wichtigstes Merkmal einer positiven Lehr-/Lern- bzw. Arbeitsbeziehung ist für Lernende, dass sie in ihrer Rolle als lernende Berufsangehörige ernstgenommen werden. Für sie drückt sich das in erster Linie darin aus, dass sie eher als „Kollegen" angesehen und Zugang zu Aufgaben aus dem gesamten pflegerischen Handlungsspektrum bekommen und dass Lehrende eine lehrende Rolle einnehmen und interessiert daran sind, ihnen etwas zu vermitteln.

Gespräche über gemeinsam bearbeitete Pflegesituationen werden von Lernenden in erster Linie auf die Rückmeldung zu ihrem Handeln als Pflegende bezogen: Lehrende sollen Lernerfolge und -erfordernisse zurückmelden, aber zugleich auch Verbesserungsvorschläge und Handlungsalternativen aufzeigen. Lernende erfragen diese Rückmeldung auch, wenn sie seitens der Lehrenden ausbleibt. Der Austausch über Fragen und Herausforderungen, die sich in einer gemeinsam bearbeiteten Pflegesituation ergeben haben, wird seitens der Lernenden ebenfalls benannt, scheint aber insgesamt im Verhältnis zur Rückmeldung zum eigenen Handeln eher nachrangig zu sein.

6.2.5 Gruppenvergleich der Perspektiven von lehrenden Könnern und Lernenden auf das Lehren und Lernen im Praxisfeld Pflege

Es lässt sich festhalten, dass in vielen der in den Interviews thematisierten Aspekte eine hohe Übereinstimmung der Perspektiven von Lehrenden und Lernenden zu erkennen ist. Dies gilt insbesondere für die thematischen Bereiche „Erfolgreiche Lehrende/Lernende im Praxisfeld Pflege", „Lernförderliche Rahmenbedingungen" sowie für die Kernaspekte der thematischen Bereiche „Gelungene Lehr-/Lernsituationen", „Handlungsbeteiligung von Lernenden in Pflegesituationen", „Lern-/Arbeitsbeziehung" und „Gespräche über gemeinsam bearbeitete Pflegesituationen". Unterschiede der Perspektiven auf diese Bereiche stellen im engeren Sinn Nuancen oder Ergänzungen der jeweiligen Gruppen dar.

Deutlichere Unterschiede in den Perspektiven zeigen sich in den thematischen Bereichen „Lernhaltige Situationen im Praxisfeld" sowie „Auswahl von und Zugang zu Lernsituationen". Einen Überblick hierzu zeigt Anlage 22.

6.2.5.1 Thematischer Bereich „Lernhaltige Situationen im Praxisfeld"

Lehrende und Lernende betonen übereinstimmend den engen Zusammenhang zwischen „Lernen" und „Handeln" für Lernende. Für das Lernen im Praxisfeld Pflege scheint folglich für beide Gruppen die eigene Handlungserfahrung der Lernenden wesentlich zu sein: Lernen erfolgt durch und im Handeln.

Hinsichtlich der Lernhaltigkeit einer Situation fokussieren Lernende stärker die quantitative Erweiterung des eigenen Handlungsspektrums durch die Bearbeitung neuer, bislang unbekannter Pflegehandlungen unter Begleitung durch Lehrende. Sie erachten insbesondere solche Situationen als lernhaltig, in denen sie selbst handeln (dürfen), in denen sie über eine geringe Handlungssicherheit verfügen, die durch einen geringen

Bekanntheitsgrad einen hohen Lernanreiz und Aufforderungscharakter für sie besitzen und in denen das Handeln der Lernenden durch Lehrhandeln der Lehrenden gestützt wird. Für Lernende spielt demzufolge in Bezug auf die Lernhaltigkeit einer Pflegesituation die quantitative Erweiterung des eigenen pflegerischen Handlungsspektrums durch die Möglichkeit, selbst handeln zu können und dabei Unterstützung durch eine Pflegeperson zu erfahren, eine wesentliche Rolle. Diese Erweiterung des Handlungsspektrums wird für sie insbesondere dann spürbar, wenn sie bislang unbekannte, neue oder eher selten vorkommende pflegerische Handlungen selber und unter Aufsicht einer Pflegeperson durchführen können. Der Erwerb von Handlungssicherheit in bislang unbekannten Pflegesituationen unter Begleitung durch Lehrende und die eigene Handlungsbeteiligung stellen folglich wesentliche Charakteristika einer lernhaltigen Situation für die Lernenden dar.

Lernen und Arbeiten scheinen für Lernende damit eher separative Konzepte darzustellen: Um Lernchancen in Arbeitssituationen erkennen zu können und quasi aus dem „Arbeitsmodus" in den „Lernmodus" zu wechseln, scheint für Lernende ein starker externer Lernanreiz erforderlich – entweder indem die Situation selbst für sie unbekannt und neu ist und damit einen hohen Aufforderungscharakter besitzt oder indem Lehrende durch explizites Lehrhandeln Aufmerksamkeit für eine potenzielle Lernchance herstellen.

Demgegenüber erscheinen Lehren/Lernen und Arbeiten für Lehrende stärker integrative Konzepte darzustellen, denn sie betonen, dass prinzipiell jede Pflegesituation als Lernsituation genutzt werden kann. Seltene Ausnahmen bilden Situationen, in denen die Befindlichkeit der Akteure (Pflegeperson, Patient, Lernender) oder arbeitsorganisatorische Erfordernisse dem entgegenstehen. Lernsituationen entstehen aus alltäglichen Arbeits-/ Pflegesituationen – entscheidend für die Lernhaltigkeit einer Situation ist aus Sicht der Lehrenden das Lehr-/Lernhandeln der beteiligten Personen. Seitens der Lernenden ist dies insbesondere das Nutzen von Lehrenden als Modelle, von denen durch aufmerksames Beobachten und Zuhören in der Zusammenarbeit gelernt werden kann. In Bezug auf das Lehrhandeln halten Lehrende es für wichtig, Lernenden im Rahmen ihres Ausbildungsstandes selbstständiges Handeln und vollständige Handlungen im Lehr-/Lernprozess zu ermöglichen sowie eine gute Lerndiagnostik durch Beobachten des Handelns der Lernenden zu betreiben.

Inhaltlich beschreiben Lehrende Situationen, die das Einschätzen und Beurteilen individueller Patientensituationen ermöglichen bzw. erfordern, als besonders lernhaltig. Pflegehandlungen, die in diesem Kontext benannt werden, sind beispielsweise die Unterstützung von Patienten bei der Körperpflege oder die „Rundgänge" zu Beginn bzw. am Ende eines Dienstes durch die Patientenzimmer. Lehrende nutzen diese pflegerischen Handlungen, um „sich ein Bild von den Patienten zu machen", für die sie im Rahmen ihres Dienstes zuständig sind. Damit beschreiben sie streng genommen eine (implizite) Lehrintention und skizzieren ihr Bild einer kompetenten Pflegeperson. Während Lernende also die Erweiterung ihres eigenen pflegerischen Handlungsspektrums durch die Bearbeitung neuer, unbekannter Pflegesituationen als besonders lernhaltig empfinden, fokussieren Lehrende in Bezug auf die Lernhaltigkeit stärker die vertiefte Auseinandersetzung mit individuellen Patientensituationen und damit einen eher qualitativen Aspekt des Pflegehandelns. Vor dem Hintergrund der oben dargelegten Konzeptionen von Lernen und Arbeiten scheinen damit externe Hilfen durch Lehrende für die Identifikation dieser Lernchancen durch Lernende unerlässlich.

6.2.5.2 Thematischer Bereich „Auswahl von und Zugang zu Lernsituationen"

Für die Auswahl von und den Zugang zu Lernsituationen steht bei den Lernenden ihr individuelles Lerninteresse im Vordergrund. Motivationale Aspekte des Lerninteresses lassen sich auf persönliche Vorlieben, subjektiv empfundene Wissens- und Könnensdefizite sowie den Wunsch, komplexe Pflegehandlungen nach den in der schulischen Ausbildung erlernten Regeln durchführen zu können, zurückführen. Intentionale Aspekte des Lerninteresses thematisieren stärker das Erlangen von Handlungssicherheit und Routine durch Übung sowie den Nutzen der erlernten Handlungen für den eigenen Lernprozess. Das Lerninteresse bestimmt die Auswahl von Pflegesituationen als Lernsituationen; im Vordergrund stehen dabei – wie oben bereits dargelegt – neue, bislang unbekannte Pflegehandlungen oder Pflegehandlungen, die von den Lernenden noch nicht sicher beherrscht werden. Zugang erlangen Lernende zu Lernsituationen, indem sie ihr Lerninteresse gegenüber der für sie zuständigen Pflegeperson äußern.

Lehrende betonen demgegenüber, dass sich Lernsituationen aus alltäglichen Arbeits-/ Pflegesituationen ergeben. Eine gezielte Auswahl findet in aller Regel nicht statt – es sei denn, der zeitliche und organisatorische Rahmen erlaubt dies. Lehrende setzen aber sehr wohl inhaltliche Akzentuierungen über das spezifische Lernangebot des Handlungsbereichs, Lehrintentionen sowie Lernbedürfnisse und -bedarfe der Lernenden. In Bezug auf die Lehrintentionen äußern Lehrende, Lernenden Zugang zum gesamten pflegerischen Handlungsspektrum ermöglichen zu wollen; dies schließt explizit „besondere" und „anspruchsvolle" pflegerische Handlungen ein.

6.2.5.3 Thematischer Bereich „Erfolgreiche Lehrende im Praxisfeld Pflege"

Eine von Lehrbereitschaft und Motivation für die Begleitung von Lernenden geprägte Haltung, Wissen und Können im Handlungsbereich und die Bereitschaft, Lernenden Zugang zu Lernsituationen und eigenständigem Handeln zu ermöglichen sowie Lernerfolge und -erfordernisse an Lernende zurückzumelden zeichnen nach übereinstimmender Ansicht von Lehrenden und Lernenden erfolgreiche Lehrende im Praxisfeld Pflege aus. Lernende ergänzen darüber hinaus die Fähigkeit von Lehrenden, Sachverhalte verständlich zu erklären und heben die Berücksichtigung der Patientenperspektive in der

Anleitungssituation als positiv hervor. Sie differenzieren zudem zwischen der Lehrbefugnis, also der formalen Qualifikation als Praxisanleiter, und der Lehrbefähigung, der tatsächlichen Fähigkeit, Lernende zu begleiten: Beides geht aus Sicht der Lernenden günstigenfalls, aber nicht immer miteinander einher. Lehrende weisen ergänzend explizit auf die Fähigkeit zu strukturierter Anleitung und auf die prinzipielle Offenheit der Lehrenden auch für kritische Rückmeldungen der Lernenden hin. Sie sind sich zudem ihrer Modellfunktion für Lernende in Bezug auf das Pflegehandeln bewusst.

6.2.5.4 Thematischer Bereich „Erfolgreiche Lernende im Praxisfeld Pflege"

Eine hohe Übereinstimmung der Perspektiven von Lehrenden und Lernenden lassen sich auch in Bezug auf Eigenschaften und Fähigkeiten erfolgreicher Lernender im Praxisfeld Pflege feststellen: Eine lernbereite Grundhaltung, die insbesondere das Interesse und die Motivation zu lernen umfasst und sich durch das Annehmen von Lernangeboten der Lehrenden zeigt, wird von beiden Gruppen als wesentlich beschrieben. Für Lehrende ist es dabei außerdem wichtig, dass Lernende ihre Handlungsimpulse als Hilfestellung zur Weiterentwicklung auffassen und sie im Nachgang im eigenen Handeln umsetzen. Lehrende wie Lernende beschreiben zudem das Einnehmen einer aktiven Lernhaltung als ideal: Sie ist gekennzeichnet durch das Äußern eigener Lerninteressen, beispielsweise über Fragenstellen, sowie durch das aufmerksame Beobachten von Modellpersonen, während diese handeln. Lehrende betonen hierbei außerdem, dass Eigeninitiative der Lernenden bei der Auseinandersetzung mit eigenen Lerninteressen, das Verbinden von Theoriewissen mit praktischen Erfahrungen sowie das Einschätzen von Lernerfordernissen hilfreiche Eigenschaften von erfolgreichen Lernenden sind. Lernende empfehlen „Mut zum eigenen Handeln haben" als erfolgreiche Lernstrategie und beschreiben auch die Anpassung an das jeweilige Pflegeteam als Erfolgsfaktor für den eigenen Lernprozess.

6.2.5.5 Thematischer Bereich „Lernförderliche Rahmenbedingungen"

Eine hohe Übereinstimmung zwischen Lehrenden und Lernenden findet sich auch in Bezug auf lernförderliche Rahmenbedingungen: Lehr-/Lern- bzw. Arbeitssituationen störungsfrei, ohne Unterbrechungen und mit ausreichend Zeit durchführen zu können sowie ideelle und arbeitsorganisatorische Unterstützung des Lehr-/Lernhandelns zu erfahren, markieren aus Sicht von Lehrenden und Lernenden lernförderliche Rahmenbedingungen. Hierbei spielt die Dienstplangestaltung, die häufiges Zusammenarbeiten ermöglicht, ebenso eine wichtige Rolle, wie die Anerkennung des Lehr-/Lernhandelns durch die Leitung und die Mitglieder eines Pflegeteams, Für Lernende ist darüber hinaus die personelle Zuordnung zu einer Lehrenden und damit die Verfügbarkeit einer Bezugsperson während ihres Praxiseinsatzes ein wichtiger lernförderlicher Faktor.

6.2.5.6 Thematischer Bereich „Gelungene Lehr-/Lernsituationen"

Lernerfolge der Lernenden und das Gewährleisten von Wohlbefinden und Einbezug von Patienten in das Pflegehandeln markieren Gemeinsamkeiten der Perspektiven von Lehrenden und Lernenden auf gelungene Lehr-/Lernsituationen.

Für Lehrende ist dabei wichtig, dass die Lernerfolge und die Weiterentwicklung der Lernenden nicht zuletzt auch auf ihre Lehrimpulse zurückzuführen sind. Eine gute Zusammenarbeit mit Lernenden im Sinne einer erfolgreichen Kommunikation und Interaktion, die eine Verständigung über die Arbeitsaufgaben ermöglicht, sind für sie weitere wesentliche Merkmale gelungener Lehr-/Lernsituationen.

Gelungene Lehr-/Lernsituationen sind aus Sicht der Lernenden charakterisiert durch einen Lernerfolg, der ihnen ermöglicht, das Gelernte in einer neuen Pflegesituation umzusetzen. Zudem sehen sie eine Lernsituation als gelungen an, wenn sie durch Lehrende Bedingungen für erfolgreiches Lernhandeln erfahren. Hierzu benennen Lernende insbesondere verständliche Erklärungen und Begründungen durch die Lehrenden sowie strukturiertes und geplantes Vorgehen insbesondere dann, wenn die auszuführende Pflegehandlung für den Lernenden neu und/oder als herausfordernd eingeschätzt wird.

6.2.5.7 Thematischer Bereich „Handlungsbeteiligung von Lernenden in Pflegesituationen"

Lehrende wie Lernende betonen übereinstimmend die Bedeutung der Handlungsbeteiligung von Lernenden für das Lernen. Es ist die Grundhaltung der Lehrenden, Lernende handelnd zu beteiligen. Von Lernenden wiederum wird diese Grundhaltung der Lehrenden als grundlegende Bedingung und Voraussetzung für ihre Handlungsbeteiligung angesehen. Dabei werden der Wissens- und Könnensstand der Lernenden sowie zeitliche Rahmenbedingungen bzw. Arbeits- und Situationserfordernisse von beiden Gruppen als wesentliche Bedingungsfaktoren für Art und Umfang der Handlungsbeteiligung von Lernenden benannt.
Wenngleich Lernende angeben, dass Gründe für eine wechselnde Handlungsbeteiligung für sie nicht immer klar ersichtlich sind, sehen sie dennoch auch im Anforderungsniveau von Patientensituationen einen möglichen Bedingungsfaktor und bemerken auch eine typische, routinierte Aufgabenverteilung zwischen Lehrenden und Lernenden, die sich zwischen beiden einspielt und oft auch relativ unreflektiert eingenommen wird.

Aus Sicht der Lehrenden nehmen auch Lerninteressen und Lernbedarfe der Lernenden sowie das Anforderungsniveau einer Pflegehandlung Einfluss auf die Handlungsbeteiligung der Lernenden. Sie benennen Pflegehandlungen, die sie aus ihrer Verantwortung für Patienten heraus nie selbstständig von Lernenden ausführen lassen.

Lehrende bewerten die Einschätzung des Wissens- und Könnensstandes als sehr wesentlich, denn hiervon hängt entscheidend ab, ob und welche Aufgaben Lernenden teilweise und/oder vollständig übertragen werden können bzw. ob getrennte Arbeitssequenzen möglich sind. Dies verdeutlicht, dass sich Lehrende in erheblichem Maße für das Handeln der Lernenden verantwortlich fühlen – ob und inwieweit hierbei stärker auch pragmatische, arbeitsorganisatorische Aspekte eine Rolle spielen, blieb in den Aussagen der Lehrenden weitgehend offen. Die grundsätzliche Haltung der Lehrenden ist auf eine handelnde Beteiligung der Lernenden ausgerichtet: Lehrende versuchen, Lernende wann immer möglich in der handelnden Rolle zu belassen. Sie greifen unterstützend und/oder korrigierend ein, um das Handeln des Lernenden zu formen oder wenn die Sicherheit von Patienten gefährdet ist – betonen also auch hier sehr stark die Patientenperspektive.

6.2.5.8 Thematischer Bereich „Lern-/Arbeitsbeziehung"

Eine gute Lern-/Arbeitsbeziehung zwischen Lehrenden und Lernenden, die insbesondere durch das Ernstnehmen von Lernenden in ihrer Rolle als lernende Berufsangehörige gekennzeichnet ist, wird von Lehrenden und Lernenden übereinstimmend als lernförderlicher Faktor betrachtet. Wesentliches Element ist hierbei, Lernenden Zugang zum gesamten pflegerischen Handlungsspektrum zu ermöglichen und sie im Rahmen ihres Ausbildungsstandes als gleichwertige Teammitglieder zu betrachten. Dabei spielt häufigeres Zusammenarbeiten zwischen Lehrenden und Lernenden und Offenheit in der Kommunikation eine wichtige Rolle.

Lernende wie Lehrende beschreiben darüber hinaus auch herausfordernde Lern-/Arbeitsbeziehungen als Realität und benennen eine Reihe ursächlicher Faktoren: Lernende thematisieren hierbei insbesondere den Ausschluss von berufseigenen sowie die Delegation „unbeliebter" Aufgaben und fehlendes Interesse der Lehrenden am Lehren und an der Weiterentwicklung der Lernenden. Auch Lehrende sehen die Aufgabenverteilung aus „hierarchischen" Überlegungen heraus als Ursache einer herausfordernden Lern-/Arbeitsbeziehung. Darüber hinaus benennen sie die Ausgrenzung aus der Stationskultur sowie fehlende Offenheit für kritische Rückmeldungen der Lernenden als problematisch. Neben diesen, von Lehrenden ausgehenden Aspekten, werden jedoch auch Verhaltensweisen von Lernenden, insbesondere Grenzüberschreitungen, als belastende Faktoren benannt. Die Enttäuschung der jeweiligen Rollenerwartungen, also die fehlende Einnahme der Rolle als Lehrende bzw. als Lernende, stellt aus Sicht beider Gruppen folglich eine empfindliche Störung der Lern-/Arbeitsbeziehung dar.
Während Lernende aus Sicht beider Gruppen wenig Einfluss auf die personelle Zuordnung zu einem Lehrenden nehmen können, versuchen Lehrende herausfordernde Lern-/Arbeitsbeziehungen professionell zu gestalten oder aufzulösen, indem sie in (seltenen) Fällen die Begleitung eines Lernenden an Kollegen abgeben.

6.2.5.9 Thematischer Bereich „Gespräche über gemeinsam bearbeitete Pflegesituationen"

Gespräche über gemeinsam von Lehrenden und Lernenden bearbeitete Pflegesituationen beziehen sowohl Lehrende als auch Lernende in erster Linie auf das jeweilige Lehr-/Lernhandeln, insbesondere auf das Lernhandeln der Lernenden. Als zentraler Aspekt dieser Gespräche wird von beiden Gruppen die Rückmeldung der Lehrenden zum Handeln der Lernenden erachtet, die Lernerfolge und -erfordernisse in einem ausgewogenen Verhältnis und auf eine sensible Art und Weise sowie – aus Sicht der Lernenden – auch Verbesserungsvorschläge und Handlungsalternativen umfassen soll. Wenngleich sie die Initiative für Gespräche mit Lehrenden eher als von Lehrenden ausgehend beschreiben, erfragen Lernende diese Rückmeldung durchaus auch eigeninitiativ und nutzen Gesprächssituationen, um Fragen und Herausforderungen, die sich in einer Pflegesituation ergeben haben, zu thematisieren. Lehrende betonen die Verständigung über das weitere Lehr-/Lernhandeln als wesentlichen Faktor und machen deutlich, dass ihnen auch an einer Rückmeldung der Lernenden zum Lehr-/Lernprozess gelegen ist.

Lernende beziehen Gespräche über gemeinsam mit Lehrenden bearbeitete Pflegesituationen stärker auf Rückmeldungen zu ihrem Handeln – auch das Thematisieren von Fragen und Herausforderungen, die sich in den jeweiligen Pflegesituationen ergeben haben, werden letztlich auf das eigene pflegerische Handeln bezogen – es wird im Nachhinein erklärt oder rückversichert. Demgegenüber betonen Lehrende auch den gemeinsamen Austausch über die Einschätzung von Patientensituationen als Gesprächsinhalt. Lehrende geben der Einschätzung der Lernenden hiermit Bedeutung, beziehen auch hier die Patientenperspektive mit ein und vermitteln zudem eine aus ihrer Sicht wesentliche Lernintention.

6.3 Lehren und Lernen im Praxisfeld Pflege gestalten – Zusammenführung und Diskussion der Ergebnisse aus teilnehmender Beobachtung und Interviews

Welchen Aufschluss geben nun die Ergebnisse aus teilnehmender Beobachtung und Interviews in Bezug auf die eingangs formulierte Forschungsfrage nach der Gestaltung von Lehr-/Lernprozessen im Praxisfeld Pflege aus Sicht von lehrenden Könnern und Lernenden?

Die Ergebnisdarstellung in qualitativen Triangulationsstudien sollte nach Flick sicherstellen, dass

> „die verschiedene[n][25] methodischen Vorgehensweisen für sich genommen transparent gemacht werden, dass weiterhin nachvollziehbar wird, wie die Triangulation konkret an-

---

25   Einfügung der Verfasserin.

gewendet wurde und dass Beispiele für die Verknüpfung etwa von Ergebnissen gegeben werden. Schließlich sollte aus der Darstellung deutlich werden, warum die Triangulation eingesetzt wurde und warum sie angemessen bzw. notwendig war" (Flick 2008, S. 106).

Die Darstellung der Vorgehensweisen bei der Analyse und Auswertung der episodischen Interviews einschließlich des Gruppenvergleichs sowie der teilnehmenden Beobachtungen findet sich in den Kapiteln 5 sowie 6.1 und 6.2. Im Folgenden werden die Ergebnisse der Auswertung aus den episodischen Interviews mit den lehrenden Könnern und Lernenden sowie der teilnehmenden Beobachtung zusammengeführt und hinsichtlich ihrer Aussagekraft zur Gestaltung von Lehr-/Lernprozessen dargestellt. Die triangulative Anlage der vorliegenden Studie ermöglicht dabei, beide Ebenen – das in den Interviews thematisierte Wissen und das im Rahmen der Beobachtungen untersuchte Handeln der Studienteilnehmer in Bezug auf Lehren und Lernen im Praxisfeld Pflege – miteinander in Bezug zu setzen.

Die Ergebnisdarstellung erfolgt dabei entlang der eingangs formulierten Forschungsfragen:[26]
Es werden zunächst die Ergebnisse aus teilnehmender Beobachtung und Interviews im Hinblick auf die Forschungsfragen nach Art und Auswahl lernhaltiger Situationen im Praxisfeld Pflege aus Sicht der lehrenden Könner und der Lernenden thematisiert, bevor die Ergebnisse zu Annahmen und Konzepten von gelingendem bzw. erfolgreichem Lehren und Lernen, die der Gestaltung von Lehr-/Lernprozessen im Praxisfeld Pflege zugrunde liegen, dargestellt werden. Hieran schließen sich die Ergebnisse zu Annahmen der lehrenden Könner und Lernenden zu erfolgreichen Lehrenden und Lernenden sowie zu Lehr-/Lernstrategien an. Das Kapitel endet mit der Darstellung der Ergebnisse zum Einfluss von Lernatmosphäre, Lehr-/Lernkonstellation und didaktischem Dialog zwischen lehrenden Könnern und Lernenden auf Lehr-/Lernprozesse im Praxisfeld Pflege.

6.3.1 Lehren/Lernen und Arbeiten: Lehr-/Lernsituationen im Arbeitsalltag identifizieren und nutzen

In Bezug auf Art und Auswahl von Lehr-/Lernsituationen lassen sich folgende Ergebnisse festhalten: **Lehr-/Lernsituationen ergeben sich im Praxisfeld Pflege aus alltäglichen Arbeits-/Pflegesituationen,** sie werden nicht künstlich hergestellt. **Lehrende Könner betonen dabei, dass prinzipiell jede Pflegesituation** potenziell lernhaltig ist und **zu einer Lernsituation werden kann.** Nur wenige Ausnahmen werden seitens der lehrenden Könner benannt, die sich in erster Linie auf die mangelnde Befindlichkeit der Akteure (Lehrende, Lernende, Patienten) beziehen. Im Umkehrschluss bedeutet dies

---

26 Auf das erneute Anführen von Textstellen im Sinne von „Belegen" für die getroffenen Aussagen wird in diesem Teil weitgehend verzichtet, um unnötige Redundanzen zu vermeiden. Im Text werden jeweils Verweise auf diejenigen Auswertungspassagen angegeben, in denen der geneigte Leser eine ausführliche Darstellung der Ergebnisse findet.

auch, dass lehrende Könner unter Ausnahme der benannten Situationen grundsätzlich bereit sind und sich in der Lage dazu fühlen, alle Pflegesituationen als Lehr-/Lernsituationen mit Lernenden zu bearbeiten (s.a. 6.2.2.1).

Die Perspektiven von lehrenden Könnern und Lernenden in Bezug auf die Lernhaltigkeit von Pflegesituationen differieren. Lernhaltige Situationen sind aus Sicht der Lernenden sowohl gekennzeichnet durch den Erwerb von Handlungssicherheit in bislang unbekannten Pflegesituationen unter Begleitung durch Lehrende als auch durch die eigene Handlungsbeteiligung; sie haben in Bezug auf die Lernhaltigkeit stärker die quantitative Erweiterung des eigenen Handlungsspektrums durch die Bearbeitung neuer, für sie bislang unbekannter Pflegesituationen im Blick. Lehrende Könner halten demgegenüber prinzipiell alle Arbeits-/Pflegesituationen für potenziell lernhaltig; einen Fokus legen sie stärker auf die vertiefte Auseinandersetzung mit individuellen Patientensituationen und damit auf einen eher qualitativen Aspekt des Pflegehandelns (s.a. 6.2.5.1). Arbeits-/Pflegesituationen werden aus ihrer Sicht durch das Handeln der beteiligten Akteure zu Lehr-/Lernsituationen. Damit scheinen Lernen und Arbeiten für lehrende Könner eher integrative, für Lehrende eher separative Konzepte darzustellen.

Ob eine Arbeits-/Pflegesituation in eine Lehr-/Lernsituation überführt wird, hängt damit in erster Linie von der Fähigkeit und Bereitschaft der Lehrenden und Lernenden ab, von der Arbeits-/Pflegesituation ausgehende Impulse als potenzielle Lehr-/Lernanlässe aufzufassen und ihr Handeln als Pflegende um Lehr-/Lernaktivitäten zu ergänzen und anzureichern. Insbesondere in der im Rahmen der teilnehmenden Beobachtung ermittelten Kategorie „Lehr-/Lernsituationen identifizieren und nutzen" werden Aktivitäten von lehrenden Könnern und Lernenden erfasst, die dazu beitragen, Arbeits-/Pflegesituationen im beruflichen Alltag in Lehr-/Lernsituationen zu überführen. Hierzu gehören seitens der lehrenden Könner Lernangebote an die Lernenden, das Erfragen von Wissen der Lernenden sowie das Aufgreifen und Nutzen von Gelegenheiten zur expliziten Wissensvermittlung an die Lernenden. Lernende wiederum nehmen die Lernangebote der lehrenden Könner an, beantworten deren Wissensfragen und äußern individuelle Lerninteressen (s.a. 6.1.2). Die Impulse für die benannten Aktivitäten gehen – wie eingangs dargestellt – von alltäglichen Arbeits-/Pflegesituationen aus: Anfallende Arbeitsaufgaben, Pflegesituationen, Anfragen von Patienten etc. können Lernanlässe bereitstellen. Entscheidend für die Überführung in eine Lehr-/Lernsituation ist, dass die Akteure die potenzielle Lehr-/Lernhaltigkeit einer Arbeits-/Pflegesituation erkennen, den Impuls als Lernanlass auffassen und das Pflegehandeln um Lehr-/Lernaktivitäten erweitern. Das Lehr-/Lernhandeln von lehrenden Könnern und Lernenden, ihre Bereitschaft und Fähigkeit, eine Arbeits-/Pflegesituation – mehr oder weniger in der Situation selbst – als potenziellen Lehr-/Lernanlass zu begreifen, ist damit der entscheidende Faktor für die Modulation einer Arbeits-/Pflegesituation in eine Lehr-/Lernsituation – und weniger die Art und Beschaffenheit der Situation selbst. Vor diesem Hintergrund sind auch die Aussagen der lehrenden Könner im Rahmen der Interviews zu interpretieren, nach denen keine gezielte Auswahl von Pflegesituationen als Lernsituationen stattfindet, sondern eine individuelle Akzentuierung bzw. Bewertung der Arbeits-/Pflegesituation anhand von subjektiven Lernbedürfnissen und/oder objektiven Lernbedarfen der Lernenden sowie Lehrintentionen der Lehrenden erfolgt (s.a. 6.2.2.2).

Lehrenden kommt im Hinblick auf die Identifikation von Lehr-/Lernsituationen die gegenüber den Lernenden bedeutendere Rolle zu. Insgesamt entstand vor allem im Rahmen der teilnehmenden Beobachtungen der Eindruck, als seien es stärker die Lehrenden, die von Arbeits-/Pflegesituationen ausgehende Impulse als potenzielle Lernanlässe auffassten. Hierin scheint auch die eigentliche Leistung der Lehrenden zu liegen: Eine Arbeits-/Pflegesituation nämlich nicht ausschließlich in Bezug auf die zu bearbeitende Aufgabe zu betrachten, sondern gleichzeitig auch dahingehend zu bewerten, inwieweit ihr eine Lernchance für die Lernenden innewohnt, Lernenden entsprechend Lernangebote zu unterbreiten und ihnen auf diese Weise zu helfen, potenzielle Lernchancen zu entdecken und zu nutzen. Dies kann als selbstgesteuerte, eigeninitiative Leistung und damit als volitionaler Anteil der Kompetenz von lehrenden Könnern begriffen werden – die Bereitschaft nämlich, Arbeits-/Pflegesituationen als Lernanlässe zu begreifen und zielgerichtet in Lehr-/Lernsituationen zu überführen.[27]

Lernende erschienen während der teilnehmenden Beobachtungen stärker in der reaktiven Rolle, indem sie Lernangebote der Lehrenden annahmen und deren Wissensfragen beantworteten – es konnte nur vereinzelt beobachtet werden, dass Lernende von Arbeits-/Pflegesituationen ausgehende Impulse als Lernanlässe auffassten, beispielsweise indem sie Fragen an die Lehrenden richteten. Anlässe hierfür waren insbesondere Grenzen des eigenen Wissens- und Könnensstandes, die das Handeln der Lernenden blockierten (s.a. 6.1.2.4). Auch dies erscheint komplementär zu den in den Interviews benannten Aspekten der Lernhaltigkeit aus Sicht der Lernenden: Es bedarf eines starken Lernanreizes, in Form eigener Handlungsbeteiligung und/oder eines geringen Bekanntheitsgrades der auszuführenden Pflegehandlung, damit Lernende eine Arbeits-/Pflegesituation für sich als lernhaltig erkennen und bewerten. Bieten Arbeits-/Pflege-

---

27 Volition bezieht sich auf „Prozesse und Phänomene, die mit der konkreten Realisierung von Zielen im Handeln zu tun haben" (Achtziger/Gollwitzer 2015). Volitionale Prozesse befördern die Umsetzung von Zielen in Handlungen; volitionale Strategien tragen dazu bei, an zielgerichteten Handlungen festzuhalten, auch wenn Hindernisse auftreten. Motivation und Volition werden als wichtige Komponenten der Handlungsregulierung angesehen, beispielsweise im so genannten Rubikon-Modell der Handlungsphasen. Demnach gliedert sich eine Handlung in vier aufeinander folgende Phasen: prädesizionale, präaktionale, aktionale und postaktionale Phase. Während motivationale Prozesse stärker in der prädesizionalen und postaktionalen Phase wirken, spielen volitionale Prozesse und Strategien in dem von Heckhausen und Gollwitzer 1987 beschriebenen Modell insbesondere im Zusammenhang mit der Initiierung und Planung von Handlungszielen (präaktionale Phase) sowie der Handlungsausführung (aktionale Phase) eine wesentliche Rolle (Achtziger/Gollwitzer 2009, S. 150 ff.).

situationen dies nicht, benötigen Lernende unterstützende externe Hilfen, um die potenzielle Lernhaltigkeit einer Situation erkennen zu können.

Damit scheint Lehrenden die gegenüber Lernenden bedeutendere Rolle im Hinblick auf die Identifikation von Lehr-/Lernsituationen zuzukommen. Im Umkehrschluss bedeutet dies auch, dass potenzielle Lernchancen im Praxisfeld Pflege ungenutzt verstreichen und das Lernen für Lernende schwieriger wird, wenn Lehrende über diese Fähigkeit und Bereitschaft nicht verfügen. Es ist wahrscheinlich, dass sich dieser Effekt potenziert, wenn ein Lernender über wenig Eigenaktivität und eine geringe (Selbst-)Lernkompetenz verfügt: Je geringer die (Selbst-) Lernkompetenz eines Lernenden, desto stärker folglich die Bedeutung des Lehrhandelns in Bezug auf die Identifikation von Lernsituationen.

Lernende mit geringer (Selbst-)Lernkompetenz scheinen also in stärkerem Maße darauf angewiesen, dass sie von Lehrenden auf die Lernhaltigkeit einer Pflegesituation und potenzielle Lernchancen aufmerksam gemacht werden. Je weniger Lernende über diese Fähigkeit verfügen, desto weniger wahrscheinlich ist es, dass sie auch aus impliziten Lernsituationen lernen, also dann, wenn ein Lehrender nicht explizit auf die Lernhaltigkeit einer Pflegesituation hinweist. Im Rahmen der teilnehmenden Beobachtungen war dies beispielsweise der Fall, wenn gemeinsame „Rundgänge" durch die Patientenzimmer von Lehrenden für die Einschätzung von Patientensituationen genutzt wurden, Lernende jedoch hier stark auf das „Abarbeiten" von pflegerischen Routinehandlungen (Erfassen der Vitalwerte etc.) fokussiert waren. Ohne das explizite Herstellen der Aufmerksamkeit der Lernenden für diesen Aspekt durch die Lehrenden verstrichen aus Sicht der Beobachterin vorhandene Lernchancen, wie beispielsweise das Führen von Informationsgesprächen oder das Gestalten von Aushandlungsprozessen mit Patienten, von den und für die Lernenden ungenutzt (s.a. 6.1.2.4).

Das Nutzen von Lernanlässen erscheint bei den Lehrenden als intrinsisch motivierte, volitionale Leistung, die sie parallel bzw. zusätzlich zu ihrer Verantwortung, den Fortgang des Arbeitsablaufs sicherzustellen, erbringen. Bei Lernenden konnte sie häufiger als eine extrinsisch motivierte Leistung beobachtet werden, nämlich dann, wenn sie beispielsweise durch Fragen von Patienten oder bei selbstständig oder unter Aufsicht ausgeführten Pflegehandlungen an die Grenzen ihres Wissens- und Könnensstandes stießen und auf diese Weise Lehrende um Rat fragen mussten.

6.3.2 Lehren/Lernen im Praxisfeld Pflege: Lehren und Lernen im und durch Handeln

In beiden methodischen Zugängen zum Lehren und Lernen im Praxisfeld Pflege wurde immer wieder deutlich, dass eine enge Verbindung zwischen „Lernen" und „Handeln" bzw. zwischen „Lehren" und „Handeln lassen" sowohl für lehrende Könner als auch für Lernende besteht. Dieses – im besten Sinne – **handlungsorientierte Lehr-/Lern-**

verständnis zieht sich wie ein „roter Faden" durch die Interviewaussagen beider Befragungsgruppen zu lernhaltigen Situationen, gelungenen Lehr-/Lernsituationen, Eigenschaften erfolgreicher Lehrender und Lernender sowie zur Lern-/Arbeitsbeziehung und beeindruckt auch in den Ergebnissen der teilnehmenden Beobachtungen. Dort umfasst die Kategorie „Lernende handelnd beteiligen" eine Reihe von Aktivitäten lehrender Könner, die Lernenden „handelndes Lernen" im Arbeitsalltag durch stützende Interventionen ermöglichen.[28]

Aus Sicht beider Gruppen scheint folglich die eigene Handlungserfahrung der Lernenden für einen erfolgreichen Lernprozess und ein gutes Lernergebnis wesentlich zu sein: **Lernen erfolgt sowohl aus Sicht der Lehrenden als auch aus der der Lernenden durch und im Handeln.**

> *„Wenn's einem erklärt wird und wo man's direkt selber machen kann, also unter Anleitung durchführen kann."* (A2/21)

Dieses Lernverständnis zeigt sich komplementär auch im Lehrverständnis beider Gruppen: **Lehren bedeutet** zu einem wesentlichen Teil, das Handeln der Lernenden zuzulassen und zu stützen, um ihnen so zu **ermöglichen, durch eigenes Handeln zu lernen**. Diese Haltung erscheint als Grundhaltung der lehrenden Könner.

> *„Weil ich der Meinung bin, ein Schüler kann's wirklich auch nur lernen: learning by doing, wissen Sie."* (P1/58)

> *„Also, wenn die Lernenden selbstständig oder selber etwas machen können. Also wenn sie die Pflegetechnik selber machen, wenn sie es sich angucken, das ist okay, aber wenn sie's dann selber machen müssen, das hat den größten Lerneffekt, wenn sie's selber machen müssen."* (P4/11.1, 11.2)

Die Handlungsbeteiligung von Lernenden erfolgt seitens der lehrenden Könner nicht unreflektiert; vielmehr ist sie an eine Reihe von Bedingungsfaktoren geknüpft, die im Vorfeld der Beteiligung eingeschätzt und bewertet werden. Aus Sicht der lehrenden Könner – aber auch aus Sicht der Lernenden – nimmt hierbei der Wissens- und Könnensstand der Lernenden eine prominente Rolle ein: er wird zu Beginn einer gemeinsamen Arbeitsphase eingeschätzt, um Entscheidungen über Art und Umfang der Handlungsbeteiligung von Lernenden treffen zu können. Die wichtigsten Strategien, die hierbei zum Einsatz kommen, sind das gemeinsame Arbeiten unter wiederholtem Beobachten der Lernenden beim Handeln und direktes Erfragen von Wissen und Können von den Lernenden. Diese Einschätzung ist nicht nur für die Entscheidung, ob Pflegehandlungen vollständig oder teilweise delegiert werden, bedeutsam. Sie gibt Lehrenden auch Hinweise darauf, in welchem Maß sie bei einer Pflegehandlung der Lernenden mit einer Intervention ihrerseits rechnen müssen.

---

28   Die ausführliche Darstellung der Beobachtungsergebnisse zur Kategorie „Lernende handelnd beteiligen" mit den stützenden Interventionen der lehrenden Könner findet sich in Kapitel 6.1.3.

Lehrende Könner nehmen also im Hinblick auf die handelnde Beteiligung der Lernenden eine **Einschätzung der Passung zwischen Wissens- und Könnensstand der Lernenden** einerseits **und dem Anforderungsniveau der zu erbringenden Pflegehandlung** andererseits vor. Beide sind zu einem gegebenen Zeitpunkt feststehende und nicht beeinflussbare Größen. Die eigentliche Leistung der lehrenden Könner besteht folglich darin, die Komplexität der in der Realität bestehenden Pflegesituation durch Art und Intensität eigener, das Handeln der Lernenden stützender Interventionen auf ein für die Lernenden angemessenes und bearbeitbares Maß zu reduzieren, um erfolgreiches Handeln der Lernenden zu ermöglichen.

Lehrende Könner ermöglichen Lernenden durch diese stützenden Interventionen, in der handelnden Rolle bei der Durchführung einer Pflegehandlung zu verbleiben, auch wenn diese an die Grenzen ihres Wissens- und Könnensstandes stoßen. Sie supervidieren, setzen verbale Impulse, indem sie Lernende instruieren, bestätigen, Handlungstipps geben, Vorgehensweisen handlungsbegleitend erläutern, und sie übernehmen ggf. Teilhandlungen, wie beispielsweise die begleitende Kommunikation mit Patienten, um Lernenden die Konzentration auf die Durchführung der Pflegehandlung zu ermöglichen. In seltenen Fällen werden Handlungen der Lernenden auch vollständig übernommen, wenn Unterstützungsleistungen der lehrenden Könner nicht ausreichen, um die Handlung erfolgreich auszuführen, oder wenn das Patientenwohl gefährdet ist.

Art und Intensität der Interventionen variieren in Abhängigkeit von der oben beschriebenen Passung zwischen Anforderungsniveau der Pflegehandlung und dem Wissens- und Könnensstand der Lernenden. Im Rahmen der teilnehmenden Beobachtungen entstand der Eindruck, dass – abhängig vom Wissens- und Könnensstand der Lernenden in Bezug auf eine Pflegehandlung – eine Staffelung des Interventionsgrades von „Supervidieren" über „Verbal stützen", „Teilhandlungen übernehmen" bis hin zur „Übernahme der Pflegehandlung" erfolgt. Die stützenden **Interventionen markieren indirekte didaktische Leistungen der lehrenden Könner**; die Entscheidungen darüber, in welcher Form interveniert wird, fallen in der Situation mit dem Patienten. Bei den Beobachtungen entstand der Eindruck, dass alle diese Aktivitäten der lehrenden Könner vorrangig auf das Stützen und Belassen der Lernenden in der handelnden Rolle gerichtet waren; Hier wird erneut deutlich, welch prominente Bedeutung lehrende Könner dem „Selbermmachen" der Lernenden im Hinblick auf das Lernen zuschreiben. Dies verlangt aber auch, dass sie ihrerseits die auszuführende Pflegehandlung in hohem Maße beherrschen, um die Perspektive des Lernenden einnehmen und sich begleitend mitteilen zu können.

Das „Handeln lassen" der Lernenden erfordert **Unterstützungs- und Kontrollaktivitäten seitens der lehrenden Könner**. Sie bewegen sich dabei **im Spannungsfeld zwischen der lernförderlichen Gestaltung des Arbeitsalltags und der Gewährleistung von Sicherheit für die Patienten**. Arbeiten und Lehren/Lernen stehen im Praxisfeld Pflege in einem ambivalenten Verhältnis zueinander. Dies verdeutlicht auch die Parallelität der eher arbeitsorganisatorisch ausgerichteten Kategorie „Den Fortgang des Arbeitsablaufs sicherstellen" einerseits und den eher didaktisch ausgerichteten Kategorien „Lehr-/Lernsituationen identifizieren und nutzen" sowie „Lernende handelnd beteiligen" andererseits. Arbeits-/Pflegesituationen und Lehr-/Lernsituationen existieren jedoch nicht nebeneinander im Sinne einer quantitativen „Doppelung von Situationen"; vielmehr werden Arbeits-/Pflegesituationen durch das Handeln von Lehrenden und Lernenden in Lehr-/Lernsituationen überführt, indem sie qualitativ über Lehr-/Lernhandeln ergänzt bzw. angereichert werden. Dabei nehmen insbesondere die lehrenden Könner Einfluss darauf, ob und in welchem Maße bzw. in welcher Form Arbeits-/Pflegesituationen zu Lehr-/Lernsituationen werden. Lehr-/Lernsituationen bleiben aber in jedem Fall Arbeits-/Pflegesituationen: Lehrende Könner müssen sowohl den Arbeitsablauf in einem Bereich insgesamt sicherstellen als auch die Sicherheit für den jeweiligen Patienten in einer Pflegesituation, in der Lernende in der führend handelnden Rolle sind, gewährleisten. Zudem tragen sie auch Sorge für das Ermöglichen von Lernerfahrungen und den Lernerfolg der Lernenden.

> „Und, na ja, also insgesamt muss man natürlich schon 'ne gewisse Menge Engagement mitbringen, dass man das halt schon macht, weil von den Kollegen wird es oft so gesehen ‚Na ja, du hast ja den Schüler, der macht das ja alles für dich'. Aber grundsätzlich ist es ja immer noch einer mehr, auf den man aufpasst. Man passt auf den Patienten auf und auf den Schüler. Und so dieses, da braucht man schon das Wollen, das auch immer so zu machen, grade wenn man wirklich dann so einen Schüler nach dem anderen hat und irgendwie nie Luft hat, braucht man schon, muss man schon was mitbringen". (P6/38.5, 38.6)

> „Also, ich hatte vor einem Jahr mal 'ne Zeit, das lag zum Teil an der Auszubildenden, die halt sehr schüchtern war und wo ich auch innerhalb von, vier Wochen war die da und dann noch mal vier Wochen, also kaum 'ne Verbesserung, so was die Kommunikation angeht. Ich hatte da auch den Eindruck, dass da wenig, halt wenig Interesse besteht und wo, was ich natürlich auch angesprochen habe, vorher schon mal, ist ja klar, da kann man, das mach ich dann schon, und da hab ich dann selber zu meiner Gruppenleitung gesagt, also da ging's mir selber nicht gut mit. Erst mal, weil ich das Gefühl hatte, dass ich auch irgendwas nicht richtig mache. Ich wusste auch nicht, wie ich das angehen soll in dem Augenblick. Das ist aber ein Extrembeispiel. und das war dann auch 'ne Zeit, wo ich dann überarbeitet war, weil, es ist häufig so, dass der Praxisanleiter mit den Auszubildenden zumindest ab dem 2. Jahr in einem Bereich alleine ist. Wir arbeiten also hier auf der Station immer zu zweit in einem Bereich. Das sind maximal 15 Patienten. Ich selber mache das gerne, mit Auszubilden zu arbeiten. Es ist anstrengend insofern für mich, dass ich immer alleine zu 100 % die volle Verantwortung trage, wohingegen wenn zwei Examinierte in einem Bereich arbeiten, sich die auch immer die Kopfarbeit teilen. Geht nicht um das Körperliche. Es geht um die Verantwortung in dem Bereich". (P4/44.1, 44.2)

Beide Aussagen verdeutlichen das Spannungsfeld zwischen der lernförderlichen Gestaltung des Arbeitsalltags und der Gewährleistung des Arbeitsablaufs und von Sicherheit für Patienten, in dem sich insbesondere die lehrenden Könner bewegen: Arbeiten und Lehren/Lernen können sich ergänzen und „Hand in Hand gehen" – sie können aber auch miteinander konkurrieren. Häufig führt dies dazu, dass Letzteres hinter den Erfordernissen des ersten zurücktritt.

Die Bedeutung, die beide Gruppen der eigenen Handlungserfahrung der Lernenden für einen erfolgreichen Lernprozess und ein gutes Lernergebnis zumessen und die enge Verschränkung von Lehren/Lernen und Arbeiten, wird unterstrichen durch die Aspekte, die eine Lehr-/Lernsituation zu einer gelungenen Lehr-/Lernsituation machen: Für Lernende ist hierbei der Lernerfolg, der ihnen ermöglicht, das Gelernte in einer neuen Pflegesituation umzusetzen, wesentlich; für Lehrende ist zusätzlich wichtig, dass der Lernerfolg der Lernenden nicht zuletzt auf ihre Lernimpulse zurückzuführen ist. Beide Gruppen betonen zudem, dass eine Lehr-/Lernsituation nicht von der Pflegesituation losgelöst betrachtet werden kann: Gemeinsam bearbeitete, gelungene Pflegesituationen sind immer auch eng verbunden mit dem Wohlbefinden und dem Einbezug der zu pflegen Menschen in das Pflegehandeln.[29]

6.3.3 Erfolgreiches Lehren und Lernen im Praxisfeld Pflege: Lehr-/ Lernstrategien und Modellpersonen nutzen

Beide methodischen Zugänge eröffnen einen breiten Blick auf die von lehrenden Könnern und Lernenden eingesetzten Lehr-/Lernstrategien, die als hilfreich für das Erreichen von Lehr-/Lernerfolgen erachtet werden. Dabei wird deutlich, dass die Perspektiven von lehrenden Könnern und Lernenden sowohl in den Aussagen im Rahmen der Interviews als auch in der Zusammenschau mit den Ergebnissen der teilnehmenden Beobachtungen einen hohen Grad der Übereinstimmung bieten.

Lernbereitschaft und die **Einnahme einer aktiven Lernhaltung**, die sich u.a. im Äußern von Lerninteressen, der Annahme von Lernangeboten der Lehrenden und der Orientierung des eigenen Handelns an lehrenden Modellpersonen zeigt, werden von beiden Gruppen als positive Eigenschaften und erfolgreiche **Lernstrategien** für Lernende benannt.[30] Insbesondere das Annehmen von Lernangeboten konnte auch im Rahmen der teilnehmenden Beobachtungen beobachtet werden. Wenngleich „aktive Lernende" als Ideal sowohl von lehrenden Könnern als auch von Lernenden im Rahmen der Interviews beschrieben wurden, kam das Äußern von und Eintreten für Lerninteressen, von den Lernenden als wesentliche Lernstrategie benannt, in den Zeiträumen der Beobachtungen nur vereinzelt vor – dann vor allem in Form von Fragen an die lehrenden Könner, wenn Lernende bei der Durchführung einer Pflegehandlung an die Grenzen ihres Wissens- und Könnensstandes stießen, in ihrem Handeln blockiert wurden und Lehrende um Rat fragen mussten. Zugleich bewerteten die Lernenden in den anschlie-

---

29 Die ausführliche Darstellung der Annahmen von Lehrenden zu gelungenen Lehr-/Lernsituationen findet sich im Kapitel 6.2.2.6; die der Lernenden im Kapitel 6.2.4.6. Kapitel 6.2.5.6 zeigt den Gruppenvergleich.

30 Die ausführliche Darstellung von Eigenschaften erfolgreicher Lerner und Lernstrategien aus Sicht der Lehrenden findet sich im Kapitel 6.2.2.4, die diesbezügliche Sicht der Lernenden ist in Kapitel 6.2.4.4 aufgeführt. Kapitel 6.2.5.4 zeigt den Gruppenvergleich.

ßenden Interviews jedoch generell die Arbeit mit den lehrenden Könnern an den Beobachtungstagen in Bezug auf die Lernförderlichkeit als ausgesprochen positiv. Neben dem Einfluss der Beobachtungssituation selbst könnte also auch der lernförderliche Rahmen an den Beobachtungstagen ein möglicher Grund für die Zurückhaltung der Lernenden in Bezug auf das Eintreten für eigene Lerninteressen gewesen sein.

Lehrbereitschaft und **Wissen und Können im Handlungsbereich** stellen grundlegende Eigenschaften und Kompetenzen von Lehrenden sowohl aus Sicht der lehrenden Könner als auch aus Sicht der Lernenden dar. In Bezug auf konkrete **Lehrstrategien** steht auch hier wieder der Aspekt, **Lernenden Zugang zum Pflegehandeln zu ermöglichen**, im Vordergrund. Als weitere Lehrstrategien werden in den Interviews Offenheit für (kritische) Rückmeldungen der Lernenden, die Rückmeldung von Lernerfolgen und -erfordernissen sowie die Fähigkeit zur strukturierten Anleitung und einer für die Lernenden verständlichen Erklärung benannt.[31] Alle diese Strategien kamen seitens der lehrenden Könner auch im Rahmen der Beobachtungszeiträume zum Einsatz; eine Regelhaftigkeit konnte insbesondere in Bezug auf Art und Intensität unterstützender Interventionen bei der Durchführung von Pflegehandlungen durch Lernende beobachtet werden.

Lernende differenzieren zwischen der Lehrbefähigung und der Lehrbefugnis von Lehrenden: die formale Lehrbefugnis durch eine Qualifizierung als Praxisanleiter/in ist für sie nicht immer gleichbedeutend mit der Befähigung zum Lehren und aus ihrer Sicht gegebenenfalls notwendige, aber keinesfalls hinreichende Bedingung für erfolgreiches Lehren im Praxisfeld Pflege.[32] Dennoch hat die Lehrbefugnis eine orientierende Funktion für Lernende – grundsätzlich sehen sie vorrangig in Praxisanleitern die Personen, die mit ihnen Lehr-/Lernprozesse gestalten. Entsprechend werden Situationen als besonders herausfordernd und enttäuschend erlebt, in denen die Lehrbefugnis in scheinbarem Widerspruch zur gelebten Lehrpraxis steht, Praxisanleiter also ihrer Aufgabe als Lehrende im Praxisfeld aus Sicht der Lernenden nicht adäquat nachkommen.

---

31 Die ausführliche Darstellung der Eigenschaften erfolgreicher Lehrender und Lehrstrategien aus Sicht der Lehrenden findet sich im Kapitel 6.2.2.3, die diesbezügliche Sicht der Lernenden ist in Kapitel 6.2.4.3 aufgeführt. Kapitel 6.2.5.3 zeigt den Gruppenvergleich.

32 Fünf von sechs Studienteilnehmern in der Gruppe der Lehrenden verfügten zum Zeitpunkt der Erhebungen über eine abgeschlossene Weiterbildung zum Praxisanleiter bzw. zur Praxisanleiterin. Bei den drei Erhebungen mit Tandems, die zum Zeitpunkt der Erhebung bereits längere Zeit zusammenarbeiteten (P1/A1, P5/A5 und P6/A6), legten die Lernenden im Rahmen der Interviews explizit dar, dass es sich ihrer Meinung nach um „gute" Lehrende handelte. Alle drei benannten Lehrenden hatten zu diesem Zeitpunkt vor geraumer Zeit eine Weiterbildung zum Praxisanleiter abgeschlossen. Auch die anderen Lernenden äußerten sich im Hinblick auf die aktuell erlebten Lehr-/Lernprozesse positiv – insofern konnten die im Interview geäußerten Diskrepanzen zwischen Lehrbefähigung und Lehrbefugnis nicht beobachtet werden.

Lehrende Könner sind sich ihrer Modellfunktion für Lernende in Bezug auf das Pflegehandeln bewusst und streben an, Lernenden ein Modell für „gute Pflege" zu sein. Gleichzeitig sehen sie im Nachahmen des Handelns von Lehrenden eine erfolgreiche Lernstrategie für Lernende.

„Wir hatten letztens auch eine Patientin, die dann über ein paar Tage praktisch präfinal war, dann verstorben ist, und dann kamen die Angehörigen und haben gesagt: „Unsere Mutter hat sich hier so sicher gefühlt." Und das ist das Wichtige, dass die Patienten sich hier sicher fühlen und die Angehörigen. Und diese Atmosphäre zu schaffen und auch mit dem Schüler und dem das auch, ohne Worte zu zeigen, wie das geht, ist ja wichtig. Er muss ja auch einfach von uns lernen, wie handeln wir. Das kann ich ihm nicht sagen, so jetzt müssen wir das und das und das und das. So muss man sich verhalten" (P3/96.2, 96.3)

„So, dass man, also ich, ja, ich selber war noch so. Ich hab mir halt wirklich das genau angeguckt, was die gemacht haben und hab versucht, das irgendwie alles dann auch so zu wiederholen quasi" (P6/34.4)

Lehrende Könner werden auch von Lernenden als Orientierungspersonen in Bezug auf das Pflegehandeln gesehen. Dies kommt beispielsweise darin zum Ausdruck, dass Lernende erfolgreiches Lehrhandeln nicht ausschließlich auf die Fähigkeit zu einer guten Anleitung im Sinne der Lernenden beziehen, sondern auch den Einbezug der Patientenperspektive hierbei hoch schätzen.[33]

„Aber er erfüllt halt alle drei Kriterien, kann man so sagen: unheimliches Fachwissen, er kann's auch normal erklären, dass es jeder versteht. Das Schöne ist, er verliert bei der Anleitung auch nicht den Patienten aus dem Blick. Das passiert ja auch ab und zu mal, dass dann quasi die Erklärung nur noch an den Schüler geht, obwohl der Patient es eigentlich auch wissen müsste, aber er erklärt es direkt beiden Leuten. Also er erklärt es sowohl dem Schüler als auch dem Patienten und nachher fühlen sich alle drei Seiten wunderbar aufgeklärt, also das ist schon sehr gut." (A3/40)

6.3.4 Lehr-/Lernkonstellation und didaktischer Dialog: Lernende in ihrer Rolle als lernende Berufsangehörige ernst nehmen

In beiden methodischen Zugängen zeigte sich, dass eine positive Lehr-/Lern- bzw. Arbeitsbeziehung als wichtiger lernförderlicher Faktor sowohl von Lernenden als auch von lehrenden Könnern erachtet wird.[34] **Eine positive Lehr-/Lern- bzw. Arbeitsbeziehung**

---

33   Die Fragestellung in den Interviews eröffnete stärker den Zugang zu Modellen in Bezug auf die Lehrtätigkeit – und weniger zu Modellen in Bezug auf das Pflegehandeln. Eine mehr fokussierte Fragestellung in den Interviews dazu, *wie* Lernende ihr Pflegehandeln an dem von lehrenden Könnern orientieren und welche Charakteristika diese Personen auszeichnen, hätte gegebenenfalls aussagekräftigere Ergebnisse zu Modellpersonen im Praxisfeld Pflege liefern können.

34   Die ausführliche Darstellung der Ergebnisse zur Lehr-/Lern- bzw. Arbeitsbeziehung aus Sicht der Lehrenden findet sich im Kapitel 6.2.2.8, die diesbezügliche Sicht der Lernenden ist in Kapitel 6.2.4.8 aufgeführt. Kapitel 6.2.5.8 zeigt den Gruppenvergleich.

erscheint damit gleichsam als grundlegende Voraussetzung für den didaktischen Dialog.

Wesentliches Element ist hierbei, als Lehrende Lernenden Zugang zum gesamten pflegerischen Handlungsspektrum zu ermöglichen und sie im Rahmen ihres Ausbildungsstandes als lernende Berufsangehörige ernst zu nehmen und als gleichwertige Teammitglieder zu betrachten. Dies wird von beiden befragten Gruppen in den Interviews explizit so benannt.

> *„Ja, dass man so als Kollege angesehen wird und nicht nur als der Schüler, sondern als jemand, der den Beruf auch machen will und viel lernen will. Und dass man jetzt halt nicht nur die Putzarbeiten machen muss, sondern auch mal was Richtiges, also halt die Infusionen und die Medikamente und die Patienten dann auch pflegen und vielleicht auch Gespräche mit denen führen. Dass man halt nicht nur die typische Schülerarbeit machen soll, sondern halt auch wie 'ne examinierte Schwester einfach arbeiten soll, halt auch in die Kurven schreiben und so. Oftmals sitzen die Schwestern noch da und müssen noch Kurven schreiben, obwohl wir Schüler müssen das ja auch lernen und ja."* (A2/51.1 – 51.5)

Für Lernende spielt es also eine wichtige Rolle, dass Lehrende ihnen im Arbeitsalltag Lernangebote machen und diese zudem so gestalten, dass sie einen breiten Einblick in die Aufgaben einer Pflegeperson bieten. Es verwundert daher nicht, dass es Lernende sehr sensibel reflektieren, wenn Aufgaben an sie delegiert werden, weil sie bei Pflegepersonen als „unbeliebt" gelten, da hierbei beide Prinzipien verletzt und Lernende in ihrer Funktion auf Arbeitskräfte und Helfer der Pflegepersonen reduziert werden. Wenngleich die befragten lehrenden Könner die Notwendigkeit der Auftragserteilung an Lernende als Realität beschreiben, um den Arbeitsanforderungen gerecht werden zu können, kritisieren sie die beschriebene Einstellung von Kollegen und machen sich stark für eine kollegiale und auf Gleichwertigkeit im Rahmen des Ausbildungsstandes ausgerichtete Haltung gegenüber Lernenden.

> *„Und ich habe die Erfahrung gemacht, das ist so ein bisschen abhängig vom Ausbildungsstand, dass ich den Lernenden als, wenn ich zusammen mit dem in einem Bereich bin, als vollwertigen Partner sehe. und dem vermittle, ich versuche jetzt, den Auszubildenden zu vermitteln, dass sie wichtig sind, je nach Ausbildungsstand. und was ich halt gar nicht mag, ist dieses Delegieren, also dieses morgens aufteilen und ich bin ja der Bereichsleiter und ich mache die Visite mit und ich mache auch die Übergabe, sondern ich versuche halt den Auszubildenden in den Normalstationsalltag zu integrieren, so je nach seinem Ausbildungsstand."* (P4/11.3 – 11.7)

Diese Haltung der lehrenden Könner wurde auch im Rahmen der teilnehmenden Beobachtungen deutlich: Lernangebote der lehrenden Könner bezogen sich prinzipiell auf alle anfallenden Tätigkeiten und Arbeitsaufgaben und Lehrende und Lernende wurden während der Beobachtungssequenzen als kollegial agierende Pflegende wahrgenommen.

Auch auf die Lehr-/Lern- bzw. Arbeitsbeziehung scheinen Lehrende also stärker Einfluss nehmen zu können als Lernende. Dass eine positive Lern-/Arbeitsbeziehung aber keine „Einbahnstraße" ist, verdeutlicht die Tatsache, dass lehrende Könner auch konkrete Erwartungen an Lernende formulieren: Ehrlichkeit, Sensibilität für die Grenzen eigenen Wissen und Könnens und die Bereitschaft, Impulse der Lehrenden im eigenen Handeln umzusetzen, sind wichtige Beiträge der Lernenden zu einer positiven Lern-/Arbeitsbeziehung und damit zum didaktischen Dialog aus Sicht der lehrenden Könner.

Zugleich werden auch herausfordernde Lehr-/Lern- bzw. Arbeitsbeziehungen von beiden Gruppen beschrieben. Sie sind insofern lernhinderlich, als sie zu einem für alle Beteiligten spürbaren Rückzug der Lernenden führen. Die Strategien der Lernenden im Umgang mit einer herausfordernden Lehr-/Lern- bzw. Arbeitssituation stellen sich als begrenzt dar, da sie eher geringen Einfluss auf die personelle Zuordnung zu einer Pflegeperson während eines Praxiseinsatzes haben. Sie reagieren stärker mit Rückzug aus der Rolle der Lernenden und/oder wenden sich mit ihren Lernanliegen an andere Pflegepersonen, die Lehrbereitschaft signalisieren. Lehrende Könner begegnen herausfordernden Lehr-/Lern- bzw. Arbeitsbeziehungen entweder, indem sie aus ihrem professionellen Verständnis heraus auch ihnen weniger sympathische Lernende gleich zu behandeln versuchen, die Störung thematisieren oder – wenn diese Strategien scheitern – sich für eine andere personelle Zuordnung einsetzen.

Das bereits erläuterte Lehr-/Lernverständnis mit der engen Verbindung von Lehren/Lernen und Handeln/Handeln lassen spiegelt sich auch in der Gestaltung des didaktischen Dialogs zwischen lehrenden Könnern und Lernenden wider. Lernen scheint sowohl aus Sicht der lehrenden Könner als auch aus Sicht der Lernenden sehr wesentlich mit der eigenen Durchführung einer Handlung verbunden zu sein. Gespräche über gemeinsam von Lehrenden und Lernenden bearbeitete Pflegesituationen konnten demgegenüber im Rahmen der teilnehmenden Beobachtungen nur vereinzelt beobachtet werden und wurden dann von Lehrenden wie von Lernenden in erster Linie auf Rückmeldungen zum Handeln der Lernenden fokussiert. Auch in den Interviewaussagen wird sowohl von Lehrenden wie von Lernenden die Rückmeldung zum Handeln der Lernenden als zentraler Gesprächsinhalt benannt. **Dem Austausch über die Einschätzung von Patientensituationen – etwa im Sinne einer Analyse und Reflexion von gemeinsam bearbeiteten Pflegesituationen – kommt demgegenüber als Gesprächsanlass wie -inhalt eine weniger starke Bedeutung zu.** Dies legt den Schluss nahe, dass das Selbstverständnis der lehrenden Könner eher durch das Ermöglichen und Begleiten des Handelns der Lernenden als durch das Sprechen über ihr eigenes Handeln charakterisiert ist. Vor dem Hintergrund der Bedeutung, die lehrende Könner gleichzeitig jedoch Pflegesituationen, in denen die Einschätzung und Beurteilung von Patientensituationen zentral ist, in Bezug auf die Lernhaltigkeit für Lernende zuschreiben, scheint hier ein nicht geringes Potenzial für weitere Lehr-/Lernchancen zu liegen.

7 Folgerungen und Empfehlungen für Forschung und Praxis

Die Ergebnisse der vorliegenden Studie fokussieren die Beschreibung von Lehr-/Lernprozessen im Praxisfeld Pflege, wie sie zwischen erfahrenen Pflegepersonen/„Könnern im Fach Pflege" und Lernenden in den Pflegeberufen erfolgen und durch diese gestaltet werden. Sie eröffnen über unterschiedliche methodische Zugänge einen grundlegenden und empirisch gestützten Einblick in explizite wie implizite Aspekte des Lehr-/Lernhandelns aus beiden Perspektiven – sowohl aus der der Lernenden als auch aus der der Lehrenden. Der Zugang zum Lehr-/Lernhandeln über teilnehmende Beobachtungen im Praxisfeld Pflege ermöglicht dabei, dieses Handeln in seinem realen Vollzug und damit im natürlichen Kontext zu erfahren und zu beschreiben. Gleichzeitig erschließen die Aussagen der Studienteilnehmer in den episodischen Interviews Haltungen, Einstellungen und Begründungsaspekte zu dessen Gestaltung.

Die Studienergebnisse liefern insofern einen ausgewählten Blick auf Lehr-/Lernprozesse im Praxisfeld Pflege, als die Annäherung an die lehrenden und lernenden Akteure im Praxisfeld Pflege über das Konstrukt „Könnerschaft im Fach" erfolgt. Damit eröffnet sich ein fokussierter Blick auf die Lehr-/Lernkonstellation im Sinne einer „Best practice", auf (didaktische) Denk- und Entscheidungsmuster von erfahrenen Pflegepersonen/Könnern im Fach Pflege, auf implizite Aspekte des Lehr-/Lernhandelns und des Lernempfindens sowohl von Lehrenden als auch von Lernenden in der Pflege. Strukturelle und oftmals herausfordernde Rahmenbedingungen für das Lehren und Lernen im Praxisfeld Pflege werden dabei nicht etwa ignoriert; sie stehen jedoch nicht im Fokus der Betrachtung.

Im Folgenden werden nacheinander zentrale Erkenntnisse zu Rolle, Handeln und Perspektive der lehrenden Könner sowie zu der der Lernenden aufgezeigt,[35] bevor auf dieser Basis Empfehlungen für die Aus- und Weiterbildungspraxis abgeleitet werden. Das Kapitel schließt mit Impulsen für weitere Forschungsarbeiten.

7.1 Rolle, Handeln und Perspektive der lehrenden Könner

Rolle, Handeln und Perspektive der lehrenden Könner im Kontext von Lehr-/Lernprozessen im Praxisfeld Pflege interessieren insbesondere vor dem Hintergrund der eingangs formulierten Aspekte zu implizitem Wissen und Könnerschaft. Lehrende Könner nehmen im Hinblick auf die lernförderliche Gestaltung des pflegerischen Arbeitsalltags eine zentrale Rolle ein: Sie zeigen eine hohe Bereitschaft, prinzipiell alle Arbeits-/

---

35 Um Redundanzen zu vermeiden, wird auf die erneute ausführliche Darstellung der Ergebniszusammenfassungen an dieser Stelle verzichtet. Zusammenfassungen finden sich in den Kapiteln 6.1.4, 6.2.2.10 und 6.2.4.10.

Pflegesituationen mit Lernenden gemeinsam zu bearbeiten und verfügen über die Bereitschaft und Fähigkeit, Impulse aus Arbeits-/Pflegesituationen zu erkennen, als Lernanlässe aufzufassen und für Lehr-/Lernaktivitäten zu nutzen. Die Bereitschaft, Arbeits-/Pflegesituationen als Lernanlässe zu begreifen und zielgerichtet in Lehr-/Lernsituationen zu überführen, kann als volitionaler Anteil der Kompetenz von lehrenden Könnern betrachtet werden. In den Ergebnissen aus den teilnehmenden Beobachtungen und den Interviews wird zudem deutlich, dass lehrende Könner weder eine gezielte Auswahl noch eine inhaltliche Eingrenzung in Bezug auf potenzielle Lehr-/Lernsituationen vornehmen: Dies könnte als Zeichen von Beliebigkeit und Zufall in Bezug auf Lehr-/Lernaktivitäten betrachtet werden, erscheint im Kontext der Gesamtauswertung aber vielmehr als Ausdruck einer großen Sicherheit im eigenen Handeln und Vertrauen in die eigene Kompetenz. Lehren/Lernen und Arbeiten stellen sich damit für lehrende Könner stärker als integrative Konzepte dar – gelehrt und gelernt wird *im* Arbeits*handeln*, insbesondere durch aufmerksames Beobachten des Handelns der Lehrenden sowie durch das „selber handeln". Aus Sicht der lehrenden Könner weisen vor allem solche Arbeits-/Pflegesituationen einen hohen Lerngehalt auf, die das Einschätzen einer Patientensituation ermöglichen und erfordern.

Lehrende Könner folgen einem handlungsorientierten Lehr-/Lernverständnis: Lernen erfolgt aus ihrer Sicht im und durch Handeln. Lehren bedeutet entsprechend, das Handeln der Lernenden zuzulassen und zu unterstützen und Lernenden auf diese Weise zu ermöglichen, durch eigenes Handeln zu lernen. Dabei unternehmen sie eine beeindruckende Reihe von Anstrengungen in Form von Kontroll- und Unterstützungsaktivitäten, um den Wissens- und Könnensstand der Lernenden einerseits und das jeweilige Anforderungsniveau der zu erbringenden Pflegehandlung andererseits in eine Passung zu bringen. Die Kontroll- und Unterstützungsaktivitäten markieren dabei indirekte didaktische Leistungen der lehrenden Könner; ob und in welcher Form interveniert wird, wird in der Situation mit dem Patienten entschieden. Dabei intervenieren lehrende Könner sowohl verbal als auch handelnd oder in einer Kombination aus beidem; sie scheinen eine Staffelung des Interventionsgrades von „verbal" (Hinweise, Instruktionen, Korrekturen) über „verbal/handelnd" (handlungsbegleitende Erläuterungen und Übernahmen von Teilhandlungen) zu „handelnd" (Handlungen der Lernenden werden übernommen) vorzunehmen. Die Interventionen unterscheiden sich nicht nur nach ihrer Art, sondern auch in Bezug auf Zielsetzung und Zeitpunkt, zu dem sie erfolgen. [36]

Ähnlichkeiten können hier gesehen werden zu den Ergebnissen von Fichtmüller und Walter, die einen stufenartigen Aufbau von Handlungskompetenz im Zusammenhang mit pflegerischen Einzelhandlungen über Demonstrieren und selber machen lassen mit dem Ziel einer zunehmend routinierten Ausführung beschreiben (Fichtmüller/Walter 2007, S. 260 ff.). Dieser bezieht sich allerdings stärker auf den Umfang der Handlungs-

---

36   Zur ausführlichen Darstellung der Bedingungen der Interventionen der lehrenden Könner beim Handeln der Lernenden s. a. Kap. 6.1.3.4.

beteiligung und die Handlungskompetenz von Lernenden über einen zeitlichen Verlauf hinweg; die Ergebnisse der vorliegenden Studie geben eher Auskunft über die Bedingungen, unter denen Interventionen der lehrenden Könner erfolgen und handelndes Lernen der Lernenden möglich machen sowie über Zusammenhänge zwischen beiden Aspekten. Eine Nähe weisen die Ergebnisse auch zu den weiter von Fichtmüller und Walter beschriebenen Lehrstrategien der Lehrenden auf: Komplexität reduzieren (beispielsweise über die Übernahme der Kontaktgestaltung mit Patienten bei Handlungen der Lernenden) sowie Interventionen der Lehrenden beim Handeln der Lernenden über Fragen stellen, Appelle, Tipps/Hinweise, Vorschläge und Rückmeldungen sowie das Austauschen von Eindrücken und Beobachtungen und Diskutieren werden hierzu benannt (Fichtmüller/Walter 2007, S. 262 ff.).

Die starke Bedeutung, die lehrende Könner der eigenen Handlungserfahrung (der Lernenden) für das Lernen zumessen, wird auch durch ihre Aussagen zu erfolgreichen Lehrstrategien untermauert, denn auch hier steht im Vordergrund, Lernenden den Zugang zum Pflegehandeln zu ermöglichen. Lehrende sollten aus Sicht der lehrenden Könner zudem über Lehrbereitschaft sowie über Wissen und Können im Handlungsbereich verfügen. Als weitere Lehrstrategien werden die Fähigkeit zur Rückmeldung von Lernerfolgen und -erfordernissen sowie zur strukturierten Anleitung und die Offenheit gegenüber Rückmeldungen von Lernenden benannt.

Nicht zuletzt spiegelt sich die Handlungsorientierung der lehrenden Könner auch in der Gestaltung von Gesprächen mit den Lernenden über gemeinsam bearbeitete Pflegesituationen wider: Sie wurden von Lehrenden wie von Lernenden in den Interviewaussagen in erster Linie auf Rückmeldungen zum Handeln der Lernenden bezogen und konnten insgesamt auch nur vereinzelt beobachtet werden. Der Austausch über die Einschätzung von Patientensituationen – etwa im Sinne einer Analyse und Reflexion von gemeinsam bearbeiteten Pflegesituationen – kommt zudem als Gesprächsanlass wie -inhalt weniger stark zum Tragen. Das Selbstverständnis der lehrenden Könner scheint folglich eher durch das Ermöglichen und Begleiten des Handelns für die Lernenden als durch das Sprechen über ihr eigenes Handeln charakterisiert.

Damit weisen die Studienergebnisse zur Perspektive der lehrenden Könner auf Lehr-/Lernprozesse im Praxisfeld Pflege an nicht wenigen Stellen evidente Bezüge zu den eingangs formulierten Grundsätzen einer Didaktik des Könnens, wie sie von Neuweg (2004, S. 376 ff.) beschrieben werden, auf. Dies gilt zuallererst für die Bedeutung, die lehrende Könner der (eigenen) Handlungserfahrung der Lernenden in konkreten Situationen für das Lernen zumessen. In Anerkennung dieser Bedeutung ermöglichen lehrende Könner Lernenden den Zugang zum eigenen Handeln, bearbeiten Pflegesituationen mit Lernenden gemeinsam und kompensieren Wissens- und Könnensdefizite der Lernenden situationsangemessen über verbale und/oder handelnde Impulse mit dem Ziel, sowohl Lernende in der handelnden Rolle zu stützen als auch die Sicherheit und das Wohlbefinden für die zu Pflegenden zu gewährleisten. In den Worten Neuwegs nutzen sie dabei

das „Prinzip der Sprache-Sache-Parallelisierung", ermöglichen das „Lernen in komplexen Praxiskontexten" und die „Begegnung mit Könnern", eingebunden in eine „Meister-Lehrling-Beziehung, die das Erfahrung-Machen im Tun unterstützt" (Neuweg 2004,
S. 378). An anderer Stelle formuliert Neuweg hierzu: „Der wichtigste institutionelle
Rahmen für effektives Lernen und den Erwerb von Expertise ist die *Sozialisation in
einer Expertenkultur*, die Konfrontation mit praktischen Anforderungen und Könnern.
Lehren ist primär das Gestalten von Lernumwelten, in denen Lerner sich selbstständig
bewegen, sekundär ein Vormachen expertenhaften Handelns und Denkens sowie Hilfestellung bei der Analyse, Abstraktion und Systematisierung praktischer Lernerfahrungen" (Neuweg 2015, S. 64).

Hinweise auf die Bedeutung der Lehr-/Lernkonstellation aus Sicht der lehrenden Könner finden sich vor allem in den Aussagen der Studienteilnehmer zu lernförderlichen
Rahmenbedingungen und positiven Lehr-/Lern- bzw. Arbeitsbeziehungen. In Bezug auf
lernförderliche Rahmenbedingungen weisen lehrende Könner nicht nur darauf hin, dass
ausreichend Zeit und Störungsfreiheit in der konkreten Anleitungssituation von Bedeutung sind. Sie merken auch an, dass ideelle und arbeitsorganisatorische Unterstützung
durch Kollegen und Leitung wesentlich sind – nicht zuletzt deshalb, weil auch ausreichend Zeiträume des gemeinsamen Arbeitens mit Lernenden in der Dienstplangestaltung gewährleistet sein müssen. Dies erscheint vor dem Hintergrund der oben angeführten Aspekte des wechselseitigen Einfühlens in der Meister-Lehrling-Beziehung, der
lerndiagnostischen Erfordernisse in der Begleitung von Lernenden, der Auswahl situationsangemessener und auf den Wissens- und Könnensstand der Lernenden abgestimmter
Strategien des Stützens in Pflegesituationen mehr als nachvollziehbar und plausibel. Der
Lehrende bringt „implizites Wissen zur Anwendung. Als Experte ist er Connoisseur;
weil er selbst kann, fühlt er sich in den Lernenden ein, während dieser eine Fertigkeit
ausübt, und gibt Rückmeldung über die Leistungsqualität" (Neuweg 2004, S. 380). Eine
positive Lehr-/Lernbeziehung gestalten lehrende Könner, indem sie Lernende im Rahmen ihres Ausbildungsstandes in den Arbeitsalltag einbinden und ihnen den Zugang
zum gesamten pflegerischen Aufgabenspektrum ermöglichen – sie nehmen Lernende in
ihrer Rolle als lernende Berufsangehörige ernst und schaffen mit dieser Haltung ein
lernförderliches Umfeld und eine wichtige Voraussetzung für den „didaktischen Dialog".

Wesentliche Potenziale für die Gestaltung von Lehr-/Lernprozessen im Praxisfeld Pflege aus der Perspektive der lehrenden Könner offenbaren die Studienergebnisse vor
allem im Zusammenhang mit dem Austausch über gemeinsam mit Lernenden bearbeitete Pflegesituationen. Sowohl während der Beobachtungszeiträume als auch in den Interviewaussagen schienen derartige Gespräche vorrangig auf Rückmeldungen zum Handeln der Lernenden ausgerichtet und eben weniger bzw. nicht für den Austausch über
konkrete Praxisfälle, das Entdecken von Mustern in den Fällen und von Ähnlichkeiten
zwischen den Fällen, für distale Orientierung und damit für das Lenken der Aufmerksamkeit der Lernenden auf die Situation (und eben nicht auf einzelne Elemente) genutzt

zu werden. Eine mögliche Erklärung bietet das Selbstverständnis der lehrenden Könner, das eher durch das Ermöglichen und Begleiten des Handelns der Lernenden als durch das Sprechen über ihr eigenes Handeln charakterisiert scheint.[37] Da lehrende Könner jedoch gleichzeitig Pflegesituationen, in denen die Einschätzung und Beurteilung von Patientensituationen zentral ist, als besonderes lernhaltig erachten und einen Fokus auf die vertiefte Auseinandersetzung mit individuellen Patientensituationen legen, scheinen im Austausch über eben diese Situationen große Potenziale für das Lehren und Lernen – auch im Sinne des von Neuweg beschriebenen „Wechselspieles zwischen Analyse und Integration" zu liegen (Neuweg 2004, S. 394).

7.2 Rolle, Handeln und Perspektive der Lernenden

Für Lernende steht in Bezug auf das Lernen im Praxisfeld Pflege und die eigene Weiterentwicklung das „selbst handeln" in neuen Situationen im Vordergrund. Besonders lernhaltige Situationen sind für sie solche, in denen sie ihnen bislang unbekannte, neue oder selten vorkommende Pflegehandlungen unter Anleitung und Begleitung von Lehrenden selbst durchführen können. Lernen wird für Lernende also insbesondere dann spürbar, wenn sie ihr Handlungsrepertoire quantitativ erweitern können, wenn Lehrende sie bei der Pflegehandlung begleiten und wenn die Pflegehandlungen/Situationen selbst durch einen hohen Aufforderungscharakter und Lernanreiz wirken. Lernende scheinen Arbeiten und Lernen eher voneinander zu trennen: Es sind konkrete Lernanreize – entweder aus der Situation selbst oder durch explizites Lehrhandeln von Lehrenden – die das Einnehmen einer aktiven Lernhaltung unterstützen und damit das Wechseln vom „Arbeitsmodus" in den „Lernmodus" ermöglichen. Im Umkehrschluss bedeutet dies, dass sich das Identifizieren von potenziellen Lehr-/Lernsituationen und Lernchancen in aus sich heraus weniger „reizvollen" Situationen für Lernende entsprechend schwieriger gestaltet.

Lernsituationen werden für Lernende zugänglich, indem sie ihr Lerninteresse gegenüber einer Pflegeperson – zumeist gegenüber der ihnen zugeteilten Pflegeperson äußern. Zentrales Kriterium für die Auswahl von Lernsituationen ist demnach das eigene Lerninteresse, bei dem motivationale und intentionale Aspekte eine Rolle spielen. Motivationale Aspekte umfassen persönliche Vorlieben der Lernenden, den Wunsch, Handlungen nach schulisch gelernten Regeln ausführen zu können sowie subjektiv gefühlte Wissens- und Könnensdefizite, während intentionale Aspekte eher den Erwerb von Handlungssicherheit und Routine durch Übung sowie den Nutzen des Könnens, beispielsweise als Pflegeperson, in anderen Einsatzgebieten oder für die Prüfung einschließen. Es sind entsprechend Situationen mit bislang unbekannten Pflegehandlungen oder

---

37 Auch die Deutung als Hinweis auf die Grenzen der Verbalisierbarkeit von Können ist denkbar (Neuweg 2004, S. 16).

solchen, die von ihnen noch nicht sicher beherrscht und/oder mit dem spezifischen Können von Pflegepersonen in Verbindung gebracht werden, die Lernende als Lernsituationen auswählen.

Vor dem Hintergrund der Bedeutung, die Lernende dem durch Lehrende begleiteten „selbst handeln" für den eigenen Lerngewinn zumessen, verwundert es nicht, dass sie die Fähigkeit von Lehrenden, potenzielle Lernsituationen zu erkennen und ihnen einen (handelnden) Zugang zu diesen Situationen zu ermöglichen, als sehr wesentlich erachten. Auch Lernende folgen also einem handlungsorientierten Lehr-/Lernverständnis. Hier lassen sich Bezüge zu den Ergebnissen von Fichtmüller und Walter finden, die ebenfalls auf die Bedeutung des „handelnd lernen" für Lernende hinweisen: Selbstständig arbeiten und darin durch Mentorinnen oder Pflegepersonen begleitet werden, Lernen über Rückmeldungen zum eigenen Handeln, Erklärungen, Hinweise und Tipps von Pflegepersonen bekommen, gefordert werden, Zuschauen/Abgucken – Lernen von ausgewählten Modellen sowie Wiederholen und Üben stellen in ihrer Arbeit wichtige lernförderliche Konzepte von Lernenden dar (Fichtmüller/Walter 2007, S. 252). Darüber hinaus lassen sich auch Ähnlichkeiten zu den von Ihnen beschriebenen Lernstrategien[38] von Lernenden finden, zu denen sie das gedankliche Vorwegnehmen der Handlung (so genanntes „Imaginieren"), das Herstellen von Bezügen zwischen Theorie und Praxis, Fragen stellen, Notizen machen und das Entwickeln von Kriterien für „richtiges" und „falsches" Handeln bereits am Lernort Schule zählen (ebd., S. 257 ff.).

Das handlungsorientierte Lehr-/Lernverständnis der Lernenden geht einher mit der Erwartung an Lehrende – insbesondere an jene mit Lehrbefugnis – Motivation und Engagement für die Begleitung von Lernenden zu zeigen. Lernende reflektieren sensibel, wenn diese Erwartung enttäuscht wird, also formal für die Begleitung von Lernenden qualifizierte Pflegepersonen sich nicht für ihre Begleitung engagieren. Alle diese Aspekte verdeutlichen, dass Lehrende in Bezug auf den Zugang zu Lernsituationen, ihre Handlungsbeteiligung in Pflegesituationen und auch im Hinblick auf die Strukturierung und Stützung der Lernenden im Lernprozess eine zentrale Rolle einnehmen. Dies erklärt auch zu einem großen Teil, dass Lernende der personellen Zuordnung zu einer Pflegeperson und deren tatsächlicher Verfügbarkeit während eines Praxiseinsatzes große Bedeutung beimessen – auch, weil sich Lehrende auch gegenüber der Leitung und den Kollegen für die Lerninteressen von Lernenden einsetzen. Die Lernenden schreiben – wie die lehrenden Könner – einer positiven Lehr-/Lern- bzw. Arbeitsbeziehung eine lernförderliche Funktion zu: Wichtigstes Merkmal ist für sie dabei ebenfalls, dass sie in

---

38 Fichtmüller und Walter differenzieren zwischen lernförderlichen Konzepten, die unterstützende externe Bedingungen erfordern, wie beispielsweise Üben, das auf geeignete Übungsmöglichkeiten angewiesen ist, und von Lernenden strategisch eingesetzte Handlungen, die weitgehend ohne externe Unterstützung genutzt werden können, beispielsweise das Anfertigen von Notizen (Fichtmüller/Walter 2007, S. 257). Die vorliegende Arbeit verwendet den Begriff „Lernstrategien" in einer weiter gefassten Form und integriert prinzipiell beide Arten von Konzepten.

ihrer Rolle als lernende Berufsangehörige ernst genommen werden. Ausdruck findet dies darin, dass sie eher als „Kollegen" angesehen, Zugang zu Aufgaben aus dem gesamten pflegerischen Handlungsspektrum bekommen und dass Lehrende eine lehrende Rolle einnehmen und interessiert daran sind, ihnen etwas zu vermitteln.

Damit finden sich in den Studienergebnissen auch bei den Lernenden deutliche Hinweise auf die Bedeutung einer individualisierten Lehr-/Lernkonstellation, denn für sie gelten die oben angeführten Aspekte des wechselseitigen Einfühlens gleichermaßen. Neuweg weist darauf hin, dass das Einfühlen im Sinne der von Polanyi beschriebenen „Imitation des Meisters"[39] über das an Lerngegenständen, sichtbaren Lernhandlungen und Lernergebnissen orientierte Tun hinausgeht. Es sei vielmehr „ein Einfühlen in das, was der Lehrende „im Sinn" hat; Vorzeigen und Nachmachen spannen bloß das äußere Feld auf, auf dem einander die wechselseitigen Akte des Einfühlens und Verstehens begegnen" (Neuweg 2004, S. 382). Neuweg beschreibt die „einfühlende Imitation" an anderer Stelle als eine der Hauptaufgaben des Lerners im didaktischen Dialog (Neuweg 2004, S. 381). Lernende weisen zudem – wie auch die lehrenden Könner – darauf hin, dass für die Konzentration auf die Lernaufgabe und den Lernprozess Störungsfreiheit und ausreichende zeitliche Ressourcen nötig sind.

Die Ergebnisse der vorliegenden Studie zeigen zudem, dass Lernende eine Reihe von Strategien einsetzen, um das Lernen im Praxisfeld zu befördern. Eine lernbereite Grundhaltung ist dabei wichtige Voraussetzung; als konkrete Strategien einer aktiven Lernhaltung beschreiben sie das Nutzen der Lernangebote der Lehrenden, das Aufmerksam sein für Lernchancen, die Orientierung an Modellpersonen, den Mut zum eigenen Handeln und den Einsatz für die eigenen Lerninteressen, beispielsweise über Fragenstellen. Damit liegen die Ergebnisse nahe an denen von Bohrer, die als Formen wahrnehmbaren Lernhandelns Strategien der Lernenden zum Selbstständigwerden in der Pflegepraxis u.a. Lernziele setzen und verfolgen, sich informieren, ausprobieren, Fragen stellen und Hilfe holen, beobachten, wiederholen sowie zurückschauen und überprüfen beschreibt (Bohrer 2013a, S. 251 ff.). Auch zu ihren Ergebnissen zu Selbstständigkeit ermöglichenden Strategien der Anleitenden (aus Sicht der Lernenden) finden sich einige Entsprechungen in den Aussagen der Lernenden zu „erfolgreichen Lehrenden im Praxisfeld" der vorliegenden Untersuchung: Insbesondere in den Bereichen „entsprechend der Selbstständigkeit unterstützen" sowie „Ermutigen und motivieren" (ebd., S. 282 ff.). Ergänzend weisen die Ergebnisse der vorliegenden Untersuchung auf die Bedeutung des Wissens und Könnens von Lehrenden im Handlungsbereich sowie der Bereitschaft und

---

39 „Indem er dem Meister zusieht und dessen Anstrengungen in Gegenwart seines Beispiels nacheifert, erwirbt der Lehrling unbewußt die Regeln der Kunst, jene eingeschlossen, die der Meister selbst nicht explizit kennt. Diese verborgenen Regeln können nur durch eine Person erworben werden, die sich in diesem Ausmaß der unkritischen Imitation einer anderen hingibt" (Polanyi zit. n. Neuweg 2004, S. 378; s.a. Kap. 1.1, S. 19 dieser Arbeit).

Fähigkeit von Lehrenden, Lernenden Zugang zu Lernsituationen zu ermöglichen und die Patientenperspektive in der Anleitungssituation zu berücksichtigen, hin.

Auch Lernende beziehen Gespräche über gemeinsam mit Lehrenden bearbeitete Pflegesituationen in erster Linie auf die unmittelbare Rückmeldung zu ihrem Handeln. Zwar wird der Austausch über Fragen und Herausforderungen, die sich in einer gemeinsam bearbeiteten Pflegesituation ergeben haben als Gesprächsinhalt benannt, tritt aber insgesamt im Verhältnis zur Rückmeldung zum eigenen Handeln eher nachrangig in Erscheinung. Auch in den Ergebnissen von Fichtmüller und Walter wird das „Austauschen von Eindrücken und Beobachtungen zur Situation sowie das Diskutieren von Diskrepanzen zwischen Standards und eigenen Überlegungen" von den Lernenden nicht sondern lediglich seitens der Lehrenden als Lehrstrategie benannt wird (Fichtmüller/Walter 2007, S. 264).

7.3 Empfehlungen für die Aus- und Weiterbildungspraxis

Welche Empfehlungen lassen sich für die Aus- und Weiterbildungspraxis in der Pflege aus den dargestellten Ergebnissen ableiten? Auf der Basis der Ergebnisse der vorliegenden Studie wird ein empirisch gestützter Blick auf das Anforderungsprofil von erfolgreichen Lehrenden im Praxisfeld eröffnet, der auch eine nähere Beschreibung von Kompetenzen ermöglicht. Dies gilt entsprechend für erfolgreiche Lernende im Praxisfeld Pflege. Darüber hinaus lassen sich strukturelle Empfehlungen für die Gestaltung eines lehr-/lernförderlichen Rahmens im Praxisfeld Pflege ableiten. Einige zentrale Aspekte werden im Folgenden dargelegt.

Strukturelle Empfehlungen

Die Ergebnisse der vorliegenden Studie legen weitgehend **individualisierte Lehr-/ Lernkonstellationen als idealen Rahmen für die Gestaltung von Lehr-/Lernprozessen im Praxisfeld Pflege** nahe. Effektives und effizientes Lehren und Lernen von Können im Pflegealltag fußt in entscheidendem Maße auf *gemeinsamem* Arbeiten von Lehrenden und Lernenden. Auf diese Weise werden wechselseitiges Einfühlen zwischen Lehrenden und Lernenden, Lerndiagnostik und die Auswahl situationsangemessener und auf den Wissens- und Könnensstand der Lernenden abgestimmter Strategien des Stützens von Lernenden in Pflegesituationen möglich. Die personelle Zuordnung von Lernenden zu einer für sie verantwortlichen Lehrenden im Handlungsfeld erscheint vor diesem Hintergrund nicht als „Bonbon" für Lehrende und Lernende, sondern als didaktisches Erfordernis. Es ist anzunehmen, – und dies könnten weitere Studien näher untersuchen – dass damit letztlich auch ein spürbarer Beitrag der Lernenden zur Arbeitsleistung eines Handlungsbereichs verbunden ist.

Sowohl für das störungsfreie Durchführen konkreter Anleitungssituationen als auch im Hinblick auf die Bereitschaft der Lehrenden, potenzielle Lehr-/Lernchancen im Praxisfeld Pflege zu nutzen, bedarf es **angemessen handlungsentlasteter Rahmenbedingungen**. Lehren und Lernen mit dem Ziel der Anbahnung und Ausbildung von Können erfordert neben einer individualisierten Lehr-/Lernkonstellation im oben erläuterten Sinne auch Freiräume der Lehrenden in Bezug auf ihre Verantwortung für den Fortgang des Arbeitsablaufs in ihrem Handlungsbereich. Dafür spricht insbesondere das ambivalente Verhältnis zwischen Arbeiten und Lehren/Lernen und das sowohl von den lehrenden Könnern als auch von Lernenden thematisierte Spannungsfeld zwischen dem Erbringen der erforderlichen Arbeitsleistung einerseits und der lernförderlichen Gestaltung des Arbeitsalltags andererseits. Vor dem Hintergrund der grundgelegten Ansätze zu Könnerschaft und implizitem Wissen muss es darum gehen, das Handeln der Könner *in ihrem jeweiligen Handlungsbereich* und mit einer soliden Kontinuität zugänglich und erfahrbar zu machen, was augenscheinlich eher für eine stationsgebundene Verortung von Lehrenden im Praxisfeld spricht. Formen der Handlungsentlastung müssen dann stärker auf eine quantitative Reduktion der Verantwortlichkeit für den Fortgang des Arbeitsablaufs zielen.

Die Potenziale, die die Studienergebnisse insbesondere in Bezug auf den Austausch zwischen Lehrenden und Lernenden über gemeinsam bearbeitete Pflegesituationen offenbaren, weisen auch auf Erfordernisse im Hinblick auf die **Anerkennung der Potenziale und die Differenzierung der Aufgaben der an der Ausbildung beteiligten Lernorte** hin. Damit Analyse und Reflexion von gemeinsam von Lehrenden und Lernenden bearbeiteten Pflegesituationen nicht auf die Rekapitulation und Rückmeldung zur Ausführung von Pflegetechniken beschränkt bleiben (müssen), sondern vielmehr die situative Generierung von Pflegehandlungen fokussieren und damit distale Orientierung – sowohl in der Situation selbst als auch in Bezug auf die Rückmeldepraxis der Lehrenden – ermöglichen können, sollten Lernende Gelegenheit bekommen, Pflegetechniken und -handlungen stärker bereits an anderer Stelle, vorzugsweise am so genannten „Dritten Lernort" nach dem Skillslab-Modell, einzuüben. Hier können funktionsfeldähnliche Bedingungen hergestellt und so ein Rahmen für eine grundsätzliche Bekanntschaft und Auseinandersetzung mit sowie das Einüben von Pflegetechniken und -handlungen geschaffen werden. Damit könnten fruchtbare Bedingungen für eine – im besten Sinne handlungsorientierte – Analyse und Reflexion von Lehrenden und Lernenden im Praxisfeld Pflege in Bezug auf die situationsangemessene Gestaltung des Pflegehandelns geschaffen werden.

Empfehlungen für das Lehren im Praxisfeld Pflege

Die Studienergebnisse ermöglichen die empirisch gestützte Beschreibung pädagogischer Aufgaben und damit auch die nähere Bestimmung von Kompetenzen der Lehrenden im Praxisfeld Pflege: Sicherheit und Vertrauen in das eigene Können, das Identifizieren potenzieller Lehr-/Lernsituationen in der alltäglichen Pflegearbeit, das Einschätzen der Passung zwischen dem Wissens- und Könnensstand von Lernenden und dem Anforderungsniveau einer auszuführenden Pflegehandlung, die individuelle und situationsangemessene Auswahl stützender Interventionen für Lernende sowie eine distal orientierte Rückmeldepraxis stellen dabei wichtige Aspekte der Lehrkompetenz dar.

Das **Identifizieren potenzieller Lehr-/Lernsituationen** kann als eine zentrale Kompetenz von Lehrenden am Lernort Pflegepraxis abgeleitet werden. Damit verbunden ist die Fähigkeit und Bereitschaft von Lehrenden, von alltäglichen Pflegesituationen ausgehende Impulse als potenzielle Lernanlässe aufzufassen und diese für konkretes Lehr-/Lernhandeln in der Situation zu nutzen. Im engeren Sinn geht es dabei um die Bewertung einer Pflegesituation hinsichtlich ihrer potenziellen Lernhaltigkeit für Lernende. Dies gilt insbesondere in Situationen, die von Lernenden selbst nicht als potenziell lernhaltig erkannt werden, und vor allem für die Begleitung von Lernenden mit einer eher schwach ausgeprägten (Selbst-)Lernkompetenz. Hier sind Lehrende aufgefordert, externe Hilfen zu geben und die Aufmerksamkeit auf mögliche Lernchancen zu lenken. Gerade die von lehrenden Könnern als besonders lernhaltig beschriebenen Pflegesituationen, solche nämlich, in denen das Einschätzen von Patientensituationen zentral ist, erschließen sich für Lernende in ihrer Bedeutung oftmals nicht. Hier können unterstützende Anregungen, das Lenken der Aufmerksamkeit der Lernenden durch Gespräche vor oder im Nachgang solcher Situationen, wesentliche Hilfen darstellen, um für Lernende verborgene (implizite) Lernchancen sichtbar zu machen.

Auf das Nutzen potenzieller Lehr-/Lernchancen am Lernort Pflegepraxis – und auch hierauf weisen die Ergebnisse hin – haben zudem volitionale Aspekte einen nicht unerheblichen Einfluss. Entsprechend muss auch die Bereitschaft der Lehrenden, Arbeits-/Pflegesituationen als Lernanlässe zu begreifen und zielgerichtet in Lehr-/Lernsituationen zu überführen, gestärkt werden. In aller Regel erbringen Lehrende diese Leistung parallel zu ihrer Verantwortung für den Fortgang des Arbeitsablaufs in ihrem Handlungsbereich. Mögliche Ansatzpunkte sind daher neben den bereits erwähnten handlungsentlasteten Rahmenbedingungen im Arbeitsumfeld auch die erforderliche **Sicherheit und das Vertrauen in das eigene Können**. Es liegt nahe, dieses Selbstvertrauen in erster Linie bei erfahreneren Pflegepersonen zu vermuten – was nicht zuletzt für entsprechende Zugangsvoraussetzungen zu Qualifizierungsangeboten für die Übernahme von Lehrtätigkeiten in der Pflegepraxis spricht.

Nach Ansicht der Lehrenden kommt der Handlungsbeteiligung von Lernenden die entscheidende Rolle für einen erfolgreichen Lernprozess zu. Um Entscheidungen über Art und Umfang der Handlungsbeteiligung von Lernenden in Pflegesituationen treffen zu können, nehmen Lehrende eine **Einschätzung der Passung** zwischen dem Wissens- und Könnensstand von Lernenden einerseits und dem Anforderungsniveau von Pflegesituationen andererseits vor. Diese Aspekte lassen sich als **Elemente lerndiagnostischer Kompetenz** von Lehrenden im Praxisfeld Pflege begreifen. Lerndiagnostik ist dabei nicht nur für die Entscheidung, ob Lernende vollständig oder teilweise, begleitet oder selbstständig mit Pflegehandlungen betraut werden (können), bedeutsam. Sie gibt den Lehrenden auch Hinweise darauf, in welchem Maß sie bei einer Pflegehandlung der Lernenden mit einer Intervention ihrerseits rechnen müssen. Neben lerndiagnostischen Kompetenzen benötigen Lehrende damit auch ein solides und flexibles **Handlungsrepertoire in Bezug auf Kontroll- und Unterstützungsleistungen** für Lernende, um diese situationsangemessen auszuwählen, strukturiert und dem Wissens- und Könnensstand der Lernenden entsprechend gestalten zu können.

Die Studienergebnisse weisen auch auf Erfordernisse und Potenziale hinsichtlich der Gespräche über gemeinsam von Lehrenden und Lernenden bearbeitete Pflegesituationen hin. Sie sind insgesamt eher selten und scheinen fokussiert auf Rückmeldungen zum Handeln der Lernenden; diese werden von Lernenden auch explizit gewünscht und/oder eingefordert. Damit bleiben aber Potenziale des Austauschs und der Deutung gemeinsam bearbeiteter Pflegesituationen ungenutzt: Der Austausch über konkrete Praxisfälle, das Fördern des Entdeckens von Mustern in den Fällen und von Ähnlichkeiten zwischen den Fällen, das Lenken der Aufmerksamkeit der Lernenden auf die Situation (und eben nicht auf einzelne Elemente) sind vor dem Hintergrund impliziten Wissens elementare Aspekte einer **distal orientierten Rückmeldepraxis** und wesentlich für das Lernen von Können. Die Fähigkeit zu dieser Form des Dialogs zwischen Lehrenden und Lernenden über spezifische Patientensituationen und das in sie eingebettete und geforderte Pflegehandeln wird damit zum Bestandteil **kommunikativer Kompetenz** von Lehrenden und sollte in dieser Form Eingang in entsprechende Qualifizierungsangebote für Lehrende finden.

Mit den benannten Empfehlungen sind auch wesentliche Aspekte für die Inhalts- und Zieldimensionen berufspädagogischer Bildungsangebote für Lehrende im Praxisfeld Pflege umrissen. Didaktisch-methodisch liegt es nahe, die erläuterten Aspekte des Lehrens und Lernens von Können auch für (Weiter-)Bildungsprozesse von Lehrenden im Praxisfeld Pflege zu nutzen: Sozialisation in einer Expertenkultur, die Konfrontation mit praktischen Anforderungen und in der Begegnung mit Könnern sind auch hier wichtige Ankerpunkte. Zu denken ist hierbei an gemeinsames Arbeiten mit lehrenden Könnern im Praxisfeld – etwa in Form von Hospitationen – oder an Lehr- und Übungssequenzen – mit anderen Lehrenden, aber auch mit Lernenden – im Sinne von Simulationen in funktionsfeldähnlichen Lernumgebungen, beispielsweise in Skillslabs.

Empfehlungen für das Lernen im Praxisfeld Pflege
Die benannten Empfehlungen für das Lehren gelten im Umkehrschluss nahezu gleich auch für Lernende, insbesondere hinsichtlich des Identifizierens von Lehr-/Lernsituationen und in Bezug auf die distale Orientierung.

Lehr-/Lernsituationen ergeben sich in der Pflegepraxis aus der Erweiterung des Pflegehandelns um Lehr-/Lernaktivitäten der Beteiligten – und damit prinzipiell auch durch

Aktivitäten der Lernenden. Die Studienergebnisse deuten darauf hin, dass es in erster Linie die Lehrenden sind, die Impulse aus Pflegesituationen als Lernanlässe aufgreifen. Lernende tun dies insbesondere dann, wenn sie an Grenzen ihres Wissens- und Könnensstandes stoßen, in ihrem Handeln blockiert werden und/oder wenn die Pflegesituation aus sich heraus einen starken Lernanreiz für sie bietet. Ist dies nicht der Fall bleiben potenzielle Lernchancen, etwa durch die Vertiefung und Varianz von Pflegehandlungen in für sie bekannten Situationen, von Lernenden ungenutzt. Dies weist einerseits auf die Notwendigkeit der oben bereits erwähnten externen Hilfen durch Lehrende hin, untermauert aber auch die Bedeutung der **Stärkung von (Selbst-)Lernkompetenz** der Lernenden an allen an der Ausbildung beteiligten Lernorten. Lernpotenziale lassen sich insbesondere durch eine lernorientierte und prinzipiell aktive Grundhaltung erschließen: Auch Lernende tragen Verantwortung für das Gelingen des Lernprozesses. Hierzu braucht es ein Bewusstsein der Lernenden, dass Lernchancen nicht nur in Form geplanter Anleitungen an sie herangetragen werden, sondern auch eigenständig aktiv erschlossen werden können. Das Einnehmen einer aktiven Lernhaltung, gekennzeichnet durch Nutzen der Lernangebote der Lehrenden, das Aufmerksam sein für Lernchancen, die Orientierung an Modellpersonen, den Mut zum eigenen Handeln und den Einsatz für die eigenen Lerninteressen, beispielsweise über Fragenstellen, werden von Lernenden – und auch von Lehrenden – als erfolgreiche Lernstrategien von Lernenden benannt. Nicht immer bringen Lernende eine Vorstellung für die Umsetzung dieser Strategien in konkretes Lernhandeln mit in die Ausbildung. Es muss dann Aufgabe und Ziel der Lernbegleiter an allen Lernorten sein, gemeinsam mit den Lernenden individuelle und für sie passende Ideen für die Realisierung von Lernstrategien in konkreten Ausbildungssituationen zu entwickeln. **Lern*beratung* zur Entwicklung und Umsetzung von erfolgreichen Lernstrategien an allen Lernorten** wird damit zu einem entscheidenden Unterstützungs- und Förderangebot – insbesondere für Lernende mit gering ausgeprägter Selbstlernkompetenz.

Rückmeldungen der Lehrenden zum Handeln der Lernenden in der Pflegepraxis werden von diesen eher regelgeleitet „schulisch" eingefordert. Lernende scheinen also hier – in der Terminologie der Theorie des impliziten Wissens – eher proximal orientiert, fokussiert auf einzelne Elemente, Konzepte und Regeln. Wie bei den Lehrenden weist dies auf Potenziale des Austauschs und der Deutung gemeinsam von Lehrenden und Lernenden bearbeiteter Pflegesituationen hin. Es muss für Lernende stärker möglich sein, die Bedeutung der Einzelheiten in ihrem Kontext zu sehen, etwa im Rahmen eines fallbezogenen Austauschs über konkrete Pflegesituationen. Da sich diese in authentischen Kontexten insbesondere in der Pflegepraxis bieten, scheint es auch aus der Perspektive des Lernens und der Lernenden folglich sinnvoll, bereits in einer funktionsfeldähnlichen und handlungsentlasteten Lernumgebung – beispielsweise in einem Lernlabor – mit kontrollierbarer Komplexität Pflegehandlungen einzuüben und zu trainieren, bevor diese in der Pflegepraxis zur Anwendung kommen. Dies gilt einerseits für Pflegetechniken, muss andererseits aber auch die Gestaltung komplexer Pflegesituationen in Form von Simulationen und in der Zusammenarbeit mit lehrenden Könnern umfassen. Ein solcher Rahmen kann geeignete Bedingungen für einen fallbezogenen Austausch mit lehrenden Könnern, für Analyse, Reflexion und Reintegration und damit für die Anbahnung der Praxis eines Dialogs nach dem Prinzip der distalen Orientierung – auch für Lernende – bieten.

7.4 Forschungsausblick

Die vorliegende Studie thematisiert Lehren und Lernen im Praxisfeld Pflege, wie es sich aus der Perspektive von erfahrenen Pflegepersonen/Könnern im Fach Pflege und von Lernenden darstellt. Sie macht keine Aussagen dazu, inwieweit das Handeln der beobachteten erfahrenen lehrenden Pflegepersonen als angemessen zu beurteilen ist, wie es sich etwa im Vergleich zu dem Handeln weniger erfahrener Pflegepersonen darstellt und welche Potenziale und Herausforderungen sich dabei sowohl für die Lehrenden selbst als auch für Lernende ergeben. Weitere Forschungen könnten in einem vergleichenden Studiendesign hierüber Aufschlüsse geben.

Ergänzend zu den bereits unter 5.4 dargelegten Limitationen erfahren die Studienergebnisse weitere Begrenzungen, da die Studienteilnehmer eine hohe Bereitschaft zeigten, an der Studie teilzunehmen – vermutlich auch deshalb, weil sie über eine große Sicherheit und Vertrauen in das eigenen Können verfügen. Hier sind dennoch auch Unterschiede zwischen Könnern im Fach möglich, die in dieser Studie nicht systematisiert werden konnten.

Mögliche Anschlüsse für weitere Forschung ergeben sich auch aus Fragen nach der Entwicklung methodisch-didaktischer Kompetenzen von Lehrenden in der Pflegepraxis; im engeren Sinne im Bereich von Lerndiagnostik und lernförderlichen Unterstützungsleistungen der Lernenden, im weiteren Sinne nach Zusammenhängen zwischen Pflegekompetenz und Lehrkompetenz, insbesondere vor dem Hintergrund volitionaler Aspekte. Hierüber ließen sich auch Entscheidungen im Bereich der Personalentwicklung, insbesondere hinsichtlich des Zugangs und der Auswahl von Bewerbern für die Übernahme von Lehrtätigkeiten im Praxisfeld Pflege begründet treffen. Da die Fragestellung in den Interviews stärker den Zugang zu Modellen in Bezug auf die Lehrtätigkeit – und weniger zu Modellen in Bezug auf das Pflegehandeln eröffnete, bietet auch die Orientierung der Lernenden an Modellpersonen und deren Handeln Anlass zu weiterer Forschung. Es gilt genauer zu klären, welches Pflegehandeln aus Sicht der Lernenden modellhaft erscheint und wie sie ihr eigenes Handeln daran ausrichten.

Die Studienergebnisse legen zudem für das Lehren und Lernen von Können weitgehend individualisierte Lehr-/Lernkonstellationen als idealen Rahmen für die Gestaltung von Lehr-/Lernprozessen im Praxisfeld Pflege nahe. Weitere Untersuchungen könnten Aufschluss darüber geben, inwieweit ein solcher Rahmen in der gängigen Ausbildungspraxis real existiert und wie sich Effekte erfolgreichen Lehrens und Lernens in individualisierten Konstellationen erheben und darstellen lassen.[40] Nicht zuletzt bieten sich weitere Untersuchungen zu den Spezifika des Lehrens und Lernens von Können an. Zu denken ist hierbei insbesondere an Forschung zur Gestaltung spezifischer Lehr-/Lernarrangements in simulierten Praxiskontexten, beispielsweise in Skillslabs, die in besonderem Maße das Prinzip der Abstraktion durch zentriert-variable Konkretheit beachten, also Kontexte, Elemente und Situationen selbst variieren, um so einen Dialog nach dem Prinzip der distalen Orientierung zu befördern.

Abschließend sei darauf hingewiesen, dass Lehren und Lernen im Praxisfeld Pflege vor dem Hintergrund von Könnerschaft und implizitem Wissen die Nutzung expliziten, kodifizierten Wissens nicht ausschließen darf. Neuweg schreibt hierzu, dass „Reflexion, begriffliche Durchdringung und das gedankliche Fassen von Prinzipien und Regeln bisweilen unverzichtbare Instrumente der Dekontextualisierung und Flexibilisierung des Könnens sind, dass die Bedingungen flüssigen und selbstsicheren Handelns häufig zugleich die Bedingungen des Fehlers sind und implizites Wissen insofern auch die Gefahr einer reflexiv zu korrigierenden „impliziten Blindheit" […] in sich birgt, dass sich das Berufswissen keineswegs im Know-how erschöpft, sondern in vielen Fällen ein nur im traditionellen Schul- oder Hochschulunterricht aneigenbares Know-why einschließt, dass Arbeiten zum impliziten Wissen durchgängig auf die Dimension des praktischen Könnens abstellen, aber kaum je mit dem Bildungsbegriff operieren und von daher Gefahr laufen, jene Bestände expliziten Wissens aus dem Blick zu verlieren, über die verfügen muss, wer als mündiger Mensch freie und zugleich verantwortliche Urteile in einer zunehmend komplexer werdenden Welt treffen möchte" (Neuweg 2006a, S. 587).

---

40   Darmann und Glissmann merken hierzu an, dass „im deutschen Sprachraum dringender Nachholbedarf hinsichtlich einer wissenschaftlichen Entwicklung und Diskussion von Verfahren der Kompetenzdiagnostik besteht" (Darmann/Glissmann 2011, S. 202). Sie schlagen die Entwicklung geeigneter (teil-)standardisierter Instrumente zur Kompetenzmessung auf der Basis empirisch und fachdidaktisch fundierter Kompetenzmodelle vor.

Literatur

Achtziger, A., Gollwitzer, P. (2009). Rubikon-Modell der Handlungsphasen. In: V. Brandstätter, J.H. Otto (Hrsg.): *Handbuch der allgemeinen Psychologie. Motivation und Emotion.* Göttingen: Hogrefe Verlag GmbH, S. 150–156.

Achtziger, A., Gollwitzer, P. (2015). Volition. In: M.A. Wirtz (Hrsg.): *Dorsch – Lexikon der Psychologie.* Online unter https://portal.hogrefe.com/dorsch/volition/ (15.08.2015).

Aken, T. von (2002). *Gilbert Ryle: Der Begriff des Geistes – „knowing how" und „knowing that".* Norderstedt: Grin Verlag GmbH.

Allen, R. (2000). Knowing How And Knowing That. A Polanyian View. In: G.H. Neuweg (Hrsg.): *Wissen – Können – Reflexion. Ausgewählte Verhältnisbestimmungen.* Innsbruck, Wien, München: StudienVerlag, S. 45–64.

Ausbildungs- und Prüfungsverordnung für den Beruf der Altenpflegerin und des Altenpflegers (Altenpflege- Ausbildungs- und Prüfungsverordnung – AltPflAPrV). Bundesgesetzblatt (BGBl. I S. 4418).

Ausbildungs- und Prüfungsverordnung für die Berufe in der Krankenpflege (KrPflAPrV). Bundesgesetzblatt (BGBl. I S. 2263).

Balzer, S. (2009). (Aus-)Bildung in der Gesundheits- und Krankenpflege – Reflexion auf der Grundlage des fachdidaktischen Strukturgitters von Greb. In: S. Balzer, B. Kühme: *Anpassung und Selbstbestimmung in der Pflege. Studien zum (Aus-) Bildungserleben von PflegeschülerInnen.* Frankfurt am Main: Mabuse, S. 39–149.

Baumann, T., Lehmann, Y. (2014). Zentrale Praxisanleiter(innen). Schriftliche Befragung zu den Aufgaben und den Rahmenbedingungen der Tätigkeit zentraler Praxisanleiter(innen) in den Krankenhäusern Sachsen-Anhalts. *Padua,* 9 (4), 237–243.

Benner, P. (1994). *Stufen zur Pflegekompetenz. From Novice to Expert.* Bern: Verlag Hans Huber.

Bohrer, A. (2013a). *Selbstständigwerden in der Pflegepraxis. Eine empirische Studie zum informellen Lernen in der praktischen Pflegeausbildung.* Berlin: Wissenschaftlicher Verlag Berlin.

Bohrer, A. (2013b). Evaluation von Lernprozessen in der Praxis. Perspektiven auf der Basis einer empirischen Studie zum informellen Lernen in der praktischen Pflegeausbildung. *Pflegewissenschaft,* 15 (6), 353–366.

Bohrer, A. (2013c). In der Praxis lernen. Empirische Erkenntnisse zum informellen Lernen in der praktischen Pflegeausbildung. *Padua,* 8 (2), 85–93.

Bossle, M., Feix-Pielot, H.-J. (2005). Lernortkooperation konkret – aus vielen Ideen eine gemeinsame Kraft. *PRInternet,* 7 (2), 94–103.

Breuckmann, M. (2006). Entwicklung braucht Zeit. Lernortkooperation und Organisationsentwicklung. *PADUA,* 1 (1), 33–34.

Brühlmann, J. (2010). Modeling mit Metalog in der Pflegeausbildung. Live-Inszenierung von beruflichem Wissen. *Pflegewissenschaft,* 12 (3), 133–140.

Bundesministerium für Gesundheit (BMG)/Bundesministerium für Familie, Senioren, Frauen und Jugend (BMFSFJ) (Hrsg.) (2008). *Pflegeausbildung in Bewegung. Ein*

Modellvorhaben zur Weiterentwicklung der Pflegeberufe. Schlussbericht der wissenschaftlichen Begleitung. Berlin.

Bundesministerium für Gesundheit (BMG)/Bundesministerium für Familie, Senioren, Frauen und Jugend (BMFSFJ) (2015). *Entwurf eines Gesetzes zur Reform der Pflegeberufe. Referentenentwurf.* 26.11.2015. Online unter: http://www.dgkj.de/fileadm in/user_upload/Meldungen_2015/1511_RefE_PflegeberufsGesetz.pdf (30.01.2016).

Bundesministerium für Gesundheit (BMG)/Bundesministerium für Familie, Senioren, Frauen und Jugend (BMFSFJ) (2016). *Eckpunkte für eine Ausbildungs- und Prüfungsverordnung zum Entwurf des Pflegeberufsgesetzes.* Online unter: http:/www.bundesgesundheitsministerium.de/fileadmin/Dateien/3_Downloads/P/Pfl egeberuf/Eckpunkte_APrVO.pdf (10.03.2016).

Darmann, I. (2004). Theorie-Praxis-Transfer in der Pflegeausbildung. Anforderungen an die verschiedenen Lernorte. *PRInternet*, 6 (4), 197–203.

Darmann, I. (2005). Professioneller Pflegeunterricht. *PRInternet*, 7 (12), 655–663.

Darmann-Finck, I. (2006). „Und es wird immer so empfohlen" – Bildungskonzepte und Pflegekompetenz. *Pflege*, 18 (3), 188–196.

Darmann-Finck, I. (2010). Pflegedidaktisch relevante empirische Forschung: Stand und Notwendigkeiten. *Pflegewissenschaft*, 12 (11), 604–612.

Darmann, I., Glissmann, G. (2011). Kompetenzdiagnostik im Berufsfeld Pflege. *Pflege*, 24 (3), 195–204.

Deutscher Bildungsrat für Pflegeberufe (DBR) (Hrsg.) (2004). *Vernetzung von theoretischer und praktischer Pflegeausbildung.* Berlin.

Deutscher Bildungsrat für Pflegeberufe (DBR) (Hrsg.) (2010). *Handlungsleitende Perspektiven zur Gestaltung der beruflichen Qualifizierung in der Pflege.* Berlin. Online unter: http://bildungsrat-pflege.de/wp-content/uploads/2014/10/dbr_broschuere_per spektiven_web.pdf (07.01.2016).

Deutsche Gesellschaft für Pflegewissenschaft e.V. (2015a). *Muster für ein Informationsschreiben.* Online unter: http://www.dg-pflegewissenschaft.de/pdf/MusterInfor mationsschreiben.pdf (25.06.2014).

Deutsche Gesellschaft für Pflegewissenschaft (2015b). *Muster für eine Einverständniserklärung.* Online unter: http://www.dg-pflegewissenschaft.de/pdf/MusterEinver staendnis.pdf (25.06.2014).

Deutsche Krankenhausgesellschaft (DKG) (2006). *DKG-Positionspapier zur Praxisanleitung und Praxisbegleitung auf der Grundlage des Krankenpflegegesetzes vom 16. Juli 2003.* Beschluss des Vorstandes der DKG vom 30. März 2006.

Deutsche Krankenhausgesellschaft (DKG) (2015). *DKG-Empfehlung für die Weiterbildung zur Praxisanleitung vom 29.09.2015.* Online unter: http://www.dkgev.de/me dia/file/22063.DKG_Empfehlung_Praxisanleitung.pdf (14.02.2016).

Dütthorn, N., Walter, A., Arens, F. (2013). Was bietet die Pflegedidaktik? Ein Analyseinstrument zur standortbestimmenden Untersuchung pflegedidaktischer Arbeiten. *PADUA*, 8 (3), 168–175.

Ecarius, J., Miethe, I. (Hrsg.) (2011). *Methodentriangulation in der qualitativen Bildungsforschung.* Opladen, Berlin & Farmington Hills, MI: Verlag Barbara Budrich.

Fichtmüller, F., Walter, A. (2007). *Pflegen lernen. Empirische Begriffs- und Theoriebildung zum Wirkgefüge von Lernen und Lehren beruflichen Pflegehandelns.* Göttingen: V&R unipress.

Fischer, R. (2013). *Berufliche Identität als Dimension beruflicher Kompetenz: Entwicklungsverlauf und Einflussfaktoren in der Gesundheits- und Krankenpflege.* Bielefeld: W. Bertelsmann Verlag.

Fischer, R., Becker, C. (2006). Transfer hat zwei Richtungen. Lernortkooperation auf curricularer Ebene. *PADUA*, 1 (1), 29–32.

Flick, U. (1995). Stationen des qualitativen Forschungsprozesses. In: U. Flick et al. (Hrsg.): *Handbuch Qualitative Sozialforschung. Grundlagen, Konzepte, Methoden und Anwendungen.* 2. Aufl. Weinheim: Psychologie Verlags Union, S. 147–173.

Flick, U. (2008). *Triangulation. Eine Einführung.* 2. Aufl. Wiesbaden: VS Verlag für Sozialwissenschaften.

Flick, U. (2009). *Qualitative Sozialforschung. Eine Einführung.* 2. Aufl. Reinbek bei Hamburg: Rowohlt Taschenbuch Verlag.

Flick, U. (2010a). Design und Prozess qualitativer Forschung. In: U. Flick, E. von Kardorff, I. Steinke (Hrsg.): *Qualitative Forschung. Ein Handbuch.* 8. Aufl. Reinbek bei Hamburg: Rowohlt Taschenbuch Verlag, S. 252–265.

Flick, U. (2010b). Triangulation in der qualitativen Forschung. In: U. Flick, E. von Kardorff, I. Steinke (Hrsg.): *Qualitative Forschung. Ein Handbuch.* 8. Aufl. Reinbek bei Hamburg: Rowohlt Taschenbuch Verlag, S. 309–318.

Flick, U. (2011). Zum Stand der Diskussion – Aktualität, Ansätze und Umsetzungen der Triangulation. In: J. Ecarius, I. Miethe (Hrsg.): *Methodentriangulation in der qualitativen Bildungsforschung.* Opladen, Berlin & Farmington Hills, MI: Verlag Barbara Budrich, S. 19–40.

Flick, U. et al. (Hrsg.) (1995). *Handbuch Qualitative Sozialforschung. Grundlagen, Konzepte, Methoden und Anwendungen.* 2. Aufl. Weinheim: Psychologie Verlags Union.

Flick, U., von Kardorff, E., Steinke, I. (Hrsg.) (2010). *Qualitative Forschung. Ein Handbuch.* 8. Aufl. Reinbek bei Hamburg: Rowohlt Taschenbuch Verlag.

Gesetz über die Berufe in der Altenpflege (Altenpflegegesetz – AltPflG) sowie zur Änderung des Krankenpflegegesetzes. Bundesgesetzblatt (BGBl. I S. 1513).

Gesetz über die Berufe in der Krankenpflege (Krankenpflegegesetz – KrPflG) und zur Änderung anderer Gesetze. Bundesgesetzblatt (BGBl. I S. 1442).

Gesetz zur Umsetzung der Pflegeversicherung in Baden-Württemberg (Landespflegegesetz – LPflG) (GBL 1995 S. 665). Zuletzt geändert durch Artikel 3 des Gesetzes vom 17. Dezember 2015 (GBl. S. 1205, 1209)

Gesetzentwurf der Bundesregierung (2016). *Entwurf eines Gesetzes zur Reform der Pflegeberufe (Pflegeberufereformgesetz – PflBRefG).* Online unter: http://www.bmg.bund.de/fileadmin/dateien/Downloads/Gesetze_und_Verordnungen/GuV/P/160113_KabinettentwurfPflBG.pdf (30.01.2016).

Gieseke, M. (2009). Ein Lernbegleitbuch zur Sicherung der praktischen Pflegeausbildung. Entwicklung, Gestalt, Inhalte, fachdidaktische Ausrichtung. *Pflegewissenschaft*, 11 (9), 478–486.

Glaser, B.G., Strauss, A.L. (2010). *Grounded Theory. Strategien qualitativer Forschung*. 3., unveränd. Aufl. Bern: Verlag Hans Huber.

Holoch, E. (2002). *Situiertes Lernen und Pflegekompetenz. Entwicklung, Einführung und Evaluation von Modellen Situierten Lernens in der Pflegeausbildung*. 1. Aufl. Bern: Verlag Hans Huber.

Hopf, C. (1995). Qualitative Interviews in der Sozialforschung. Ein Überblick. In: U. Flick, E. von Kardorff, H. Keupp, L. von Rosenstiel, S. Wolff (Hrsg.): *Handbuch Qualitative Sozialforschung*. 2. Aufl. Weinheim: Psychologie Verlags Union, S. 177–182.

Hopf, C. (2010a). Qualitative Interviews – ein Überblick. In: U. Flick, E. von Kardorff, I. Steinke (Hrsg.): *Qualitative Forschung. Ein Handbuch*. 8. Aufl. Reinbek bei Hamburg: Rowohlt Taschenbuch Verlag, S. 349–360.

Hopf, C. (2010b). Forschungsethik und qualitative Forschung. In: U. Flick, E. von Kardorff, I. Steinke (Hrsg.): *Qualitative Forschung. Ein Handbuch*. 8. Aufl. Reinbek bei Hamburg: Rowohlt Taschenbuch Verlag, S. 589–600.

Kaiser, H. (2013). Metakognition – Wo Nachdenken über das Denken besonders nützlich ist. *Pflegewissenschaft*, 15 (7–8), 434–437.

Kelle, U., Kluge, S. (2010). *Vom Einzelfall zum Typus. Fallvergleich und Fallkonstruktion in der qualitativen Sozialforschung*. 2., überarb. Aufl. Wiesbaden: VS Verlag für Sozialwissenschaften.

Keuchel, R. (2006). Miteinander statt nebeneinander. Stand und Perspektiven der Lernortkooperation in der Pflegeausbildung. *PADUA*, 1 (1), 6–12.

Klappacher, C. (2006). *Implizites Wissen und Intuition. Warum wir mehr wissen, als wir zu sagen wissen: Die Rolle des Impliziten Wissens im Erkenntnisprozess*. Saarbrücken: VDM Verlag Dr. Müller.

Lamnek, S. (2005). *Qualitative Sozialforschung. Lehrbuch*. 4., vollständig überarb. Aufl. Weinheim, Basel: Beltz Verlag.

Lamnek, S. (2010). *Qualitative Sozialforschung. Lehrbuch*. 5., vollständig überarb. Aufl. Weinheim, Basel: Beltz Verlag.

Lauber, A. (2008). *Merkmale und Bedingungen gelingenden Transferlernens am Lernort Pflegepraxis*. Master-Thesis: Philosophisch-Theologische Hochschule Vallendar.

Legewie, H. (1995). Feldforschung und teilnehmende Beobachtung, In: U. Flick, E. von Kardorff, H. Keupp, L. von Rosenstiel, S. Wolff (Hrsg.): *Handbuch Qualitative Sozialforschung*. 2. Aufl. Weinheim: Psychologie Verlags Union, S. 189–193.

Linke, S., Rösch, M. (2006). Einsatzbegleitende Seminare. Lernortkooperation zwischen Pflegeschule und Psychiatrie. *PADUA*, 1 (1), 13–16.

Lüders, C. (2010). Beobachten im Feld und Ethnographie. In: U. Flick, E. von Kardorff, I. Steinke (Hrsg.): *Qualitative Forschung. Ein Handbuch*. 8. Aufl. Reinbek bei Hamburg: Rowohlt Taschenbuch Verlag, S. 384–401.

Mayring, P. (2002). *Einführung in die qualitative Sozialforschung*. Weinheim und Basel: Beltz Verlag.

Merkens, H. (2010). Auswahlverfahren, Sampling, Fallkonstruktion. In: U. Flick, E. von Kardorff, I. Steinke (Hrsg.): *Qualitative Forschung. Ein Handbuch*. 8. Aufl. Reinbek bei Hamburg: Rowohlt Taschenbuch Verlag, S. 286–298.

Mitchell, M. T. (2006). *Michael Polanyi. The Art of Knowing*. Wilmington, Del.: [S]Books.

Müller, K. (2005). Lernaufgaben. Wissenstransfer und Reflexion in realen Berufssituationen. *PRInternet*, 7 (5), 685–691.

Müller, K. (2007). Entwicklung beruflicher Handlungskompetenz in der praktischen Ausbildung durch den Einsatz von Lernaufgaben. *PRInternet*, 9 (3), 149–151.

Müller, K. (2009). *Implemetierung eines Lernaufgabenkonzeptes in die betriebliche Pflegeausbildung*. Online unter: http://elib.suub.uni-bremen.de/diss/docs/00011476. pdf (29.02.2016).

Müller, K. (2010). Pflegeausbildung braucht Reformen. Positionspapier des Transfernetzwerks Innovative Pflegeausbildung. *Die Schwester/Der Pfleger,* 49 (1), 82–85.

Neuweg, G.H. (Hrsg.) (2000). *Wissen – Können – Reflexion. Ausgewählte Verhältnisbestimmungen*. Innsbruck: Studienverlag.

Neuweg, G.H. (2004). *Könnerschaft und implizites Wissen. Zur lehr-lerntheoretischen Bedeutung der Erkenntnis- und Wissenstheorie Michael Polanyis*. 3. Aufl. Münster: Waxmann.

Neuweg, G.H. (2006a). Implizites Wissen als Forschungsgegenstand. In: F. Rauner (Hrsg): *Handbuch Berufsbildungsforschung*. 2. Aufl. Bielefeld: W. Bertelsmann Verlag, S. 581–588.

Neuweg, G.H. (2006b). *Das Schweigen der Könner. Strukturen und Grenzen des Erfahrungswissens*. Linz: Trauner Verlag.

Neuweg, G.H. (2015). *Das Schweigen der Könner. Gesammelte Schriften zum impliziten Wissen*. Münster: Waxmann.

Pätzold, G. (2004). Lernortkooperation im Lernfeldkonzept. *PRInternet*, 6 (1), 5–13.

Polanyi, M. (1969). *Knowing and Being. Essays by Michael Polanyi*. Chicago: The University of Chicago Press.

Polanyi, M. (1974). *Personal Knowledge. Towards a Post-Critical Philosophy*. Corr. Edition. Chicago: The University of Chicago Press.

Polanyi, M. (2009). *The Tacit Dimension*. Chicago and London: The University of Chicago Press.

Quernheim, G., Keller, C. (2013). Praxisanleitung. Zur Situation der praktischen Pflegeausbildung. Teil 1. *PADUA*, 8 (5), 291–295.

Quernheim, G., Keller, C. (2014a). Praxisanleitung. Zur Situation der praktischen Pflegeausbildung. Teil 2. *PADUA*, 9 (1), 33–35.

Quernheim, G., Keller, C. (2014b). Vergütung für Praxisanleitung. Zur Situation der praktischen Pflegeausbildung. Teil 3. *PADUA*, 9 (2), 98–102.

Rauner, F. (Hrsg.) (2006). *Handbuch Berufsbildungsforschung*. 2. Aufl. Bielefeld: W. Bertelsmann Verlag.

Runde, A. (2006). Ideen und Werkzeuge. Instrumente und Methoden der Lernortkooperation. *PADUA*, 1 (1), 24–28.

Ryle, G. (1969). *Der Begriff des Geistes*. Stuttgart: Philipp Reclam jun.

Schanz, G. (2006). *Implizites Wissen*. München und Mering: Rainer Hampp Verlag.

Schmidt, C. (2010). Analyse von Leitfadeninterviews. In: U. Flick, E. von Kardorff, I. Steinke (Hrsg.): *Qualitative Forschung. Ein Handbuch.* 8. Aufl. Reinbek bei Hamburg: Rowohlt Taschenbuch Verlag, S. 447–456.

Schneider, N. (1998). *Erkenntnistheorie im 20. Jahrhundert. Klassische Positionen.* Stuttgart, Philipp Reclam jun.

Schön, D. A. (1985). *The Reflective Practitioner. How Professionals Think in Action.* New York: Basic Books.

Steinke, I. (2010). Gütekriterien qualitativer Forschung. In: U. Flick, E. von Kardorff, I. Steinke (Hrsg.): *Qualitative Forschung. Ein Handbuch.* 8. Aufl. Reinbek bei Hamburg: Rowohlt Taschenbuch Verlag, S. 319–331.

Strauss, A., Corbin, J. (1996). *Grundlagen qualitativer Sozialforschung.* Weinheim: Psychologie Verlags Union.

Wiedemann, P. (1995). Gegenstandsnahe Theoriebildung. In: U. Flick et al. (Hrsg.): *Handbuch Qualitative Sozialforschung. Grundlagen, Konzepte, Methoden und Anwendungen.* 2. Aufl. Weinheim: Psychologie Verlags Union, S. 441–445.

Wohkittel, C., Spürk, D. (2011). Der Erwerb beruflicher Handlungskompetenz. Die Entwicklung eines Curriculums für den Lernstandort Praxis. *Pflegewissenschaft*, 13 (4), 197–204.

Wolff, S. (2010). Wege ins Feld und ihre Varianten. In: U. Flick, E. von Kardorff, I. Steinke (Hrsg.): *Qualitative Forschung. Ein Handbuch.* 8. Aufl. Reinbek bei Hamburg: Rowohlt Taschenbuch Verlag, S. 334–349.

Zimmermann, V., Lehmann, Y. (2014). Praxisanleiterinnen zwischen Anspruch und Wirklichkeit. Ergebnisse einer schriftlichen Befragung von Praxisanleiter(innen) im Krankenhaus zu Aspekten ihrer Arbeit und Motivation. *PADUA*, 9 (5), 292–298.

Anhang

A1 Musteranschreiben an die Pflegedirektion/Geschäftsführung der Erhebungskrankenhäuser

Kontaktdaten der Forscherin

Datenerhebung im Rahmen einer Forschungsarbeit in Ihrem Hause

Sehr geehrte Frau/sehr geehrter Herr ......,

herzlichen Dank nochmals für das freundliche Telefonat mit Ihnen und Ihre grundsätzliche Bereitschaft, mein Forschungsvorhaben in Ihrem Hause zu unterstützen. Gerne stelle ich Ihnen die Eckdaten meines Vorhabens in schriftlicher Form vor (Anlage).

Zu meiner Person: Nach meiner Krankenpflegeausbildung (1987 – 1990) und einigen Jahren Berufstätigkeit als Krankenschwester habe ich 1998 das Studium der Pflegepädagogik an der Katholischen Fachhochschule Mainz erfolgreich absolviert. Nach 6 Jahren Arbeit im Praxisreferat der Katholischen Fachhochschule Mainz wechselte ich 2005 in das Bildungszentrum am Robert-Bosch-Krankenhaus in Stuttgart. Dort bin ich seit 2008 als Direktorin tätig. 2007 habe ich das Masterstudium Pflegewissenschaft an der Philosophisch-Theologischen Hochschule Vallendar abgeschlossen und befinde mich derzeit dort im Promotionsstudiengang mit dem Schwerpunkt Pflegebildungsforschung. Meine Anfrage bezieht sich auf mein Promotionsvorhaben in diesem Kontext.

Ich freue mich sehr, wenn Sie mir die Ansprache geeigneter Personen und ggf. die Durchführung der Untersuchung in Ihrem Hause ermöglichen.
Für die Auswahl und Benennung geeigneter Studienteilnehmer könnten – wie bereits in unserem Telefonat angesprochen – eine kurze Vorstellung des Forschungsvorhabens und die Werbung um Mitwirkung im Rahmen einer Besprechung der Stationsleitungen/ der Teamleitungen günstig sein. Gerne komme ich hierzu persönlich zu Ihnen. Es wäre ein guter Weg, wenn Sie – Ihr Einverständnis vorausgesetzt – mir einige für die Vorstellung geeignete Sitzungstermine mitteilen könnten.

Mit Dank für Ihre Unterstützung und herzlichen Grüßen aus Stuttgart

Annette Lauber

A2 Kurzinformation zum Forschungsvorhaben

Kontaktdaten der Forscherin

Forschungsvorhaben „Von Könnern lernen" – Kurzskizze

Erkenntnisinteresse

Mit der geplanten Untersuchung soll ein Beitrag zur Beschreibung von Lehr-/Lern-prozessen im Praxisfeld der Pflege geleistet werden. Von besonderem Interesse ist dabei die Gestaltung der „Meister-Lehrling-Beziehung" zwischen „Könnern im Fach" und Lernenden. Dabei wird ein Schwerpunkt auf die Betrachtung des didaktischen Dialogs zwischen lehrenden Könnern und Lernenden im Praxisfeld der Pflege gelegt mit dem Ziel, das Potenzial des Lernorts Praxis im Hinblick auf dessen Lerngehalt weiter zu erschließen. Leitende Forschungsfragen sind: Wie gestalten „Könner im Fach" Lehr-/ Lernprozesse mit Lernenden im Praxisfeld Pflege? Wie gestalten Lernende in der Pflege Lehr-/Lernprozesse mit „Könnern im Fach"?

Auswahl der Studienteilnehmerinnen

Es wird davon ausgegangen, dass mit Personalentwicklungsaufgaben betraute Personen der Leitungsebene in Pflegeeinrichtungen, d.h. Leitungen von Stationen in Krankenhäusern über eine Vorstellung von „Könnern im Fach Pflege" verfügen und aufgrund ihrer Position und personalbezogenen Aufgaben zu einer Einschätzung von spezifischen Kompetenzen – und damit auch der Könnerschaft ihrer Mitarbeiterinnen in der Lage sind. Sie werden gebeten, Personen zu benennen, die in ihren Augen „Könner im Pflegehandeln" sind. Die benannten Personen sollten eine dreijährige Pflegeausbildung erfolgreich abgeschlossen haben.

Im Anschluss an die möglichst spontane Benennung der Personen wird eruiert, welche der benannten Personen derzeit mit Aufgaben im Bereich von Begleitung und/oder Anleitung von Lernenden in der Pflege (Auszubildende, Teilnehmer einer Weiterbildung, neue Mitarbeiterinnen) betraut sind. Selbstverständlich beruht die Teilnahme der benannten Personen an der Untersuchung auf Freiwilligkeit und es wird deren Einverständnis zur Mitwirkung eingeholt.

Anlage der Studie

Die explorativ-qualitative Studie umfasst eine teilnehmende Beobachtung von Lehr-/ Lernprozessen zwischen Könnern und Lernenden im Praxisfeld Pflege. Diese soll an drei aufeinander folgenden Tagen mit jeweils ca. 3 bis 4 Stunden Dauer erfolgen. Die Beobachtungen werden schriftlich dokumentiert.

Im Nachgang der letzten Beobachtungseinheit soll je ein qualitatives Interview mit den „Könnern im Fach" und den Lernenden erfolgen. Die Interviews thematisieren Konzepte des Lehrens und Lernens sowie besonders interessante Aspekte der Beobachtungen. Für die Interviews sind jeweils ca. 30 bis 45 Minuten als zeitlicher Rahmen geplant. Alle erhobenen Daten werden anonymisiert und vertraulich behandelt.

A3 Merkblatt für Studienteilnehmerinnen und -teilnehmer

Kontaktdaten der Forscherin

Forschungsvorhaben „Von Könnern lernen" – Merkblatt für Studienteilnehmerinnen

Erkenntnisinteresse

Mit der geplanten Studie soll ein Beitrag zur Beschreibung von Lehr-/Lernprozessen im Praxisfeld der Pflege geleistet werden. Von besonderem Interesse ist die Gestaltung der Lehr-/Lernprozesse zwischen erfahrenen Pflegepersonen („Könnerinnen" und „Könner" im Fach Pflege) und Lernenden (Auszubildenden). Der Schwerpunkt wird dabei auf die Beobachtung des „didaktischen Dialogs" gelegt mit dem Ziel, das Potenzial des Lernorts Praxis im Hinblick auf dessen Lerngehalt weiter zu erschließen. Leitende Forschungsfragen sind: Wie gestalten „Könner im Fach" Lehr-/Lernprozesse mit Lernenden im Praxisfeld Pflege? Wie gestalten Lernende in der Pflege Lehr-/Lernprozesse mit „Könnern im Fach"? Für die Untersuchung ist es folglich unerheblich, ob die Studienteilnehmer/innen eine Weiterbildung mit dem Schwerpunkt „Praxisanleitung" absolviert haben, da es nicht darum geht zu untersuchen, ob pädagogisches Wissen in der Pflegepraxis umgesetzt wird. Ziel ist es vielmehr zu erforschen, auf welche Weise erfahrene Pflegepersonen ihr Wissen und Können vermitteln und was und wie Lernende hierbei lernen. Hierzu gibt es bislang wenige bis keine durch Forschung erhobenen und untermauerten Erkenntnisse.

Durchführung der Untersuchung

Die Studie umfasst eine teilnehmende Beobachtung von Lehr-/Lernprozessen zwischen erfahrenen Pflegepersonen und Lernenden im Praxisfeld Pflege – und zwar im „normalen" Stationsalltag. Die Beobachtung soll an drei aufeinander folgenden Tagen mit jeweils ca. 3 bis 4 Stunden Dauer erfolgen.

Die Termine und genauen Beobachtungszeiten richten sich nach dem Dienstplan der Studienteilnehmerinnen. Es sollen insbesondere solche Situationen beobachtet werden, in denen die Studienteilnehmerinnen Pflegesituationen, d.h. Situationen mit Patientinnen und Patienten gestalten. Die Forscherin nimmt an diesen Situationen als Beobachterin teil, d.h. sie dokumentiert ihre Beobachtungen in der Situation schriftlich bzw. spricht diese im Nachgang auf Band. Sie wird nicht in der Pflege aktiv.

Im Anschluss an die letzte Beobachtung wird mit beiden Studienteilnehmerinnen und -teilnehmern (erfahrene Pflegeperson – Auszubildende/r) je ein qualitatives Einzel-interview geführt. Zu Beginn werden hier einige Strukturdaten erhoben (z.B. Alter, Anzahl der Berufsjahre, Dauer der Tätigkeit im jetzigen Handlungsfeld der Pflege bzw. Stand der Ausbildung, Dauer des Praxiseinsatzes etc.). Außerdem wird nach Erfahrun-gen mit dem Lehren und Lernen in der Pflegepraxis und besonders interessanten Aspek-ten der Beobachtungen gefragt. Für die Interviews sind jeweils ca. 30 bis 45 Minuten als zeitlicher Rahmen geplant. Die Termine werden mit den Studienteilnehmerinnen abgesprochen.

Studienteilnahme und Umgang mit den erhobenen Daten
Die Teilnahme an der Studie ist freiwillig und kann jederzeit beendet werden. Weder durch die Teilnahme noch durch den Abbruch der Teilnahme entstehen den Studienteil-nehmerinnen und -teilnehmern irgendwelche Nachteile. Alle erhobenen Daten werden anonymisiert. Die Studienergebnisse werden in einer Publikation unter Wahrung des Grundsatzes der Anonymisierung der Daten veröffentlicht.

Allen Studienteilnehmerinnen werden die Studienergebnisse nach Abschluss der Unter-suchung auf Wunsch in digitaler Form zur Verfügung gestellt.

Bei weiteren Fragen setzen Sie sich bitte jederzeit unter den o.a. Kontaktdaten mit mir in Verbindung.

A4 Muster der Einverständniserklärung für Teilnehmende an der Studie

Kontaktdaten der Forscherin

Einverständniserklärung zur Mitwirkung an der pflegewissenschaftlichen Studie „Von Könnern lernen"

Ich wurde von Frau Annette Lauber für die oben genannte Studie vollständig über Wesen, Bedeutung und Tragweite der Studie aufgeklärt. Ich habe das Informationsschreiben gelesen und verstanden. Ich hatte die Möglichkeit, Fragen zu stellen. Ich habe die Antworten verstanden und akzeptiere sie. Ich bin über die mit der Teilnahme an der Studie verbundenen Risiken und auch über den möglichen Nutzen informiert.

Ich hatte ausreichend Zeit, mich zur Teilnahme an der Studie zu entscheiden und weiß, dass die Teilnahme freiwillig ist. Ich wurde darüber informiert, dass ich jederzeit und ohne Angabe von Gründen diese Zustimmung widerrufen kann, ohne dass dadurch Nachteile für mich entstehen.

Mir ist bekannt, dass meine Daten anonym gespeichert und ausschließlich für wissenschaftliche Zwecke verwendet werden.

Ich habe eine Kopie des Informationsschreibens und dieser Einverständniserklärung erhalten. Ich erkläre hiermit meine freiwillige Teilnahme an dieser Studie.

_____ _____

Ort, Datum Unterschrift der/des Mitwirkenden

_____

Unterschrift der Forscherin

(vgl. Ethikkommission DGP e.V. – http://www.dg-pflegewissenschaft.de/pdf/MusterIn formationsschreiben.pdf; 10.11.2016)

A5   Muster des Zeitplans mit Aufgaben der Studienbeteiligten

Kontaktdaten der Forscherin

Station

Kontakt

Weiteres Vorgehen
Günstiger Zeitraum für die Datenerhebung (teilnehmende Beobachtung und Interview)

Name der/des Auszubildenden

Praxiseinsatz vom/bis

- Ansprache der/des Auszubildenden – prinzipielles Interesse (Pflegeperson)
- Einverständnis der/des Auszubildenden telefonisch erfragen (Lauber)
- Terminvereinbarung für Information und Einholen des schriftlichen Einverständnisses der/des Auszubildenden (Lauber)
- Konkrete Absprachen zum zeitlichen Ablauf der Datenerhebung (telefonisch oder via E-Mail)
- Information der Stationsleitung (Pflegeperson/Lauber)
- Einverständnis der Patientinnen einholen (Pflegeperson/Lauber)

A6 Muster des Beobachtungsprotokolls

Datum: Beobachtungsprotokoll/Erhebung Nr.:
Beginn: Ende:
Beteiligte Personen

Zeit/Personen	Situation/Handlung/Interaktion/Kommunikation/ Auffälligkeiten	Anmerkungen

A7   Leitfaden für das episodische Interview mit Lehrenden

Vor Beginn des eigentlichen Interviews werden „Strukturdaten" erhoben (beruflicher Werdegang; berufliche Erfahrung im jetzigen pflegerischen Arbeitsbereich; seit wann und wie regelmäßig mit Lehraufgaben in der Pflege betraut etc.).

Im Folgenden werde ich Sie wiederholt bitten, mir Situationen zu schildern, in denen Sie Erfahrungen mit der Gestaltung von Lehr-/Lernprozessen mit Lernenden in Ihrem pflegerischen Alltag gemacht haben.

E 1   Was meinen Sie, welche Pflegesituationen (im pflegerischen Alltag) sind besonders geeignet, damit Lernende etwas aus ihnen lernen können? Können Sie mir bitte so eine Situation erzählen?

S 2   Was (genau) macht denn so eine für das Lernen besonders geeignete Pflegesituation Ihrer Meinung nach aus?

E 3   Wenn Sie mit Lernenden in der Pflege arbeiten – suchen Sie dann solche Pflegesituationen gezielt aus? Können Sie mir dazu bitte ein Beispiel erzählen? Schlagen Sie den Lernenden dann gezielt das gemeinsame Arbeiten in so einer Pflegesituation vor?

S 4   Woran orientieren Sie sich, wenn Sie Pflegesituationen für Lernprozesse auswählen?

E 5   Wenn Sie mit einem Lernenden in einer Pflegesituation mit Patienten arbeiten – Was ist Ihnen dann besonders wichtig, damit Sie hinterher sagen, das ist eine gute Situation gewesen? Können Sie mir bitte so eine Situation erzählen?

E 6   Was macht Ihrer Meinung nach einen guten und erfolgreichen Lernenden im Praxisfeld Pflege aus? Können Sie mir dazu ein Beispiel erzählen?

E 7   Was macht Ihrer Meinung nach einen guten und erfolgreichen Lehrer im Praxisfeld Pflege aus? Erzählen Sie mir dazu bitte eine Situation, an der sich das festmachen lässt.

S 8   Was genau macht denn Ihrer Meinung nach eine gute Lernatmosphäre in einer Pflegesituation aus? Können Sie mir hierzu ein Beispiel geben, das dies verdeutlicht?

E 9   Wenn Sie mit einem Lernenden im Praxisfeld Pflege arbeiten – gibt es spezielle Rahmenbedingungen, die das Lernen fördern? Können Sie das an einem Beispiel erzählen?

E 10   Welche Verhaltensweisen von Ihnen als Lehrender/Lehrendem sind Ihrer Meinung nach für erfolgreiches Lernen hilfreich? Können Sie das bitte an einem Beispiel verdeutlichen?

E 11   Welche Verhaltensweisen von Lernenden sind Ihrer Meinung nach für erfolgreiches Lernen hilfreich? Können Sie das bitte an einem Beispiel verdeutlichen?

E 12   Wenn Sie mit einem Lernenden in einer Pflegesituation mit Patienten arbeiten – welchen Anteil nehmen dabei die Lernenden ein? Können Sie mir dazu bitte eine typische Situation erzählen?

E 13   Wenn Sie mit einem Lernenden in einer Pflegesituation mit Patienten arbeiten – welchen Anteil haben dabei Sie als Lehrender? Können Sie mir dazu bitte eine typische Situation erzählen?

E 14   Gibt es Dinge, die Ihnen im Gespräch mit Lernenden über die Pflege-/Lernsituation besonders wichtig sind? Können Sie das bitte an einem Beispiel erläutern?

E 15   Welche Aspekte sprechen Sie im Gespräch mit Lernenden über die Pflege-/Lernsituation im Besonderen an? Folgen die Gespräche mit Lernenden über die Pflege-/Lernsituation einem besonderen Ablauf? Können Sie mir hierzu bitte ein Beispiel geben? Beziehen Sie die Perspektive von Patienten mit ein?

S 16   Wenn Sie die benannten Aspekte zu den Gesprächen mit Lernenden über Pflege-/Lernsituationen zusammenfassen sollten: Was kennzeichnet denn ein gutes Gespräch mit einem Lernenden über eine Pflege-/Lernsituation?

Evtl. ergänzende Fragen zu den Beobachtungen im Feld

S 17   Haben Sie etwas in dem Interview vermisst oder haben Sie etwas als störend empfunden?

A8 Leitfaden für das episodische Interview mit Lernenden

Vor Beginn des eigentlichen Interviews werden „Strukturdaten" erhoben (beruflicher Werdegang; berufliche Erfahrung im jetzigen pflegerischen Arbeitsbereich; seit wann und wie regelmäßig mit Lehraufgaben in der Pflege betraut etc.).

Im Folgenden werde ich Sie wiederholt bitten, mir Situationen zu schildern, in denen Sie Erfahrungen mit der Gestaltung von Lehr-/Lernprozessen erfahrenen Pflegepersonen in Ihrem pflegerischen Alltag gemacht haben.

E 1　　Was meinen Sie, welche Pflegesituationen (im pflegerischen Alltag) sind besonders geeignet, damit Sie etwas aus ihnen lernen können? Können Sie mir bitte so eine Situation erzählen?

S 2　　Was (genau) macht denn so eine für das Lernen besonders geeignete Pflegesituation Ihrer Meinung nach aus?

E 3　　Suchen Sie sich in Ihrem beruflichen Alltag dann solche Pflegesituationen für das Lernen gezielt aus? Können Sie mir dazu bitte ein Beispiel erzählen? Fragen Sie die für Sie zuständige Pflegeperson gezielt nach gemeinsamem Arbeiten in so einer Pflegesituation?

S 4　　Woran orientieren Sie sich, wenn Sie Pflegesituationen für Ihren eigenen Lernprozess auswählen?

E 5　　Wenn Sie mit einer Pflegeperson in einer Pflegesituation mit Patienten arbeiten – Was ist Ihnen dann besonders wichtig, damit Sie hinterher sagen, das ist eine gute Situation gewesen? Können Sie mir bitte so eine Situation erzählen?

E 6　　Was macht Ihrer Meinung nach einen guten Lehrer im Praxisfeld Pflege aus? Von welchen Pflegepersonen lernen Sie gerne und viel? Können Sie mir dazu ein Beispiel erzählen?

E 7　　Was macht Ihrer Meinung nach einen guten und erfolgreichen Lernenden im Praxisfeld Pflege aus? Erzählen Sie mir dazu bitte eine Situation, an der sich das festmachen lässt.

S 8　　Was genau macht denn Ihrer Meinung nach eine gute Lernatmosphäre in einer Pflegesituation aus? Können Sie mir hierzu ein Beispiel geben, das dies verdeutlicht?

E 9　　Wenn Sie mit einer Pflegeperson im Praxisfeld Pflege arbeiten – gibt es spezielle Rahmenbedingungen, die das Lernen fördern? Können Sie das an einem Beispiel erzählen?

E 10　Welche Verhaltensweisen von Ihnen als Lernender/Lernendem sind Ihrer Meinung nach für erfolgreiches Lernen hilfreich? Können Sie das bitte an einem Beispiel verdeutlichen?

E 11　Wenn Sie mit einer Pflegeperson im Praxisfeld Pflege arbeiten – gibt es spezielle Verhaltensweisen der Pflegeperson, die Sie beim Lernen unterstützen? Können Sie das an einem Beispiel erzählen?

E 12   Wenn Sie mit einer Pflegeperson in einer Pflegesituation mit Patienten arbeiten
        – welchen Anteil nimmt dabei die Pflegeperson ein? Können Sie mir dazu bitte
        eine typische Situation erzählen?

E 13   Wenn Sie mit einer Pflegeperson in einer Pflegesituation mit Patienten arbeiten
        – welchen Anteil haben dabei Sie als Lernende? Können Sie mir dazu bitte eine
        typische Situation erzählen?

E 14   Gibt es Dinge, die Ihnen im Gespräch mit Pflegepersonen über die Pflege-
        Lernsituation, in der sie miteinander gearbeitet haben, besonders wichtig sind?
        Können Sie das bitte an einem Beispiel erläutern?

E 15   Welche Aspekte sprechen Sie im Gespräch mit Pflegepersonen über die Pfle-
        ge-/Lernsituation, in der sie miteinander gearbeitet haben, im Besonderen an?
        Folgen die Gespräche mit Pflegepersonen über die Pflege-/Lernsituation einem
        besonderen Ablauf? Können Sie mir hierzu bitte ein Beispiel geben? Beziehen
        Sie die Perspektive von Patienten mit ein?

S 16   Wenn Sie die benannten Aspekte zu den Gesprächen mit Pflegepersonen über
        Pflege-/Lernsituationen zusammenfassen sollten: Was kennzeichnet denn ein
        gutes Gespräch mit einer Pflegeperson über eine Pflege-/Lernsituation?

        Evtl. ergänzende Fragen zu den Beobachtungen im Feld

S 17   Haben Sie etwas in dem Interview vermisst oder haben Sie etwas als störend
        empfunden?

A9 Muster der Einverständniserklärung für Patientinnen und Patienten

Kontaktdaten der Forscherin

Einverständniserklärung zur Mitwirkung an der pflegewissenschaftlichen Studie „Von Könnern lernen"

Ich wurde von _____ darüber informiert, dass Frau Annette Lauber im Rahmen einer pflegewissenschaftlichen Studie das Lehren und Lernen von Pflegepersonen und Auszubildenden in der Pflege beobachtet.

Ich bin damit einverstanden, dass Frau Annette Lauber bei der Durchführung meiner Pflege durch den/die Gesundheits- und Krankenpfleger/in _____ _____ und den/die Auszubildende _____ anwesend ist.

Ich wurde darüber informiert, dass ich jederzeit und ohne Angabe von Gründen diese Zustimmung widerrufen kann, ohne dass dadurch Nachteile für mich entstehen.

_____ _____

Ort, Datum Unterschrift der/des Mitwirkenden

_____

Unterschrift der Forscherin

(vgl. Ethikkommission DGP e.V. – http://www.dg-pflegewissenschaft.de/pdf/Muster Einverstaendnis.pdf; 10.11.2016)

A10 Muster für die Ausformulierung der Beobachtungsprotokolle

Beobachtung Nr.   KH Nr.   Tag Nr.   Erhebung Nr.   Tag Nr.   Kodierung der Studienteilnehmerinnen

Datum: **Erhebung Nr.**   **Tag Nr.**   **Uhrzeit von:**   **bis:**

Allgemeine Informationen

Beobachtungseinheit 1 – Uhrzeit von: **bis**   **(gesamt = xxx Minuten)**

Beschreibung der räumlichen Gegebenheiten; ggf. Informationen zur auszuführenden Pflegehandlung

Beteiligte Personen/ Ort/lfd. Nummer ggf. Pflegehandlung	Handlung Px	Handlung Ax	Interaktion[41]	Kodierung
1.x				
1.x				
1.x	Persönliche Eindrücke der Beobachterin			
1.x				
2.x				Kein gemeinsames Arbeiten

---

41   Person, von der die Kommunikation/Interaktion ausgeht, ist immer zuerst genannt; zweitgenannte Personen sind Adressaten der Kommunikation.

A11 Kodiertes Beobachtungsprotokoll (Auszug)

16. Februar 2012: Erhebung 5, Tag 2; 06:30 Uhr bis 09:40 Uhr

06:30 Uhr Ankunft auf der Station. P5 und A5 sind bereits vor einem Patientenzimmer. Ich bekomme eine kurze Einweisung, dass heute „volles Programm" und die Station voll sei und man deshalb bereits früher als sonst begonnen habe.

Beobachtungseinheit 4 – 06:30 bis 08:00 Uhr

Beteiligte Personen/Ort/lfd. Nr.	Handlung P5	Handlung A5	Interaktion	Anmerkungen
P5/A5 Patientenzimmer 1 **4.1 „Morgenrunde" Betten richten, Vitalzeichen, Vitalzeichen der Patienten erfassen**	Bei beiden Patientinnen werden die Vitalzeichen erhoben. Pat.1 wird gewogen; beide bekommen eine s.c. Injektion. A5 hängt eine Infusion an; diese läuft etwas schnell. A5: „Läuft die zu schnell?" P5 korrigiert, stellt diese langsamer ein.		P5/A5	Fragen, wenn etwas unklar ist – während einer Handlung (A5) Während einer Handlung handelnd stützen (P5)
Vor dem Patientenzimmer **4.2**	„Ich habe jetzt nicht darauf geachtet – schaust Du immer, ob das System luftleer ist? Ich habe das mal erlebt, dass Luft im System war."	„Ach, Du Sch….! Gestern das mit dem Aufkleber, das habe ich mir gemerkt – nur was ich gemacht habe, ist auch gemacht."	P5/A5	Ein Auge auf die Handlungen der Auszubildenden haben (P5) Von eigenen Lernerfahrungen berichten (P5) Auf Gelerntes/Behaltenes hinweisen (A5)

219

Patientenzimmer 2	P5 schaut nach neuem Patienten (Aufnahme) in anderem Zimmer.	Geht zu Pat. 1 – erfasst die Vitalzeichen (Puls, Blutdruck).	A5/Patient	Die Routine abarbeiten – auch ohne Aufforderung durch P5 (A5)
4.3	Kommt ins Zimmer: „Sind Sie schon nach der OP aufgestanden?" EKG wird gelöst. „Hast Du schon nach Blutentnahmen und Tabletten geschaut?" Bringt die Urinflasche eines Patienten aus dem Zimmer.	Patient. zu A5: „Machen Sie mir auch das EKG ab, dann kann ich duschen gehen." A5: „Da muss ich erst fragen." Hörgeräte drin." Patient.: „Nein." Will rausgehen.	A5/P5 P5/A5	Fragen, wenn unklar ist, was zu tun ist (A5) Handeln von A kontrollieren (P5)
4.4	Es wird gemeinsam gearbeitet, automatisiert, routiniert, jeder hat „seinen Teil" der Arbeit.			
Patientenzimmer 3 2. Patientinnen	Klärt die Frage einer Patientin zu ihren Medikamenten. Medikamente werden dann gemeinsam ausgeteilt (P5 und A5)	Erhebt Vitalzeichen. Es soll Blut bei Pat. 1 abgenommen werden: „Da ist eine Vene, aber die ist ganz dünn, da möchte ich lieber nicht stechen." „Unsere Nadeln sind aber auch ganz dünn." Berichtet ihre Entscheidung an P5, als diese zum Temperatur messen kommt.	P5/Patientin A5/Patientin	Grenzen der eigenen Kompetenz einschätzen (A5) Sorge tragen dafür, dass die Pat. mit in das Handeln einbezogen wird – es selbst tun (4.5) Bericht an P5 erstatten über eigene Aktivitäten/Handlungen (A5) Auftrag erteilen (direkt) (P5) Auftrag ausführen (A5) Wissen erfragen (A5)
4.5				

4.6	P5 zeigt es ihr. „Misst Du dann bitte noch Temperatur bei Patientin 2?"	Während der Messung: „Könntest Du mir zeigen, wo ich in den Kurven die Aufnahmediagnose finde?"		
	Keine Absprache zwischen P5 und A5 – läuft routiniert und automatisiert. A5 stellt auch eine Frage, die mit ihrer anstehenden Prüfung zu tun hat.			
Patientenzimmer 4 **4.7**	P5 bringt „Notfallblut" in das Labor, nimmt im Anschluss den Patienten in Patientenzimmer 1 Blut ab.	Geht alleine in Patientenzimmer 4, erfasst die Vitalzeichen. Die beiden Patienten fragen nach ihren Medikamenten – A5 kann nicht alle beantworten: „Da warten wir, bis die Schwester da ist, die können wir fragen."	P5/A5 A5/Patienten	Die Routine abarbeiten – auch ohne Aufforderung durch P5 (A5) Grenzen der eigenen Kompetenz einschätzen (A5) A5 informieren, orientieren – ohne Einbezug der Patienten (P5) **Kein gemeinsames Arbeiten**
4.8	P5 kommt zurück. „Kann ich noch etwas messen? Nein – dann gehe ich schon mal in die 2, da muss ich eh alleine rein."	A5 nimmt Blut bei einem Patienten ab. Sie sticht daneben, wird unruhig, löst aber die Situation.		Handeln von A kontrollieren (P5) **Kein gemeinsames Arbeiten**
Vor dem Patientenzimmer **4.9**		Zu mir: „Ich werde immer voll nervös, wenn es nicht klappt. Ich habe neben die Pipeline gestochen, dann habe ich angefangen zu zittern. Und dann habe ich		**Kein gemeinsames Arbeiten**

Ort / Nr.	Handlung	Gesprächsverlauf	Akteur	Pädagogische Kategorie
		noch mal etwas geschoben, dann ging es.“		
Auf dem Stationsflur 4.10	Kurzes Gespräch mit dem Stationsarzt am Arbeitswagen und im Anschluss zwischen P5 und A5. „Ich bringe hier noch die Medikamente rein – geht ihr schon mal in die 4.“ P5 geht zur Klingel.	A5 schreibt Pflegebericht.	P5/A5	A5 informieren, orientieren – ohne Einbezug der Patienten (P5) Auftrag erteilen (direkt) (P5) Auftrag ausführen (A5)
Patientenzimmer 5 4.11	Kommt hinzu. Beantwortet Fragen der Patientinnen zu Medikamenten, Entlassung etc.	Erfasst die Vitalzeichen der beiden Patientinnen.	A5/Patientinnen P5/Patientinnen	Kollegial miteinander arbeiten – nicht aufeinander bezogen (P5/A5)
Auf dem Stationsflur 4.12	„Gerne, das können wir gleich machen.“	Zu P5: „Ich muss Dich dann unbedingt noch ein paar Sachen fragen.“	A5/P5	Lernintentionen darlegen (A5)
08:00 Uhr 4.13	P5 geht zu einer Besprechung in das Dienstzimmer. A5 assistiert bei der Kathetereinlage bei einem Patienten (stößt dann später zur Besprechung dazu). „Ich ziehe mich in den Aufenthaltsraum für Patienten zurück.“: „Zwischeneindruck“: A5 ist sehr aktiv und interessiert, fragt von sich aus viel – auffallend mehr als die Auszubildenden, die ich bislang während der Erhebungen erlebt habe. Sicher hängt dies auch mit der heute anstehenden Prüfung zusammen. P5 lässt sie viel alleine arbeiten, sie hat allerdings immer einen kontrollierenden Blick im Zimmer. […]			

A12 Ergebnisse der offenen Kodierung der Beobachtung – Lehrende

	Beobachtung 1	Beobachtung 2	Beobachtung 3	Beobachtung 4	Beobachtung 5	Beobachtung 6
Auftrag erteilen (direkt)	1.1, 1.27 2.3, 2.5 4.1, 4.7, 5.1 6.2, 6.4 7.1, 8.8 9.2, 9.8, 9.9	1.7, 1.13 2.3, 3.2 6.3 8.2, 8.4 12.9, 12.10 14.1, 14.5	1.1, 1.17 2.6 5.1, 6.1, 7.9 9.1, 10.1 12.1, 13.2 16.2, 16.4	2.1 3.1, 3.2 4.1 8.3 10.1, 10.4	1.1, 1.3 2.2 4.5, 4.10 6.1 11.1	4.1
Auftrag erteilen (indirekt) unter Einbezug der Patientin	1.20 4.5		1.8			
Während einer Handlung verbal unterstützen	1.27 5.2, 9.9			2.3 4.2		12.1
Während einer Handlung handelnd stützen/sie übernehmen	4.8 9.2, 9.7			2.3	4.1	
Handeln von A verbal direkt korrigieren ohne Einbezug der Patientin im Nachhinein	1.9, 1.18, 1.22 5.2 6.4, 8.8	13.2	7.6	2.1 3.4, 3.5 4.4, 8.3		
Handeln von A verbal direkt korrigieren ohne Einbezug der Patientin im Voraus	1.4 2.4a/2.4b 6.2, 8.7	3.4	1.11 7.5 7.7, 12.3	3.8 3.9 6.6, 10.1	1.3	2.3
Handeln von A handelnd korrigieren/im Nachhinein	4.5 5.2	3.2		3.4 6.4		
Einen Fehler von A1 beschwichtigend kommentieren	9.4, 9.5 9.7					

223

	Beobachtung 1	Beobachtung 2	Beobachtung 3	Beobachtung 4	Beobachtung 5	Beobachtung 6
Ein Auge auf die Handlungen der Auszubildenden haben	8.5			2.1, 3.9 6.6 7.1		
Handlungen supervidieren		1.9, 3.4 6.2, 9.2, 12.10	12.6	3.4, 4.5 8.2, 8.3	1.3 4.8	2.4, 5.1 8.2, 12.1, 15.1
A zu Beobachtungen der Patientin auffordern	1.8 1.22 2.5	2.1	2.5			
Erinnern, verbal Impuls geben, dass etwas im Vorgehen fehlt im Voraus	1.12, 1.22, 1.30 2.4 6.1					
Erinnern, verbal Impuls geben, was im Vorgehen dran ist im Voraus	8.8 9.2		1.11	3.7 6.9	4.3	
Wissen erfragen während des Handelns, mit Bezug zum Handeln ohne Einbezug der Patientin	1.14, 1.21 2.7 4.6, 5.3 7.3 8.8, 9.4	1.12 2.4 3.4	7.8			
Individuelle Lernvoraussetzungen erfragen	1.27 2.1	1.6, 1.11, 2.4, 4.1, 9.2, 9.3 14.4	1.1, 1.4 3.1			
Loben der A vor der Patientin	1.16, 7.4		1.8, 12.8			

	Beobachtung 1	Beobachtung 2	Beobachtung 3	Beobachtung 4	Beobachtung 5	Beobachtung 6
Impuls geben, wenn wichtige Dinge zu beachten sind, Aufmerksamkeit lenken	1.18 2.5 9.4	12.9	1.5 2.3			
Sorge tragen dafür, dass die Pat. mit in das Handeln einbezogen wird – A direkt dazu auffordern	1.12, 1.18 2.4					
Sorge tragen dafür, dass die Pat. mit in das Handeln einbezogen wird – A indirekt dazu auffordern	1.27 2.7 5.3 9.4					
Sorge tragen dafür, dass die Pat. mit in das Handeln einbezogen wird – es selbst tun	1.29, 1.31 2.3, 5.3 7.3, 8.8 9.2, 9.4, 9.9	9.2 12.9		4.5		
Handlungstipps geben	1.18, 1.30 9.4	1.9, 2.1 6.4, 6.6, 8.4	1.7, 1.15 2.6, 12.3, 16.1	4.2, 6.5 10.1		
Auf Äußerungen der Pat. reagieren	1.20	1.6	7.3			
Informationen von Patienten einholen, Beobachtungen verifizieren	4.5					2.1
Dozieren während des Handelns mit Bezug zum Handeln unter Einbezug der Patientin	1.21 1.28 7.4			4.2		

	Beobachtung 1	Beobachtung 2	Beobachtung 3	Beobachtung 4	Beobachtung 5	Beobachtung 6
Dozieren während des Handelns mit Bezug zum Handeln ohne Einbezug der Patientin	4.10 9.4 9.5	9.3	1.16	6.10		
Wissen weitergeben (Lehrchance nutzen)		1.9, 2.4, 3.1 8.1, 14.4	11.2 12.6,16.8	4.7, 5.2 6.10		
Informationen an die Pat. geben	1.22, 2.8 6.4, 8.7	1.3 1.6	1.4 12.3	2.1 6.4, 7.1		2.1 8.5, 8.7
Scherzen, um eine vermeintlich peinliche Situation für A zu überspielen; Sicherheit geben	1.23 6.2 9.7					
Einen Scherz machen	8.7					
Scherzen, um eine für die Patientin vermeintlich unangenehme Situation zu überbrücken	9.2 9.5					
A informieren, orientieren – unter Einbezug der Patientin	1.24, 1.25 2.1, 2.7 4.8		7.3			
A informieren, orientieren – ohne Einbezug der Patienten	8.8	1.1, 1.13, 3.1, 3.2, 4.1, 5.1, 5.3, 8.1 12.1, 12.8, 3.1	1.1, 1.8, 1.9, 1.10, 1.16, 1.18, 2.3, 12.1, 12.7, 16.2	1.1, 1.2, 3.4, 3.8, 4.1, 4.7, 5.5, 6.1, 6.7, 7.2, 8.2, 8.3, 10.4	1.1, 1.2, 1.7 2.1, 3.4 4.7, 4.10 11.1	4.1 8.3 10.1
A „machen lassen"	1.27	1.6, 1.11, 3.4 9.2, 9.3		2.3, 2.4 4.5		2.4

	Beobachtung 1	Beobachtung 2	Beobachtung 3	Beobachtung 4	Beobachtung 5	Beobachtung 6
A etwas zutrauen/Vertrauen in die Fähigkeiten von A haben	1.27, 1.28, 1.29, 1.30, 1.31 7.4, 9.4, 9.5	1.6 1.11 3.4, 9.2, 9.3		2.3 4.5		4.1
A im Rahmen ihres Wissensstandes handelnd beteiligen	1.28, 1.29, 1.30, 1.31, 5.1, 5.2, 5.3, 6.4, 7.4, 8.8, 9.4, 9.5, 9.7, 9.8		16.3			
A bestätigen/Sicherheit geben	1.18, 1.28, 7.4, 1.29, 1.31, 2.5				1.3, 5.1 7.1	
Sich selbst zurücknehmen	1.27, 1.28, 1.29, 1.30, 9.5 1.31, 7.4, 9.4,	1.6, 1.11 3.4, 9.2, 9.3	7.4	2.3 4.5		
Lernangebote machen	1.27, 2.2, 3.1, 5.1, 9.4, 9.7	1.6, 6.2, 8.1, 9.2, 9.3, 12.10, 14.4	3.1 12.5	4.5, 4.7 6.3, 8.3, 10.2		1.1 12.1
Entscheiden, eine begonnene Handlung selbst zu übernehmen	2.2 4.5 9.5, 9.7, 9.8					
Entscheiden, welche Teilhandlungen selbst/von A übernommen werden	5.1 9.4					

227

	Beobachtung 1	Beobachtung 2	Beobachtung 3	Beobachtung 4	Beobachtung 5	Beobachtung 6
Entscheiden, eine Handlung selbst durchzuführen	6.4 8.8	14.3	1.16 2.2, 7.9	4.4	1.3	
Selbsteinschätzung von A anregen	3.1			4.7		
Reflexion anregen					7.1	
positive Rückmeldung geben	3.1			10.2		
kritische Rückmeldung geben	4.3 6.2, 7.3	8.4 14.3			10.1	
Lernerfordernisse benennen	3.1				10.1	
für eine angstfreie Atmosphäre sorgen	3.1	8.1				
Informationen an andere Berufsgruppen weitergeben	7.4	2.6 3.4	16.6	5.2		
Patienten ablenken	9.2	1.1				
Aufgaben zur Wahl stellen						2.4
Verdeutlichen, wie Entscheidungen fallen – Strategie vermitteln (Lehrchance nutzen)		3.5 6.2 8.1			1.11	14.1
Sich ein Bild von der Situation der Patientinnen machen		6.1 6.3				

	Beobachtung 1	Beobachtung 2	Beobachtung 3	Beobachtung 4	Beobachtung 5	Beobachtung 6
Eigenes Handeln erklären			1.7, 1.13, 1.15, 1.18, 2.5			
A2 zu eigenen Lösungen anregen		11.1			2.3	
Von eigenen Lernerfahrungen berichten		9.5	1.14		4.2 (?)	
Sich mit A über Patientensituationen austauschen			3.1			
Sich vergewissern, dass eine Patientensituation an A delegiert werden kann			12.2			
Argumente von A gelten lassen			12.3			
Nachfragen, was in den Phasen des Alleine-Arbeitens passiert ist, Auftrag erteilen				2.4		
Auftrag ausführen				2.4		
Auf individuelle Vorgehensweisen der Kolleginnen hinweisen				10.1		
Unterstützen mit Widersprüchen umzugehen						8.3
Auf organisatorische Erfordernisse hinweisen (Widerspruch Lernen-Arbeiten)					7.1	

	Beobachtung 1	Beobachtung 2	Beobachtung 3	Beobachtung 4	Beobachtung 5	Beobachtung 6
Theorie-Praxis-Divergenz erklären		9.3			1.9	
Organisatorische Erfordernisse/Lernhindernisse erklären					7.1	
A eigene Erfahrungen/ „Erfahrungen mit Modellen" wiedergeben lassen					2.3	
Emotionale Verfasstheit von A ansprechen					2.3 7.1	

A13 Ergebnisse der offenen Kodierung der Beobachtung – Lernende

	Beobachtung 1	Beobachtung 2	Beobachtung 3	Beobachtung 4	Beobachtung 5	Beobachtung 6
Auftrag ausführen	1.1, 1.21 (zu 1.20) 1.27 2.3, 2.5 4.1, 5.1 6.2, 6.4, 7.1 8.8, 9.2, 9.8, 9.9	1.7, 1.13 2.3, 3.2 6.3 8.2, 8.4 12.9, 12.10 14.1, 14.5	1.1, 1.17 2.6 5.1, 6.1, 7.9 9.1, 10.1 12.1, 13.2 16.2, 16.4	2.1, 3.1, 3.2 4.1 8.3 10.1, 10.4	1.1, 1.3 2.2 (?) 4.5, 4.10 6.1 11.1	4.1
Korrektur des Handelns durch P umsetzen	1.7 1.10					
Sich auf das eigene Handeln konzentrieren/fokussieren	1.12, 1.29, 1.31 7.3, 7.4, 9.2	9.2	1.9 1.10	4.5		
Wissensfragen der P antworten ohne Einbezug der Patientin	1.14, 1.21 2.7, 4.6, 5.3 7.3, 8.8, 9.4	1.12 2.4 3.4	7.8			
Fragen, wenn etwas unklar ist – während einer Handlung	1.18, 1.27, 1.29 1.30, 1.31, 2.5 4.3, 6.2	8.4	1.15 2.4, 13.2 16.9	2.3 3.7		12.1
Fragen, wenn etwas unklar ist – nach einer Handlung	1.27			4.7		2.3

	Beobachtung 1	Beobachtung 2	Beobachtung 3	Beobachtung 4	Beobachtung 5	Beobachtung 6
Wissen erfragen			1.11		5.1, 7.1	2.4, 8.2, 8.3
Fragen, wenn unklar ist, was zu tun ist		3.5			4.3 / 8.3, 11.1	
Organisatorische Fragen stellen	6.2		1.12			
Impulse der P nutzen	1.18, 1.22, 1.23, 1.30, 2.4	2.1	1.5			
Die Routine abarbeiten – auch ohne Aufforderung durch P	1.24 2.8, 7.1	13.2	1.3		4.3 / 4.7	
Bericht an P erstatten über eigene Aktivitäten/Handlungen	1.25	3.4, 3.5 14.3		2.4	4.5	3.2
Beobachtungen weitergeben	8.7	3.4 / 3.5				2.1, 2.3, 8.1, 8.5, 14.1, 14.2
Sich der Richtigkeit des eigenen Handelns versichern – während einer Handlung	1.28, 1.29 1.30, 1.31 7.4, 9.2, 9.7	8.4 12.4			4.1	12.1
Lernangebot nutzen	1.27, 2.2, 3.1 9.4, 9.7	6.2, 8.1, 9.2, 9.3, 12.10, 14.4	3.1 12.5	4.5, 4.7, 6.4 (bezogen auf 6.3), 9.1 (bezogen auf 8.3), 10.2		1.1 12.1
Lernangebot nicht nutzen	5.1					
Informationen von Patienten einholen, Beobachtungen verifizieren	4.8					

	Beobachtung 1	Beobachtung 2	Beobachtung 3	Beobachtung 4	Beobachtung 5	Beobachtung 6
Sorge tragen dafür, dass die Pat. mit in das Handeln einbezogen wird – es selbst tun	5.2		1.4 2.2		1.3 4.5	
Initiative zeigen	8.1	12.1, 14.3			1.3	2.3
denkt mit	8.5, 9.2	12.1, 12.4	7.9		1.6, 11.1	8.6
Einen Fehler eingestehen	8.5	13.2		3.5, 3.8, 6.9		
Über das eigene Handeln nachdenken					10.1	
„Mitlaufen"		6.1, 6.3				
Lernhindernisse thematisieren		9.3			1.9 7.1	
Aufmerksam sein, auf implizite Aufforderungen reagieren – auch ohne direkten Auftrag		12.4	7.5			
Von der eigenen Situation auf die von Patienten schließen			2.2			
Über Lernvoraussetzungen informieren			2.2		10.1	
Einen Handlungsfehler selbst bemerken			2.6			

	Beobachtung 1	Beobachtung 2	Beobachtung 3	Beobachtung 4	Beobachtung 5	Beobachtung 6
Neue Informationen über Patienten für die Kommunikation bei Pflegehandllungen nutzen			7.4 7.6			
eigenes Vorgehen begründen/argumentieren			12.3			
Lernchance nicht aktiv nutzen (Gespräch)				2.3, 4.3, 4.6 10.3		
Lernchance nutzen			16.4			
Hilfskräfte „informieren"				2.4		
Auftrag erteilen (direkt)				2.4		
Informationen an andere Berufsgruppen weitergeben				5.2		
Auf implizite Fragen reagieren				8.1		
P um Rat fragen					1.3, 2.3, 8.2	
Lernintentionen darlegen					1.9, 2.2 4.12, 7.1	
„Lerngespräch"					5.1	
Sich informieren						10.1

A14 Feinauswertung der Beobachtungen: Vorläufige Kategorie „Lehrchancen nutzen" – Lehrende (Auszug) Beobachtungen 1-6 – Lehrende – „Lehrchancen nutzen"

„Lehrchancen nutzen" fasst Aktivitäten der Lehrenden, die auf eine auf die Vermittlung expliziten Wissens bzw. auf eine bewusste Unterweisung der Lernenden gerichtet sind.

- hat in aller Regel einen aktuellen Handlungsbezug; steht im Kontext einer Handlung, die unmittelbar oder im weiteren zeitlichen Verlauf von der Lehrenden und/oder der Lernenden ausgeführt wird
- Initiative geht von der Pflegeperson aus
- Ausgangspunkt/Impulse: (Pflege-)Handlungen und (Pflege-)Situationen, die Lehrenden und/oder Lernenden ausgeführt und gestaltet werden sowie anstehende Aufgaben im Stationsablauf
- Lehrende geben begleitende Erläuterungen und weisen auf wichtige und wesentliche (Handlungs-)Aspekte hin, während sie selbst und/oder die Lernenden handeln (Durchführung einer Pflegehandlung, Kontext, Hintergrundwissen etc.)
- Formen/Strategien: Handlungstipps (Weitergabe von bewährten Vorgehensweisen/Handlungsstrategien, eigenen Erfahrungen bezüglich Arbeitsorganisation und Organisation einzelner Pflegehandlungen), Demonstration oder Anleitung mit begleitenden Erläuterungen (während die Lernende oder die Lehrende eine Handlung ausführt)
- Erfahrungsbasierung der Handlungstipps – häufige Einleitung mit „Ich mache das immer so, dass…" oder „Ich habe mir angewöhnt…"

235

	Beobachtung 1	Beobachtung 2	Beobachtung 3	Beobachtung 4	Beobachtung 5	Beobachtung 6
Handlungstipps geben	1.18, 1.30 9.4	1.9, 2.1 6.4, 6.6, 8.4	1.7, 1.15, 2.6 12.3, 16.1	4.2, 6.5 10.1		
Dozieren während des Handelns mit Bezug zum Handeln unter Einbezug der Patientin	1.21 1.28 7.4			4.2		
Dozieren während des Handelns ohne Einbezug der Patientin	4.10 9.4, 9.5	9.3	1.16	6.4		
Wissen weitergeben – (Lehrchance nutzen)		1.9, 2.4, 3.1 8.1 14.4	11.2 12.6 16.8	4.7 5.2 6.10		
Verdeutlichen, wie Entscheidungen fallen – Strategie vermitteln (Lehrchance nutzen)		3.5 6.2 8.1			1.11	14.1

Kode	Dozieren während des Handelns mit Bezug zum Handeln unter Einbezug der Patientin			
	Beobachtung 1			
Lfd. Nummer	Lehrende	Lernende	Erläuterung/Kontext	Kodierung
1.21	„Was hat das Eincremen denn noch für positive Effekte?" „Richtig – und was noch?" P1 erläutert Sinn unterschiedlicher Waschzusätze und Lotionen (W/O; O/W)	Wäscht die Beine und cremt diese mit Lotion ein „Thromboseprophylaxe." Antwortet auf Fragen der P1	Pflegeperson und Lernende unterstützen eine Patientin bei der Körperpflege im Bett; beim Eincremen der Beine, das die Lernende durchführt, erläutert die Pflegeperson die Verwendung unterschiedlicher Waschzusätze und Lotionen. Es wird laut gesprochen, die Patientin wird ebenso informiert	Pflegehandlung der Lernenden setzt Impuls für Erläuterungen/Referieren der Pflegeperson Initiative geht von der Pflegeperson aus Pflegeperson erläutert/referiert während der Handlung der Lernenden: Wissen wird mit dem Handeln verbunden Information für Lernende und Patientin
1.28	Kontrolliert Materialien; bereitet Stomaplatte mit Schablone für den Zuschnitt am Verbandwagen vor. Erläutert dabei Wesentliches	Schaut interessiert zu.	Die Pflegeperson erläutert Wesentliches rund um das Thema Stomaversorgung, während sie die Materialien für den Wechsel der	Pflegehandlung der Pflegeperson setzt Impuls für Erläuterungen/Referieren der Pflegeperson

	Beobachtung 1			
Lfd. Nummer	**Lehrende**	**Lernende**	**Erläuterung/Kontext**	**Kodierung**
	zum Versorgungssystem, weiteren Ablauf, Zusammenarbeit mit dem Sanitätshaus, Wechsel der Stomaversorgung; informiert dabei sowohl A1 als auch die Patientin. „Jetzt bitte so ausschneiden, dass die blaue Linie weg ist." „Ja, gut so."	Schneidet Stomaplatte zu: „Ist das so in Ordnung?"	Stomaversorgung vorbereitet. Lernende und Patientin hören zu.	Initiative geht von der Pflegeperson aus Pflegeperson erläutert/referiert während der eigenen Handlung; Wissen wird mit dem Handeln verbunden: Demonstration Sprache-Sache-Parallelisierung Information für Lernende und Patientin Lernende führt einzelne, von der Pflegeperson angewiesene Handlungsschritte durch, wird handelnd beteiligt
7.4	Steht auf der rechten Seite der Patientin. Richtet die Utensilien für A. Erläutert Vorgehen beim Wechsel der Stomaversor-	Steht auf der linken Seite der Patientin. A löst die Platte, bevor die Materialien gerichtet sind. Reinigt dann die Stomaum-	Die Pflegeperson leitet die Lernende zum Wechsel der Stomaversorgung an; erläutert dabei das Vorgehen beim Wechsel der	Gemeinsame Pflegehandlung/Pflegehandlung der Lernenden setzt Impuls für Erläuterungen/Referieren der Pflegeperson

Beobachtung 1

Lfd. Nummer	Lehrende	Lernende	Erläuterung/Kontext	Kodierung
	gung. „Das jetzt so und so anfassen." Lobt viel, bestätigt Richtigkeit beim Aufsetzen des Stomadeckels.	gebung. Fragt während der Teilschritte der Handlung, ob sie es richtig macht. Entsorgt Material.	Stomaversorgung. Bestätigt und lobt die Lernende beim Handeln. Die Lernende rückversichert sich bei den Teilschritten der Handlung. Die Information ist sowohl für die Lernende als auch für die Patientin bestimmt.	Initiative geht von der Pflegeperson aus Pflegeperson erläutert/leitet an, während die Lernende die von der Pflegeperson angewiesenen Handlungsschritte durchführt: Lernende ist handelnd aktiv Information für Lernende und Patientin

Beobachtung 4

Lfd. Nummer	Lehrende	Lernende	Erläuterung/Kontext	Kodierung
4.2	Erläutert während der gemeinsamen Unterstützung der Patientin der Prinzipien der Körperpflege nach Bobath-Konzept.	Fragt nicht nach (!)	Pflegeperson und Lernende unterstützen eine Patientin bei der Körperpflege im Bett. Die Lernende wäscht, die Pflegeperson trocknet die Patientin ab. Während der gemeinsamen Pflege erläutert die Pflegeperson Prinzipien des Bobath-Konzepts. Die Lernende fragt nahezu nicht nach.	Gemeinsame Pflegehandlung/Pflegehandlung der Lernenden setzt Impuls für Erläuterungen/Referieren der Pflegeperson
	Während der Körperpflege sollen 2 Mitpatientinnen zu einer Untersuchung gebracht werden. P4 unterstützt die Mobilisation einer Patientin aus dem Sessel in das Bett. Setzt Erläuterungen nach der Unterbrechung fort.	Wäscht weiter.		Initiative geht von der Pflegeperson aus
				Pflegeperson erläutert/referiert während der Handlung der Lernenden: Wissen wird mit dem Handeln verbunden
				Direkte Handlungsanweisungen der Pflegeperson an die Lernende werden leise/flüsternd gegeben; die Patientin wird durch die Pflegeperson in die allgemeinen Ausführungen einbezogen
				Lernende ist handelnd aktiv
				Information für Lernende und Patientin

Kode	Dozieren während des Handelns mit Bezug zum Handeln ohne Einbezug der Patientin			
	Beobachtung 1			
Lfd. Nummer	**Lehrende**	**Lernende**	**Erläuterung/Kontext**	**Kodierung**
4.10	Macht die Fotos, spricht leise begleitend.	Hält die Beine von Patient 2	Die Pflegeperson fertigt Fotografien einer Wunde an der Ferse eines Patienten an. Es wird leise gesprochen – der Patient wird nicht beteiligt. Die Information ist für die Lernende bestimmt.	Pflegehandlung der Pflegeperson setzt Impuls für Erläuterungen/Referieren der Pflegeperson Initiative geht von der Pflegeperson aus Pflegeperson erläutert/referiert während der eigenen Handlung: Wissen wird mit dem Handeln verbunden: Demonstration; Sprache-Sache-Parallelisierung Information für Lernende
9.4	Erklärt Stomaschablone und schneidet die Platte zu. Zur Patientin: „Kann A Ihnen dann gleich mal zeigen." – Zu A: „Zeig ich Dir dann."		Die Pflegeperson erläutert der Lernenden den Umgang mit der Stomaschablone im Rahmen des Wechsels der Stomaversorgung (Demonstration).	Pflegehandlung der Pflegeperson setzt Impuls für Erläuterungen/Referieren der Pflegeperson Initiative geht von der Pflegeperson aus

	Beobachtung 1		
Lfd. Nummer	Lehrende	Lernende	Erläuterung/Kontext	Kodierung
				Pflegeperson erläutert/referiert während der eigenen Handlung: Wissen wird mit dem Handeln verbunden: Demonstration Sprache-Sache-Parallelisierung Information für Lernende Die Lernsituation bleibt für die Lernende auf der Instruktionsebene (ohne handelnde Beteiligung)

A15 Ergebnisse der offenen Kodierung der Beobachtungen – geordnet – Lehrende

| | Auftrag erteilen | | | | | |
	Beobachtung 1	Beobachtung 2	Beobachtung 3	Beobachtung 4	Beobachtung 5	Beobachtung 6
Auftrag erteilen (direkt)	1.1, 1.27, 2.3, 2.5, 4.1, 4.7, 5.1, 6.2, 6.4, 7.1, 8.8, 9.2, 9.8, 9.9	1.7, 1.13, 2.3, 3.2, 6.3, 8.2, 8.4, 12.9, 12.10, 14.1, 14.5	1.1, 1.17, 2.6, 5.1, 6.1, 7.9, 9.1, 10.1, 12.1, 13.2, 16.2, 16.4	2.1, 3.1, 3.2, 4.1, 8.3, 10.1, 10.4	1.1, 1.3, 2.2, 4.5, 4.10, 6.1, 11.1	4.1
Auftrag erteilen (indirekt) unter Einbezug der Patientin	1.20, 4.5		1.8			

| | Informieren | | | | | |
	Beobachtung 1	Beobachtung 2	Beobachtung 3	Beobachtung 4	Beobachtung 5	Beobachtung 6
A informieren, orientieren – ohne Einbezug der Patienten	8.8	1.1, 1.13, 3.1, 3.2, 4.1, 5.1, 5.3, 8.1, 12.1, 12.8, 13.1	1.1, 1.8, 1.9, 1.10, 1.13, 1.16, 1.18, 2.3, 11.2, 12.1, 12.7, 16.2	1.1, 1.2, 3.4, 3.8, 4.1, 4.7, 5.5, 6.1, 6.7, 7.2, 8.2, 8.3, 10.4	1.1, 1.2, 1.7, 2.1, 3.4, 4.7, 4.10, 11.1	4.1, 8.3, 10.1
Informationen an Patienten geben	1.22, 1.24, 1.25, 2.1, 2.3, 2.7, 2.8, 4.8, 5.3, 6.4, 8.7, 8.8, 9.4, 9.5, 9.9	1.3, 1.6, 3.2, 9.1	1.4, 7.3, 12.3	2.1, 2.2, 6.3, 7.1	2.1, 8.5, 8.7	2.1, 8.5, 8.7

Informieren

	Beobachtung 1	Beobachtung 2	Beobachtung 3	Beobachtung 4	Beobachtung 5	Beobachtung 6
Lernangebote machen						
Lernangebote machen	1.27, 2.2, 3.1, 5.1, 9.4, 9.7	1.6, 6.2, 8.1, 9.2, 9.3, 12.10, 14.4	3.1 12.5	4.5, 4.7 6.3, 8.3 10.2		1.1 12.1

Wissen erfragen

	Beobachtung 1	Beobachtung 2	Beobachtung 3	Beobachtung 4	Beobachtung 5	Beobachtung 6
Wissen erfragen während des Handelns, mit Bezug zum Handeln ohne Einbezug der Patientin	1.14, 1.21 2.7 4.6, 5.3 7.3, 8.8 9.4	1.12 2.4 3.4	7.8		7.1	

Lehrchancen nutzen

	Beobachtung 1	Beobachtung 2	Beobachtung 3	Beobachtung 4	Beobachtung 5	Beobachtung 6
Handlungstipps geben	1.18, 1.30 9.4	1.9, 2.1 6.4, 6.6, 8.4	1.7, 1.15, 2.6 12.3, 16.1	4.2 6.5, 10.1		
Dozieren während des Handelns mit Bezug zum Handeln unter Einbezug der Patientin	1.21 1.28 7.4			4.2		

Lehrchancen nutzen

	Beobachtung 1	Beobachtung 2	Beobachtung 3	Beobachtung 4	Beobachtung 5	Beobachtung 6
Dozieren während des Handelns mit Bezug zum Handeln ohne Einbezug der Patientin	4.10 9.4 9.5		1.16	6.4		
Wissen weitergeben (Lehrchance nutzen)		1.9, 2.4, 3.1 8.1 14.4	11.2 12.6 16.8	4.7 5.2 6.10		
Verdeutlichen, wie Entscheidungen fallen – Strategie vermitteln (Lehrchance nutzen)	3.5 6.2 8.1				1.11	14.1

Individuelle Lernvoraussetzungen erfragen

	Beobachtung 1	Beobachtung 2	Beobachtung 3	Beobachtung 4	Beobachtung 5	Beobachtung 6
Individuelle Lernvoraussetzungen erfragen	1.27 2.2	1.6, 1.11, 2.4 4.1 9.2, 9.3, 14.4	1.1, 1.4 3.1			

Lernende handelnd beteiligen

	Beobachtung 1	Beobachtung 2	Beobachtung 3	Beobachtung 4	Beobachtung 5	Beobachtung 6
Handeln von Lernenden supervidieren						
Handeln von A supervidieren	3.4 6.2, 9.2, 12.10			4.5 6.4	1.3	5.1 12.1, 15.1

	Lernende handelnd beteiligen					
	Beobachtung 1	Beobachtung 2	Beobachtung 3	Beobachtung 4	Beobachtung 5	Beobachtung 6
	Lernende auf korrektes Handeln hinweisen					
Handeln von A verbal direkt korrigieren ohne Einbezug der Patientin/indirekt unter Einbezug der Patientin	1.4, 1.9 1.18, 1.22, 1.30 2.4a/b, 2.6 4.3, 5.2, 6.1, 6.2, 6.4, 8.7, 8.8, 9.2, 9.9	2.1 3.4 8.4 14.3	1.11 7.5 7.6 7.7 12.3	3.8 4.4 10.1	1.3	2.3 5.1
Impuls geben, wenn wichtige Dinge zu beachten sind, Aufmerksamkeit lenken	1.18 2.5 9.4	12.9	1.5 2.3			
A zu Beobachtungen der Patientin auffordern	1.8 1.22 2.5		2.5			
Sorge tragen dafür, dass die Pat. mit in das Handeln einbezogen wird/ – A direkt dazu auffordern	1.12 1.18 2.4c 2.7					
Sorge tragen dafür, dass die Pat. mit in das Handeln einbezogen wird – A indirekt dazu auffordern	1.27 9.4					

	Lernende handelnd beteiligen					
	Beobachtung 1	Beobachtung 2	Beobachtung 3	Beobachtung 4	Beobachtung 5	Beobachtung 6
Lernende in der handelnden Rolle stützen (verbal und/oder handelnd)						
Während einer Handlung verbal unterstützen	1.27, 1.29, 1.31 7.4	3.4		2.3a 4.2		12.1
Während einer Handlung handelnd unterstützen	1.29			2.3a 6.4	1.3 4.1	
Sorge tragen dafür, dass die Pat. mit in das Handeln einbezogen wird – es selbst tun	1.29, 1.31 7.3	9.2 12.9		4.5	1.3	
Eine Handlung der Lernenden übernehmen						
Während einer Handlung handelnd stützen/sie übernehmen	2.2 4.5, 4.8 9.2, 9.5, 9.7, 9.8			4.4	1.3	
Handeln der Lernenden kontrollieren						
Handeln von A kontrollieren	5.2	13.2	12.6	3.4, 3.5 6.9, 8.2, 8.3	4.3 4.8	8.2
Auge auf die Handlungen der Auszubildenden haben	8.5	3.2		2.1 3.7, 3.9 6.6, 7.1		

	Lernende handelnd beteiligen					
	Beobachtung 1	Beobachtung 2	Beobachtung 3	Beobachtung 4	Beobachtung 5	Beobachtung 6
	Lernerfordernisse benennen					
Lernerfordernisse benennen	3.1			10.1		

Nicht weiter bearbeitete Kodes

Aufgaben organisieren

Alle unter „Aufgaben organisieren" geordneten Kodes wurden nicht weiter bearbeitet. Sie umfassen Aktivitäten der Lehrenden, die eng mit deren Bereitschaft zusammenhängen, Lernende handelnd zu beteiligen bzw. sie eine Pflegehandlung durchführen zu lassen. Sie sind folglich eher auf der Haltungsebene anzusiedeln und damit nicht unmittelbar beobachtbar. Zudem fallen die Kodes in aller Regel mit denen der Kategorien „Handeln von Lernenden stützen" bzw. „Handeln von Lernenden supervidieren" zusammen.

	Beobachtung 1	Beobachtung 2	Beobachtung 3	Beobachtung 4	Beobachtung 5	Beobachtung 6
A „machen lassen"	1.27	1.6, 1.11,3.4 9.2, 9.3		2.3, 2.4 4.5		2.4
A etwas zutrauen/ Vertrauen in die Fähigkeiten von A haben	1.27, 1.28, 1.29 1.30, 1.31 7.4, 9.4, 9.5	1.6, 1.11 3.4 9.2, 9.3		2.3 4.5		4.1

248

	Beobachtung 1	Beobachtung 2	Beobachtung 3	Beobachtung 4	Beobachtung 5	Beobachtung 6
A im Rahmen ihres Wissensstandes handelnd beteiligen	1.28, 1.29, 1.30, 1.31 5.1, 5.2, 5.3, 6.4, 7.4, 8.8 9.4, 9.5, 9.7, 9.8		16.3			
Aufgaben zur Wahl stellen		1.1				2.4
Entscheiden, eine Handlung selbst durchzuführen	6.4 8.8	14.3	1.16 2.2, 7.9			
Sich selbst zurücknehmen	1.27, 1.28, 1.29 1.30, 1.31 7.4, 9.4, 9.5	1.6, 1.11 3.4 9.2, 9.3	7.4	2.3 4.5		

Patientenbezogenes Handeln der Lehrenden

Alle unter „Patientenbezogenes Handeln der Lehrenden" geordneten Kodes wurden nicht weiter bearbeitet, da hier Aktivitäten der Lehrenden gefasst sind, die sich nicht auf das Handeln mit Lernenden, sondern ausschließlich auf das mit Patienten beziehen.

	Beobachtung 1	Beobachtung 2	Beobachtung 3	Beobachtung 4	Beobachtung 5	Beobachtung 6
Auf Äußerungen der Pat. reagieren	1.20		7.3			

	Beobachtung 1	Beobachtung 2	Beobachtung 3	Beobachtung 4	Beobachtung 5	Beobachtung 6
Informationen von Patienten einholen, Beobachtungen verifizieren	4.5	1.6				2.1
Scherzen, um eine für die Patientin vermeintlich unangenehme Situation zu überbrücken	9.2 9.5					
Patienten ablenken	9.2					
Sich ein Bild von der Situation der Patientinnen machen		6.1 6.3	12.2			
Informationen an andere Berufsgruppen weitergeben	7.4	2.6 3.4	16.6	5.2		

Nicht weiter bearbeitete Kodes

	Beobachtung 1	Beobachtung 2	Beobachtung 3	Beobachtung 4	Beobachtung 5	Beobachtung 6
Fragen von A beantworten	1.18,1.28, 1.29,1.31,2.5			4.7	1.3 5.1,7.1	
Einen Fehler von A beschwichtigend kommentieren	9.4, 9.5, 9.7					
positive Rückmeldung geben	3.1					
Loben der A vor der Patientin	1.16 7.4		1.8 12.8			

Nicht weiter bearbeitete Kodes

	Beobachtung 1	Beobachtung 2	Beobachtung 3	Beobachtung 4	Beobachtung 5	Beobachtung 6
Scherzen, um eine vermeintlich peinliche Situation für A zu überspielen; Sicherheit geben	1.23 6.2 9.7					
Einen Scherz machen	8.7					
Selbsteinschätzung von A anregen	3.1			4.7		
Reflexion anregen					7.1	
für eine angstfreie Atmosphäre sorgen	3.1	8.1				
Eigenes Handeln erklären		6.6	2.5			
A zu eigenen Lösungen anregen		11.1			2.3	
Von eigenen Lernerfahrungen berichten		9.5	1.14		4.2	
Sich mit A über Patientensituationen austauschen			3.1			
Argumente von A gelten lassen			12.3			
Auftrag ausführen				2.4		
Auf individuelle Vorgehensweisen der Kolleginnen hinweisen				10.1		

	Nicht weiter bearbeitete Kodes					
	Beobachtung 1	Beobachtung 2	Beobachtung 3	Beobachtung 4	Beobachtung 5	Beobachtung 6
Unterstützen mit Widersprüchen umzugehen						8.3
Auf organisatorische Erfordernisse hinweisen (Widerspruch Lernen-Arbeiten)					7.1	
Theorie-Praxis-Divergenz erklären		9.3			1.9	
Organisatorische Erfordernisse/Lernhindernisse erklären					7.1	
Emotionale Verfasstheit von A ansprechen					2.3, 7.1	

252

A16 Ergebnisse der offenen Kodierung der Beobachtungen – geordnet – Lernende

Als Lernende Aufträge der Lehrenden annehmen und ausführen					
	Beobachtung 1	**Beobachtung 2**	**Beobachtung 3**	**Beobachtung 4**	**Beobachtung 5**	**Beobachtung 6**
Auftrag ausführen	1.1, 1.21 (zu 1.20) 1.27 2.3, 2.5 4.1, 4.7 6.2, 6.4 7.1, 8.8 9.4 (zu 9.2) 9.8, 9.9	1.7, 1.13 2.3 3.3 (zu 3.2) 6.3 8.3 (zu 8.2) 8.4 12.9, 12.10 14.1, 14.5	1.1, 1.17 2.6 5.1, 6.1 7.10 (zu 7.9) 9.1, 10.1 12.4 (zu 12.1) 13.2 16.2, 16.4	2.1 3.2 (zu 3.1) 3.2 4.1 8.3 10.1, 10.4	1.1, 1.3 2.2 4.5, 4.11 (zu 4.10) 6.1 11.1	4.1

Als Lernende Lerninteressen äußern					
	Beobachtung 1	**Beobachtung 2**	**Beobachtung 3**	**Beobachtung 4**	**Beobachtung 5**	**Beobachtung 6**
Fragen, wenn etwas unklar ist – während einer Handlung	1.18 1.27, 1.29, 1.31 2.5, 4.3 6.2		1.15 2.4 13.2 16.9	2.3a	1.3 8.2	
Sich der Richtigkeit des eigenen Handelns versichern – während/ nach einer Handlung	1.27, 1.28, 1.30 7.4 9.2, 9.7	8.4 12.4		4.7	4.1	2.3 12.1
Fragen, wenn unklar ist, was zu tun ist		3.5		3.7	4.3 8.3	

Als Lernende Lerninteressen äußern

	Beobachtung 1	Beobachtung 2	Beobachtung 3	Beobachtung 4	Beobachtung 5	Beobachtung 6
Organisatorische Fragen stellen	6.2		1.12			
Wissen erfragen			1.11		2.3, 4.5, 5.1 7.1, 11.1	2.4 8.2, 8.3, 10.1
Lernintentionen darlegen					1.9, 2.2 4.12, 7.1	
Lernhindernisse thematisieren		9.3			1.9 7.1	

Als Lernende Lernangebote der Lehrenden nutzen

	Beobachtung 1	Beobachtung 2	Beobachtung 3	Beobachtung 4	Beobachtung 5	Beobachtung 6
Lernangebot nutzen	1.27, 2.2 3.1 9.4, 9.7	1.6 6.2 8.1, 9.2, 9.3 12.10, 14.4	3.1 12.5	4.5, 4.7 6.4 (bezogen auf 6.3) 9.1 (bezogen auf 8.3), 10.2		1.1 12.1
Lernangebot nicht nutzen	5.1					

Als Lernende Initiative zeigen

	Beobachtung 1	Beobachtung 2	Beobachtung 3	Beobachtung 4	Beobachtung 5	Beobachtung 6
Initiative zeigen		12.1, 14.3			1.3	2.3
mitdenken	8.1, 8.5, 9.2	12.1	7.9		1.6	8.6
Aufmerksam sein, auf implizite Aufforderungen reagieren – auch ohne direkten Auftrag		12.4	7.5			
Routine abarbeiten – auch ohne Aufforderung durch P	1.24 2.8 7.1	13.2	1.3		4.3 4.7	

Als Lernende Lehrende informieren

	Beobachtung 1	Beobachtung 2	Beobachtung 3	Beobachtung 4	Beobachtung 5	Beobachtung 6
Bericht an P erstatten über eigene Aktivitäten/Handlungen	1.25	14.3		1.3	4.5	3.2
Beobachtungen weitergeben	8.7	3.4 3.5		2.4		2.1, 2.3, 3.2 8.1, 8.5 14.1, 14.2

Auf Wissensfragen der Lehrenden antworten

	Beobachtung 1	Beobachtung 2	Beobachtung 3	Beobachtung 4	Beobachtung 5	Beobachtung 6
Auf Wissensfragen der P antworten ohne Einbezug der Patientin	1.14, 1.21 2.7, 4.6, 5.3 7.3, 8.8, 9.4	1.12 2.4 3.4	7.8			

Nicht weiter bearbeitete Kodes

	Beobachtung 1	Beobachtung 2	Beobachtung 3	Beobachtung 4	Beobachtung 5	Beobachtung 6
Sich auf das eigene Handeln konzentrieren/fokussieren	1.12, 1.29, 1.31 7.3, 7.4, 9.2	9.2	1.9 1.10	4.5		
Informationen von Patienten einholen, Beobachtungen verifizieren	4.8					
Sorge tragen dafür, dass die Pat. mit in das Handeln einbezogen wird – es selbst tun	5.2		1.4 2.2		1.3 4.5	
„Mitlaufen"		6.1, 6.3				
Von der eigenen Situation auf die von Patienten schließen			2.2			
eigenes Vorgehen begründen/argumentieren			12.3			
Hilfskräfte informieren				2.4		

Nicht weiter bearbeitete Kodes						
	Beobachtung 1	Beobachtung 2	Beobachtung 3	Beobachtung 4	Beobachtung 5	Beobachtung 6
Fehler eingestehen	8.5	13.2		3.5, 3.8, 6.9		
Auftrag erteilen (direkt)				2.4		
Informationen an andere Berufsgruppen weitergeben				5.2		
Auf implizite Fragen reagieren				8.1		
Über Lernvoraussetzungen informieren			2.2		10.1	
„Lerngespräch"					5.1	
Neue Informationen über Patienten für die Kommunikation bei Pflegehandlungen nutzen			7.4 7.6			
Korrektur des Handelns durch P umsetzen	1.7 1.10					
Impulse der P nutzen	1.18, 1.22, 1.23 1.30, 2.4	2.1	1.5			
Einen Handlungsfehler selbst bemerken			2.6			
Lernchance nicht aktiv nutzen				2.3, 4.3, 4.6, 10.3		
Über das eigene Handeln nachdenken					10.1	

A17 Transkribiertes Interview (Auszug)

Lehrende – Interview 2 – P2 – KH 1

	Interviewtext
	Dann sollte das jetzt funktionieren mit uns beiden. Ich hab Ihnen ja schon gesagt, oder durfte vor allen Dingen die letzten drei Tage mit Ihnen arbeiten bzw. Ihnen beim Arbeiten zugucken. Das war noch besser und gerne würde ich mit dem Interview und dem persönlichen Gespräch jetzt noch ein paar Eindrücke auch mit Ihnen angucken und Sie einfach aus Ihrem reichen Fundus an Erfahrung noch ein paar Dinge fragen. Vorweg würde ich gerne ein paar Sachen von Ihnen wissen. Vielleicht können Sie kurz was zu Ihrem beruflichen Werdegang sagen in der Pflege.
1	**P2:** Beruflicher Werdegang in der Pflege. Ich habe meine Ausbildung gemacht mit 36.
	Ja.
2	**P2:** Mit 39 Examen gemacht, hab dann direkt hier im, nein ich war erst in (Name eines Krankenhauses) ein halbes Jahr und bin dann hierhin gewechselt, auch auf die Station. Hab dann schon zwei Jahre später, oder anderthalb Jahre später, eine Ausbildung zur Praxisanleiterin gemacht, anderthalb Jahre später Ausbildung zur Stationsleitung, bin jetzt seit drei Jahren Stationsleitung hier.
	Okay, die Ausbildung haben Sie wann abgeschlossen?
3	**P2:** 2001.
	2001. Und das heißt, Sie sind dann zehn Jahre jetzt hier auf der Station insgesamt.
4	**P2:** Ja. Neuneinhalb. Bin zehn Jahre examiniert jetzt genau und seit neuneinhalb Jahren hier auf der Station.
	War ein kurzes Intermezzo dann in dem anderen Krankenhaus?
5	**P2:** Ein halbes Jahr.

6	Und haben Praxisanleiterqualifikation und Stationsleitungsaufgaben jetzt? Haben Sie da auch einen Kurs gemacht für die Stationsleitung? **P2:** Ja.
7	Also auch eine Weiterbildung noch mal draufgesetzt. Okay, okay. Seit wann, muss ich dann eigentlich gar nicht mehr richtig fragen. Seit wann sind Sie mit der Aufgabe betraut eigentlich, seit Ihrer Praxisanleiterweiterbildung oder auch schon davor. **P2:** Ja genau. Auch schon davor. Ich konnte die ja nicht sofort machen, weil man ja erst mal zwei Jahre examiniert sein muss, hab aber eigentlich sofort nach meiner Einarbeitungszeit angefangen, Praxisanleiteraufgaben wahrzunehmen. Also haben sich um neue Mitarbeiter gekümmert, um Auszubildende.
8	**P2:** Schüler, ja, Auszubildende. Genau.
9	Das heißt, Sie machen auch seit zehn Jahren Lehraufgaben oder Lehrtätigkeiten im Praxisfeld? **P2:** Ja.
10	Und sind damit auch regelmäßig damit betraut? Das ist jetzt nicht mal zufällig, mal sporadisch. **P2:** Nein nein, regelmäßig. Was heißt regelmäßig?
11	**P2:** Fast in jedem Dienst. Ah ja.
12	**P2:** Außer wenn ich halt gar nicht in der Pflege bin, sondern an meinem PC sitze. Das gibt's natürlich auch.
13	**P2:** Solche Tage gibt's auch, wo das gar nicht ist, aber wenn ich in der Pflege bin, dann ist das auch fast immer.

	Ja. Ich hab Ihnen gesagt, ich möchte Ihnen viele Fragen stellen zum Lehren und Lernen in der Pflegepraxis. Und ich werde Sie auch immer wieder fragen, ob Sie ein konkretes Beispiel für bestimmte Dinge haben. Das wär einfach toll, wenn Ihnen da Sachen einfallen. Bei Ihrem Erfahrungsschatz sollte das eigentlich nicht so schwierig sein. Was glauben Sie denn, welche Pflegesituationen so im Alltag besonders gut geeignet sind, damit Lernende was aus ihnen lernen können? Was sind das für Situationen?
14	**P2:** Welche Pflegesituationen? Ja bei uns gibt's halt viel Grundpflege. Das heißt, das können die Schüler bei uns lernen und wir forcieren das, indem wir die Schüler möglichst nicht alleine Grundpflege machen lassen, sondern dass wir zumindest mit im Zimmer sind. Ja. Und das ist sicherlich eine Situation, wo die viel lernen können von uns. Dann sind Sachen, die wir immer wieder haben, Infusionstherapie. Was sie vielleicht mehr so sich abgucken können, ohne dass es eine gezielte Anleitungssituation ist, ist dadurch, dass wir zusammen in den Zimmern sind. Glaube ich aber, dass sie das dann erst lernen, wenn sie alleine sind. Wo sie's vielleicht versuchen zu imitieren und alleine anwenden. Weil sie dann nämlich unbefangener sind, wenn keine Examinierte dann dabei ist.
	Also: Lernen können sie besonders aus den Situationen, die sich jetzt hier auf der Station vielfältig bieten. Das wären so die Inhalte oder Themen und das Wichtige wäre, dass sie auch Gelegenheit haben, etwas alleine zu machen.
15	**P2:** Find ich wichtig, ja.
	Und das Tolle ist, dass Sie meistens einen Vorlauf haben, dass man zu zweit ist. Okay. Und ist es das, was so 'ne fürs Lernen besonders geeignete Situation auch kennzeichnet? Oder gibt's noch andere Kennzeichen, die da wichtig sind?
16	**P2:** Damit die Schüler gut lernen können.
	In so einer besonders geeigneten Pflegesituation. Was kennzeichnet die noch?
17	**P2:** Gut ist natürlich, wenn man sich mit dem Schüler gut versteht. Ja, wenn da zumindest Sympathie ist. Ich glaube, dass das wichtig ist, weil die dann auch eher bereit sind, was anzunehmen. Man versucht, eine persönliche Beziehung aufzubauen. Wir haben's z.B. schon mal versucht, wir duzen uns ja alle, ja. Wir im Team duzen uns alle und ich hab schon mal versucht, weil das auch damals angeregt worden ist, dass man vielleicht eine Sie-Situation erzeugt. Ja, und man sagt, okay mit dem Schüler zumindest als Stationsleitung macht man das mit Sie. Hab ich probiert. Das ist nicht, hat nicht funktioniert, nicht gut.

A18 Offene Kodierung der Interviewtexte (Auszug)

Lehrende – Interview2 – P2 – KH1: Kurzbeschreibung des Falls

„Ich möchte natürlich, dass sie arbeitet. Ja, dass sie auch selber was macht, ja."

Die Interviewpartnerin P2 (zum Zeitpunkt des Interviews 49 Jahre) hat das Krankenpflegeexamen 2001 abgelegt. Nach einer sechsmonatigen Anstellung in einem anderen Krankenhaus arbeitet sie nun im zehnten Jahr auf der Erhebungsstation. 2003 hat sie eine Weiterbildung zur Praxisanleiterin absolviert; 2005 eine Weiterbildung zur Stationsleitung. Seit 3 Jahren arbeitet sie als Stationsleitung auf der Erhebungsstation. Mit der Schülerbetreuung und -begleitung ist sie seit Beginn ihrer pflegerischen Berufstätigkeit regelmäßig, d.h. in fast jedem Dienst betraut.

Lernhaltige Pflegesituationen denkt Lehrende 2 insbesondere vom spezifischen Lernangebot der Station her. Für das Lernen hält sie dabei einerseits das Beobachten von Pflegepersonen in der Zusammenarbeit, andererseits insbesondere das selbstständige Handeln von Lernenden – auch in Abwesenheit einer Pflegeperson – für wesentlich. Wenn sie sich vom Können eines Lernenden überzeugt hat, nimmt sie sich bewusst zurück, um Lernende zu ermöglichen selbstständig zu handeln. Der Zugang von Lernenden zum Handeln in einer Pflegesituation wird ihrer Meinung nach positiv durch Eigeninitiative der Lernenden und das Äußern von Lerninteressen unterstützt. Auch zeitliche Ressourcen spielen dabei als Rahmenbedingung eine wichtige Rolle. Lehrerfolge sieht sie insbesondere dann, wenn Lernende ihre Handlungsimpulse konstruktiv aufnehmen und im Handeln umsetzen.

Die Beobachtungssituation entsprach nach Ansicht von P2 ihrem beruflichen Alltag; sie spricht von „normalen Diensten". Als positiv hebt sie hervor, dass an den Beobachtungstagen ausreichend Zeit für die Begleitung der Lernenden 2 zur Verfügung gestanden habe. Sie betont, dass sie mit der Arbeitsweise der Lernenden 2 zufrieden sei, insbesondere vor dem Hintergrund der bis dato kurzen Einsatzzeit auf der Erhebungsstation und der Tatsache, dass Lernende 2 im Ausbildungsschwerpunkt Gesundheits- und Kinderkrankenpflege sei.

261

	Interviewpartnerin P2	Strukturdaten/beruflicher Werdegang
1	Beruflicher Werdegang in der Pflege. Ich habe meine Ausbildung gemacht mit 36.	Ausbildung in der Pflege 1998 – 2001 jetzt 49 Jahre alt
2	Mit 39 Examen gemacht, hab dann direkt hier im, nein ich war erst in (Name eines Krankenhauses) ein halbes Jahr und bin dann hierhin gewechselt, auch auf die Station. Hab dann schon zwei Jahre später, oder anderthalb Jahre später, eine Ausbildung zur Praxisanleiterin gemacht, anderthalb Jahre später Ausbildung zur Stationsleitung, bin jetzt seit drei Jahren Stationsleitung hier.	Im Anschluss an das Krankenpflegeexamen 6 Monate Berufstätigkeit in einem anderen Krankenhaus als dem Erhebungskrankenhaus Praxisanleiterqualifikation 2003 Stationsleitungsqualifikation: 2005 Seit 3 Jahren Stationsleitung auf der Erhebungsstation
3	2001.	
4	Ja. Neuneinhalb. Bin zehn Jahre examiniert jetzt genau und seit neuneinhalb Jahren hier auf der Station.	10 Jahre examiniert; seit 9,5 Jahren auf der Erhebungsstation
5	Ein halbes Jahr.	
6	Ja.	
7	Ja genau. Auch schon davor. Ich konnte die ja nicht sofort machen, weil man ja erst mal zwei Jahre examiniert sein muss, hab aber eigentlich sofort nach meiner Einarbeitungszeit angefangen, Praxisanleiteraufgaben wahrzunehmen.	**Weg zur Lehrtätigkeit in der Pflege** Praxisanleiteraufgaben seit der Einarbeitungszeit auf der Erhebungsstation – ca. 9 Jahre
8	Schüler, ja, Auszubildende. Genau.	
9	Ja.	
10	Nein nein, regelmäßig.	Regelmäßig mit Praxisanleiteraufgaben betraut, d.h. fast in jedem Dienst; fast immer, wenn sie in der Pflege ist
11	Fast in jedem Dienst.	

	Interviewpartnerin P2	Strukturdaten/beruflicher Werdegang
12	Außer wenn ich halt gar nicht in der Pflege bin, sondern an meinem PC sitze.	
13	Solche Tage gibt's auch, wo das gar nicht ist, aber wenn ich in der Pflege bin, dann ist das auch fast immer.	

Lernhaltige Situationen in der Pflegepraxis aus Sicht der Lehrenden

Lfd. Nr.	Interviewtext	Themen/ Bereiche	Kodierung
14.1	Welche Pflegesituationen? Ja bei uns gibt's halt viel Grundpflege. Das heißt, das können die Schüler bei uns lernen	Lern-situation	**Situationsmerkmal** Inhaltlich: Lernangebot der Station (Grundpflege)
14.2	und wir forcieren das, indem wir die Schüler möglichst nicht alleine Grundpflege machen lassen, sondern dass wir zumindest mit im Zimmer sind. Ja. Und das ist sicherlich eine Situation, wo die viel lernen können von uns.	Lern-situation	**Lehrhandeln des Lehrenden** mit Lernenden zusammenarbeiten, zumindest im selben Zimmer sein **Lernhandeln des Lernenden** in der Zusammenarbeit mit Lehrenden von Lehrenden lernen, Lehrende als Modelle nutzen
14.3	Dann sind Sachen, die wir immer wieder haben, Infusionstherapie.	Lern-situation	**Situationsmerkmal** Inhaltlich: Lernangebot der Station (Infusionstherapie)
14.4	Was sie vielleicht mehr so sich abgucken können, ohne dass es eine gezielte Anleitungssituation ist, ist dadurch, dass wir zusammen in den Zimmern sind.	Lern-situation	**Lehrhandeln des Lehrenden** mit Lernenden zusammenarbeiten, zumindest im selben Zimmer sein **Lernhandeln des Lernenden** Lehrende als Modelle nutzen, in der Zusammenarbeit mit Lehrenden von Lehrenden lernen

Lfd. Nr.	Interviewtext	Themen/Bereiche	Kodierung
14.5	Glaube ich aber, dass sie das dann erst lernen, wenn sie alleine sind. Wo sie's vielleicht versuchen zu imitieren und alleine anwenden. Weil sie dann nämlich unbefangener sind, wenn keine Examinierte dann dabei ist.	**Lern-situation**	**Lernhandeln des Lernenden** Selbst handeln (imitieren und anwenden) **Lehrhandeln des Lehrenden** Lernenden ermöglichen, selbstständig zu handeln

Auswahl von Lernsituationen aus Sicht der Lehrenden

Lfd. Nr.	Interviewtext	Themen/Bereiche	Kodierung
21. 1	Selten. Selten. Meistens ist es so, dass das sich einfach ergibt durch die Arbeit, die da ist.	**Auswahl von Lernsituationen**	Lernsituationen ergeben sich meistens aus der alltäglichen Arbeitssituation, **werden nicht gezielt ausgewählt**
21. 2	Aber wir machen es schon mal, wenn wir wirklich viel Zeit haben, dass wir das richtig planen auch, den ganzen Tag. Ich hab ja noch 'ne Praxisanleiterin hier auf Station und die hat dann schon mal den ganzen Tag Zeit, sich mit einem Schüler außerhalb des regulären Arbeitsalltages zu beschäftigen und dann wird es gezielt ausgesucht, vorher. Am Tag vorher.	**Auswahl von Lernsituationen**	Auswahl und gezielte Planung einer Lernsituation findet statt, wenn der zeitliche Rahmen es erlaubt
22	Abhängig vom Schüler. Was der lernen möchte. Vom Kurs abhängig, von den Lernanliegen, die er selber genannt hat.	**Auswahl von Lernsituationen**	**Auswahlkriterium:** Lerninteresse der Lernenden (subjektiv); Zeitpunkt im Ausbildungsverlauf

Erfolgreiche Lernende aus Sicht der Lernenden

- **Als Lernender eine lernbereite Grundhaltung besitzen**
- **Als Lernende eine aktive Lernhaltung einnehmen und Lernstrategien nutzen:**
  - Lernangebote von Lehrenden nutzen
  - Mut zum eigenen Handeln haben
  - Sich für die eigenen Lerninteressen einsetzen (z.B. über Nachfragen)
  - Sich an Modellpersonen orientieren
  - Teambezogene Aspekte/auf die Arbeit mit Patienten bezogene Aspekte (Einzelnennungen)

A1	A2	A3	A4	A5	A6
Als Lernender eine lernbereite Grundhaltung besitzen: Interesse, Lernbereitschaft und Motivation					
Haltung/ Eigenschaft: interessiert sein zum Lernen motiviert sein Über Lernwillen verfügen	**Haltung/ Eigenschaft:** interessiert sein negativ uninteressiert und inaktiv sein, kein Interesse zeigen	**Haltung/ Eigenschaft:** Neugierde, Wissbegierde neugierig und aufmerksam sein **Haltung/ Eigenschaft:** Lernbereitschaft, Lernwillen und -motivation haben	**Haltung/ Eigenschaft:** Lernbereitschaft, Lernwillen und -motivation haben Negativ: keine Lernmotivation haben	**Haltung/ Eigenschaft:** Interesse am Beruf, an Patienten, an medizinischen Aspekten haben Engagement für die Arbeit in einem sozialen Beruf haben Freude an der Arbeit haben	**Haltung/ Eigenschaft:** Motivation und Empathie Motivation für die Arbeit haben

Als Lernender eine lernbereite Grundhaltung besitzen: Interesse, Lernbereitschaft und Motivation

A1	A2	A3	A4	A5	A6
		Bestrebt sein, sich weiterzuentwickeln Negativ: stationsspezifische Lernchancen nicht nutzen	Bestrebt sein, sich zu einer guten Pflegekraft entwickeln zu wollen Lernmotivation unterliegt Schwankungen		

Als Lernende eine aktive Lernhaltung einnehmen und Lernstrategien nutzen

- Lernangebote von Lehrenden nutzen

Lernstrategie: Lernangebote/ Lernchancen nutzen **Haltung/ Eigenschaft:** aufmerksam sein für Lernchancen		**Lernstrategie:** Lernangebote/ Lernchancen nutzen		**Lernstrategie:** Aufgeschlossen sein für Lernangebote; Lernangebote gern nutzen (Feedback an den Anleiter) Lerninteresse zeigen	

- Mut zum eigenen Handeln haben

Lernstrategie: Pflegehandlungen selbst durchführen/Handeln ausprobieren		**Strategie:** Mut zum Handeln haben			

A1	A2	A3	A4	A5	A6
• **Sich für die eigenen Lerninteressen einsetzen**					
Lernstrategie: sich für die eigenen Lerninteressen einsetzen (zusehen oder selbst handeln wollen) Lerninteresse äußern	**Lernstrategie**: Fragen stellen Sich für die eigenen Lerninteressen einsetzen		**Lernstrategie**: sich für die eigenen Lerninteressen einsetzen, z.B. über Nachfragen zunächst eigenständig nach Lösungen/ Antworten suchen	**Lernstrategie**: Fragen stellen Lerninteresse über Fragen zeigen	**Lernstrategie**: Fragen stellen eigenständig nach Lösungen/ Antworten suchen

A20 Thematische Struktur der Interviews mit den Lehrenden

	P1	P2	P3	P4	P5	P6
Strukturdaten/Beruflicher Werdegang	x	x	x	x	x	x
Weg zur Lehrtätigkeit in der Pflege	x	x	x	x	x	x

Lernhaltige Situationen im Praxisfeld Pflege	P1	P2	P3	P4	P5	P6
Einschlusskriterien: Prinzipiell alle Pflegesituationen in der beruflichen Praxis	x		x	x	x	x
Situationen, die das Einschätzen einer Patientensituation ermöglichen/erfordern	x		x	x		x
Ausschlusskriterien (Befindlichkeit der Akteure)					x	x
Lernhandeln des Lernenden						
• Handlungsbeteiligung der Lernenden (selber handeln)		x		x		
• Lehrende als Modelle nutzen	x	x			x	x
Lehrhandeln des Lernenden						
• Lerndiagnostik			x		x	
• Handlungsbeteiligung der Lernenden (Handeln der Lernenden ermöglichen)		x			x	
• mit Lernenden zusammenarbeiten	x	x				
• Lernenden vollständige Handlungen ermöglichen	x				x	

Auswahl und Zugang zu Lernsituationen	P1	P2	P3	P4	P5	P6
Keine gezielte Auswahl; ergeben sich aus dem Pflegealltag		x	x		x	x
Gezielte Auswahl, wenn der personelle und zeitliche Rahmen es erlaubt		x	x			x
Individuelle Akzentuierung über						
• Lehrintentionen des Lehrenden (Lernenden Zugang zu besonderen, speziellen Pflegesituationen ermöglichen)	x		x		x	x
• Lernbedürfnisse (subjektiv) und Lernbedarfe (objektiv) der Lernenden		x	x		x	x

Erfolgreiche Lehrende im Praxisfeld Pflege	P1	P2	P3	P4	P5	P6
Lernenden Lehrbereitschaft signalisieren	x	x			x	x
Für (kritische) Rückmeldungen der Lernenden offen sein	x		x		x	
Über Wissen und Können im Handlungsbereich verfügen		x	x	x		x
Lernenden Zugang zum Handeln ermöglichen	x	x	x	x	x	x
Lernenden Lernerfolge und -erfordernisse rückmelden	x	x		x	x	x
Strukturiert anleiten	x				x	x
Modellfunktion für Lernende einnehmen	x	x	x		x	x

Erfolgreiche Lernende im Praxisfeld Pflege	P1	P2	P3	P4	P5	P6
Als Lernender eine lernbereite Grundhaltung besitzen						
• Lernangebote der Lehrenden nutzen	x		x	x	x	x
• Handlungsimpulse der Lehrenden in das Handeln integrieren		x	x			x

Erfolgreiche Lernende im Praxisfeld Pflege

Erfolgreiche Lernende im Praxisfeld Pflege	P1	P2	P3	P4	P5	P6
Als Lernender eine aktive Lernhaltung einnehmen und Lernstrategien nutzen						
• Lerninteressen äußern (z.B. Fragen stellen)	x	x	x	x	x	x
• Eigeninitiative in der Auseinandersetzung mit Lerninteressen zeigen						x
• Eigene Lernerfordernisse einschätzen		x				x
• Lehrende bei der Zusammenarbeit aufmerksam beobachten			x		x	x
• Theoriewissen mit praktischen Erfahrungen verbinden	x		x			
Auf die Arbeit mit Patienten bezogene Aspekte						
• Kommunikationsfähigkeit und Bereitschaft zur Kontaktaufnahme	x			x		x

Lernförderliche Rahmenbedingungen

Lernförderliche Rahmenbedingungen	P1	P2	P3	P4	P5	P6
Lehr-/Lern- bzw. Arbeitssituationen störungsfrei, ohne Unterbrechungen und mit ausreichend Zeit durchführen können	x	x	x			x
Als Lehrender ideelle und arbeitsorganisatorische Unterstützung für die Begleitung von Lernenden erfahren	x				x	x

Gelungene Lehr-/Lernsituationen

Gelungene Lehr-/Lernsituationen	P1	P2	P3	P4	P5	P6
Durch Lehrhandeln Lernerfolge der Lernenden ermöglichen		x	x	x	x	x
Sich mit Lernenden erfolgreich über Arbeitsaufgaben verständigen			x			x
Wohlbefinden und Einbezug des Patienten in das Pflegehandeln gewährleisten	x				x	

Handlungsbeteiligung von Lernenden in Pflegesituationen	P1	P2	P3	P4	P5	P6
Grundhaltung: Lernende handelnd beteiligen	x	x				x
Bedingungsfaktoren						
• Wissens- und Könnensstand der Lernenden			x	x	x	x
• Lerninteressen und Lernbedarfe der Lernenden		x			x	x
• Anforderungsniveau der Pflegehandlung			x		x	x
• Zeitliche Rahmenbedingungen/Arbeits- und Situationserfordernisse		x		x		
• Sicherheit für Patienten gewährleisten	x	x		x		x

Lern-/Arbeitsbeziehung	P1	P2	P3	P4	P5	P6
Als Lehrende Lernende in ihrer Rolle als lernende Berufsangehörige ernst nehmen	x	x		x		
Herausfordernde Lehr-/Lernbeziehung						
• Ursächliche Bedingungen	x		x			x
• Konsequenzen	x	x				x
• Handlungsstrategien der Lehrenden			x			x
Positive Lehr-/Lernbeziehung						
• Konsequenzen	x		x			x

Gespräche über gemeinsam mit Lehrenden bearbeitete Pflegesituationen	P1	P2	P3	P4	P5	P6
Lernenden eine Rückmeldung zum Handeln geben						
• Lernerfolge und -erfordernisse sensibel ansprechen	x	x	x	x	x	
• Handlungsgrundlagen von Lernenden erfragen	x	x		x		
Von Lernenden eine Rückmeldung zum Lehr-/Lernprozess bekommen	x				x	
Sich mit Lernenden über das weitere Lehr-/Lernhandeln verständigen	x			x	x	x
Sich mit Lernenden über die Einschätzung von Patientensituationen austauschen	x		x	x		x

Besonderheiten an den Beobachtungstagen	P1	P2	P3	P4	P5	P6
Beobachtungssituation entsprach dem beruflichen Alltag	x	x	x	x	x	x

A21 Thematische Struktur der Interviews mit den Lernenden

	A1	A2	A3	A4	A5	A6
Strukturdaten/Stationen in der Pflegeausbildung	x	x	x	x	x	x

Lernhaltige Situationen im Praxisfeld Pflege	A1	A2	A3	A4	A5	A6
Handelnde Beteiligung der Lernenden (selber handeln dürfen)	x	x	x			x
Geringe Handlungssicherheit der Lernenden	x				x	x
Lernanreiz/Aufforderungscharakter der Situation (geringer Bekanntheitsgrad, Komplexität, Verstehen von Zusammenhängen)	x		x	x	x	x
Unterstützendes Lehrhandeln des Lehrenden	x	x			x	x

Auswahl und Zugang zu Lernsituationen	A1	A2	A3	A4	A5	A6
Auswahlkriterium: Lerninteresse der Lernenden						
• Motivationale Aspekte der Auswahl	x	x	x		x	x
• Intentionale Aspekte der Auswahl	x	x			x	x
Zugang: Lerninteresse gegenüber der Pflegeperson äußern	x	x	x	x		x

Erfolgreiche Lehrende im Praxisfeld Pflege	A1	A2	A3	A4	A5	A6
Motivation für die Begleitung von Lernenden haben	x	x		x	x	x
Differenzierung Lehrbefugnis vs. Lehrbefähigung	x	x		x		x
Über Wissen und Können im Handlungsbereich verfügen			x			x
Lernenden Zugang zu Lernsituationen (vollständigen Pflegehandlungen) ermöglichen; potenzielle Lernsituationen erkennen	x			x	x	x

Erfolgreiche Lehrende im Praxisfeld Pflege

	A1	A2	A3	A4	A5	A6
Lernenden Handlungserfolge und -erfordernisse rückmelden				x	x	x
Sachverhalte für Lernende verständlich erklären	x	x	x	x	x	x
Die Patientenperspektive in der Anleitungssituation berücksichtigen			x			

Erfolgreiche Lernende im Praxisfeld Pflege

	A1	A2	A3	A4	A5	A6
Als Lernender eine lernbereite Grundhaltung besitzen	x	x	x	x		
• Lernangebote der Lehrenden nutzen und aufmerksam sein für Lernchancen	x		x		x	
Als Lernender eine aktive Lernhaltung einnehmen und Lernstrategien nutzen						
• Mut zum eigenen Handeln haben	x		x			
• Sich für die eigenen Lerninteressen einsetzen (z.B. Fragen stellen)	x	x		x	x	x
• Sich an Modellpersonen orientieren			x			
• Teambezogene Aspekte (sich an das Team anpassen)		x				
Auf die Arbeit mit Patienten bezogene Aspekte (Interesse am Befinden von Patienten haben)					x	x

Lernförderliche Rahmenbedingungen

	A1	A2	A3	A4	A5	A6
Eine Lehr-/Lern- bzw. Arbeitssituation störungsfrei, ohne Unterbrechungen und mit ausreichend Zeit durchführen können	x	x	x			x
Als Lernende ideelle und arbeitsorganisatorische Unterstützung für das Lernen erfahren			x	x	x	x
Eine Bezugsperson während des Praxiseinsatzes haben			x		x	

Gelungene Lehr-/Lernsituationen	A1	A2	A3	A4	A5	A6
Einen Lernerfolg verzeichnen können		x	x	x	x	x
Durch Lehrende Bedingungen für erfolgreiches Lernhandeln erfahren	x	x	x	x	x	x
Wohlbefinden und Einbezug des Patienten in das Pflegehandeln gewährleisten		x			x	

Handlungsbeteiligung von Lernenden in Pflegesituationen	A1	A2	A3	A4	A5	A6
Bereitschaft der Pflegeperson, Handeln der Lernenden zuzulassen		x		x		x
Bedingungsfaktoren						
• Wissens- und Könnensstand der Lernenden (Handlungssicherheit des Lernenden)	x	x	x	x	x	x
• Zeitliche Rahmenbedingungen		x		x		
• Anforderungsniveau der Patientensituation			x		x	
• Routine als Lernende				x	x	

Lern-/Arbeitsbeziehung	A1	A2	A3	A4	A5	A6
Als Lernende in der Rolle als lernende Berufsangehörige ernst genommen werden	x	x	x	x		
Herausfordernde Lehr-/Lernbeziehung						
• Ursächliche Bedingungen	x	x	x	x		
• Konsequenzen			x	x		
• Handlungsstrategien der Lernenden		x	x			

Lern-/Arbeitsbeziehung	A1	A2	A3	A4	A5	A6
Positive Lehr-/Lernbeziehung						
• Konsequenzen		x	x	x		

Gespräche über gemeinsam mit Lehrenden bearbeitete Pflegesituationen	A1	A2	A3	A4	A5	A6
Von Lehrenden eine Rückmeldung zum eigenen Handeln bekommen						
• Lernerfolge	x	x	x	x	x	x
• Lernerfordernisse	x	x	x	x	x	x
• Verbesserungsvorschläge und Handlungsalternativen	x	x		x	x	x
Von Lehrenden eine Rückmeldung zum eigenen Handeln anfragen	x	x	x		x	
Fragen und Herausforderungen thematisieren, die sich in einer Pflegesituation ergeben haben			x			x

Lernerfolge an den Beobachtungstagen	A1	A2	A3	A4	A5	A6
		x	x	x	x	x

Besonderheiten an den Beobachtungstagen	A1	A2	A3	A4	A5	A6
		x	x	x	x	x

A22 Auswertung der Interviews – Gruppenvergleich Lehrende und Lernende

Lehrende	Lernende
Lernhaltige Situationen im Praxisfeld Pflege	**Lernhaltige Situationen im Praxisfeld Pflege**
Prinzipiell alle Pflegesituationen in der beruflichen Praxis	Situationen mit geringer Handlungssicherheit der Lernenden
Situationen, die das Einschätzen einer Patientensituation ermöglichen/erfordern	Situationen mit hohem Lernanreiz/Aufforderungscharakter (geringer Bekanntheitsgrad, Komplexität, Verstehen von Zusammenhängen)
Ausschlusskriterien (Befindlichkeit der Akteure)	
Lernhandeln des Lernenden	Lernhandeln des Lernenden
• Handlungsbeteiligung der Lernenden (selber handeln)	• Handlungsbeteiligung der Lernenden (selber handeln dürfen)
• Lehrende als Modelle nutzen	
Lehrhandeln des Lehrenden	Lehrhandeln des Lehrenden
• Lerndiagnostik	
• Handlungsbeteiligung der Lernenden (Handeln der Lernenden ermöglichen)	
• mit Lernenden zusammenarbeiten	
• Lernenden vollständige Handlungen ermöglichen	• Unterstützendes Lehrhandeln des Lehrenden

Lehrende	Lernende
Auswahl und Zugang zu Lernsituationen	**Auswahl und Zugang zu Lernsituationen**
Keine gezielte Auswahl; ergeben sich aus dem Pflegealltag	Auswahlkriterium: Lerninteresse der Lernenden
Gezielte Auswahl, wenn der personelle und zeitliche Rahmen es erlaubt	• Motivationale Aspekte der Auswahl

Lehrende	Lernende
Auswahl und Zugang zu Lernsituationen	**Auswahl und Zugang zu Lernsituationen**
Individuelle Akzentuierung über	• Intentionale Aspekte der Auswahl
• Lehrintentionen des Lehrenden (Lernenden Zugang zu besonderen, speziellen Pflegesituationen ermöglichen)	Zugang: Lerninteresse gegenüber der Pflegeperson äußern
• Lernbedürfnisse (subjektiv) und Lernbedarfe (objektiv) der Lernenden	
Erfolgreiche Lehrende im Praxisfeld Pflege	**Erfolgreiche Lehrende im Praxisfeld Pflege**
Lernenden Lehrbereitschaft signalisieren	Motivation für die Begleitung von Lernenden haben
	Differenzierung Lehrbefugnis vs. Lehrbefähigung
Für (kritische) Rückmeldungen der Lernenden offen sein	
Über Wissen und Können im Handlungsbereich verfügen	Über Wissen und Können im Handlungsbereich verfügen
Lernenden Zugang zum Handeln ermöglichen	Lernenden Zugang zu Lernsituationen (vollständigen Pflegehandlungen) ermöglichen; potenzielle Lernsituationen erkennen
Lernenden Lernerfolge und -erfordernisse rückmelden	Lernenden Handlungserfolge und -erfordernisse rückmelden
Strukturiert anleiten	Sachverhalte für Lernende verständlich erklären
	Die Patientenperspektive in der Anleitungssituation berücksichtigen
Erfolgreiche Lernende im Praxisfeld Pflege	**Erfolgreiche Lernende im Praxisfeld Pflege**
Als Lernender eine lernbereite Grundhaltung besitzen	Als Lernender eine lernbereite Grundhaltung besitzen
• Lernangebote der Lehrenden nutzen	Als Lernender eine aktive Lernhaltung einnehmen und Lernstrategien nutzen

Lehrende	Lernende
Erfolgreiche Lernende im Praxisfeld Pflege	**Erfolgreiche Lernende im Praxisfeld Pflege**
• Handlungsimpulse der Lehrenden in das Handeln integrieren	• Lernangebote der Lehrenden nutzen
Als Lernender eine aktive Lernhaltung einnehmen und Lernstrategien nutzen	
• Lerninteressen äußern (z.B. Fragen stellen)	• Sich für die eigenen Lerninteressen einsetzen (z.B. Fragen stellen)
• Eigeninitiative in der Auseinandersetzung mit Lerninteressen zeigen	• Aufmerksam sein für Lernchancen
• Eigene Lernerfordernisse einschätzen	
• Lehrende bei der Zusammenarbeit aufmerksam beobachten	• Sich an Modellpersonen orientieren
• Theoriewissen mit praktischen Erfahrungen verbinden	
	• Mut zum eigenen Handeln haben
	Teambezogene Aspekte: „sich an das Team anpassen"
Auf die Arbeit mit Patienten bezogene Aspekte	Auf die Arbeit mit Patienten bezogene Aspekte:
• Kommunikationsfähigkeit und Bereitschaft zur Kontaktaufnahme	• Empathiefähigkeit, gute Beobachtungsgabe, Humor

Lernförderliche Rahmenbedingungen	**Lernförderliche Rahmenbedingungen**
Lehr-/Lern- bzw. Arbeitssituationen störungsfrei, ohne Unterbrechungen und mit ausreichend Zeit durchführen können	Eine Lehr-/Lern- bzw. Arbeitssituation störungsfrei, ohne Unterbrechungen und mit ausreichend Zeit durchführen können
Als Lernender ideelle und arbeitsorganisatorische Unterstützung für die Begleitung von Lernenden erfahren	Als Lernender ideelle und arbeitsorganisatorische Unterstützung für das Lernen erfahren
	Eine Bezugsperson während des Praxiseinsatzes haben

Lehrende	Lernende
Gelungene Lehr-/Lernsituationen	**Gelungene Lehr-/Lernsituationen**
Durch Lehrhandeln Lernerfolge der Lernenden ermöglichen	Einen Lernerfolg verzeichnen können
Sich mit Lernenden erfolgreich über Arbeitsaufgaben verständigen	Durch Lehrende Bedingungen für erfolgreiches Lernhandeln erfahren
Wohlbefinden und Einbezug des Patienten in das Pflegehandeln gewährleisten	Wohlbefinden und Einbezug des Patienten in das Pflegehandeln gewährleisten

Handlungsbeteiligung von Lernenden in Pflegesituationen	Handlungsbeteiligung von Lernenden in Pflegesituationen
Grundhaltung: Lernende handelnd beteiligen	
Bedingungsfaktoren	Bedingungsfaktoren
	• Bereitschaft der Pflegeperson, Handeln der Lernenden zuzulassen
• Wissens- und Könnensstand der Lernenden	• Wissens- und Könnensstand der Lernenden (Handlungssicherheit des Lernenden)
• Lerninteressen und Lernbedarfe der Lernenden	
• Anforderungsniveau der Pflegehandlung	• Anforderungsniveau der Patientensituation
• Zeitliche Rahmenbedingungen/Arbeits- und Situationserfordernisse	• Zeitliche Rahmenbedingungen
• Sicherheit für Patienten gewährleisten	• Routine als Lernende

Lern-/Arbeitsbeziehung	Lern-/Arbeitsbeziehung
Positive Lehr-/Lernbeziehung	Positive Lehr-/Lernbeziehung
Lernende in ihrer Rolle als lernende Berufsangehörige ernst nehmen	Lernende in ihrer Rolle als lernende Berufsangehörige ernst nehmen

Lehrende	Lernende
Lern-/Arbeitsbeziehung	**Lern-/Arbeitsbeziehung**
• lernförderlich	• lernförderlich
• Konsequenzen: kommunikative Öffnung, Beteiligung am Arbeitsgeschehen	• Konsequenzen: kommunikative Öffnung, Einnahme der Rolle als Lernende
	• Häufiges Zusammenarbeiten mit Lehrenden als Voraussetzung
	• Merkmale: Offenheit in der Kommunikation, Rolle als Lehrende einnehmen; Lernenden Zugang zum gesamten pflegerischen Handlungsspektrum ermöglichen
Herausfordernde Lehr-/Lernbeziehung	Herausfordernde Lehr-/Lernbeziehung
• Ursächliche Bedingungen: Arbeits-/Verhaltensweisen der Lernenden: Ablehnung der Person, Nicht-Erfüllen der Rollenerwartungen als Lernende	• Ursächliche Bedingungen: Rollenerwartungen als Lehrende nicht erfüllen; Lernende als Hilfskräfte benutzen; unbeliebte Aufgaben an Lernende delegieren
• Konsequenzen: Rückzug der Lernenden	• Konsequenzen: Einnehmen der Rolle als Lernende ist blockiert; negative Auswirkung auf das Lerninteresse; erschwert kommunikative Öffnung
• Handlungsstrategien der Lehrenden: Kritische Verhaltensweisen ansprechen, personelle Zuordnung wechseln, professioneller Umgang	• Handlungsstrategien der Lernenden: begrenzt durch geringen Einfluss auf personelle Zuordnung zu Lehrenden; sich an anderen Pflegepersonen orientieren; Kompensation durch andere Pflegepersonen

Lehrende	Lernende
Gespräche über gemeinsam mit Lehrenden bearbeitete Pflegesituationen	**Gespräche über gemeinsam mit Lehrenden bearbeitete Pflegesituationen**
Lernenden eine Rückmeldung zum Handeln geben	Von Lehrenden eine Rückmeldung zum eigenen Handeln bekommen
• Lernerfolge und -erfordernisse sensibel ansprechen • Handlungsgrundlagen von Lernenden erfragen	• Lernerfolge • Lernerfordernisse • Verbesserungsvorschläge und Handlungsalternativen
	Von Lehrenden eine Rückmeldung zum eigenen Handeln anfragen
Von Lernenden eine Rückmeldung zum Lehr-/Lernprozess bekommen	
Sich mit Lernenden über das weitere Lehr-/Lernhandeln verständigen	
Sich mit Lernenden über die Einschätzung von Patientensituationen austauschen	Fragen und Herausforderungen thematisieren, die sich in einer Pflegesituation ergeben haben

A23 Strukturdaten der Interviewteilnehmer

Lehrende

Lehrende[42]	Alter/ Geschlecht	Beruf	Berufs- erfahrung	Weiterbildung in der Praxis- anleitung	Dienstjahre auf der Erhebungs- station	Dauer des Inter- views[43]
P1	46 Jahre männlich	Gesundheits- und Krankenpfleger	Examen 2001 10 Jahre	2008	10 Jahre	50 Minuten
P2	49 Jahre weiblich	Gesundheits- und Krankenpflegerin	Examen 2001 10 Jahre	2005	10 Jahre	30 Minuten
P3	52 Jahre weiblich	Gesundheits- und Krankenpflegerin	Examen 2008 3 Jahre	2012 (begonnen)	1,5 Jahre	45 Minuten
P4	38 Jahre männlich	Gesundheits- und Krankenpfleger	Examen 1999 13 Jahre	2007	8 Jahre	40 Minuten
P5	46 Jahre weiblich	Gesundheits- und Krankenpflegerin	Examen 2004 7 Jahre	2006	1,5 Jahre	65 Minuten
P6	29 Jahre weiblich	Gesundheits- und Krankenpflegerin	Examen 2003 8 Jahre	2006	2 Jahre	42 Minuten

---

42 alle mit Berufsausbildung im Erhebungskrankenhaus (P1-P3 im KH 1; P4-P6 im KH 2)
43 Durchschnitt 45 Minuten

A24 Strukturdaten der Interviewteilnehmer

Lernende

Lernende	Alter/ Geschlecht	Ausbildungsrichtung	Ausbildungsstand	Einsatzdauer zum Erhebungszeitpunkt	Dauer des Interviews[44]
A1	20 Jahre weiblich	Gesundheits- und Krankenpflege	3. Ausbildungsjahr (Ende)	7. Einsatzwoche	30 Minuten
A2	20 Jahre weiblich	Gesundheits- und Kinderkrankenpflege	3. Ausbildungsjahr (Anfang)	2. Einsatzwoche	33 Minuten
A3	19 Jahre männlich	Gesundheits- und Krankenpflege	3. Ausbildungsjahr (Anfang)	1. Einsatzwoche	57 Minuten
A4	20 Jahre weiblich	Gesundheits- und Krankenpflege	3. Ausbildungsjahr (Mitte)	3. Einsatzwoche	40 Minuten
A5	20 Jahre weiblich	Gesundheits- und Krankenpflege	2. Ausbildungsjahr (Mitte)	6. Einsatzwoche	39 Minuten
A6	22 Jahre weiblich	Gesundheits- und Krankenpflege	3. Ausbildungsjahr (Mitte)	9. Einsatzwoche	42 Minuten

44   Durchschnitt 40 Minuten